主　编　卞建秋　谢红心
副主编　郑双武
执行主编　李　军　王　俊

马鞍山文史简读

北京师范大学出版集团
安徽大学出版社
BEIJING NORMAL UNIVERSITY PUBLISHING GROUP

图书在版编目（CIP）数据

马鞍山文史简读 / 卞建秋, 谢红心主编. — 合肥 : 安徽大学出版社, 2013.9
ISBN 978-7-5664-0505-0

Ⅰ.①马… Ⅱ.①卞… ②谢… Ⅲ.①文史资料－马鞍山市 Ⅳ.①K295.43

中国版本图书馆CIP数据核字(2013)第231752号

马鞍山文史简读
MA'ANSHAN WENSHI JIANDU

主　　编　卞建秋　谢红心
副 主 编　郑双武
执行主编　李　军　王　俊

出版发行：	北京师范大学出版集团
	安 徽 大 学 出 版 社
	（安徽省合肥市肥西路3号　邮编　230039）
	www.bnupg.com.cn
	www.ahupress.com.cn
经　　销：	全国新华书店
印　　刷：	合肥飞腾印刷有限公司
开　　本：	170 mm × 240 mm
印　　张：	19
字　　数：	351千字
版　　次：	2013年9月第1版
印　　次：	2013年9月第1次印刷
定　　价：	90.00元

ISBN 978-7-5664-0505-0

策划编辑：王先斌　　　　　　　　　　装帧设计：邓　雁　李　军
责任编辑：王先斌　姜　萍　　　　　　美术编辑：李　军
责任校对：程中业　　　　　　　　　　责任印制：陈　如

版权所有　　侵权必究
反盗版、侵权举报电话：0551-65106311
外埠邮购电话：0551-65107716
本书如有印装质量问题，请与印制管理部联系调换。
印制管理部电话：0551-65106311

《马鞍山文史简读》编辑委员会

主　　编：卞建秋　谢红心

副 主 编：郑双武

执行主编：李　军　王　俊

撰　　稿：（按姓氏笔画）

　　　　　王　俊　代诗宝　李　军　李昌志

　　　　　张庆满　赵子文　曹化根

统　　稿：李　军　王　俊

日本語史研究と『日本書紀』

序 言

安徽马鞍山,山水秀美,人文荟萃,自古迄今吸引了无数风流人物。他们纷至沓来,挥洒激情,尽显风流,架构了马鞍山独特而卓然的军事文化、诗歌文化、山水文化……在中华文明的发展史上留下了浓墨重彩的一笔。

马鞍山地区在数千年的历史长河中,积淀了丰富多元、兼容并蓄的文化内涵。因此,我们有必要拂去历史的尘埃,发掘文化的底蕴,传承马鞍山优秀的历史文化,弘扬"聚山纳川,一马当先"的马鞍山精神,助推马鞍山的经济社会发展。这就是编写这本书的目的。

面对马鞍山多元的文化内涵和优秀的文化品相,用三十余万字诠释其中含义,实在是一件很难的事情。所以,我们只能在马鞍山丰厚的文化积淀中,采撷具有代表性的人文素材,采取"以点带面,点面结合"的办法,尽可能地以简洁明快的文字,描画出马鞍山地区历史文化的大体面貌,鲜亮地呈现历史悠久、文化多元的马鞍山形象。这就是这本书题为"简读"的原因。

《马鞍山文史简读》分"建置沿革"、"江山胜概"、"古代战事"、"人物春秋"、"民间故事"、"诗文流韵"、"寺观寻踪"、"桑海遗珍"等八个篇章,拾掇和串联了一个个具有代表性的文化

"珍珠"。文章千古事,得失寸心知。《马鞍山文史简读》虽然不能使人全面、深入解读马鞍山丰厚的历史文化,但从山水、人物、战事、宗教等方面对马鞍山的历史文化内涵和现象作了一定程度的通俗性介绍,为广大读者认识马鞍山、感受马鞍山历史文化魅力提供了一个便捷的读本。如果此书能给马鞍山的市民朋友和外地来马鞍山的宾客了解和熟悉马鞍山提供帮助的话,我们编撰此书的目的也就达到了。

编 者
2013年1月28日

目 录

序言 ·· 1

第一章 建置沿革 ·· 1

    概览 ··· 2
    市区 ··· 2
    含山县 ·· 2
    和县 ··· 4
    当涂县 ·· 4

第二章 江山胜概 ·· 7

    概览 ··· 8
    天门山 ·· 11
    青山 ··· 13
    横山 ··· 15
    鸡笼山 ·· 16
    太湖山 ·· 18
    褒禅山 ·· 20
    如方山 ·· 22
    望夫山 ·· 23
    慈姥山 ·· 25
    石臼湖 ·· 26
    横江 ··· 28
    姑孰溪 ·· 30
    锁溪河 ·· 32
    运漕河 ·· 33
    香泉 ··· 35
    采石矶 ·· 36

濮塘	39
太白楼	40
镇淮楼	42
陋室	44
姑孰三塔	45
万寿塔	48

第三章 古代战事 49

概览	50
吴楚衡山、长岸之战	52
孙策袭占牛渚营	54
孙曹濡须十年之战	56
东晋讨平王敦、苏峻之乱	59
桓玄篡晋之战	64
侯景采石渡江劫南梁	66
陈霸先采石战捷创帝业	69
韩擒虎采石渡江平南陈	71
赵匡胤采石架桥灭南唐	73
姚兴血战尉子桥	77
虞允文采石大败完颜亮	79
朱元璋智取和州	81
花云战太平	83

第四章 人物春秋 85

概览	86
陶谦	88
周兴嗣	90
张籍	92
杜默	95
郭祥正	97
游酢	99
徐兢	101
张孝祥	103
张即之	106

陶安⋯⋯⋯⋯⋯⋯⋯⋯⋯⋯⋯⋯⋯⋯⋯⋯⋯⋯⋯⋯⋯⋯ 107
邢珣⋯⋯⋯⋯⋯⋯⋯⋯⋯⋯⋯⋯⋯⋯⋯⋯⋯⋯⋯⋯⋯⋯ 111
戴本孝⋯⋯⋯⋯⋯⋯⋯⋯⋯⋯⋯⋯⋯⋯⋯⋯⋯⋯⋯⋯⋯ 113
徐文靖⋯⋯⋯⋯⋯⋯⋯⋯⋯⋯⋯⋯⋯⋯⋯⋯⋯⋯⋯⋯⋯ 115
黄钺⋯⋯⋯⋯⋯⋯⋯⋯⋯⋯⋯⋯⋯⋯⋯⋯⋯⋯⋯⋯⋯⋯ 118
陈廷桂⋯⋯⋯⋯⋯⋯⋯⋯⋯⋯⋯⋯⋯⋯⋯⋯⋯⋯⋯⋯⋯ 120
"青山四夏"⋯⋯⋯⋯⋯⋯⋯⋯⋯⋯⋯⋯⋯⋯⋯⋯⋯⋯⋯ 122
徐静仁⋯⋯⋯⋯⋯⋯⋯⋯⋯⋯⋯⋯⋯⋯⋯⋯⋯⋯⋯⋯⋯ 128
林散之⋯⋯⋯⋯⋯⋯⋯⋯⋯⋯⋯⋯⋯⋯⋯⋯⋯⋯⋯⋯⋯ 131

第五章 民间故事⋯⋯⋯⋯⋯⋯⋯⋯⋯⋯ 135

概览⋯⋯⋯⋯⋯⋯⋯⋯⋯⋯⋯⋯⋯⋯⋯⋯⋯⋯⋯⋯⋯⋯ 136
伍子胥过昭关⋯⋯⋯⋯⋯⋯⋯⋯⋯⋯⋯⋯⋯⋯⋯⋯⋯ 138
伍子胥与渔邱渡⋯⋯⋯⋯⋯⋯⋯⋯⋯⋯⋯⋯⋯⋯⋯⋯ 141
霸王庙的传说⋯⋯⋯⋯⋯⋯⋯⋯⋯⋯⋯⋯⋯⋯⋯⋯⋯ 142
望梅止渴的故事⋯⋯⋯⋯⋯⋯⋯⋯⋯⋯⋯⋯⋯⋯⋯⋯ 144
点将台与散马滩的来历⋯⋯⋯⋯⋯⋯⋯⋯⋯⋯⋯⋯⋯ 145
李白跳江捉月骑鲸升天⋯⋯⋯⋯⋯⋯⋯⋯⋯⋯⋯⋯⋯ 146
李白采石月夜诲后生⋯⋯⋯⋯⋯⋯⋯⋯⋯⋯⋯⋯⋯⋯ 147
张籍与桃花坞⋯⋯⋯⋯⋯⋯⋯⋯⋯⋯⋯⋯⋯⋯⋯⋯⋯ 148
常遇春大战采石矶⋯⋯⋯⋯⋯⋯⋯⋯⋯⋯⋯⋯⋯⋯⋯ 149
采石地名的来历⋯⋯⋯⋯⋯⋯⋯⋯⋯⋯⋯⋯⋯⋯⋯⋯ 150
"三元洞"名称的由来⋯⋯⋯⋯⋯⋯⋯⋯⋯⋯⋯⋯⋯⋯ 150
昭明太子与慈姥山⋯⋯⋯⋯⋯⋯⋯⋯⋯⋯⋯⋯⋯⋯⋯ 151
姑孰溪得名由来⋯⋯⋯⋯⋯⋯⋯⋯⋯⋯⋯⋯⋯⋯⋯⋯ 152
含山县仙踪镇得名由来⋯⋯⋯⋯⋯⋯⋯⋯⋯⋯⋯⋯⋯ 153
丁令威化鹤成仙⋯⋯⋯⋯⋯⋯⋯⋯⋯⋯⋯⋯⋯⋯⋯⋯ 153
和合洞及和合二仙⋯⋯⋯⋯⋯⋯⋯⋯⋯⋯⋯⋯⋯⋯⋯ 154
鸡笼山"三毛祖师"的来历⋯⋯⋯⋯⋯⋯⋯⋯⋯⋯⋯ 155
褒禅山摇钱树的故事⋯⋯⋯⋯⋯⋯⋯⋯⋯⋯⋯⋯⋯⋯ 157
白渡桥的传说⋯⋯⋯⋯⋯⋯⋯⋯⋯⋯⋯⋯⋯⋯⋯⋯⋯ 158
半枝梅的传说⋯⋯⋯⋯⋯⋯⋯⋯⋯⋯⋯⋯⋯⋯⋯⋯⋯ 160
一品玉带糕的故事⋯⋯⋯⋯⋯⋯⋯⋯⋯⋯⋯⋯⋯⋯⋯ 162
轿夫巧联关门镇⋯⋯⋯⋯⋯⋯⋯⋯⋯⋯⋯⋯⋯⋯⋯⋯ 163
班门弄斧的故事⋯⋯⋯⋯⋯⋯⋯⋯⋯⋯⋯⋯⋯⋯⋯⋯ 164

打草惊蛇的故事……………………………………… 165
雨山和佳山的传说………………………………… 165

第六章 诗文流韵……………………………… 167

概览………………………………………………… 168
游山………………………………………………… 171
千字文……………………………………………… 174
望天门山…………………………………………… 178
赠丹阳横山周处士惟长…………………………… 180
夜泊黄山闻殷十四吴吟…………………………… 182
临路歌……………………………………………… 184
李白墓……………………………………………… 186
望夫石……………………………………………… 188
陋室铭……………………………………………… 189
采莲曲……………………………………………… 192
题勤尊师历阳山居………………………………… 194
题乌江亭…………………………………………… 197
游褒禅山记………………………………………… 198
郭祥正家，醉画竹石壁上，郭作诗为谢，且遗二古铜剑…… 205
太平州作两首……………………………………… 207
访隐者……………………………………………… 210
卜算子·相思……………………………………… 212
天门谣·牛渚天门险……………………………… 214
水调歌头·闻采石战胜…………………………… 216
泛小舟姑孰溪口…………………………………… 219
圩丁词十解（其六、七、九）…………………… 221
宿新市徐公店二首………………………………… 222
太湖山别友………………………………………… 224
谪仙楼观萧尺木画壁……………………………… 225

第七章 寺观寻踪……………………………… 231

概览………………………………………………… 232
承天观……………………………………………… 235
神霄宫……………………………………………… 235

五通殿 ………………………………… 236
玄妙观 ………………………………… 236
希彝观 ………………………………… 236
白石观 ………………………………… 237
广济寺 ………………………………… 238
化城寺 ………………………………… 239
澄心寺 ………………………………… 239
准提寺 ………………………………… 240
甑山寺 ………………………………… 241
香泉观音寺 …………………………… 241
凤林禅寺 ……………………………… 242
太湖禅寺 ……………………………… 242
褒禅寺 ………………………………… 244
佛慧寺 ………………………………… 245
降福寺 ………………………………… 246
运漕天主教堂 ………………………… 246
和县清真大寺 ………………………… 247
金家庄清真寺 ………………………… 248
康僧会 ………………………………… 248
慧褒禅师 ……………………………… 248
绍隆禅师 ……………………………… 249
无用禅师 ……………………………… 249
诗僧惠洪 ……………………………… 250
智僧法祚 ……………………………… 250
绍云法师 ……………………………… 251
葛洪 …………………………………… 251
陶弘景 ………………………………… 252

第八章　桑海遗珍 ………………… 253

概览 …………………………………… 254
和县猿人遗址 ………………………… 257
和县猿人头盖骨化石 ………………… 258
凌家滩遗址 …………………………… 259
凌家滩玉人 …………………………… 261
凌家滩玉龙 …………………………… 262

凌家滩玉鹰	263
凌家滩玉龟、玉版	264
凌家滩龙凤玉璜	265
大城墩遗址	266
昭关遗址	267
西楚霸王灵祠	269
朱然家族墓地	270
青瓷羊	272
宫闱宴乐图漆案	273
季札挂剑图漆盘	274
李白墓	275
琉璃瓦窑址	276
青铜大铙	277
重列式神兽镜	278
三足承盘铜香薰	279
青瓷狮形烛台	280
青瓷魂瓶	281
驯虎石雕	282
大唐翰林李公新墓碑	283
金丝楠木床	284
彭玉麟梅花碑	286
当涂民歌	287
和县东路庐剧	289

后记 291

第一章

建置沿革

JIANZHI YANGE

概　览

马鞍山地区历史悠久。早在二十五万年前的旧石器时代,就有人类在此活动。在五千多年前的新石器时代晚期,先民们就在这里创造了令世人瞩目的古代文明,马鞍山地区成为该时期长江下游的文明中心之一。西周时,马鞍山地区属吴国,东周时先后改属越国和楚国,故有"吴头楚尾"之称。

市　区

马鞍山市是20世纪50年代中期成立的安徽省直辖市。市区在秦至西晋时均属丹阳县,隋以后属当涂县。1954年2月,当涂县北部的第十二、第十三、第十四区合并成立马鞍山镇人民政府,属当涂县。1955年8月,在马鞍山镇人民政府的基础上成立县级政权机构"马鞍山矿区人民政府",隶属芜湖专区。1956年10月12日,经国务院批准,在马鞍山矿区人民政府的基础上成立马鞍山市,属安徽省直辖。1958年6月,马鞍山市改为芜湖专区辖市。1961年马鞍山市再改为省辖市。1983年7月,当涂县(除大桥公社外)划归马鞍山市管辖。2001年7月1日,经国务院批准,撤销向山区,其所辖的六个乡镇分别划归花山区、雨山区、金家庄区管辖。2011年8月22日,国务院批准原省辖巢湖市所辖含山县、和县(不含沈巷镇)划归马鞍山市管辖。至此,马鞍山市形成三区三县的建置格局。2012年9月,国务院批复安徽省政府,撤销马鞍山市原金家庄区、花山区,同时成立新的花山区、博望区。

花山区,2012年9月建置,位于市区中心。面积一百七十六平方公里,人口约三十六万,辖慈湖乡和金家庄、塘西、江边、慈湖、霍里、解放路、沙塘路、湖东路、桃园路九个街道办事处。

雨山区,1976年6月建置,位于市区西南部。面积一百七十七平方公里,人口约三十一万,辖佳山乡、向山镇、银塘镇三个乡镇和平湖、雨山、采石、安民四个街道办事处。

博望区,2012年9月建置,位于市区东南部。面积三百五十一平方公里,人口约十八万,辖博望、新市、丹阳三镇。

含山县

今含山县境古属历阳县地,自秦至两汉均属九江郡。三国时属吴。西晋复置历阳县,改属淮南郡。永兴元年(304年),易属新设的历阳郡。东晋大兴二年（319年），分历阳县境西部侨置龙亢县，为今含山境内最早所冠县名。北齐天保六年（555年），因南梁与北齐通和，改历阳郡为和州。陈宣帝末，龙亢县并入历阳县。唐武德六年（623年），原龙亢县境始置含山县。

含山县名的由来有两说。一为"以山名县"。含山又名"横山"。《方舆纪要》云"横山，县西二十里，山势雄峻，众山列峙，势若吞含，唐因以名县"。一为"以形名县"。县城环峰镇，因四周环山，峰峦迭起，《太平寰宇记》云"以县境众山所含，故名'含山县'"。含山地势险要，自古为南北战略要地。据《方舆纪要》记载，早在东晋太元中，城西三十里（一说"县西四十里首铺山"上）便有晋"北府兵"北上抗击前秦遗迹。其时前秦重兵南侵，先锋姚苌于376—383年筑"晋王城"。北宋当涂诗人郭祥正曾称含山为"内险之地"、"当江淮水陆之冲"，"故锐师宿将尝屯营于此"。清康熙《含山县志》载，含山县城旧无城池，及至明正德七年（1512年），知县张文渊始督建含山县城，周围三四里，开四门；嘉靖三十七年（1558年），改筑砖城，有城门四座，雄伟壮丽，环列于群峰之中。

唐武德八年（625年），含山县废，并入历阳县。长安四年（704年），原含山县境置武寿县，属淮南道和州，次年复名"含山县"；天宝元年（742年），和州改称"历阳郡"，含山县属淮南道历阳郡；乾元元年（758年），历阳郡再改为和州，含山县属淮南节度使和州；贞元十六年（800年），含山县改属舒庐滁和都团练使和州。五代十国时，含山县初属吴、南唐，后属后周，均隶和州。两宋时期，含山属淮南西路和州防御使。

元至元十三年（1276年），含山县属淮西总管府和州镇守万户府。翌年，改属庐州路总管府和州安抚司；至元十五年（1278年），属和州路；至元二十八年（1291年），和州路降为和州，含山县属庐州路和州。至正二十七年（1367年），含山县废，县域南部并入无为州，其余并入和州，属庐州府。明洪武七年（1374年），改属南京凤阳府。洪武十三年（1380年），复置含山县，属京师直隶和州。清顺治二年（1645年），含山县属江南左布政使司直隶和州。康熙六年（1667年）安徽建省后，含山县属安徽左布政使司直隶和州。

民国元年（1912年），含山县直属安徽省政府管辖。民国三至十七年（1914—1928年），含山县属安庆道管辖。民国十八至三十七年（1929—1948年），含山县先后隶属第八、第五、第九视察区和行政专员督察区。

1949年1月21日含山县解放，隶属于江淮解放区第五专区。同年6月，改属皖北行署巢湖专区。1952年1月30日改属安徽省芜湖专区。1958年12月15日，和县、含山县合并为和含县。1959年4月，和含县属芜湖专区。1959年6月1日，和含县还原建制，分为和县、含山县。1965年7月28日，含山改属巢湖专区（1999年改巢湖市）。2011年8月，省辖巢湖市撤销，含山县并入马鞍山市。

和 县

　　和县因地处历山之阳而得名。秦置历阳县，属九江郡，是为和县行政区划设置之始。

　　三国魏黄初三年（222年），历阳县属吴庐江郡。其后数十年中，孙吴据濡须，曹魏据庐州（今合肥），历阳疆域没有变动。西晋永兴元年（304年）置历阳郡，辖历阳、乌江两县，此为历史上和县由县升格为郡之始。东晋太宁元年（323年），历阳郡划归侨置淮南的豫州，州治设于历阳，辖历阳、乌江、龙亢、雍丘四县。

　　南朝时，因战事连年，历阳建置常有变更。梁绍泰元年（555年），北齐与南梁在历阳协和。从此"二国和协"，改历阳为和州。

　　隋开皇九年（589年），废除郡制，和州领历阳、乌江二县。北宋建隆元年（960年），置和州为上州，属淮南路，仍领历阳、乌江、含山三县。

　　元代，历阳县人口集中，经济发达，为今安徽省境内当时居民达六千户以上的五个上县之一。至元十三年（1276年），置和州为镇守万户府，隶属于淮西总管府。十四年（1277年），镇守万户府改为和州安抚司。翌年，改为和州路。二十八年（1291年），复置和州，治历阳，隶属于庐州路，领县不变。明洪武七年（1374年），废乌江县，置乌江镇。十三年（1380年），升和州为直隶州，直属京师管辖。清康熙六年（1667年），安徽建省，和州为安徽五个直隶州之一。

　　民国元年（1912年）四月，同盟会会员、和州人范培栋由芜湖率武装光复和州，改和州为和县，直属安徽省，不久改属安庆道。此后，和县先后划属安徽第二、第五、第九专员公署。1949年1月23日和县解放，该年底划归南京市管辖。1950年2月，和县属安徽省巢湖专区，1952年2月改属芜湖专区。1958年10月，和县改属马鞍山市，该年底与含山县合并为和含县，属芜湖专区。次年6月1日，和含县重新分为和县、含山县。1965年7月，和县划归巢湖专区（1999年改巢湖市）。2011年8月，撤销省辖巢湖市，和县并入马鞍山市。

当涂县

　　今当涂县境东周之前属扬州地。春秋战国时期，今天的当涂地区先后属于吴国、越国、楚国。公元前221年，秦于今当涂境设丹阳县，属会稽郡，秦末改属鄣郡。公元前202—前121年，当涂县地先后隶属于楚国、荆国、吴国、江都国和丹阳侯国。汉武帝元狩二年（公元前121年），当涂地区又隶属于丹阳郡丹阳县，直至东汉灭亡。

今天的当涂县丹阳镇为秦汉时期丹阳县治所在地,位于今县城东五十里,俗称"小丹阳"。一是因为丹阳县为丹阳郡属县,二是因为丹阳郡治设于宛陵(宣城),故称丹阳县为"小丹阳"。丹阳地名的由来说法不一。一说"以木取义"。古时丹阳多红杨赤柳,故名"丹杨",因"杨"、"阳"同音,遂称"丹阳"。一说"以水取义"。今丹阳镇在古丹阳湖之北,水之北为阳,故名"丹阳"。一说"以山取义"。丹杨山在今丹阳镇黄塘行政村一带,故以山名镇。这三种说法各有道理,表明丹阳古镇历来为史家所重视。其实,早在春秋战国时期,丹阳镇不仅是吴国的一个政治、军事中心,还是由楚入吴的必经之地。

　　三国时期,姑孰、牛渚(今采石)、慈湖均为军事要镇。姑孰原为长江南岸的一个渡口,孙权定都建业后,姑孰成为都城西南重要屏障,地位陡然上升,由是"大兴土木,广造宫室",很快成了"高楼连宇"、商旅云集的滨江重镇。为加快农业发展,孙权又在姑孰城南三十八里的王旭设置督农校尉。西晋太康二年(281年),从原丹阳县南划出部分土地,在吴督农校尉的治所设置于湖县。其时今当涂县境出现了丹阳县、于湖县并存的局面。

　　当涂县名来自淮北。当今怀远县,即汉当涂县,其地因有涂山,故名"当涂"。东晋实行"郡县侨寄法",将淮北当涂县侨寄于江南,县治初设于今南陵县东南,至隋代以前,一直在今南陵、铜陵、泾县、石台等地迁移不定。东晋永和元年(345年)和三年(347年),赵胤和谢尚均曾以南豫州刺史镇牛渚。宁康元年(373年),桓冲以南豫州刺史镇姑孰。牛渚、姑孰一时成为侨置南豫州的首府。

　　隋开皇九年(589年),于湖县废,原侨置南陵一带的当涂县迁到姑孰城,在姑孰正式设置当涂县,从此原为淮北的当涂县正式在江南安家落户。唐贞观元年(627年),丹阳县撤销,辖地并入当涂县,属江南道宣州。乾元元年(758年)改属升州(治江宁,今南京)。

　　南唐升元元年(937年),易当涂县为建平军。保大年间,建平军改名雄远军,宋灭南唐后,建平军改称平南军。宋太平兴国二年(977年),升平南军为太平州,下辖当涂、芜湖、繁昌三县,州治为当涂县城,故当涂在历史上又称"太平"。

　　元至元十四年(1277年),改太平州为太平路,隶属于江浙行中书省,辖县依旧。至正十五年(1355年),朱元璋改太平路为太平府,辖县不变。清代沿用明制。康熙六年(1667年),安徽建省,太平府属之。有清一代,当涂不仅是太平府治所在地,而且是安徽省提督学使衙门、陆军协镇衙门、长江水师提督衙署等高级官署驻地。

　　民国元年(1912年),废太平府,当涂县直属安徽省。民国三年(1914年),当涂县改属芜湖道。民国十七至三十八年(1928—1949年),当涂县先后隶属于安徽第二、第九、第六督察专区。1949年4月当涂解放，8月，在当涂县城关镇设置当涂市，属皖南行署芜当专区。次年5月，撤销当涂市并入当涂县，隶属于宣城专区。1952年4月，合皖南、皖北行署为安徽省，当涂县隶属于芜湖专区。1956年10月，经国务院批准，析当涂县北部一百七十五平方公里设置马鞍山市。1983年7月，当涂县（除大桥公社外）划归马鞍山市管辖。

第二章

江山胜概

JIANGSHAN SHENGGAI

概 览

　　山水是人类文明孕育的摇篮。只有人类的需求和智慧凝聚于山水,山水才会蕴含和引发以"智者乐水,仁者乐山"为代表的文化现象。横跨皖江两岸的马鞍山地区,地理形势独特,山水风光壮丽,自古迄今吸引了无数风流人物纷至沓来,孕育出丰富多元、兼容并蓄的文化内涵,无疑是扬子江畔一颗"仁智兼备、山水共生"的璀璨明珠。

　　马鞍山多山,叠嶂迤引、气势雄劲;马鞍山多水,襟江怀湖、泉流交贯。山水是马鞍山历史与文化赖以生成的客观条件。可以说,马鞍山的文明发端于山水,从和县猿人到现代马鞍山的城市命名,从远古的凌家滩、烟墩山、釜山等文化遗址,到秦汉以来的宗教建筑、战争遗迹、文化景观等,无不与这里的山山水水有着千丝万缕的联系。这些以山水为载体的历史文化遗迹,不仅彰显了马鞍山地区先人们利用和改造山水的能力,而且为这些山水渲染上古老而神奇的色彩,见证了马鞍山在悠悠的历史长河中所积累起的丰富的山水文化。马鞍山的山水文化是先人们与自然环境交互作用的结晶,内容和形态丰富多彩,其中包括以山水为载体的文化形态和以山水为表现对象的文化形态。

　　从以山水为载体的文化形态来说,宗教、战争是马鞍山山水文化的主要成分。

　　宗教活动是马鞍山山水文化形成、发展的重要动因之一,也是马鞍山山水文化最初的表现形式。在马鞍山地区文明发展的初期,由于对自然界的认知贫乏,人们对自然界充满敬畏,相信山川有催生风雨的能力,于是出现了最早的山川祭祀,这在凌家滩遗址、烟墩山遗址出土的精美玉质祭祀礼器上得到了验证。随着农业生产方式的改进和人们思维能力的提高,早期的山川祭祀逐步发展为对天地、山水、神灵、鬼怪的崇拜,襄城河边社稷坛、市河边山川坛、黄山东岳庙、栲栳山龙王庙、横山祠山殿、石臼湖边大王庙、景山雷神殿、翠螺山马王庙、姑孰溪边瘟司庙等,都是在具有宗教色彩的"无偶像崇拜"文化背景下产生的,体现了先人们利用自然、改造自然的理想。

　　佛教在东汉后期传入马鞍山地区,现在可考的最早可追溯到创建于东汉晚期的鸡笼山凤林禅寺。六朝时期,佛教在马鞍山地区已广为流传,先后出现了翠螺山广济寺(东吴)、龙山福源教寺(西晋)、黄山黄江庵(刘宋)、青山南峰院(刘宋)、如方山萧家藏经寺(萧梁)等。及至唐宋时期,寺庙已广泛分布在马鞍山境内稍具规模的山林,其中不乏在当时佛教界有一定名气的寺庙,如黄山广福寺、褒禅山褒禅寺、太湖山普明禅寺、横山澄心寺等,太湖山甚至还有"江北小九华"之称。元代以后,佛教在马鞍山地区虽然衰落,但在民间影响依然很大。据嘉靖《太平府志》记载，至明代中叶，仅当涂县仍有大寺十七座，小寺十八座，大院六所，小院十所。

在佛教文化注入马鞍山山水的同时，作为本土宗教文化的道教也一直在影响着马鞍山的山水文化。马鞍山地区多境幽旷寂的山林，符合道家文化所追求的"隐居林泉、寄情山水、读书著述、随性所欲"的审美需求，故在道教形成初期，马鞍山的山水就受到道家青睐。据旧志载，葛阳山、黄山、横山、景山、鸡笼山、宝积山等均有道家活动的遗迹，其中不乏道教名士，如东晋名道葛洪曾隐居葛阳山，著《抱朴子》七十篇；南梁时"山中宰相"陶弘景在横山炼丹，留下贞白五井、灰井丹灶、白月池、炼丹洞等古迹。马鞍山地区最早染迹道教文化的是灵墟山，传说汉末辽东人丁令威在山中修真炼丹，最后化鹤成仙。值得一提的是，晚唐名道杜光庭在《洞天福地岳渎名山记》中，将鸡笼山列入"天下第四十二福地"。可见，道教在马鞍山地区的流传虽没有佛教广泛，但为马鞍山的山水文化积淀了"佛道共存"的历史。

马鞍山地区"上有梁山极天门之险，下有采石扼横江之冲，右控庐和以制两淮，左蔽宁广以屏两浙"，是六朝古都南京的门户，素有"吴头楚尾"、"南北津渡"之称。所以，战争所产生的战争文化是马鞍山山水文化中不可或缺的部分。如，马鞍山市名因长江边的"马鞍山"得名：相传项羽坐骑乌骓马见主人乌江自刎后跳江自戕，马鞍落地，化作"马鞍山"。后杜牧游览和县乌江亭时，作《题乌江亭》云：

　　胜败兵家事不期，包羞忍耻是男儿。
　　江东子弟多才俊，卷土重来未可知。

再如，运漕河、得胜河在和平年代主要功能是运输和经贸，但其最初的疏浚和开挖却是因为战争需要。可见，战争文化是马鞍山山水文化内涵的延伸。应该说，在马鞍山山水中表现战争文化最为丰富的是横江（流经马鞍山地区的长江段），从春秋到民国的二千多年间，发生在横江的战事史载不断，著名的有吴楚长岸之战、孙策夜袭牛渚、隋灭南陈、宋灭南唐、宋金采石之战等，这些战事不仅关系政权存亡，也为后世吟咏怀古、丰富马鞍山的山水文化提供了素材。

从以山水为表现对象的文化形态来说，山水诗文、山水绘画、山水园林是马鞍山山水文化的主要成分。

山水诗文在马鞍山地区兴起于六朝，其中代表人物是南齐山水诗人谢朓。谢朓任宣州太守时曾在青山南麓筑"别宅"，先后写下《游山》《治宅》《丹阳湖》《东田》等诗，赞誉马鞍山地区是名山秀水汇聚的"山水都"。进入唐代，山水诗文在马鞍山地区进入成熟期，出现了大量吟咏马鞍山山水的诗文，其中以大诗人李白的诗文为最。李白"一生好入名山游"，他在六十二年颠沛流离的生命旅途中，曾多次游历马鞍山地区，或登陟横望山、采石矶，或泛舟丹阳湖、姑孰溪,为马鞍山的山水留下五十多篇诗文,至今在马鞍山地区还有李白墓、李白衣冠冢、太白楼、清风亭、联璧台、石门等有关李白的遗迹。唐以后,游历马鞍山地区的文人墨客如过江之鲫,有苏轼、梅尧臣、曾巩、黄庭坚、杜默、李之仪、郭祥正、王安石、张孝祥、陆游、文天祥、萨都剌、王守仁、李东阳等诗坛、文坛大家。粗略统计,仅唐以后关于马鞍山地区山水的诗文就有千余首(篇),这些诗文有的描绘景色,有的借景抒情,有的寓蕴哲理,有的借题发挥,虽寥寥数语,却洞幽烛微,多能收画龙点睛之效,发掘和体现了马鞍山的山水之美,以及山水中所蕴含的人文之美。

客观地说,清代以前马鞍山地区的山水绘画并不发达。进入清代,以马鞍山山水为表现对象的山水绘画才作为重要的审美创造,进入马鞍山山水文化领域,涌现了一批主张采山川之灵、向大自然探求画理和画法的画家,如萧云从、黄钺、戴本孝、林散之、黄叶村等。明末清初的萧云从(1596—1673年),师法古人而创新,师法造化而独特,创独具马鞍山地区特色的"姑孰画派"。他的山水画融宋元诸家笔墨、丘壑于一体,以黄公望的瘦树、山石为纵横,再润以马远的泼墨之法,能随意成丈余长卷,在中国画坛独树一帜,影响波及日本。在其代表作四十三幅《太平山水图》中,描绘当涂山水的就有十五幅,每幅作品都是"诗中有画,画中有诗",配上俊逸潇洒、散朗秀健的书法,达到诗、书、画三者统一和谐的境界,被誉为"神品"。当代草圣林散之(1898—1989年)师从黄宾虹,以诗、书、画"三绝"享誉于世,他在写意山水画的意境追求、景物造型及布局的奇正、虚实、黑白处理上,渗透其书法的字法、章法,形成了独特的个性意趣。可以这么说,以马鞍山山水为审美对象的山水绘画,是在"外师造化、中得心源"的中国画艺术创作理论指导下,从马鞍山绚丽的山水中孕育出来的。

园林文化在我国有着悠久历史。早在汉代,人们就开始模仿自然山水营建皇家园林。至明清时期,私家园林广泛出现在经济发达地区,园林文化发展到高峰,主要表现为由假山、水池、花木、建筑等组合而成一种综合艺术品,讲究诗情画意和意境的追求与创造。民国以前马鞍山地区是否有私家园林,记载阙如。但近几十年来,马鞍山地区园林文化发展迅速,其表现形式多为城市公园,如采石公园、雨山湖公园、东湖公园、节庆广场等。马鞍山地区的园林文化不同于一般意义上的园林文化,马鞍山的园林多以自然山水为背景,巧妙地将人工创造构筑其间,而臻于"天人合一"的完美境界,这在采石公园的营造上体现得尤为突出。采石公园中的翠螺山、采石矶、横江都是自然山水,而将太白楼、燃犀亭、蛾眉亭、圆梦园、万竹坞、江山草堂、延园等人工构筑合理地点缀其间,辅以丰富的山水诗文,使自然景象与人文景观相映成趣、相得益彰。著名园林专家陈从周先生曾如此评价:"国中园林甚多,而借青山、借绝壁、借大江、借文化造园者,独采石矶矣!"所以,马鞍山的山水园林不仅将山水诗文和山水绘画物象化,更是对山水诗文和山水绘画的一种继承与发展。

总之,马鞍山山水文化是蕴含在山水中的文化沉积,体现了人们与自然山水之间亲善而又和谐的关系,所以马鞍山山水文化常以人性化的山水面貌出现,呈现出不同形态的美。马鞍山山水文化的形成和发展是长期的、不断创造的历史过程,随着马鞍山地区社会发展和人们对山水需求的变化,马鞍山的山水被注入越来越丰富的文化内容,凝聚着一代代马鞍山人的意向、智慧、力量和情感,从而清晰地烙上马鞍山地区文明演进的脉络及其文明发展的表征。

天门山

迥出江上山,双峰自相对。
岸映松色寒,石分浪花碎。
参差远天际,缥缈晴霞外。
落日舟去遥,回首沉青霭。

这就是李白笔下"奇、险、峻、秀"的天门山。

天门山为东西梁山合称,因"东西梁山夹江而立,自江中远望,色如横黛,修妩靓好,宛宛不异蛾眉",故又名"蛾眉山"。相传洪荒时代,东西梁山本为一体,因阻碍大江东流而被巨灵神挥斧劈开,故明代诗人李裕诗云:

巨灵手劈翠薇开,中泻荒流去不回。
独有天光与山色,时时随雨下江来。

东梁山原名博望山,高八十余米,位于当涂县城南三十里的长江南岸(今属芜湖)。西梁山原名梁山,高九十余米,位于和县城南约六十里的长江北岸。

天门山

南朝顾野王《舆地志》载："博望、梁山东西隔江,相对如门,相去数里,谓之天门。"可见天门山山名由来已久。

东梁山嶙峋陡峭,险中蕴秀,山势突兀,林木扶疏。临江山腰处古有黑桃树,开黑花,结黑果,香飘数里。其根植于悬崖,只能从江中遥望,可惜今天山中已无此树。东梁山旧有南宋淳祐六年（1246年）太平州知州陈垲所创"天门书院",淳祐九年（1249年）理宗赵昀曾为之题额,后增设射圃、亭台,以及祀奉周敦颐、程颢、程颐、张载、朱熹、张栻、吕祖谦等理学大师的七贤祠。当时的天门书院"规制完备,讲道有堂,藏书有库,储粟有仓",与绩溪桂枝书院、颍州西湖书院、歙县紫阳书院齐名。如今,天门书院虽已荡然无存,但新有"铜佛寺"依山而建,殿宇重重,巍峨壮观,峭崖之下,江涛击石,浪碎如烟,更有"天门浪烟"美景。

西梁山凌空而立,形如斧削,山势蜿蜒,松苍柏翠,古有博望朝霞、天门夜月、陈桥唤渡、云阁疏钟、柳岸春莺、石庵观澜、荻洲暮雨、龙宫霁雪等"天门八景",向为观江览景胜地。临江峭壁上,镌有书圣王羲之"振衣濯足"四字,虽经一千六百多年风雨侵蚀仍依稀可见。峭崖顶端壁刻明代和州州守池显京手书的"天门"二字,赫然醒目。峭壁下方存有明、清和近代"洪水至此"的纪年刻纹七处,为研究长江水文的珍贵史料。山顶上有石亭,置身于亭中,但见江水滔滔,百舸争流,堤柳依依,江草如茵。

天门山扼守长江咽喉,素有"吴楚天门"、"长江锁钥"之称,历来为兵家必争之地。早在春秋时期,《左传·昭公十七年》（公元前525年）中便已有"吴伐楚,战于长岸（即天门山）……楚师继之大败吴师,获其乘舟馀艎"的记载。秦汉以后,历代均将天门山作为战略门户,屯兵设防。据《南史·宋书》记载,刘宋孝武帝大明七年（463年）十一月,刘骏"祀梁山,大阅水师,于中江有白雀二集华盖",帝大悦。十二月"于博望梁山立双阙",颁《博望梁山立双阙诏》曰："梁山层岫,云峙流间,天表象魏,以旌国形。"双阙虽早已化为尘埃,但东西梁山突兀江中,隔江对峙,肖然不动,宛如国门。唐高祖武德六年（623年）,淮南道左仆射辅公祐反,遣冯慧亮、陈当世率水师三万驻东梁山,沿山筑"却月城"绵延十余里,并于东西梁山间连接铁索以断江面。太平天国定都天京后,更是以"芜湖为屏障,以东西梁山为锁钥",同清军展开数年攻守之战。至今天门山尚留有营盘和炮台遗址……解放战争中,为响应"打过长江去,解放全中国"的号召,在渡江战役中,人民解放军三野九兵团三十军九十师一千多名指战员在西梁山壮烈捐躯。解放后,为缅怀革命先烈,西梁山竖立了"人民英雄纪念碑",并开辟了"西梁山战斗纪念馆"。

天门山不仅是山形水势独特的江道要冲,更是以雄奇险峻气势和旖旎迷人江景而著称的游览胜地。千百年来,无数的文人墨客仰天门之壮阔、慕蛾眉之妩靓，或陟山言志，或泛舟题咏。笔墨中既有"双峰秀出两眉弯，翠黛依然鉴影间"、"姑孰江亭更奇艳，浓黛两抹长眉青"的直白美赞，也有"二梁双黛点东西，一眉高著一眉低"、"莫恨当初画的偏，却因偏处反成妍"的诙谐妙言；既有"风满槛，历历数、西州更点"、"可怜长江水，分作川字流"的伤感寂寥，也有"行舟过绝壁，望望似蓬瀛"、"乱石差差下，闻花冉冉生"的愉悦欢快；既有"西梁山下又维舟，弱水蓬瀛忆旧游。遥指南天飞鸟外，白云深处是灌州"的重游之兴，也有"天门双阙耸崔巍，负险谁人作祸胎。万里波涛拦不住，纷纷红燕过江来"的思古之叹……而使天门山名传四海、妇孺皆知的，却非李白的《望天门山》莫属。时值唐开元十四年(726 年)，已"仗剑去国、辞亲远游"两年的李白，泛舟而下，途经天门山。天门雄峙、砥柱中流，一泻千里的长江折转北去的磅礴气势激发了诗人创作的灵感，从此，一曲"天门中断楚江开，碧水东流至此回。两岸青山相对出，孤帆一片日边来"的千古绝唱，既彰显了诗人对祖国山河的热爱和超凡的气度，又将天门山的碧水、青山、红日、白帆定格成一幅永恒的山水画卷，让人赏心悦目，啧啧称羡。

青　山

　　青山位于当涂县城东南十里，因常年葱郁，故曰"青山"、"青林山"。青山较泰山之巍峨、太行之绵延，不过是点缀江南水乡的一簇青绿。

　　站在青山之巅，西望天堑长江，却见长江犹似一条白练，将文绉绉的江南水乡与平展而又略显粗犷的江淮平原隔开；北眺金陵，那座脂粉气中透着血腥的六朝古都便掩映在点点吴山间。青山似一个宁静、高雅的隐士，栖身于江南水乡的角落，但因扼据南进徽歙之要，北屏金陵之险，在江北的统治者垂涎江南的富庶、或江南的篡政者叛乱北犯时，总显得碍手碍脚，难逃战火。不难想象被北宋诗坛泰斗梅尧臣誉为"太白后身"的郭祥正，面对此景，遥想六朝故事，为何感慨青山"重岗复岭控官道，北望金陵真国门"。

　　也许是偏安江南一隅的王朝总是将兴亡草率地系于一座山、一条江的缘故，定都金陵的王朝多是短命。作为短命王朝的"国门"，绝不是青山的造化。山南的谢公祠、谢氏山亭毁于战火了，山东的五贤楼、白云寺、巢云亭毁于战火了，就连供奉让国人骄傲的大诗人李白的太白祠亦曾多次毁于兵燹。好在史学家们始终将目光投向扎根于黄河流域的中华民族历史主流，而冷淡了深受楚风夷习浸染的江南，几处建筑的被毁也只是地方志中寥寥数字的简述，否则后人踏进这片钟灵毓秀的山林时，会因为前人在青山留下太多充满血腥和硝烟的文字，而顿添几分悲凉和沉重。

　　古代读书人多爱在家乡编排出十景、八景，以显得家乡文风昌盛、古风蕴藉，这种风气的好坏姑且不论，但对青山却是幸运的。昔时的姑孰八景中，青山便占了两景：一者元晖古井，一者太白遗祠。如果翻开《当涂县志》，人们会惊奇于杜牧、曾巩、米芾、陆游、王守仁等文坛巨子，都曾慕"元晖古井"和"太白遗祠"之名而游历姑孰，登陟青山，留下诗词文赋，为这片"月衔楼间峰，泉漱阶下石"的山林平添了几分文气、灵气。

元晖古井藏身于青山南麓的荒凉中，传为南齐山水诗人谢朓（字元晖）所凿而得名。公元495年秋天的某日，时任宣州太守的谢朓双旌五马驮着夕阳来到青山。此时的诗人闷闷不乐：当初齐明帝萧鸾在争夺帝位大肆杀戮王臣的政治斗争中，因为赏识他的才华，不仅没有丝毫伤害作为政敌隋王萧子隆幕僚的他，还提拔他为骠骑咨议、中书郎，如今又将他贬到宣州，这多少让谢朓有点狼狈、有点尴尬。郁闷的心情总得宣泄。永嘉以来，亦隐亦仕、风流处世的隐逸文化逐渐盛行，隐逸已成为士人张扬个性的一种方式。谢朓这个文才出众、仕途上却磕磕碰碰的士人在这种文化氛围下，又怎能不将情感的宣泄、寄托于山水？宣州城边的山水欣赏够了，便再走得远一点，于是乎，青翠欲滴的青山顺理成章地摄入了他的眼中、诗中。

夕阳里，面对青山的参差峦岫和林立苍松，谢朓回想起十三年来仕途的坎坷，不禁感动于眼前青山的静谧与高雅："托养因支离，乘闲遂疲蹇……幸茬山水都，复值清冬缅……"为了让自己的情感与肉体都能融于这片山林，谢朓在青山南麓建起了一栋"环宅皆流泉奇石、青林文篠"的庭院，宅前凿个小池，池中栽点荷花——这便是后来的"元晖古井"了。此时的谢朓好像找到了寄情山水、潇洒处世的乐地，找到了弃官归隐的宿地。然而，年仅三十四岁的谢朓又怎能意识到一个高高在上的君王，如何安心让一个文人从仕宦和隐逸的矛盾中解脱出来，对着山水的仁智构建自己独立的文化人格？两年后，这个以诗歌注入山水活力与灵性的诗人，因为讲了太多针对时弊的牢骚怪话而被剥夺生命。

岁月终是无情。宅院的主人走得太远、太久了，肆无忌惮的蒿草已将宅院湮没。值得庆幸的是，那汪清凉的井水仍旧甘洌，否则二百五十年后，诗仙李白在情感的空间追寻让他一生低首的谢宣城时，如何找到宣泄情感的触点？

那年应是754年，李白遭谗放逐已有六七个年头了，这几年他一直盘桓于金陵、当涂、宣州之间，寻幽探胜，寄情山水，以洗涤内心的苦闷。这年秋天，诗人李白带着内心久治不愈的创伤，跟跟跄跄地走进青山。青山在夕阳中的幽静，清风在晚照中的闲情，给了他少许慰藉。面对谢朓曾经吟咏的山川、荒芜的谢公遗宅和那口积满苍苔的元晖古井，他不禁吟道：

青山将日暝，寂寞谢公宅。

竹里无人声，池中虚月白。

荒庭衰草遍，废井苍苔积。

唯有清风闲,时时起泉石。

　　李白是应该感到欣慰的,在"天涯失归路"的彷徨孤独中客死异乡的诗人,无论如何也想不到在他死后五十多年,一个叫范传正的官宦将他的坟茔从龙山迁到了青山,了却了他"宅近青山同谢朓"的夙愿。两个诗人的灵魂终于在青山的清风和夕阳里交叠,青山因为两缕没有失落文化人格的诗魂,增添几分文化的张力和傲气。

横　山

　　横山,又称"衡山"、"横望山",位于当涂县城东七十里的当涂、江宁、溧水三县交界处,方圆八十余公里,因"四望皆横"而得名。横山横列若屏障,峰峦叠起,苍翠亘天,林壑幽美。千百年来,慕横山"龙井寒泉"、"丛林夜月"、"石门古洞"、"绝壁垂松"四景而游憩、赏景、吟咏的名人雅士络绎不绝。

　　在横山南麓的峡谷深处,有两面天然石壁,左右排列,状若大门,气势恢宏,这便是名闻江南的横山"石门"了。据明嘉靖《太平府志》记载:"(石门)石形瑰奇,洞穴盘纡,故有石门之称。"然因岁月沧桑,其右侧石壁已毁,所幸左侧石壁上唐人所镌"石门"二字犹存,两字笔力遒劲、入"壁"三分,字径达一米二,隔谷相望,赫然入目。

　　横山南麓十保山西侧便是当涂最为著名的寺院"澄心寺"。澄心寺前身是陶弘景读书堂故址改建的隐居院,所以这里有关陶弘景遗迹甚多,如贞白五井、白月池、灰井丹灶等,昔时姑孰八景之一的"丹灶寒烟"便指陶弘景炼丹遗址。旧时的澄心寺面对古丹阳湖,背枕横山诸峰,构成了"平湖横其前,群峰环其后,突兀苍老,千夫拱立,有若佐护之屏"的山水画卷,完全符合道家"雨态烟颜,月痕风调"的审美观,因此陶弘景在《诏问山中何所有赋诗以答》云:

山中何所有,岭上多白云;
只可自怡悦,不堪持赠君。

横山隐居生涯的怡然自得之情跃然纸上。陶弘景之后至唐代中叶,在横山修道者不乏其人,李白好友周惟长处士和吴筠便是其中著名的两位。迨至宋代,横山修炼道学者已不见继者,佛教却悄然兴盛。宋嘉祐八年(1069年),"读书荒址"已为浮屠之居,灰井丹灶、贞白五井、白月池等有关陶弘景的道家遗迹均被寺僧赋予澄心定神的佛教功能,凡上横山敬佛者均被告知"汝能向丹灶悟病死苦,粒沙入口,烦恼既息;汝能向五井识无垢净,滴水下咽,热沸尽洗;汝能向白月举扬空月圆寂,不二法门,诸无障碍"。至此,隐居院易名为"澄心院",明初洪武年间正式定名"澄心寺"。今天的澄心寺虽为近年来民间募资所重建,但白月池、贞白五井仍为旧时模样。

拖船壑是横山三十六峰之一，位于主峰西南侧。峰顶为一开阔地，北侧有一壑口。自壑口向南，成片过膝的茅草整齐地向两边分拨，如受拖船所压，故名"拖船壑"。这一罕见的自然奇观不仅使"登眺者惊为神莫测其异"，也给人们带来遐思幻想的空间：有的说是仙人张邋遢（张三丰）拖船过此留下的；有的说是赵光帝行旱船时泄露天机，旱船坠落时留下的……总之，附会之谈，各逞其神。

横山主峰是当涂县境内最高峰。只要天气晴朗，乡民清晨都能见到太阳从峰顶东侧缓缓上升西行，故名"太阳拱"，意指太阳每天从山顶慢慢拱起，给这里带来光明。太阳拱有一石坎小池，名"九龙"。历代《当涂县志》均载："（石坎）容斗水，不竭。内有石龙子（山蜥蜴）九枚，长数寸，扁形高足，痴不畏弄。人取其一，坎中仍九，即尽取之，坎中亦九也。"志书的解释是："龙性属阳，九为阳数，造化生生之理，固如是也。"可惜今天已不见这一奇特现象。登上崔巍雄峻的太阳拱，环顾四野，横山三十六峰依次环立，俯首拱峙，使人顿生"一览众山小"之感慨。每逢阴雨，漫山云雾弥散流动，给这片释道色彩浓郁的山林平添几分氤氲；每逢晴朗天气，满目皆为江南水乡秀美景致，东南方的石臼湖波光粼粼，西南方的青林山青翠欲滴，而横山之巅观日出，虽不胜黄山、泰山，却也给人带来无限愉悦的审美享受。

鸡笼山

宋乐史《太平寰宇记》载："麻湖初陷，一老母提鸡笼，登是山，因化为石。今山有翼，状若鸡笼，因名。"这就是隅居和县西北四十里、有"江北第一名山"之称的鸡笼山。鸡笼山唐以前称"历山"、"亭山"，明代又称"凤台山"，《竹书纪年》所云"夏桀放逐南巢，卒于亭山"便是指此。

鸡笼山脚踏岚笼山，怀抱九条垅，嶙峋霄汉，崔巍雄奇。山之北怪石杂陈，荆棘丛生，旧有古道可攀绝顶，但早已湮没难寻。山之南有蹬道数百级，宽不盈尺，宛如云梯，拾阶而上，有"南天门"、"百岁缺"、"一线天"等景点，可尽享幽奇险绝之美。登及山顶，远眺大江如练苍山隐秀，俯瞰山岚杳霭翠色扑面。如逢雨霁雾涌，但见重冈叠阜恍若大小舟船，蒙蒙然沉浮于汪洋大海之中，此即"历阳八景"之一的"鸡笼晓霁"。正如清代文学家陈廷桂在《历阳山川记》中所述："（鸡笼山）平峦连蜷，突起一石，峰如巨鳌之戴，自顶至踵无寸土，有若蚁附；登巅四顾，人出云上。罡风逼人，不可久立。"

或许是鸡笼山"高数百仞,状若莲花"，或许是鸡笼山苍幽俊逸，故其素为释道两教圣地。相传被佛陀尊为"三毛祖师"的金佛、金乾、金坤便是在这里受观音点化成佛，至今山顶还有供奉金氏兄弟的"三清殿"，以彰显三人成佛前的"清白、清贫、清身"。鸡笼山最为著名的寺院莫过于凤林禅寺。凤林禅寺始建于东汉末年，历代虽有废兴，但磬音梵乐未曾间断。今天的凤林禅寺清幽净雅、殿宇恢宏，天王殿、大雄宝殿、地藏殿、观音殿、藏经阁等依山就势，错落有致。天王殿飞檐翘角、轩宽庸敞；大雄宝殿崇宏端庄，殿前石庭平舒宽展，尽显广庭崇殿的庄严肃穆。鸡笼山何时出现道教，史载阙如。根据旧志"晚唐名道杜光庭在此布道传经以广其说"的记载，以及杜光庭所著《洞天福地岳渎名山记》中称鸡笼山为"天下第四十二福地"推断，鸡笼山出现道教最迟不晚于唐代后叶。淳熙观是鸡笼山最早见于史志的道观。旧志载，宋开宝七年（974年），太祖赵匡胤举兵灭南唐，驻跸鸡笼山时曾赐"寿宁宫"匾额，其后香火日盛，与凤林禅寺形成了鸡笼山"一山两教"的宗教文化现象，惜今仅存佛家禅寺，而不见道家宫观。

鸡笼山

鸡笼山不仅是宗教名山，更因"雨霁众山碧，松翠湿衣裳"、"山雀噪空而过，松涛撼谷而鸣"的绮丽风光，吸引了无数的文人墨客、学士名流，李白、许浑、李思聪、杨万里、贺铸、庄昶、王元翰、戴重、汤懋纲……如雁阵般徜徉栖息于此，或乘兴游览，或托物抒情，架构了独特而卓然的诗歌文化。诗仙李白观山中勤将军故宅时，诗赞横南将军勤思齐"神力百夫倍"；许浑游历山间，叹曰"鸡笼山上云多处，自劚黄精不可寻"；杨万里离开鸡笼山时，曾留"万峰送我都回去,只有鸡笼未肯辞"的不舍;就连一代枭雄朱元璋屯兵山下,也能挥洒出"崔巍巨石如天柱,撑着老天天自知"的张扬。更有宋代诗人李思聪将鸡笼山描绘成太虚净地:

    山状鸡笼横翠黛,水连天汉落冰岩。
    谁知内隐神仙宅,金叠云房玉作阶。

春晨徜徉其间,薄雾漫涌,芬芳扑面,恍如身处仙境,物我两忘;秋日登临宝顶,群山拱揖,白云荡胸,但觉神清目爽,心旷神怡。此中真意,欲辩忘言。

太湖山

    太湖渺渺万山中,清夜书声接晚钟。
    事到散场人去后,青山依旧白云封。

冲着明诗人张秉纯的句子也该去看看太湖山。

太湖山位于含山县南,翠峦起伏,势走龙蛇,仿佛镶嵌在长江与巢湖之间的一道绿色屏障,既有遮天蔽日的百年古树,也有极具观赏和保护价值的珍贵树种,山间溪流潺潺,波光粼粼,正所谓"有风松涛吼,无雨水长流"。太湖山山清水秀,四季风景如画。春日百花争艳,蜂飞蝶舞;夏日枝繁叶茂,鸟语蝉鸣;秋日霜染丛林,红叶似火;冬日云雾缭绕,苍松傲雪。

太湖山有秀峰二十座,峰峰相连,错落有致,绵延二十多里。站在山巅极目四望,茫茫林海掩映下的群山宛如一道道翠屏绵延起伏,无限风光尽收眼底。近可见云腾雾涌、群峰浮沉,远可眺大江如练、湖波帆影;晨可观旭日东升,夕可赏斜阳西下。主峰南面并列着三座山峰,左为钟山,右为鼓山,中间是木鱼山,宛若屏立琼轩。主峰西南侧有一山,传说因地藏菩萨踏山而过以致山顶偏向一侧,故名"歪山"。歪山地势险峻,从东侧山谷登陟,石阶陡窄疑似蜀道,近山顶处便是当地人常谓"渡过天门槛,活到九十三"的"天门槛"。跨过天门槛则眼界豁然开朗,令人顿生"又一天"之感。从天门槛眺望东南,层层相叠的峭壁在阳光照耀下,熠熠生辉,耀眼夺目,人称"叠玉屏"。

"无山不洞,无洞不奇"是太湖山的一绝。太湖山以石灰岩为主,在深谷密林处,分布着一些大小不同的溶洞,有的犹似迷宫,洞中有洞;有的深不见底,神秘莫测,其中以仙人洞、天人洞和龙泉洞最为有名。九龙湾山谷中仙人洞分上洞和下洞,上洞狭窄幽长,需弯腰屈膝方可入内;下洞深不见底,遍布石钟乳、石笋、石柱等,奇姿妙态令人叫绝。与仙人洞咫尺相隔的天人洞,相传曾有仙人在此修道,洞深数丈,空间宽敞,能容数十人,战争年代常有百姓避难于此。龙泉洞为太湖山少见的水洞,站在洞口便觉寒气袭人,进入洞内则闻寒泉潺潺,幽深难测。

"山石奇特、形态各异"是太湖山另一绝。从接引庵去"驴打滚"的路上,便有两处石景：一为过去和尚舂米的"碓窝石"，与常见碓臼所不同的是，它直接凿于山岩，宛如天成；一处为"石猴戏天蛙"，分左右两部分，左猴右蛙相向而视，将猕猴戏蛙的情态表现得惟妙惟肖，令人拍案叫绝。从天台到山顶的小路两侧，怪石林立，完全一派石林景象，有的酷似一对情侣，正含羞低首；有的形如金鸡独立，正引颈报晓；有的宛如雨后春笋，正破土而出……东部山口的神马石，好似扬鬃奋蹄的神骏嘶鸣奔出，跃腾之势扣人心弦；狮子山顶的吼狮石，状若长啸怒吼的雄狮俯瞰群峦，威猛之势震慑天宇。乌龟山腰的乌龟石，如同一只缓缓爬行的乌龟翘首仰望山顶，仿佛在估量那段虽近在咫尺、却又永远很难到达的遥遥目标……这些奇石妙趣天成，让人不禁惊叹大自然的鬼斧神工！

在太湖山西北麓有一潭碧波，宛如一轮新月镶嵌在青山翠谷间，这就是太湖山最富雅意的月亮湖。每逢春夏初交，湖上微风轻拂，波光粼粼，峥嵘山石垂映于碧澄的水中，但见游鱼碎石，雅趣万千。此时荡舟湖上，会惊起群群白鹭展翅林间，鹭鸣与桨声相映成趣，相得益彰。若在月夜泛舟，则更是一件雅事，偶见如钩新月从太湖山峰巅缓缓升起，倒映在波平如镜的湖面，令人心旷神怡。

太湖山月亮湾

有道是"自古名山僧占多"。自宋迄今，太湖山一直是佛教圣地，各具特色的庙宇依山就势，鳞次栉比，寺院风格和布局犹似佛国圣地九华山，故而素有"江北小九华"之称。

太湖禅寺又名普明禅寺，为高僧无用禅师初创于宋元丰二年（1079年），因其正对木鱼山，故有"左钟右鼓，怀抱木鱼"之说。太湖禅寺虽几经兵燹，但屡废屡兴，梵音不绝。今天的太湖禅寺雕梁画栋，金碧辉煌，天王殿、大雄宝殿、祖师殿三重殿宇气势恢宏。"屋里塔"和"锅边井"是太湖禅寺的两大奇景。"屋里塔"因矗立于祖师殿内而得名，青石垒砌，为开山祖师无用禅师真身塔；"锅边井"因位于祖师殿西侧膳房的锅灶边而得名，相传为无用禅师以锡杖杵地而成，故也叫"锡杖泉"。井中之水日取不竭，不取不溢，令人啧啧称奇。太湖禅寺后约一里为供奉地藏王菩萨的二圣殿，殿阔三间，旧藏明宣德年间（1426—1435年）香炉和清光绪年间（1875—1908年）佛磬，可惜均已散落民间。

与太湖禅寺隔山相对的，便是供奉"大乘佛教"教主阿弥陀佛的接引庵。阿弥陀佛在大乘佛教中被尊为释迦牟尼如来的"接引导师"，相传其身高丈六、金身黄面。接引庵筑于山腰，山前山后林木苍翠、浓荫蔽日。庵前有一参天古木，高约丈四，枝虬叶茂，优雅别致，实为参禅佛法的清静之所。

天台禅寺位于太湖山主峰山腰，前有溪流淙淙，后有郁葱山林，依山势建有天龙关、龙王殿、大雄宝殿。龙王殿内有"龙泉"一股，水味甘洌，终年不竭；大雄宝殿内则有一方巨大的天然倒倾心石，侧生一株碗口大的灵芝，令人称奇。从天台禅寺可直达昔日无用禅师清修佛法的天台正顶。这里清静幽雅、佛意盎然，仿佛整座山的灵慧之气都汇聚于此，故有"不到天台等于没来"的说法。

令人疑惑的是，太湖山旁未见有湖泊，却缘何以湖名山？原来"古代江流泛滥，洼潴为涌，山临湖上，以此为名。后江徙而南，湖化为田，而山依旧"。悠悠岁月，沧海桑田，今天虽不见"山临湖上"的壮美，但呦呦鹿鸣和着晨钟暮鼓也给人们带来几分方外之幽。

褒禅山

谈及中国古代散文，北宋王安石的《游褒禅山记》是不能忽略的。文中一番"非常之观，非有志者不能至"和治学须"深思而慎取"的感慨，使原本名不见经传的褒禅山名声大噪。褒禅山古称"华山"，位于含山县城东北十五里，因唐高僧慧褒禅师潜修并圆寂于此而得名。褒禅山山色苍翠，诸峰错落如屏，东为古木参天、盛产灵芝的灵芝山，中为以"天欲雨，山则云遮雾障"而享有盛名的起云峰，西为陡峭险峻的鳌鱼岭，山间龙女、白龟等泉水清洌甘甜，终年流泻。

游褒禅山，华阳洞和褒禅寺是不能不去的。

华阳洞便是王安石在名篇《游褒禅山记》中后悔"不得极夫游之乐"的"奇伟、瑰怪、非常之观"，因处褒禅山南麓而得名。华阳洞属喀斯特石灰溶岩洞群，分前洞、后洞、天洞、地洞，洞洞相通，洞中有河，河可泛舟。亿万年来，受地壳多次抬升、下沉的作用和地下水的冲刷，华阳洞道迂曲幽长，洞内石钟乳和石笋千姿百态，构成洞中百景。

主洞口前为一汪清澈见底、终年不涸的清潭，这就是"有泉侧出"的白龟泉。跨过泉上石桥便到前洞口。洞口立王安石手书"华阳洞"碑一方，三字笔力苍劲，尽显王安石刚毅果敢之性。入洞步余的石壁上留有几块宋明先人石刻，虽经数百年潮气侵蚀，字迹仍依稀可辨。进洞十余米，需"泛舟天河"七十多米才可见洞中景致。上岸后洞道曲折幽深，可闻寒泉水流潺潺，"莲花倒影"、"枯木逢春"、"织女晾纱"、"莲台瀑布"等奇景异象如梦似幻。再往前，则来到"荆公回步"处，当年王安石从后洞探幽，便是在此因"火且尽"折回而留下深深遗憾的。绕过洞中"蓬莱仙岛"便见洞容最大的"灵霄宫"，"灵霄宫"高约二十米，能容二百余人，洞石如虎似龙，生灵活现。出"灵霄宫"过"慧褒讲经"处再拾阶而上，便是当年王安石笔下的"窈然"之"穴"，即华阳洞后洞出口。

出洞后眼前豁然开朗，但见青翠满目，树姿万千，较洞中幽冥景象，恍如隔世。沿着王安石走过的"大唐古驿道"，便可到"古刹浮屠映碧山"的"褒禅寺"。

褒禅寺前身为慧褒禅师潜修佛法的慧褒草庐。唐贞观年间（627—649年），慧褒禅师云游至此，见这里山清水秀、层峦叠嶂，村舍星散于山谷，矢志"结庐其下"潜修二十余年。慧褒圆寂后，其弟子获其五色舍利若干粒，遂于慧褒草庐旧址建慧空禅院供奉舍利，并将华山改名为"褒禅山"。宋高僧中会禅师更寺名为"褒禅"，并与元裕禅师相继增建寺院，及至明永乐年间（1403—1424年）郑和下西洋归来扩建，庙舍已近千间，住僧常达千人。褒禅寺旧有大小二塔，高者约二十米，低者约十五米。两塔遥遥相对，俯视寺宇，蔚为壮观。然而，昔日的褒禅寺和褒禅二塔均毁于"文革"十年浩劫中，直至20世纪末才得以重建。

褒禅山全景

重修落成的褒禅寺坐落于华阳洞景区，占地百亩，为典型的三进式丛林布局，中轴线上从南向北依次为山门殿、天王殿、大雄宝殿，两侧则为钟楼、鼓楼、祖师殿、观音殿、伽蓝殿、地藏殿、功德堂、念佛堂、禅堂、法堂、斋堂等一百三十八间庙舍，慧褒禅师舍利也归藏于重建的九级"千佛舍利塔"内。2003年11月1

日,褒禅寺落成暨佛像开光法会隆重举行,晨钟暮鼓在灵秀苍翠的褒禅山再次响起,为这片山林带来佛家的肃穆和清静。

"褒禅烟雨"是褒禅山最富诗意的景致。每当山雨欲来,"葱菁环峙,烟雨苍茫",层峦间云雾或卷或舒,好似一幅古意浑郁的泼墨山水。清代诗人陆龙腾曾赞曰:

杖黎山下几何看,谁识看山不为山。
只爱云深山泼墨,苍岭万对有无间。

或许是多烟雨的缘故,褒禅山自古以来便是祈雨的圣地。旧志载,宋宁宗庆元六年(1200年),和州州守王大过因祈雨灵验筑"喜雨亭"。南宋永嘉事功学派代表、著名思想家叶适于宋宁宗开禧年间(1205—1207年)任江淮制置使时屯田江北,正值大旱,往褒禅寺祈雨辄应。其实,祈雨只是农耕文明衍生的一种巫术,褒禅山祈雨是否灵验姑且不论,但千百年来,慕"褒禅烟雨"和喜雨亭之名而来此吟咏题赋的文人雅士络绎不绝,蔚成风气。

今天的褒禅山已是著名的风景名胜区。登上褒禅山顶极目远眺,四周青峰环绕,如列翠屏,山野之趣、赏玩之乐、探幽之险、登临之兴,足以令"游人倦憩尘心寂,云自青天水自闲"。

如方山

如方山位于和县城西北六十里的夹山关水库北端,旧名"六合"。如方山林幽山寂,景色宜人。西岭的狮子岩瑰怪兀峙,与水碧如染的金牛井相依相衬,好似一幅古意盎然的瘦石寒泉图。西南麓峭崖顶端的钓鱼台地处险峻,每逢山间云涌雾漫时临崖盘膝,犹如垂钓雾海,别有一番雅趣。

绵延十余里的如方山,在广袤的江淮大地上并不起眼,千百年来却因峰峦跌宕、气度恢宏而备受尚佛者青睐。据旧志载,早在东晋便有凉州高僧宝云于此幽栖以终。

隆安三年(399年),时年二十三岁的宝云随名僧法显等远游天竺求法,十四年间足迹遍及西域三十余国,获《大等般泥洹经》《萨婆多律抄》《杂阿毗昙心论》《摩诃阿毗昙》等佛教经典。回国后第二年,他便与法显等在建康道场寺翻译梵经,二十多年间对"天竺诸国音字训诂,悉皆备解",先后译《摩诃僧祇律》《大般泥洹经》《杂藏经》等五十余卷。晚年,宝云则在六合山潜修悟禅,又译《新无量佛经》二卷和《佛所行赞》五卷,圆寂后葬于山中六祖塔。据《建康实录》和《太平寰宇记》记载,大明七年(463年)二月,宋孝武帝刘骏"车驾西巡济江,立行宫于历阳(和县旧名)巢石浦……祭六合山,尊礼宝云灵塔"时,见六合山山势雄峻,酷似金陵方山,遂改山名为"如方山"。

南朝诸帝均敬释崇佛，梁武帝萧衍更是将佛教定为国教，从普通八年至太清元年（527—547年）的二十年间就曾四度舍身出家，史称"菩萨皇帝"。天监至大通年间(502—529年)，萧衍数度登如方山拜谒供奉宝云骨灰的六祖塔，并建"萧家藏经寺"。其子萧统，即中国文学史上赫赫有名的"昭明太子"，也常来如方山，或去六坟寺、萧家藏经寺、香社寺诵经礼佛，或在山顶昭明院"讨论坟籍，或与学士商榷古今，继以文章著述，率以为常"。尽管萧家父子因痴释佞佛而为后世所诟，但晚明诗人戴重一阕"萧家藏经寺，亦有读书台。竹柏滴空青，白云招手来"的慨叹，给了萧家父子少许慰藉，因为在如方山暮鼓晨钟的千年回音中，毕竟还有他们的身影。

流水无痕，岁月无情。历经一千四百多年的风雨飘摇，如方山清幽古朴的六朝古刹早已荡然无存。今天，人们只能在散落在野草蔓藤间的残砖碎瓦上，找寻如方山佛磬禅音的记忆。值得欣慰的是，如方山梵音虽绝，却不改昔日的净寂秀丽和幽幽禅意，正如明末高僧源远借宿山寺时所吟：

　　高峰不羡古丹邱，六合纵横一望收。
　　绝顶九秋曾见雪，虚堂三暑尚宜裘。
　　月明登塔层层静，夜半看山面面幽。
　　客骑夹关清晓过，定疑钟磬出云头。

登上如方山山顶，但见松苍柏翠，群山如丘，村落田畴，棋布星罗，远处的绵绵扬子江蜿蜒如练，令人顿生悠悠思古之情。就连宋代和州巡检、著名诗人贺铸登如方山时也曾叹道：

　　楚郊十月当闻蝉，傍道黄花亦可怜。
　　特上西山最高处，长安应在夕阳边。

望夫山

在中国古代有这样一种现象：大凡坐落在江河湖海边、顶端立有稍具人形巨石的山梁峦崖，多被冠以"望夫山"，而巨石则曰"望夫石"。粗粗盘点一下，全国较为有名的"望夫山"、"望夫石"就有十余处，马鞍山的望夫山、望夫石便名列其中。马鞍山望夫山山名由来已久，唐诗人李白便曾作《姑孰十咏·望夫山》：

　　颙望临碧空，怨情感离别。
　　江草不知愁，岩花但争发。
　　云山万重隔，音信千里绝。
　　春去秋复来，相思几时歇。

望夫山因"昔有人往楚，累岁不还，其妻登此山望夫，乃化为石"传说而得名。据明清《太平府志》《当涂县志》和民国二十五年（1936年）《采石矶风景名胜小志》载，望夫山"一名'枣子矶'，高百丈，周二十里"，因"建地藏佛舍于山之东，俗称'小九华'"，山顶"有碑石一方，矗立山巅面大江，上刻'望夫石'三字"。小九华山在采石镇北，自唐迄今向为佛门圣地，香火不断。据传，唐时山上便建有地藏王殿，内藏经书甚多。明崇祯年间（1628—1644年）又建准提庵，后改名"准提寺"，有"园林云胜"之称。民国二十三年（1934年），采石镇富商秦道增兄弟捐资重修地藏王殿及山麓至殿的千余级石阶。昔时地藏王殿东百米处有"天池"，池水四季清冽不竭，左侧石壁上有"天池"、"盖戴之恩"、"化生之德"等摩崖石刻，惜今俱已不存。今天的小九华山已是马鞍山市佛教活动中心，每逢节庆和法会，朝山拜佛者纷至沓来，络绎不绝。

令人疑惑的是，明清方志对望夫山方位的记载明显与宋代地理著作不吻。宋《太平寰宇记》和《舆地纪胜》云"望夫山在（当涂）县北四十七里，周回五十里，高一百丈"，"正对和州郡楼"，更有陆游《入蜀记》云"徐师川（即徐俯）《慈姥矶诗序》云，矶与望夫石相望，正可为之对"，而小九华山与牛渚山（今翠螺山）毗邻，《太平寰宇记》载"牛渚山在县北三十五里"，距"县北四十七里"的望夫山尚有十里之遥，与慈姥山之间也有西山等几座高度相仿的山丘相隔，故谈不上陆游所说的"（慈姥）矶与望夫石相望，且《太平寰宇记》所述望夫山周围与明清方志所记小九华山周围也相差甚远。今慈姥山南临江处有一山，山顶原有一石状如人头而立，故名"人头矶"，与翠螺山距十里余，方位亦符陆游所记，后因开山取石而山削石落。难道是明清方志记载有误？其中缘故值得探究。

其实，从小九华山至人头矶沿江北迤十余里的数座山峦，在宋代并无"小九华山"、"西山"等名目。从《太平寰宇记》"望夫山周回五十里"和乾隆十五年（1750年）《当涂县志》"大江矶石连亘十余里……连石又名'人头矶'"、光绪四年（1878年）《重修安徽通志》"山边大江，矶石相连"的记载推断，宋代与明清对望夫山方位描述的不同，可能是宋代望夫山包括"望夫石"、"西山"、"小九华山"等连在一起的山峦。而明代则将望夫山分为望夫山（小九华山）、西山、人头矶等山，望夫石的传说也从与慈姥矶相望的人头矶随山名"移植"到今天的小九华山了。至于小九华山顶的铭字"望夫石"，明清方志亦未记载，再则其为碑石而非自然石，应为清代中期至民国好事者所为。

望夫石是"原生"于小九华山也罢，是"移植"于小九华山也罢，其实都不重要，重要的是望夫石给马鞍山留下了一段坚贞不渝的爱情故事。望夫石的传说虽然是广泛流传于民间的故事，但其"忠贞"的内涵往往是历代文人题咏赞美的题材。唐时刘禹锡任和州刺史时曾赋诗《望夫石》：

终日望夫夫不归，化为孤石苦相思。
望来已是几千载，只似当时初望时。

通篇一个"望"字，淋漓尽致地表达了相思之情的真挚与深切。这首诗"语虽拙而意工"，诗意并不在题中，它寄托了诗人永贞革新失败后长流边州、思念京国的迫切心情。他在同时期所作《历阳书事七十韵》中的"望夫人化石，梦帝日环营"便是此诗最好的注脚。

慈姥山

慈姥山滨江而卧于马鞍山市区西北，距江苏境仅一里。这座海拔不足六十米的临江小山，在素有"山水都"之称的马鞍山的确很不起眼，但自唐迄清，现存于世的所有地理著作都收录了"慈姥山"词条，这着实让人惊讶。

慈姥山又名"慈母山"，按东晋释道安《江图》"慈母山，此山竹作箫笛有妙音"所记，"慈母"名最迟东晋时便已有。但其来历，自古却有两说。

一说因山上有丁兰庙而得名。清康熙《太平府志》云"丁兰庙，在慈姥矶上……岁祭者二"。丁兰即《二十四孝》中"刻木事亲"的男主角，东汉时河内（今河南沁阳）人。据《后汉书·郡国志》和晋孙盛《逸人传》载，丁兰在母亲去世后"刻木为像，祀之如生，凡家事必告像"。邻居张叔妻来借东西，兰妻跪报木人，因"木人不悦"便不予借，张叔遂"来骂木人，以杖敲其头"。丁兰为此愤杀张叔。后"吏捕兰，木人为之垂泪。郡县嘉其至孝通神明，奏之，诏图其形"。由此可见，慈母山因丁兰慈孝其母而得名，既符合历代统治者提倡孝道的要求，又彰显江南的孝母风俗，这在清乾隆《当涂县志》中改称"丁兰庙"为"王兰庙"、立"姥像，塑兰夫妇于姥侧"事项中得以体现。

另一说源于"插筷成竹"的传说。相传南朝梁昭明太子萧统曾在此苦读著述，累岁不还。其母思儿心切，劝其返宫。太子执意不从，信手将一双竹筷插入土中，表示竹筷如能成竹即随母而归。然母爱的真挚感动了上苍，片刻间筷子果真长成翠竹。后人便将此竹称为"慈姥竹"或"慈母竹"，并赋诗"皇母适江左，拥子喜且哭；母爱动天地，插筷长成竹"，以赞其事。萧统因主编了中国现存最早的诗文总集《文选》而垂名于世，加之其"为政宽和，京师谷贵，他命菲衣减膳，改常馔为小食；每霖雨积雪，遣心腹左右，周行闾巷视贫困家，有流离道路者密加赈赐"的勤俭仁爱而深受后人爱戴。"插筷成竹"固然不可能，但昭明太子曾在此读书却是事实。旧志载，山巅临江处昔有始建于南朝的昭明太子读书阁（台），后移建于山之东麓。整座建筑布局严谨，气势恢宏，今虽不存，但山下至今仍留有昭明村、昭明桥等地名。

其实，不论是丁兰孝母，还是插筷成竹，今天的人们都无须深探其究，"慈孝于亲"和"慈母爱子"都是中华民族的传统美德，为历代文学作品中的常见题材。宋诗人梅尧臣在舟过慈姥山时所作《发长芦江口》便有"南国山川都不改,伤心慈姥旧时矶"的慨叹。

　　提及慈姥山,不能不说慈姥竹。"插筷成竹"的传说虽然感天动地,但慈姥竹扬名却比传说早了五百多年。慈姥山本名"鼓吹",便是由于山中所产青竹"作箫笛有妙音……历代常给乐府"而得名,只是后来因山易名而称"慈姥竹"。慈姥竹管畅节疏,所制竹箫"异于众处"。早在西汉时,辞赋家王褒就在《洞箫赋》中评价此箫巨声"若慈父之畜子"、妙声"若孝子之事父"、武声"若雷霆辚輷"、仁声"飒若风纷披",具有使民风淳厚的教化作用。正是"慈姥竹"箫的奇异音效,千百年来,慈姥竹常为文人名士景慕吟诵的对象,其中最著名的莫过于李白在唐天宝十三年(754年)所作的《姑孰十咏·慈姥竹》:

　　　　野竹攒石生,含烟映江岛。
　　　　翠色落波深,虚声带寒早。
　　　　龙吟曾未听,凤曲吹应好。
　　　　不学蒲柳凋,贞心常自保。

诗中将慈姥竹的箫管之音比作"龙吟"、"凤曲",以致后人为之传诵。可惜的是,慈姥竹今已绝生。

　　慈姥山临江"绝峭立者",便是陆游《入蜀记》中所云"与望夫石相望,正可为的对"的慈姥矶。慈姥矶积石临江,崖壁峻绝,素为舟楫避风之所。旧志载,山崖险处曾立六尺石碑,上镌"北润州上元界,南宣州当涂界",传为唐代遗物,惜今不存,无从考证。今天慈姥山上的丁兰庙、昭明阁、弥陀寺等古迹虽已湮没不见,但登顶俯视,仍可见大江前横,舟楫如飞,万顷田畴,阡陌纵横,不失为览江思古、聊发"逝者如斯"之慨的好去处。

石臼湖

　　说到石臼湖,总也避不开二千多年前的丹阳湖。

　　丹阳湖古称丹泽,因秦置丹阳县而得名,为皖南山洪汇聚之区。西汉时期,古丹阳湖因中江淤塞,逐渐析分为丹阳湖、石臼湖、固城湖,史称"一泽化三湖"。三湖同出一脉,而以丹阳湖最广。每当夏秋水盛之际,丹阳湖湖水漫溢,与石臼湖浑然一体,即时水天相连,浩瀚无际。丹阳湖古有杨柳晴烟、蒹葭霁雪、荷花夏日、莼菜秋风、云边落雁、沙上眠鸥、渔笛吹晴、菱歌唱晚等八景,然而自"永安三年(260年),丹阳都尉严密筑丹阳湖,作浦里塘"始,历代对丹阳湖围垦不止,迄至20世纪70年代,丹阳湖已不复存在,仅存运粮河与姑孰溪连为一体。昔日丹阳湖水天一色、片帆起云间的美景也只能从李白的《丹阳湖》中欣赏:

　　　　湖与元气连,风波浩难止。
　　　　天外贾客归,云间片帆起。

龟游莲叶上,鸟宿芦花里。
少女棹轻舟,歌声逐流水。

好在丹泽虽隐,但石臼仍存。今日石臼湖的柔姿倩韵,依然魅力无限,令人倾倒。

石臼湖位于当涂县东南,以湖心流河为界,东面属江苏高淳、溧水,西面则属安徽当涂。相传很早以前,东海龙王想纳鲤鱼仙子为妾,但鲤鱼仙子却与勤劳忠厚的青年石臼一见倾心,结为夫妻。恶龙闻之大怒,欲将石臼夫妇生活的地方陷成大海。为救民众,石臼夫妇与恶龙展开殊死搏斗,最后借助观音菩萨的帮助和女娲石的神威,与恶龙同归于尽,化成湖泊。为纪念石臼夫妇的义举,人们遂谓之"石臼"。这虽是扑朔迷离的神话传说,却给石臼湖增添了一抹神奇的色彩。

石臼湖

传说终归是虚幻的,但石臼湖"日出斗金"却是事实。它不仅为民间交流提供了舟楫之便,更为沿湖人民提供了丰饶的物产。石臼湖盛产鱼虾,仅鱼类就有青、鲤、鳜、鲫、鲢、鳙、鲶等百余种,其中尤以"水中三珍"银鱼、紫虾和特有的金甲红毛蟹为贵。红菱、蒿苗籽、莲藕、莼菜等水生植物营养丰富、清爽可口,俱为人间佳肴。特别是冠以"水人参"的芡实,其梗可作羹佐餐,有加饭之功;其籽可充饥解渴,多养颜之效,旧志载曾为清宫贡品而名闻江南。

石臼湖不仅物产丰饶,沿湖还有丰富的人文景观。"四望皆横"的横山亘峙北岸,湖中望山山如浮黛,山上观湖湖若碧玉,山水映衬,独具奇韵。湖西北岸的釜山形似扣锅,传为苍龙遗珠幻化而成。该处有一新石器时期文化遗址,散落的残陶碎石间,依稀可辨先民们劳作生息的家园。跨过石臼湖出水口的母子双桥,漫步湖西岸堤,东可观缥缈幻化的石臼烟波,西可赏恬静悠然的田园风光,沿途可去"镇乡庵"、"彰教园"寻幽,可去"均庆寺"、"大王庙"参佛,可去"济美坊"、"古红杨"访古,也可去塘沟老街探异觅奇。四百多年前,一位湘籍名士在致仕还乡的江西左布政使邢珣陪同下,在塘沟老街"启明阁"上观赏石臼湖时,也不禁惊呼"有登岳阳楼观洞庭之曼妙"。

最令人心折的还是石臼湖的无限风光。每年三四月桃花飞红之际,来自宣州地区的山洪由水阳江经塘沟河注入石臼湖,有时如驯羊平稳不喧,有时如烈马奔腾咆哮。随着湖水越来越深,石臼湖也渐趋喧闹,鱼跃虾戏,沙鸥惊飞,就连湖边碧色连天的苇叶也婆娑曼舞起来。清晨,渔民们扬起片片白帆,或捕鱼、或捞虾、或钓鳖、或捉蟹,享受着石臼湖给予的慷慨;傍晚,满载而归的人们则常常荡桨为节,忘情放歌。明代曾有一位诗人这样描绘石臼湖美不胜收的风光和石臼湖人自得其乐的情趣:

　　一叶扁舟百里湖,烟波深处想婆娑。
　　轻风短棹斜阳处,几曲沧浪自在歌。

夏秋之际,湖水丰盈,无际的湖面水天一色,烟波浩渺。天气晴好,则见波光粼粼,远山浮黛,浪逐轻舟,白帆点点,莲荷争艳,蒿苗摇曳,宛似一幅格调闲雅的彩墨湖山,令人忘返;若遇风雨,则是云飞波涌,浊浪排空,渔舟疾归,鸥鸟惊飞,远山藏雾,水草隐没,俨然一卷惊天动地的泼墨惊涛,令人动容。到了冬天,汪洋含蓄、浩瀚无垠的湖水沿着湖北端的右甸河、三汊河流入运粮河,然后经姑孰溪在金柱关汇入滔滔大江。这时的石臼湖恢复了湖浅水瘦的恬静,但见远山滴翠,残荷听雨,莎草翻波,芦花翩跹,天际偶尔传来声声雁鸣,使人顿生无限感慨。

横　江

横江,即长江横贯马鞍山境的一段江面,因大江出天门后折北横流而得名。

对于滔滔万里的长江来说,流程仅五十余里的横江,实在是微不足道,可在蔚为大观的二十五史中,"横江"却是个屡见不鲜的名字。秦始皇渡牛渚、孙吴经略江东、晋室永嘉东渡、隋韩擒虎伐陈、宋曹彬灭南唐、宋金采石大战、朱明奠基江南……无不深深烙下横江的印记。

横江上承天门之泻涛,下衔扬子之浩波,素为南北要冲,形胜之地,而位于"和州历阳县东南二十六里"、正对南岸"千古一秀"采石矶的横江古渡,无疑是与瓜洲古渡齐名的南北襟喉。在艺术创作中,津渡常常被赋予离别、牵挂、乡愁的文学意象,作为唐宋时期江南通往中原地区主要津渡之一的横江古渡,千百年来,同样承载了无数文人墨客系舟横江、翘首盼渡时的吟咏题赋,其中尤以寄托李白内心失意和忧心国事的《横江词》六首最为有名:

　　人道横江好,侬道横江恶。
　　猛风吹倒天门山,白浪高于瓦官阁。

海潮南去过浔阳,牛渚由来险马当。
横江欲渡风波恶,一水牵愁万里长。

横江西望阻西秦,汉水东连扬子津。
白浪如山那可渡,狂风愁杀峭帆人。

海神来过恶风回,浪打天门石壁开。
浙江八月何如此?涛似连山喷雪来!

横江馆前津吏迎,向余东指海云生。
郎今欲渡缘何事?如此风波不可行!

月晕天风雾不开,海鲸东蹙百川回。
惊波一起三山动,公无渡河归去来。

也许是因为见证了太多的兴亡成败,也许是"牵愁万里"的风浪和失意经年的跌宕在特定的时空产生了共鸣,当横江"惊破天际雪山摇"的险风恶涛扑面而来,诗人挥洒不出"楼船夜雪瓜洲渡"的雄放豪迈,也流淌不出"期君水宿梦相遇"的凄思婉约,只能对着如山白浪,发出"狂风愁杀峭帆人"的愁叹。

横江渡往北里许,便是唐代横江驿馆所在地金河口。今天的金河口虽早已不见昔日行旅的匆匆行色,但在茫茫水色间,仍可见一条千年古运河从容地汇入滚滚大江。它就是源于含山城东鹿岩山、东迤七十余里而横穿和城中部的"得胜河"。

据《宋史·河渠六》载,宋太祖赵匡胤为平灭南唐统一江南,开宝年间(968—976年)"诏用京西转运史李少符之策,发和州丁夫及乡兵数万人,凿横江渠于历阳"。史书并未交代开凿得胜河经历了多少艰辛、耗费了多少时日,只用"渠成,以通漕运,而军用无缺"的寥寥数字带过。但不难想象,成千上万的江淮子弟抡锄挥锹、凿渠开河的场景是何等的壮观。巧合的是,得胜河最初也叫"横江",直到明永乐二年(1404年)河道疏浚后,方才改称"得胜",其间含义不言而喻。

作为一条用于军需运输的河流,得胜河自然没有"十里秦淮"上的阑珊灯火和风花雪月,但它对于"国家统一"与南北"文化融合"的历史和社会意义,却不是"烟笼寒水月笼沙"的秦淮河所能相比的。即便千年后,得胜河上早已没有了昔日樯橹林立和铁马嘶鸣,但迎着金河口潮湿的江风,仍能依稀感受到河水中几许水流花谢的沧桑和几份金戈铁马的铿锵。

姑孰溪

江南人爱水,爱的是那份婉约。姑孰溪便流淌着这样的和顺柔美。

如果说长江是一株参天巨木,姑孰溪则只是长江上一根很不显眼的枝杈。姑孰溪东承石臼湖的浩渺,西接扬子江的飘逸,经当涂城南,宛转四十多里,滋润着江南这片角落的淡泊和安定。较之恣肆的北方河流,姑孰溪没有险滩恶浪,缺乏拙朴雄浑的气质,演绎不出"风萧萧兮易水寒,壮士一去兮不复返"的悲凉,更难以挥洒"君不见黄河之水天上来,奔流到海不复回"的气魄。她总是流得平缓、流得含蓄,如江南闺阁中嗅着青梅的少女。或许是先人们不甘于姑孰溪的平缓,为她名称的由来杜撰了一个感伤的传说:相传东晋初年的一天,一位悲戚忧郁的貌美姑娘在河边浣纱。来往的人问她为何忧伤,她什么也不说,却趁众人不备,纵身入水,消失无踪。为了纪念这位哀怨而又不知姓名身世的姑娘,淳朴善良的老百姓便称这条河为"姑孰溪"。

江南的水太绿,绿得令人安逸;江南的水太清,清得令人娴静。清碧的江南水犹似女人温柔的双手,能舒展旅人结着乡愁的眉头,也可洗涤尘世间喧嚣的浮躁。在江南多若网丝的河流中,"水色正绿,而澄澈如镜,纤鳞往来可数"的姑孰溪是幸运的,曾经消香殒玉的溪水平静了四百多年后,款款接待了披着旅尘的李白。

这位自信"天生我材必有用"的诗坛巨擘,性格过于傲世独立、张扬自恣了。沉浮宦海的政客们岂能容下他"天子呼来不上船"这般对礼法权贵的蔑

姑孰溪

视?"翰林待诏"的墨迹还未干透,李白便被体面地"赐金还山"了。既然无奈于政治抱负的实践,只能寄情于山水了。就这样,姑孰溪携着一丝清新、一缕淡雅,流进李白的视野、流进李白的诗歌:

爱此溪水闲,乘流兴无极。
漾楫怕鸥惊,垂竿待鱼食。
波翻晓霞影,岸叠春山色。
何处浣纱女,红颜未相识。

不愧是"绣口一吐就半个盛唐"的谪仙人,一个轻灵灵的"闲"字便道出了姑孰溪的气质。

唐玄宗天宝末年,李白正踉踉跄跄步入生命的秋天。也许是因为姑孰溪水的恬静安逸,使他颠沛流离的生命在江南这个清静的角落得到熨帖,流进诗人眼中的只是姑孰溪的闲情静谧、霞影山色和未曾相识的浣纱少女,而没有流露丁点怀才不遇的轻狂自恋,更没有影射一丝遭谗放逐的怨天尤人!试想,如果没有沁入骨子里那份实现自我的渴望,没有构建高尚坚韧的文化人格,诗人又怎能在失意落拓时,将对人生理想的执着,诗化成对山水的讴歌,彰显令人折服的气度?

姑孰溪的温柔羁绊不住李白抗争命运、求证人生的步履。当姑孰溪盈盈波光舔愈诗人心灵的伤口,溪畔的南津渡头又挂起一片远行的孤帆。好在姑孰溪不仅已流入李白"独步千载"的笔墨,更融入李白浓浓的"乡情",否则数年后,步履蹒跚的诗人怎会将姑孰溪畔的当涂作为生命最后的驿站?

蛰栖江南一隅而又有几分姿色的小川小河,大都不会寂寞,这多少得益于中国历代文人营造的一种文化现象:或许是扎根于黄河流域的黄土,跳跃着更加强劲的脉音,自负"学而优"的文人总是踌躇满志、兴冲冲赶往北方;当他们构筑的价值取向被宦海恶浪无情地击碎,才又挂念起被"主流文化"冷淡的江南,将满脸的失意委于江南弱湍的宁静安闲,然后笔墨一通抒发怨气。好在这些怨气为江南原本平实的流水注入了人性的张力,好在千百年来失意的文人太多。南津渡头的缆柱刚刚挥别解缆西行的李白,又系住一叶扁舟的缆索,这一系就是十年。走下船的便是北宋词坛婉约的李之仪。

那一年是崇宁二年(1103年),时任枢密院编修的李之仪,因录写旧党代表范纯仁"遗表"和"行状",开罪当权的新党领军蔡京,稀里糊涂卷入一场"新旧党争",被画桌边微微欠身的徽宗赵佶御笔一点,贬谪当涂、"编管太平"。

应该说有宋一朝对文治的崇尚算是对文化人的安慰。大凡有点成就的读书人都可以在官场上行走一番,即便是发点不合时宜的牢骚,或与当权派政见相左,多数只是被外放迁遣、罢黜贬谪,尚许抒发几句感慨。所以,当年近花甲的李之仪满脸委屈地踏上南津渡口的石阶,还能长叹"哪堪旧恨仍存!清愁满眼共谁论?"的愤懑。这种对读书人的宽容,较之于朱明王朝的读书人活得小心谨慎、战战兢兢，稍不留神便落得割喉断脊的下场，实在是文化之幸。正是这种宽容，使婉约的姑孰溪有幸流淌了一段千年的挚爱痴情。

刚到当涂的李之仪家徒四壁，"萧然环堵，人不堪之"，三年间亡妻丧子、哭泣未间。老益无聊的李之仪时常徘徊于姑孰溪畔，不意邂逅当涂绝色歌伎杨姝。杨姝为其弹唱《履霜操》，李之仪以词《清平乐》相赠，自此二人"以诗文相娱"，常于姑孰溪畔"一编一壶，放怀诗酒，觞咏终日"。姑孰溪畔的相知相爱，使李之仪超然于"获罪编管"的无奈与愤懑，不再"日与田夫樵老，相与低回"。他自称"姑溪居士"，或展卷读书、著言立说，或寻幽访古、览胜抒怀。

姑孰溪的柔美激起他流落累年后对生命的热爱，杨姝的柔情燃起他失意经年后对生活的渴望，生命意志和生活理念因姑孰溪的潺潺流水而获得深刻的感悟。即便十年后，年近古稀的李之仪，坐在成都城的书房里，仍不停张望江南，脑际闪现姑孰溪上点点渔火，和着长空中传来的几声雁鸣，轻轻吟道：

我住长江头，君住长江尾。

日日思君不见君，共饮长江水。

此水几时休？此恨何时已？

只愿君心似我心，定不负相思意！

一阕传唱千年的《卜算子》，竟然将浪漫情韵诠释得如此婉约，如此让人牵肠挂肚，使得徜徉在姑孰溪里李之仪青衫飘然的身影也愈发清晰了。

锁溪河

在千古一秀的采石矶与采石古镇之间有一条碧波荡漾、岸柳成荫的人工河。据《方舆纪要》载，采石矶"屹然立江流之冲，水势湍急，大为舟楫害"，有"山盘水怒不得泄"和"一风微吹万舟阻"之险情。为缓和水势，宋熙宁三年（1070年）沿牛渚矶东平畴冲积地凿新河，这就是锁溪河。

在水网交织的江南，全长不足五里的锁溪河实在是微不足道，但值得一提的是，正是因为锁溪河"南接夹河，西北达大江"，藏于采石矶后的特殊地理位置，在著名的宋金采石大战中发挥了巨大作用。南宋绍兴三十一年（1161年）十一月八日，金主完颜亮率十余万大军从和州渡江南侵，而此时从江北退守采石的一万八千宋军却因没有主将而人心惶惶、秩序混乱。前来犒师的中书舍人虞允文（1110—1174年，四川仁寿人）见状，立即将步、骑兵埋伏在沿江山中，并将舟师隐蔽在锁溪河。金兵以为采石无防，待船近南岸时，藏匿在锁溪河上的宋军海鳅战舰冲入金兵船队，打得金兵措手不及、伤亡惨重，被迫退走扬州。这是中国历史上"以少胜多"的著名战例。此战不仅打破了金兵渡江南侵、灭亡宋廷的计划，还加速了完颜亮统治集团的分裂和崩溃，使南宋政权转危为安。

锁溪河原名"牛渚河"、"采石新河"。至于为何后称"锁溪",历代均无记载,但从当涂姑孰溪的旧河道来分析,"锁溪"与姑溪河之间应有直接关系。

《汉书·地理志》曾云,姑孰溪原本在采石山南接长江水,自西向东流入丹阳湖,与芜湖中江故道的江水和皖南山洪汇合后,经胥河至阳羡(今江苏宜兴)入海。唐大顺二年(891年),杨行密为节制水流,拖运粮船,令大将台蒙在胥河上筑银林、分水、苦李、何家、余家五堰(史称"鲁阳五堰"),使丹阳湖水东流受阻而分为南北两股,南股仍沿胥河东流入太湖,北股则由姑孰溪逆流入长江。按《太平府志》"丹阳湖北股西行……是为姑溪。又经县南受胭脂港水,又西北受襄城港水,又西北过采石镇,又北经(采石)新河至宝积山入江"的记载,"锁溪"之名应为"锁住姑孰溪水"之意。再者古人认为,水代表财富,"锁溪"亦有锁住财富之喻。

锁溪河不仅是沟通长江、联系古镇的纽带,千百年来更为无数舟楫提供了行船泊舟的便利。昔时宣歙之地行旅"渡扬子趋淮汴"时,多乘舟经丹阳湖和姑孰溪,最后在锁溪河入大江而北上。可惜的是,明正德七年(1512年),为保护太湖边的产粮区,朝廷将银林堰(即东坝)加高三丈,导致丹阳湖南股湖水不能东流入太湖而折入姑孰溪,以致河水狂泻,冲溃县城西南金柱关直入长江,造成县城西南至宝积山的旧河道逐步废弃淤塞,所以今天的锁溪河虽有"锁溪"之名而无"锁溪"之实。

随着姑孰溪的改道,锁溪河渐渐被人们冷落。及至20世纪后半叶,锁溪河已是河道淤塞,百病丛生。近年来,为了恢复锁溪河往日的清亮秀美,马鞍山市人民政府不仅疏浚河道引入江水,更将河道护坡改铺为游步道,添建了亲水平台、木栈道、卵石广场等,使之成为采石风景区第一道靓丽的风景线。

运漕河

漕运是古代官方督管的水道运输,是中国二千多年封建社会特有的一种经济制度,用今天的话来说,就是利用水道调运粮食、盐铁的一种政府专营运输。在中国古代,大凡水道较宽的河流都有此功能,而运漕河作为天下粮仓巢湖通往八百里皖江的主要航道,早在二千年前便被赋予了"漕运"功能。

运漕河原本不通巢湖,按《舆地志》"南谯郡县界有巢湖,湖东南口有石梁,凿开渡水,名东关,相传夏禹所凿"所说,大禹治水时"凿东关石梁为渡漕"才将巢湖水引进运漕河。三国初年,因运漕河水系不畅,曹操"四越巢湖而不成",后为兵伐东吴,方便粮草运输和行军作战,曹操令疏浚、开拓濡须水为"漕河",这才有了今天这条上起巢湖闸下至裕溪口入江,自西向东流经含山、无为、和县三县的运漕河。

运漕河古称"濡须水"、"漕河"、"天河",而"运漕"之名则始于南朝梁。据《安徽通志》载,大都督王僧辩为平定侯景叛乱,于南梁大宝三年(552年)引水师自浔阳(今九江)进驻芜湖,而侯景部将侯子鉴为保障叛军"漕河"的粮草运输,屯兵梁山而改称"运漕",其后一直沿用至中华人民共和国成立之初才易名为"裕溪河",而将无为黄洛镇至含山运漕镇河段称为"运漕河"。

江淮之间虽然土地肥沃、物产丰饶,但却是中原与江南之间的战略缓冲地带,这决定了运漕河每逢北方政权统一江南,或南方政权问鼎中原时,便成为双方争夺的战略水道而难逃战火。在运漕河近一百四十里水道上,"大禹凿漕"的东关无疑是最具军事价值的隘口。《方舆胜览》载:"濡须山,谓之'东关',为三国诸葛恪所筑。其北控巢湖,南扼长江,为吴魏间要冲。"南宋王应麟也在《玉海》中云:"东关,今其地高峻险狭,实守扼之所,故天下有事必争之地。"可见,"奠淮右,阻江南"的东关是长江与巢湖之间的咽喉要道,自古战事频仍。最早出现在正史中的东关战事发生于三国吴魏之间。据《三国志·魏书·武帝纪》记载,建安十七年(212年)"冬十月,公(曹操)征孙权,十八年(213年)春正月,进军濡须口……对垒数月",仅其中两次水战,双方就战死过千人,最终曹操退守庐州。南北朝时期,政权更迭频繁,东关更是战火不断。及至南宋,朝廷为防止金兵南下曾派重兵把守,大将刘琦便是从东关出奇兵,在清溪河口大败二十万金兵……正如宋人龚相《濡须坞》所云:

  东北安危限两关,迅流一去几时还。
  凄凉千古干戈地,春水方生鸥自闲。

频繁的战争对于运漕河来说固然不幸,但二千多年的"漕运"史,无疑也刺激了江淮间经济、文化、艺术的交流,逐步形成了独特的漕运文化,而在运漕河上最能体现这种文化的便是含山首镇运漕镇。据史志记载,运漕镇建置已有一千五百多年,初因运漕河环抱其周而称"漕运",元代曾设运漕巡检司,明洪武年间(1368—1398年)是钦定十二圩盐引岸(专卖区),明末清初易名"运漕",清咸丰十年(1860年)设牙厘局,镇东西南北设分卡。可见,运漕镇是随"漕运"而兴的"水镇"。

运漕镇地处"含山粮仓"的杨柳圩,与无为上、下九联大圩隔运漕河相望。昔日运漕河上粮船如梭,商贸极为发达,仅抗战初期粮行就有五十多家,素有"小米市"之称。经济的繁荣推动文化的发展和交流。据文献载,运漕镇旧有万年台、东岳庙、三台阁、正觉寺、西徕庵、圆通庵、水阁凉亭、明巢国公墓、藏书楼、百子桥、晏家桥、孝子坊、翰林坊、贞烈坊、贞节坊等众多古迹。这些古迹虽多已湮没,但至今仍留有天主堂、福音堂、同善堂、清真寺,以及十多家古朴典雅、透出沧桑古韵的明清宗祠和民居,这对于当时只有万余人的集镇来说是十分少见的。

或许是大禹"凿东关石梁为渡漕"时将仪狄制酒法带到这里,或许是曹操

"四越巢湖而不成"时将九酝春酿酒法传入这里,早在唐宋时,这里便已有享誉大江南北的"大麦烧"、"五加皮"等美酒。千百年来,运漕河两岸酿坊林立、酒旗招展,酿造业和酒文化十分发达,唐刘禹锡曾这样描述运漕河酒肆码头的热闹景象:

    酒旗相望大堤头,堤下连樯堤上楼。
    日暮行人争渡急,桨声幽轧满中流。

今天,虽已不见诗中的情景,但空气中依然弥漫着醇厚绵长的酒香,宛若运漕河二千多年的沉香。

香　泉

香泉,位于和县城北四十里的覆釜山腹,因泉水香气馥郁而得名。香泉泉涌如流,四季不竭,水温常近五十度,属含氡硫酸钙镁型温泉。其出露处有二:一为大泉池,有泉眼十余,周以堤堰;一为小泉池,有泉眼六七,辟为汤池。

香泉富含对人体有益的多种矿物质,常以之沐浴,不仅能令周身通泰,还兼治皮癣、类风湿、关节炎等慢性疾病,所以又名"平疴汤"。因有养身健体之效,香泉自古就被辟为汤浴之所。

南梁大通年间(527—529年),昭明太子萧统在如方山萧家藏经寺读书著述时曾患疥癣,后常于香泉沐浴得以痊愈。萧统大悦,书赞香泉"天下第一汤",从此,香泉名扬天下。后人为纪念萧统,于宋建隆三年(962年)在覆釜山建昭明塔、昭明亭和昭明书院。北宋元祐五年(1090年),和州知州王大过见平疴汤为"一方之利",遂在泉眼四周修砌汤池,周围二十余丈,建浴院及龙祠。明成化五年(1469年)州同董锡重修浴院,分男女两池,其时香泉"巨屏高亭,清池白石,焕然一新"。明嘉靖六年(1527年),知州易鸾复修时,"甃为方塘,缭以高垣,映以修竹"。嘉靖十一年(1532年),知州孟雷再修,增建洗心亭。清康熙十二年(1673年),知州夏玮重修香泉汤池。三十八年(1699年),知州刘长城与翰林学士朱筠又建进讥亭,州同何飞凤题"第一汤"于壁。

香泉周围旧有文选楼、尔雅台、昭明塔、龙泉洞、张婴洞、白云寺、白浪寺、金峰寺等诸多名胜古迹,唐宋以来,慕名而至者趋之若鹜,络绎不绝,其中既有达官显贵、乡绅豪富,也有文人学者、墨客雅士。据志书载,王安石、贺铸、李之仪、张孝祥、王守仁、庄昶、程敏政、戴重等曾在沐浴游览之余,挥笔洒墨,或诗或文。如明汤显祖的"晓色连古观,春香太子泉",清吴本锡的"旧时太子汤泉水,流入山溪饮夜猿"。而描述香泉最为贴切的,还是王安石的《香泉》诗:

    寒泉诗所咏,独此沸如蒸。
    一世无冬夏,诸阳自废兴。

人游不附火,虫出亦疑冰。

更忆骊山下,歘然云满腾。

在众多的题咏中,曾有七十二篇被镌刻成碑立于香泉前后,后人称之"碑碣之林",可惜后为日寇毁损殆尽,仅存"第一汤"碑、明嘉靖十一年(1532年)梅花国人的"香泉佳咏"碑和明代天启四年(1624年)赵应期题写的"香泉赋"碑。

今天的香泉掩映在覆釜山的林幽青翠间,已是与南京汤山温泉、巢湖半汤温泉齐名的度假疗养胜地。它自然景观优美,又具有治病疗疾的神奇功效,吸引着八方来客,它所具有的丰厚的文化底蕴使其在涌淌千年后又焕发出新的活力。

采石矶

应该说,最能代表马鞍山人文气息和山水文化的,非采石矶莫属。采石矶坐落于市区西南滨江东岸,相传因三国东吴时曾产五彩奇石而得名,又以其所依之翠螺山形如蜗牛,且有"金牛出渚"的传说,亦名"牛渚矶"。

素有"千古一秀"之誉的采石矶,自古为江南名胜,与岳阳城陵矶、南京燕子矶合称"长江三矶"。采石矶以山势险峻、风光绮丽、古迹众多位列三矶之首,正如清诗人吴国鼎所赞"凤台东出无多地,牛渚南来第一矶"。

采石矶突兀江流,峭壁千寻,因扼据大江要冲,地势险要,历来是兵家必争之地。孙策渡江夜袭牛渚营、隋韩擒虎灭南陈、樊若水巧架长江第一桥、赵匡胤举

采石矶

兵征南唐、虞允文大败完颜亮、常遇春勇战采石矶,无不与"绝壁俯层岩,回波自撞激"的采石矶有着关联。这些战事往往决定着一个政权的兴亡,虽然对原有的人文环境有一定的摧残,但更丰富了采石矶的人文历史,给这片流淌唐风宋韵的山水,平添了几分金戈铁马的铿锵,在"水柔山碧、远山浮黛"的江南山水描绘中多了几许阳刚。

在浩瀚的历史长河中,山水文化的锻造受到战争的影响毕竟有限,更多的是得力于人们对山水文化内涵的探寻和对山水审美意趣的觉醒。采石矶山水文化的兴起得益于早期佛教文化的传入和六朝时期隐逸文化的流行,在"亦隐亦仕、寄情山水、潇洒处世"的人文环境下,采石矶山水最初的野性和纯粹的自然属性,如何能躲开六朝人渴求山泉林野的目光?

据乾隆《当涂县志》记载,早在三国初期,佛教文化就已在这里盛行,吴赤乌二年(239年)采石矶便已建广济寺。广济寺初名"石矶院"、"资福院",是江南地区最早的寺庙之一,至今殿上仍嵌有"经传白马,寺创赤乌"楹联;殿东侧"赤乌井"为建寺时所掘,现为采石矶最古老的历史遗迹。据传在掘井时曾采得一五彩斑斓奇石,后凿成香炉供于寺内。作为江南名刹,广济寺虽经历了几番兵燹、几轮重建,但依然吸引无数文人雅士寻幽参佛。宋代诗人梅尧臣泊舟采石矶游览广济寺时,曾赋诗云:

　　　　船从山下过,直上见僧轩。
　　　　系缆登采石,援崖到寺门。
　　　　短篱遮竹漾,危路踏松根。
　　　　却看苍江底,帆归烟外昏。

将九百年前广济寺的幽寂雅静与盎然禅意,跃然流诸笔端。今天的广济寺虽然规模不大,但那汪纯碧的"赤乌井"水,依然抱着六朝清冷的月影,默默见证广济寺一千七百多年的沧桑。

现存的史料中,最早给采石矶浸入笔墨的是南梁诗人王僧孺。他在《至牛渚忆魏少英》中如此描绘采石矶:

　　　　枫林傻似画,沙岸净如扫。
　　　　空笼望悬石,回折见危岛。
　　　　绿草闲静蜂,青葭集轻鹄。
　　　　徘徊洞初月,浸淫溃春潦。
　　　　非愿岁物华,徒用风光好。

从此,采石矶的天然纯净、盎然野趣和融壮观与秀美于一体的绝壁大江,轻而易举地迎来了无数热爱山水、并能与之比画交谈的墨客骚人。确切地说,对采石矶山水文化大规模的探寻和涉足,应始于盛唐。自唐迄清,孟浩然、李白、刘禹锡、白居易、王安石、曾巩、苏轼、陆游、辛弃疾、文天祥、萨都剌、李东阳、王守仁等

马鞍山文史简读

纷纷登陟采石矶，或览景思古，或凭矶抒怀。采石矶山川景物荡起诗人们心中蓬勃的气韵和创作的灵感，诗人们也为采石矶山川景物留下了二百四十多篇充满才情的华章丽作。如果说这条悠长的诗歌"长廊"为采石矶注入了丰富的人文内涵和人文理性，那么点缀其间的人文景观则是这些内涵与理性的载体。

始建于北宋熙宁三年（1070年）的蛾眉亭"亭绝壁上"，可南眺夹江相峙的天门山。面对天门山"修妩靓好，宛如蛾眉"的细致清丽，审美主体不同的处境、感受、心态和思维造就了各具意蕴的山水情境。在沈括眼里，天门山是"双峰秀出两眉弯，翠黛依然鉴影间。终日含颦缘底事？只因长对望夫山"的妩媚柔丽的思夫女子，楚楚神情使人感喟难忘；在陈恺眼里，天门山是"女娲炼石乾坤定，为镇长江立两鳌"的镇江巨鳌，强劲的气势陡然而生威严雄奇；同样立于蛾眉亭前，文天祥面对凋敝的江山，只能慨叹"不上蛾眉二十岁，重来为堕江河泪"，满眸的泪影流淌着"国破山河碎"的怆然；而赵孟𫖯登上蛾眉亭，联想到李白醉卧江上，看到的却是"青眼故人携酒共，两眉今日为君开"的情景，天门山又变得如此内秀而具人情——这就是自然山水注入人文内涵和理性后的魅力所在！

对于采石矶来说，质朴淋漓的自然山水极富审美意趣的多样性，但也不乏历史沉重的负荷。当今天的人们在简朴典雅的燃犀亭感受浪击峭壁、卷起千堆雪的壮观气势时，是否知道燃犀亭虽是为纪念东晋名将温峤在此燃犀灭怪而建，但寄托的却是人们在饱受战火困扰后"扫除妖孽、战火不再、天下太平"的祈愿？当今天的人们登临气势恢宏的三台阁，南望天门中断、西眺大江奔流、壮怀激烈时，是否知道曹履吉在明崇祯十五年（1642年）捐建三台阁时，祈求神明护佑飘摇欲坠的大明江山，兼阅江防飞渡的初衷？

人文活动在丰富采石矶山水文化内涵的同时，也在因地制宜地改造和开发着采石矶的自然景观，最明显的例子莫过于对三元洞的营造。三元洞原是一嵌于临江岩壁之中的天然石窟，因地处险峻，明以前罕有人至。据乾隆《当涂县志》记载，清康熙年间（1662—1722年）僧人定如云游至此，见此洞幽窈神奇，遂略加修整，置石床、石几，奉祀起道教的三元神灵，即上元天官、中元地官、下元水官，三元（官）洞由此得名。康熙二十二年（1683年），池阳太守喻成龙泛舟采石矶下，正逢雷雨交加，便搁舟系缆，于云水średni绝壑中探三元洞，见僧人道开仙风道骨，便听从了道开的建议，于当年八月在三元洞右边空隙处建成一座半架江水、上依千仞之壁、下临不测之渊的"妙远阁"。此后又有一些僧人陆续来此修行，在"洞外锄熹地插棘种蔬"的同时，通过巧妙构筑，将阁、洞连为一体，并凿山开道、铺磴建栏，终于呈现出"俾登临者拾级而下，履险若干，羊肠九坂，尽成练舞"的人文景观，三元洞也从最初修身求道的隐地转变成后人探幽览胜的佳处。关于三元洞的来历，民间还有一说，相传湖南三个秀才乘舟赴京会考,途经采石矶下,突遇狂风暴雨,恰遇此洞避难而免灾,后三人在殿试中包揽三甲,为感谢神灵护佑,特于此建庙奉祀,故名"三元洞"、"三官洞"。随着这个民间传说的不胫而走,三元洞又成了科举时代莘莘学子赶考前的必游之地。

对采石矶山水文化兴盛影响最大的,无疑是唐代大诗人李白。采石矶绮丽的山色江景激发了李白春潮般盎然诗情,《夜泊牛渚怀古》《横江词》《牛渚矶》无不烙下李白对这片山水的深深眷恋,而李白奔涌的诗情又将采石矶熏染陶醉,正是这份熏染,后世慕李白之名来此凭吊诗魂、临江啸歌者不知凡几。于是,谪仙楼、清风亭、衣冠冢、行吟桥、捉月亭、怀谢亭等与李白有关的人文景观被一次次复制和营造,就连原本与李白无关的舍身崖,亦因李白跳江捉月、骑鲸上天的美丽传说而更名"联璧台"、"捉月台",为这段峭崖绝壁融入了李白浪漫和率真的文化风格,更将山水意境之美与人生境界之美在此合而为一。

千百年来,正是人们无数次的惠顾与造访,为本无生命的采石矶自然山水注入了厚重的人文属性和丰富的文化内涵,实现了山水与人文的融合,诠释了山水审美中"物我合一"的审美取向。诗人娟娟动人的文笔、画家泼洒淋漓的墨色、工匠蕴意雅致的构筑,搭建了人文之美与自然之美沟通的桥梁!也许是山水文化存留下的缭绕余音,也许是人们对人文的审美乐趣超过了单纯的自然山水,采石矶和所依之翠螺山早在民国二十四年(1935年)便被辟为安徽四大公园之一的"采石公园"。今天这里更融入了当代草圣林散之艺术馆、圆梦园、万竹坞等人文、自然景观,形成了以李白诗歌文化为灵魂、以历史文化内涵为底蕴、以"翠螺浮大江"的自然景观为特色的文化景园。

濮 塘

濮塘自然风景区位于马鞍山市区东郊,面积约二十平方公里。这里峰峦重叠、沟壑纵横、林木葱茏、野趣盎然,有大小山峰四十九座,峡谷五十三条,水库塘坝近三百口,林木覆盖面积达二万三千四百亩,有各种植物三百余种、鸟禽二十余类,向以竹海、古木、清泉、钟鼓等"濮塘四绝"吸引着人们访古探幽、猎奇览胜。

濮 塘

竹子自古以刚劲挺拔、孑然孤清的气质而入画入诗,更常以怡然清秀的雅态被装点在堂前屋后,正所谓"宁可食无肉,不可居无竹"。在濮塘这个清幽的世界，竹子却是当仁不让的主人。这里的竹林似海，一碧万顷。每当山风徐来，万竿修篁翠影婆娑、绿叶沙鸣，徜徉其间，宠辱皆忘、心旷神怡，尽得淡泊宁静的意境。或许是人们对濮塘涉足的时间较晚，景区内乔灌参差，藤萝悬挂，古木参天，有历经八百年沧桑仍虬枝铁干、浓荫如盖的银杏，有蔽荫二百多平方米、冠如巨伞的常绿冬青，有浓郁芬芳、绚丽多彩的古桂花、古茶花、古紫薇、古圆柏、古榉树。其间鸟道迂曲、蜿蜒曲折，使这片山林显得越发苍幽和质朴。

濮塘多流水。剑湖无疑是濮塘最为宽阔的水面。她虽没有烟霞万顷的万千气象，但湖面如镜、天真自然，湖畔两座小山如两道黛眉左右舒展，楚楚有致，婉约动人。玉乳泉、龙泉、虎泉、清泉、螃蟹泉等溪水四季不竭，潺潺流淌于山石林野间，其中尤以龙泉、玉乳泉为大。龙泉位于龙谷之端，泉水酷似龙口垂涎而出，汇成涓涓细流，流泉之音在幽谷深处显得清脆悦耳；玉乳泉则位于天马山麓的幽谷庵，自发现至今已有五百多年历史，因水色乳白而得名，泉水清冽甘醇，大有"清泉石上流"的意趣。

正是濮塘的清静朴真，历史上这里曾是佛道净地，昔日曾有幽谷庵、考山庵、青云观等庵观寺庙二十七处，香火旺盛一时。值得一提的是，在濮塘还有两处奇异而谲怪景象，一是"踏地而闻钟鼓声"的钟鼓，一是"车往坡上溜，水往高处流"的怪坡，其中奥秘至今未解，令人称奇。

濮塘自然风景区现分为黄庄、剑湖和陵轩三个景区。黄庄景区位于濮塘东北部，以幽谷清泉为特色，有篁林古道、九龙戏珠、幽谷古庵、龙泉寿树、星湖山村等景点；剑湖景区以湖景山色为特点，有剑湖画舫、绣帘鸟语、钟鼓奇观、龙尖览胜等景点；陵轩景区则是进入黄庄景区门户，是供人缅怀和瞻仰革命先烈的去处，有革命烈士纪念碑、烈士墓、革命烈士纪念馆等。今天的濮塘已是集观光度假、休闲娱乐、体育运动等功能于一体的自然风景区，以自然和生态之美被誉为马鞍山的"东方明珠"。

太白楼

在中国两千多年灿若星汉的诗歌长河中，艺术成就能出"诗仙"李白其右者屈指可数。李白的诗多以讴歌理想、蔑视权贵、歌咏山水为主题，既豪迈奔放、倜傥不群，又浪漫飘逸、意境奇妙，连一代"诗圣"杜甫都赞其"笔落惊风雨，诗成泣鬼神"。李白一生"江山怀抱、诗酒生平"，深受后人推崇和爱戴。后人多在李白足迹所到之处建纪念性楼祠堂馆，以颂扬他"安社稷、济苍生"的人生抱负，而"千古一秀"采石矶旁的太白楼无疑是其中最为宏伟壮丽的一座。

太白楼原名谪仙楼，源自《新唐书·艺文》："（贺）知章见其文，叹曰：

'子，谪仙人也！'"据清康熙十二年（1673年）《太平府志》载，太白楼始建于唐元和年间（806—820年），历代虽有修葺，但因记述过简而不得其详，现能确认的较早建筑年代为明正统五年（1440年）。是年，工部右侍郎周忱命僧修惠重建"清风亭"时，于广济寺前修谪仙楼，供李白像以祀之，后于清顺治年间（1644—1661年）毁于游人烟火。康熙元年（1662年），太平知府胡季瀛复建，易名"太白楼"，并将采石镇上神霄宫旁的李白祠移置楼后，形成楼祠合璧的建筑格局，故亦称"唐李公青莲祠"，惜咸丰年间（1851—1861年）亦毁于兵燹。

现存太白楼为清光绪三年（1877年）长江水师提督、太子少保彭玉麟（1817—1890年）捐资重建。旧志载，李鸿章曾捐俸塑李白像于楼中。太白楼坐北朝南，高五丈余，飞檐耸立，鸱吻凌空，蔚为壮观，歇山式屋顶下重檐三层，高悬郭沫若手书"太白楼"横匾；一层堂皇柱雄，现存展示的宋代柱础径逾二尺，可见宋时楼宇之恢宏；二层轩宽牖敞，面呈平底浅槽状的巡杖式方木栏杆，不仅线条明快、美观大方，而且便于摆放茶盅酒碗，这在现存的清代巡杖式栏杆中实不多见；三层清幽古雅，横梁彩绘华美，推窗远眺，但见大江如练，白帆点点。太白楼栱、枋多有雕饰，其中篮形镂空垂花柱雍容华贵，象形檐枋枋头精巧而又寓意深刻。自楼后拾阶而上便是李白祠，楼祠间以连廊相接，浑然一体。祠内李白站像气宇轩昂，东西廊壁分嵌彭玉麟"梅花碑"和李成谋"虎字碑"，梅枯虎威，相得益彰；祠两旁为东西厢房，粉壁黛瓦，古雅别致。

太白楼

千百年来,太白楼不仅是李白心灵归宿之所,更是历代文人士子抒啸之地。他们或借寻访诗仙遗踪而逍遥山水,或借醉仙酒杯以浇胸中块垒,或借凭吊谪仙而附庸风雅,匆匆过客不知凡几,吊诗祭文充箱盈架。清代著名诗人黄仲则便曾登楼高吟:

骑鲸客去今有楼,酒魂诗魂楼上头。
栏杆平落一江水,尽可与君消古愁。

太白楼东侧旧为彭公祠,乃清光绪十三年(1887年)长江水师提督李成谋奉敕所建,以旌表"晚清中兴四大名臣"之一的彭玉麟,后因年久失修和战争破坏而破败不堪。20世纪80年代承旧制修复后,因毗邻太白楼,遂辟为李白纪念馆。李白纪念馆主轴严整,依山势纵列大门、前院、太白堂、松云居、叠翠楼。门楼作五间六柱三层明楼式牌坊造型,脊角立吻,檐角飞扬,石枋梁雕饰精美,券门以水磨砖镶门厢,前置抱鼓、石狮,尽显徽派门楼的素雅古朴、端庄肃穆;前院东西两侧为单坡回廊,廊壁嵌李白诗碑三十八方;太白堂、松云居、叠翠楼均建于青石台基上,前两者单层,硬山顶,两个半圆勾连和半圆形封火墙迥异于徽式马头墙;后者两层,歇山顶,一层周以檐廊,缘梯而上可眺清风亭、圆梦园。李白纪念馆前身是马鞍山地区明清两代唯一的一座生祠,虽属清代大木小式建筑,但毕竟为官家督建,不仅木料规格大、撑栱使用多,而且门窗盘花富丽、梁枋雕饰华美,在体量、布局、材料和工艺上都是同时代民间宗祠所无法相比的。

今天的太白楼已与李白祠、太白堂、松云居、叠翠楼等建筑融为一体,成为我国现存最具规模的一组纪念李白的古建筑群,不仅是研究清代江南楼阁建筑的珍贵实例,更是宝贵的历史文化财富。它前临滔滔长江,背枕苍碧翠螺,浓荫簇拥,与岳阳楼、黄鹤楼、滕王阁并称"长江三楼一阁",素享"满楼风光满楼诗"、"风月江天贮一楼"的美誉。

镇淮楼

镇淮楼雄踞和县历阳城,亦称"鼓楼"、"鼓角楼"、"谯楼"。基台平面呈"凹"字形,东西长五十五米,南北宽二十一米,高十一米,青砖砌壁,内筑夯土,中辟高约六米的南北向券门,两侧门楣上方分别镶石刻"镇淮楼"和砖雕"南来第一"。台面正中筑重檐式楼阁,一层四周环以木柱檐廊,雕梁画栋;二层四壁均开隔扇花窗,轩宽牖敞,楼中悬"江天一柱"匾额,柱镶"披襟向前,快哉此风,那堪称雄,登楼高呼太祖在;凭栏仰望,皓然明月,谁与共醉,隔江招手谪仙来"楹联。楼基上沿四周砌马面墙头,台面铺石。整个楼宇八檐飞出,古朴端庄,气势宏伟。

镇淮楼始建年代不详。宋徽宗初年,时任枢密院编修、提举河东常平的词人李之仪得罪权贵蔡京,编管太平(今当涂)期间多次游历和州,曾与和州太守曾延之宴饮楼上,作《和州太守曾延之置酒鼓角楼》一诗,诗云:

    楼台烟树接平芜,水墨丹青十幅图。
    认为黄山家住处,云中相对似相呼。

由此可见,镇淮楼最迟在宋崇宁元年至政和七年(1102—1117年)已然存在,只是尚名"鼓角楼"。据清乾隆三十四年(1769年)知州徐元"宋宁遗构镇江关"诗句来考,该楼在南宋宁宗年间(1195—1224年)曾有过大修或重建,现存镇淮楼一层中间四根长柱及柱础便是宋代所遗构件。

和县距淮河数百里。为何宋代叫"鼓角楼"、"谯楼",后又改称"镇淮楼"呢?这一直是个谜。据《历阳典录》载:"楼之名不知所始,地据江岸,去淮尚数百里,镇淮之说,与义无取。"和县"左挟长江,右控昭关,梁山峙其南,濠滁环其北",素为江淮间水陆要冲和军事重地,有"淮南藩集,江表保障"之称。《方舆纪要》云:

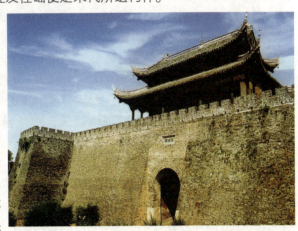

镇淮楼

"自古以来,凡立国于金陵者,都以历阳(和县旧名)为襟要;凡进军江南者,多由历阳横江渡大江,取采石,指向金陵。"因此,有人以为"镇淮"是泛指淮南的保障。但清光绪《直隶和州志》载,南宋建炎四年(1130年)金兀术侵犯和州,守军将领等多战死于谯楼上。和州失陷后,进士赵霖率镇淮军(即乡兵)乘夜突围,于当年九月夺回和州,故后人为纪念镇淮军坚守谯楼而将"谯楼"改称"镇淮楼"。从元末朱元璋驻师和县登镇淮楼时所作"中原杀气未曾收,江北淮南草木秋。我上镇淮楼一望,满天明月大江流"诗句来看,镇淮楼得名于南宋是可信的。

镇淮楼历代均有修葺。据记载,仅明清两朝大规模的重修就有五次之多,其中尤以清光绪十七年(1891年)知州罗锡畴主持的重修规模为大,不仅新悬"南来第一"扁额,还以"江天一柱"替换了原有"江淮重镇"匾额,基台遍为"辛卯年春"、"罗锡畴督造"等字铭文砖。20世纪80、90年代又予两次修葺。今天的镇淮楼白云映衬,飞檐玉槛,景象尤为壮观。登楼远眺,东览大江如练,西望诸峰拱揖,风姿各异;俯视城中,高楼林立,万瓦鳞次,绿树红花,宛如画中。

陋 室

提及历史文化名城和县,无论如何绕不开那几间"苔痕上阶绿,草色入帘青"的陋室。陋室位于县城半边街,为唐和州刺史刘禹锡所筑寓所,因立意高洁、文辞清俊的《陋室铭》而著名。

刘禹锡,唐代中晚期著名诗人、文学家、哲学家,因性格刚毅、词锋俊爽而被白居易赞为"诗豪"。其诗文立意高远、清新晓畅,善以比兴手法托物言志,在我国古代文学史上占有重要地位。刘禹锡政治上主张革新,积极打击宦官和藩镇势力,任监察御史期间力推"永贞革新"。革新失败后,先后贬任连州(今广东连县)、夔州(今四川奉节)、和州(今和县)刺史,而这篇传诵千古的《陋室铭》便是他在穆宗长庆四年(824年)任和州刺史时所撰。《陋室铭》虽仅八十一字,但字字珠玑、闲适淡雅,运用了比兴、白描、对仗、隐喻、用典、借代等诸多艺术手法,读来金石掷地而又自然流畅,一曲既终犹有余音绕梁,表达了作者甘于淡泊、安贫乐道、不与权贵同流合污的高尚情操。

据宋王象之所撰《舆地纪胜》记载,刘禹锡《陋室铭》成篇后,请当时著名书法家柳公权(778—865年)手书,并勒石成碑置于陋室院内,自此室随《铭》传,蜚声遐迩。明正德十年(1515年)和州知州黄公标补书《陋室铭》碑文,并在陋室周边新建梯松楼、半月池、万花谷、舞鹤轩、瞻辰亭、虚山亭、狎鸥

刘禹锡陋室

亭、临流亭、迎熏亭、筠岩亭、江山一览亭等,可惜后来俱毁于兵燹。

现存陋室为清乾隆年间(1736—1795年)和州知州宋思仁(1730—1807年)于旧址重建,由主室与两侧厢房组成"凹"字形庭院。庭院门楼简洁明快,上镌当代诗人臧克家题写的"陋室"二字。院内绿草如茵,林木扶疏,石铺青阶,苔藓斑驳,古意盎然,有民国六年(1917年)岭南金保福补书《陋室铭》碑一方立于院左。主室为清代大木小式抬梁结构,硬山屋面覆蝴蝶瓦,门厢两侧嵌"苔痕上阶绿;草色入帘青"联;厅中塑刘禹锡站像,左手捻须,右臂后垂,双眸含慧,面容清癯,上悬"政擢贤良"横匾,两侧内柱镶"沉舟侧畔千帆过;病树前头万木春"联;塑像背后衬以刘禹锡赠白居易《酬乐天扬州初逢席上见赠》诗:

　　巴山楚水凄凉地,二十三年弃置身。
　　怀旧空吟闻笛赋,到乡翻似烂柯人。
　　沉舟侧畔千帆过,病树前头万木春。
　　今日听君歌一曲,暂凭杯酒长精神。

文辞虽见沉郁,却尽显豪放,表现了诗人的坚定意志和乐观精神。主室后有丘名"仙山",松苍柏翠,郁郁葱葱,江山一览亭、望江亭、仙人洞等掩映其间,美不胜收;山前"龙池"碧波如洗,游鱼浮沉,池中临流亭、履仙桥古雅别致。

陋室结构朴陋,清幽典雅,无不彰显刘禹锡对人生失意、仕途坎坷的超然豁达和乐观开朗、洁身自好的人生态度。陋室虽"陋",但因主人有"德"而"馨",面对陋室那份恬静、雅致,怎能不问"何陋之有"?

姑孰三塔

自古以来,当涂一直流传这样一句口头禅,"当涂虽小,三塔两浮桥"。两浮桥即横跨姑孰溪的南津桥和彩虹桥。据民国《当涂县志》载,两桥均始建于三国,历代多有重修,南宋陆游《入蜀记》中就有"两浮桥悉在城外,其一通宣城,一可至浙中"的记述。南津桥俗称"上浮桥",亦名"东彩虹桥"。彩虹桥俗称"下浮桥",亦名"西彩虹桥",桥上昔有唐县令李明化所建、李白为之作序的姑孰亭。后为保障姑孰溪航道畅通,两桥均于20世纪60年代拆除。

三塔便是县城城北黄山塔、城东凌云塔、城西金柱塔。三塔"鼎峙三垣,形家谓作镇乾方,为三邑(即明清太平府所辖当涂、芜湖、繁昌三县)之主星"。对于一座有着一千八百多年历史的古城来说,三座古塔环于城周鼎足而立,是十分少见的。清初荷兰赴华使团成员牛霍夫所著《荷使朝华录》,便是以"三塔"作为太平府城的标志物。

黄山塔位于县城城北黄山山脊。黄山高四十丈,如初月形,旧传仙人浮丘公牧鸡于此,亦名"浮丘山"。清《嘉庆一统志》载,旧时江水直至山下,故又名"黄江山"。黄山山体不大,但古迹众多,除了黄山塔外,还有黄江庵、眼香庙、深云馆、怀古台、誓清堂、广福寺、东岳庙、章公松等,更有姑孰八景之一的"凌歊夕照"。凌歊台是南朝宋孝武帝刘骏于大明七年（463年）巡视南豫州时所建避暑离宫,晚唐诗人许浑曾以"三千歌舞宿层台"的诗句赞其宏伟,可惜这些古迹均已湮没,仅存凌歊台残留的一块刻有明人诗作的"方丈巨石"和这座高二十九米、五层八面的黄山塔。据考证,黄山塔始建于南朝宋永初年间（420—422年）,初为方形楼阁式木塔,属黄江庵寺塔。塔基下供奉"居僧"舍利或遗骸。唐诗人李白登黄山送族弟时曾有"长啸倚天梯"之句,但该塔最迟不晚于唐中后期倒塌或火灾焚毁。现存的黄山塔为北宋政和三年至南宋绍兴二十九年（1113—1159年）重建,属砖木混砌楼阁式佛塔。塔座为青石束腰须弥座,塔体为"一顺一丁"砌法；各层塔身均有收分,间隔错开券门,上部以木斗栱挑檐,覆瓦,檐上再以木斗栱出平座,檐角系风铎；塔内以木板隔为九层,平面呈方形,间隔相错,设木质爬梯；塔刹作宝瓶相轮式,檐口出檐深远,檐角以浪风索与宝盖相连。黄山塔各层瓜楞倚柱和五层的破子直棂假窗依稀留有六朝遗风,而四、五层阳印"太平州"、"多宝塔"的铭文砌砖告诉后人,这座端庄雄伟、线条流畅、飞檐翘角的古塔已岿然屹立千年。

黄山塔

金柱塔位于城西姑孰溪入长江口南岸堤埂上。据乾隆《当涂县志》记载:"明万历十四年（1586年）,县令章嘉祯议郡邑三方形胜,诸峰环拱,垣局最善。唯西濒大江,水势直泻,欲建浮屠于其地,虑费钜力殚,更岁祲未果。"及至万历十七年（1589年）,章嘉祯才以县城居民所掘宋理宗时期"窖金"购民田所建。初名"'铁淋',寻改'金柱',取

金柱塔

金属西方,补星垣之所未备",另有"非金而有金助,非柱而有柱形"之意。后因江潮冲落,石岸崩圮,清康熙六年(1667年)大修,并于塔下建堂、亭,供奉章嘉祯像,惜今堂亭不存。金柱塔为双套筒楼阁式砖塔,塔基由青石叠砌,通高四十六米,底径九米,八角七层。内外筒之间为梯道,一至三层为顺时针方向,四至六层为逆时针方向,六层至七层又转顺时针方向,七层设双梯道上天台。内筒各层为穹隆顶塔心室,顶沿下口镶佛像砖,内设佛龛,其中一层为佛殿。各层外檐口以砖仿木作斗栱,各层各面均开券形塔门,门两侧筑灯龛。金柱塔设计科学,虽集宗教、风水、航标等诸多功能于一体,但不繁杂,体态稳重大方,其倚柱、佛龛建造精美,双杪华栱、鸳鸯交首栱制作精细,佛像砖地藏菩萨形象刻画细腻,灯龛设计巧妙,是研究明代古建筑艺术珍贵的实物资料,具有极高的历史、考古和旅游价值。金柱塔是当涂县标志性古建筑之一,造型工整,气势磅礴。登塔眺望,近可观大江滔滔北泻,远可赏天门山、采石矶巍峨雄姿。

凌云塔位于城东凌云山顶。凌云山又名"凌家山"。清《嘉庆一统志》载,山西有石洞,宽广丈许,相传为陈、罗二仙(俗称"和合二仙")隐居修真之处,后人架石为门,刊"和合洞"三字,又于"旁筑二仙庵以祀之,庵后凌云阁凿石为壁,倚槛遐瞩有飘然之意"。民国《当涂县志》载,山东南"有巨石仄卧古稀河滨,可坐数十人,曰'钓鱼台',传为(宋)李之仪垂钓处",后有"客星亭、浮杯槛诸胜,号'小严滩',今废"。凌云塔为明嘉靖间(1522—1566年)所建石塔,初名"文峰",后以基址不固而踣,万历四十年(1612年)巡按骆骎曾、知府胡尔慥重建为砖塔,名"凌云塔"。塔中室实,不便登蹑,至光绪间塔已残破大半,宣统三年(1911年)六月,因大风雨而全圮。及至百年后,当涂县人民政府按明塔楼阁式形制恢复凌云塔,塔高三十五米,七层八角,内设阶梯,外附檐廊,绕廊可观姑孰溪碧波西流,亦可望青林、白纻诸山黛色。

凌云塔

今天的姑孰三塔经过维修和恢复,又已矗立县城之周,成为当涂人心中的骄傲。重修的三塔不仅恢复了当涂县"三塔鼎峙三垣"的壮美,更见证了当涂县城悠久的历史和深厚的文化底蕴。

万寿塔

　　万寿塔又名"念母塔"、"念劬塔",坐落于和县城西南十里的万寿村,为砖木混砌楼阁式塔。塔门东南向,七级六面,残高二十八米,底层面阔三米多,以石铺基,砖木挑檐,每层外壁间砌佛龛和拱门,佛龛内镶砖雕佛像盘坐莲上,数目九至十六尊不等,总计近二百尊。塔内一层呈方形,底宽、壁高均二米,四角砌莲花柱,四壁向上内收成窠顶。在一层南壁,有宽二尺余砖阶向上斜穿二层外檐,绕至外檐六分之一处,又作砖阶斜穿至三层外檐,依次而攀可至塔顶。惜今已不能登陟其上。但该塔仍为研究古塔形制演化和古代建筑"浅基"与抗震的重要实物资料。

　　万寿塔在清朱大绅所编《直隶和州志》和陈廷桂所纂《历阳典录》上均无记载,其来历,民间传说有二,但均与三国吴大帝孙权有关。一是孙权极重孝道,见其母吴国太虔诚信佛,特建此塔为母祝寿;二是孙策、孙权曾驻军历阳,戎马倥偬仍不忘将老母赡养于军中,后人感其孝道,特建塔以志,所以万寿塔又名"念母"、"念劬",实取《诗经·小雅·蓼莪》中"哀哀父母,生我劬劳"之意,以颂扬孙权的孝德。传说的真实性姑且不论,但孙权重孝道却是不争之实,不仅《三国志·孙权传》中有其"郡察孝廉,州举茂才"的记载,就连京剧《甘露寺》中也有孙权不违母意而未杀刘备的情节。

　　实际上,唐以前楼阁式塔多为全木构筑,且平面均作方形,到宋代才普遍出现"砖木混砌"结构,建筑平面方出现六边形、八边形、十边形,甚至十二边形。万寿塔以砖砌为主、用木为辅,平面呈六边形,且檐口出挑,与唐塔端庄、质朴的风格相比,要华丽、灵秀得多,因此为宋塔无误,时代上与传说中的三国时期所建相去甚远。

　　塔起源于古印度佛教高僧埋骨的窣堵坡。随着佛教传入中国与本土的重楼结合,才逐步发展为有着特定功能、形式和风格的东方传统建筑。宋及宋以前塔均为寺庙附属建筑,即所谓"浮屠"、"佛塔",主要供奉佛舍利(佛骨)、佛像、佛经等,14世纪以后方从宗教世界逐渐走向世俗世界,如风水塔、文峰塔等。万寿塔建于宋代,应属佛塔无疑。据清章学诚所编《和州志》"宋御史中丞、户部侍郎彭思永墓葬于和州西南九里延庆寺"的记载推断,延庆寺当与万寿塔相邻。延庆寺建筑年代史载阙如,但从彭思永十二代孙彭勖任监察御史时所作《延庆寺西访先茔》来看,延庆寺最迟于明代正统年间(1436—1449年)就已存在,可见,塔、寺之间应有渊源。

　　如今,延庆寺早已湮没不存,万寿塔也因久沐风雨而满目疮痍、斑驳不堪,外檐脱落殆尽,七级浮屠更是仅存五级,但它仍岿然耸立,"念母"、"念劬"之意昭然若是,依然弘扬着中华民族"百善孝为先"的传统美德。

第三章

古代战事

GUDAI ZHANSHI

概　览

今天的马鞍山地区大江横贯其中，交通便捷，物产丰富，战略位置十分重要。尤其是三国吴，东晋，南朝宋、齐、梁、陈，以及五代时期的南唐和明代初期，皆定都今天的南京，古代的马鞍山地区因属京畿之地，所以战略地位更显突出，历来为兵家必争之地。

市区南境的采石矶，古称"牛渚"，自古以来不仅是江东风景胜地，而且是重要的古战场之一。清顾祖禹《读史方舆纪要》中论及采石的战略地位时说，采石山"滨江为险。昔时自横江渡者必道采石趋金陵，江津襟要，此为最冲"，并引用宋人陆游的话说："古来江南有事，从采石渡者十之九，从京口（今江苏镇江）渡者十之一，盖以江面狭于瓜洲也。"事实也正是如此。东汉末期，孙策渡江袭夺牛渚，开创了东吴立国之基。西晋司马炎遣王浑、王浚战牛渚，攻建业（今江苏南京），灭东吴，俘获孙皓。苏峻自历阳（今和县）起兵乱晋，渡江拔牛渚。侯景反梁，自横江渡采石攻入建康（今南京），逼死梁武帝。陈霸先拒北齐，采石战捷创下帝业。隋将韩擒虎夜渡采石，直入建康台城，灭南陈。唐末农民起义领袖黄巢自采石渡江，围攻天长、六合。宋将曹彬于采石江面架浮桥，挥师渡江，灭南唐。虞允文采石大败金主完颜亮，巩固了南宋半壁江山。朱元璋采石渡江取集庆（今南京），奠定了明朝二百多年基业。如此等等，无不证明，牛渚、采石负山阻江，临流据险，历来为藩蔽姑孰、金陵的重要战略之地。历史上所发生的这些战事，或为攻占金陵，由此渡江，统一江南；或为逐鹿中原，由此渡江，挥师北伐；或为统治集团内部纷争，由此渡江，互相攻打；或为不满残酷统治，由此渡江，起兵造反；或为抵御外族入侵，于此击楫中流，誓死守江。如此，采石自然也就成了我国江南一带著名的古战场。

作为马鞍山辖县之一的当涂县，古称"姑孰"，不仅是江南鱼米之乡，而且据江湖山川之险。《读史方舆纪要》中论及当涂的地域特点时说，姑孰城"迫临江渚，商贾凑集，鱼盐所聚。东晋时置城戍守，并积盐米于此"，"控据江山，密迩畿邑。自上游来者，则梁山当其要害；自横江渡者，则采石扼其咽喉。金陵有事，姑孰为必争之地"。正因如此，所以当涂在历史上同样是兵争迭起，战事不绝。早在春秋后期，吴楚两国就曾在横山一带交战。苏峻乱晋时，遣部将韩晃袭陷姑孰，抢掠盐米。唐高祖时，辅公祏反唐，遣部将冯慧亮等率水军三万屯东梁山，又遣陈正通等率步兵三万屯青山，以拒官军。唐末，杨行密割据庐州（今合肥），遣刘威等率兵三万击孙儒于当涂黄池。元末，朱元璋部下、当涂城守将花云与陈友谅激战太平府。清朝末年，太平军在当涂金柱关、薛镇、花津等地与湘军相互攻伐，竟达数年之久。这些战事无不惊心动魄、惨烈悲壮。古代这些活生生的战例一再证明,当涂江山形胜,确为东南之锁钥,兵家之冲要。

与当涂县一江之隔的和县、含山两县古代均为历阳地,属和州,因左挟大江,右控昭关,梁山峙其南,濠滁环其北,故常为宿兵屯营之地。《读史方舆纪要》中说:古来凡立国于金陵者,都以历阳为襟要;凡进军江南者,多由历阳横江渡大江,取采石,下金陵。所以千百年来,这里也是南北交争的要地,斥堠烽火之警连绵不断。楚汉相争时期,项羽从垓下突围,退至和县乌江,最终自刎身亡。东汉中期,号称"黑帝"的农民领袖华孟举义旗,杀贪官,兵起历阳,威震江淮。三国时期,东吴与曹魏为争夺江淮地盘,在含山濡须、东关一带屡次交锋。六朝以降,有事江南者也无不以历阳、含山为襟要,如隋平南陈、宋灭南唐、南宋抗金、朱元璋进军江南、张献忠奋战和州等。及至太平天国定都天京(今南京),更是以今天的和县、含山为外围屏障,在西梁山、运漕、东关、铜城闸,以及和州城、含山县城,多次与清军交兵鏖战。可见,和县、含山自古以来确为"淮南之藩蔽"、"江表之保障"。正如南宋建康知府吕祉在《东南防守利便》中所说:"历阳,建康、姑孰之门户。未有历阳多故而江东得以安枕者。"

在苍茫的岁月里,马鞍山一江两岸的历史,实际上就是从东西梁山到金柱关、到采石矶、到横江渡、到慈湖夹、再到乌江浦这样一段江面的历史。在这样一段江面上,千百年来,不知出现过多少次血流漂杵、江水尽赤的悲壮场面;不知演绎了多少个惊心动魄的战斗故事;也不知磨砺了多少位可歌可泣的铁血男儿。历史上许多叱咤风云的人物,诸如吴公子光、伍子胥、项羽、华孟、孙策、孙权、周瑜、吕蒙、朱然、曹操、温峤、谢尚、桓温、桓玄、陈霸先、韩擒虎、黄巢、曹彬、姚兴、虞允文、朱元璋、常遇春、花云、陈友谅、洪秀全、石达开、曾国藩、彭玉麟等等,都曾经在这一段江面上显映过他们高大的身影,都曾经在这一段大江两岸刻印有他们深深的脚印。如今,在他们挥戈跃马之地,再也看不到烽火狼烟;然而,大江东去涛留痕,千年之下,他们在马鞍山这一带留下的身影和脚印,却依然与大江两岸的古战场同在,并永远与马鞍山的历史同存。

在马鞍山这一江两岸的古战场上,千百年来究竟发生过多少起战事,现在已经无人能说得清、算得准,但从民国《当涂县志稿》和光绪《直隶和州志》等记载中,约略可知其梗概。从春秋周灵王二年(公元前570年)楚子重伐吴战于衡山(即当涂横山),至清同治三年(1864年)太平天国天京陷落,发生在当涂境内的战事计九十一条;从春秋周景王二十年(公元前525年)吴伐楚战于长岸(今天门山以北沿江一带),至清同治三年(1864年)太平天国天京陷落,发生在和县、含山的战事计一百七十九条。总计二百七十条战事虽然不是马鞍山地区古代战事的全部,但透过这二百七十条战事的记载,可以想象,在马鞍山的历史舞台上曾经上演过多少"有声有色威武雄壮的话剧",曾经造就了多少豪气干云的英豪雄杰;甚至还可以据此推知历朝历代国家之否泰、民物之盛衰、守令之贤愚、山川之险易，进而有助于今人慎重审视古代战争风云，正确总结历史经验教训。

吴楚衡山、长岸之战

春秋后期，各诸侯国之间的兼并战争此起彼伏，我国南方吴楚之间的攻伐战争更是连绵不绝，其中衡山之战与长岸之战即是发生在今马鞍山境内的两起重要战事。

●衡山之战

衡山之战的"衡山"，即今当涂县东北、与江苏南京交界的横山。二千五百多年前，吴楚之间曾在横山一带进行过殊死较量，结果是吴胜楚败。

具体说到吴楚之间的恩怨，还要从鲁宣公十一年（公元前596年）"冬，楚子为陈氏乱政，伐陈"说起。所谓"陈氏乱政"，即指陈国夏征舒弑君自立之事。夏征舒母夏姬貌美，与陈灵公等私通，鲁宣公十年夏征舒杀陈灵公，自立为陈国国君。次年，楚庄王便以其弑君为借口，率师灭陈，将夏征舒车裂，将夏姬掳至楚。楚庄王及司马子反均欲纳夏姬，大臣申公巫臣因极力劝阻，而遭庄王、司马子反怨恨。公元前589年，巫臣奉命使齐，乘机携夏姬叛逃到晋国，被晋任命为大夫。楚令尹子重及司马子反等杀其族人，分其家财。巫臣为报楚国灭族之仇，遂向晋景公提出"联吴抗楚"的建议。晋景公为削弱楚国，便采纳了巫臣的建议，并命他为使者，出使吴国执行这项战略任务。

当时吴王寿梦正励精图治，积极与中原诸侯国交往，力图向西逐步夺取楚国所控制的地区。巫臣到了吴国，向吴王提出"通吴与晋"的建议，恰与吴王寿梦不谋而合，于是吴王便愉快地接受了。吴国地处江南，习水战而不习陆战，所以寿梦就让巫臣以所带来的兵车教吴人学习车战和阵战，巫臣则利用这个机会煽动并激起吴人对楚的敌对情绪。后来他又留其子狐庸在吴国为行人（掌典礼官，以待四方之使），继续改造吴国军队。经过巫臣父子的指点、改造和革新，吴国军队逐渐强大，终于成为一支既能水战又能陆战的新军。有了这样一支新军，吴王寿梦便与晋国结为联盟，从周简王二年（公元前584年）开始对楚国发起挑战。这一年，吴国首先攻占楚的巢（今安徽巢湖）、徐（今安徽宿县北），八月又攻占了楚属淮上战略要地州来（今安徽凤台北），将原归附于楚国的东方蛮夷纳入自己的控制之下，国力大增。楚令尹子重虽率军反击，但因腹背受敌，一年之内七次疲于奔命，仍无济于事。

周灵王二年（公元前570年），楚共王为扭转败局、阻遏吴势力西进，在经过十多年的休整备战后，即派遣令尹子重率精兵约两万人出师伐吴。子重一举进占吴国的鸠兹（今安徽芜湖东四十里），并推进到衡山。楚军进占鸠兹时，诸樊（寿梦长子）认为楚军必然向吴国纵深入侵，便立即饬令其弟余眛、余祭率兵分别设伏于扼要地区，自率主力迎击楚军。而楚令尹子重率军进至衡山后，遣骁将邓廖指挥身强力壮的组甲（《左传》杜预注："漆甲成组文。"此指穿组甲的车兵）三百人、被练（《左传》杜预注："练袍。"此指穿练袍的步兵）三千人，向吴境纵深挺进。为诱敌深入，诸樊令吴军在衡山的层峦沟壑间且战且退，楚军进入伏击圈后，余眛、余祭两支伏兵迅速出击，对楚军形成四面包围。邓廖毫无防备，力战被俘，不屈而死。楚军因主将被歼全线崩溃，仅有组甲战士八十人、被练勇士三百人侥幸逃回，其余均葬身衡山。吴军乘胜追击楚军残部，楚令尹子重因邓廖惨败，不敢再战，只得撤军回国。

这次衡山之战，不仅使楚国训练有素的军队受到重创，而且迫使楚军放弃了已经攻占的鸠兹邑，甚至连楚东部重镇驾邑（今安徽芜湖西南鲁港）也被吴军进占。令尹子重领着残兵败将回到楚国，楚国人士谈到此次出兵伐吴时说："子重于是役也，所获不如所亡。"进而对衡山惨败群加指责，纷纷责备令尹子重。子重感到十分内疚，不久，便"遇心疾而卒"（《左传》襄公三年）。

● **长岸之战**

衡山一役楚军惨败后，楚国国力一蹶不振，只能转入战略防御，虽无力实施战略进攻，但与吴国间依然是战事不断。周景王二十年（公元前525年），吴楚双方又发生长岸之战。长岸即天门山至当涂城西南金柱关的沿江一带地区。

公元前525年冬，吴国伐楚。战前，楚令尹阳匄因占卜"不吉"，不主张迎战。而执政武职大夫司马子鱼却说："我们地处上游，顺流而下去迎击敌人，为何说不吉利？况且，按照我们楚国的旧例，国家每遇大事应由司马报告龟甲占卜的情况，不应该由令尹报告占卜结果，因此我请求重新占卜。而今我占卜的结果却说，我率众部属迎敌会战死。我战死后，楚国大军若能及时跟进接战，就有望大获全胜。这是大吉！"楚平王遂同意司马子鱼率军与吴军战于长岸。

长岸之战打响后，确如龟卜所言，楚军主帅司马子鱼最先战死。子鱼死后，楚国的军队并未因此退缩，而是奋起"继之"，反击吴军，结果"大败吴师，获其乘舟艅艎"。这艘号为"艅艎"的大船并非普通的战船，而是吴王僚及其先王寿梦等王侯的专用坐船，是此次伐楚的吴军水师指挥舰。这艘旗舰形体高大，装饰华丽，船首雕绘有水鸟鹢首图案，航行性能优良，晋人葛洪就曾在《抱朴子·博喻》中说它"艅艎鹢首，涉川之良器也"。因此楚军俘获这样一艘水上"良器"后，生怕又被吴军夺回，便派已归附楚国的随国所遣参战士兵和最后到达前线的楚兵看守艅艎。他们将艅艎拖至江岸，并采取"环而堑之，及泉，盈其隧炭"的固定"保险"措施，然后摆开阵势以等待命令。

再说吴军初战失利后,主帅公子光(即后来的吴王阖闾)甚为懊恼,尤其是这艘身份特殊的旗舰"艅艎"的丢失,不仅对吴军来说是一大损失,而且作为主帅的他也可能因此而被治罪。为了挽回损失,也为了拯救自己,公子光决心智夺艅艎,再战长岸。他首先向其部属兵众申述责任,以激再战之志。他说:"丧失了先王的艅艎乘舟,难道只是我一人的罪过?其实大家也都有责任。所以我还是想借大家的力量把艅艎夺回来,以救一死。"公子光虽然是在和大家商量,但兵众已经感觉到其中命令式的口吻,于是大家也都纷纷答应,力图夺回艅艎。

公子光和部属兵众取得共识后,便计议派人伪装成楚兵,混入看守艅艎的人员中,伺机行动。然而吴人一向有断发文身的风俗,这种外在特征极易被楚军识破。公子光只好选出三个留有特长须发的身强力壮者装扮成楚兵,潜水埋伏在艅艎边,并与三人约定:"到时我率众乘夜进袭楚军水师,接近艅艎时,我呼'艅艎',你们只要暗中答应即可。"当夜,公子光果然率众偷袭楚军水师。混乱之中,吴军很快靠近艅艎旗舰,并不断高呼:"艅艎!艅艎!"潜伏者亦不断回应。呼喊声、应答声在长岸夜空中交替回响。楚军不辨究竟,误以为吴军已攻入楚营,因而大乱。吴军趁势进攻,楚军水师溃不成军。艅艎旗舰因事前被楚军固定于江岸沟堑中动弹不得,所以吴军便在楚军水师败退后从容取之,奏凯而还。

长岸之战,对于吴国来说,应该是一次运用智谋、反败为胜的著名战例。这次大捷,使吴国牢牢掌握了对楚作战的主动权。

孙策袭占牛渚营

东汉末年,天下分崩离析,在黄巾起义被镇压后,又出现了董卓造乱、军阀割据的局面。而地处南方的孙氏为开创和巩固江东(泛指今安徽芜湖长江下游至江浙等省的江南地区)根据地,从东汉献帝兴平二年至建安四年(195—199年)也曾与各割据势力展开争斗。其中孙策与刘繇之间的横江、牛渚之战,是开创江东基地和东吴政权的第一场重要战争。

据《三国志·吴书·孙策传》载:孙策之父孙坚,吴郡富春(今浙江富阳)人,为春秋时孙武后裔,为人勇敢刚毅,曾参加征讨董卓之战。献帝初平三年(192年)在进击刘表的战斗中,被刘表部将黄祖伏兵射杀。孙策为孙坚长子,其父死后,便恳求袁术将孙坚所领部众交由他统率。起初,袁术不肯,经过一番周折,最后才将孙坚所部一千多人交给孙策,并上奏天子任命他为怀义校尉。其后,孙策为袁术东征西讨,但一直不得重用,这引起了孙策不满,而袁术却对孙策的将帅之才深感叹服。他常说:"假如我袁术有像孙策这样能干的儿子,即使我死了,又有何遗憾呢?"

兴平元年（194年），侍御史刘繇受命为扬州刺史。因扬州旧治寿春（今安徽寿县）被袁术所占，刘繇只好渡江另择新治。时任江东丹阳郡（治今安徽宣城）太守的吴景和丹阳都尉的孙贲为孙策的舅父和从兄，出于同情，他们便迎刘繇置于曲阿（今江苏丹阳市）。然刘繇却认为吴景、孙贲皆为袁术部下，必然心向袁术，自己迟早会被袁术吞并，便恩将仇报地迫逐吴景、孙贲离开江东。吴景、孙贲被迫无奈，只好渡江西去退屯历阳（今和县）。但刘繇依然不肯放过，又派部将樊能、于麋率军驻扎于横江口（即和县横江渡），遣张英率军驻守当利口（今和县东南十二里江边渡口），并在江东牛渚（今采石）设置了储藏转输粮谷、战具等军用物资的营垒，史称"牛渚营"。

袁术与刘繇素有嫌隙，便任心腹惠衢为扬州刺史以取代刘繇，并命吴景为督军中郎将，与孙贲同时率军攻打樊能、张英。可是吴景、孙贲打了一年多却未能取胜。此时，曾在孙坚手下当过校尉的朱治，见袁术政德不立，难成大事，遂向孙策建议脱离袁术，归取江东，以图霸业。于是，当袁术用兵受挫之际，孙策向袁术建议："我家对江东地区民众有旧恩，我愿意帮助我舅父（吴景）征讨横江。攻克横江后，我即回到本乡（指江东）招募军队，定可得三万士卒，来帮助你平定天下。"袁术深知孙策对他怀有怨恨，同时认为凭孙策有限的实力，很难攻占江东地区，于是顺水推舟，答应他率兵千余人、坐骑数十匹前往江东，并表奏天子任孙策为折冲校尉。

孙策于是率领程普、黄盖、韩当、朱治、吕范等由寿春出发，一路南下，准备渡江。孙策沿途招兵买马，军至历阳时，已拥众五六千人，原在寿春的蒋钦、周泰等数百名宾客也随军南行。当时周瑜的伯父周尚任江东丹阳郡太守，适逢周瑜在丹阳，他听说孙策要渡江来江东，便率军去历阳迎接，并以军粮资助孙策。孙策见到周瑜也非常高兴，对周瑜说："有你相助，我之大功即可告成！"

献帝兴平二年（195年）十二月，孙策军在横江渡、当利口一举击败刘繇部将樊能、于麋、张英等。然后乘势渡江攻下"牛渚营"，将营内军粮和作战物资器械等全部掠获，取得了渡江作战的首次重大胜利。孙策渡江袭夺牛渚营后所向披靡，无人敢挡其兵锋。开始时，老百姓听说孙策兵至，都吓得窜伏于山野间。可后来看到孙策的军队秋毫无犯，十分欢喜，竟争先恐后以牛酒劳军。孙策不仅为人英俊勇武，豁达大度，善于用人，而且治军严明，深得民心，以致"士民见者，莫不尽心乐为致死"。为此，陈寿、王朗、卢弼等称赞孙策"英气杰济，猛锐冠世"，有"俊才大志"，乃"一时豪杰之士"。

当时，彭城相薛礼和下邳相笮融依靠刘繇，并推刘繇为盟主。为合力抗衡孙策，薛礼与笮融分别屯守秣陵县城（今南京江宁区秣陵镇）和秣陵县城南。孙策派少数兵力留守牛渚营后，又率军北上先攻秣陵县城南笮融军，斩笮融部卒五百余人。笮融败后龟缩于营内，闭门不敢动。孙策又转攻薛礼军，薛礼不敢迎战,惊慌而逃。孰料此时历阳败将樊能、于麋等聚兵突袭牛渚营。孙策闻报,立即挥军南指牛渚,再一次将樊能等击败,俘获万余人。

孙策击败樊能后,掉头再攻笮融,不幸夜间被流矢射伤大腿,不能骑马,只好暂回牛渚养伤。时有传言说:"孙郎已被箭射死。"笮融闻言大喜,便派遣部将于兹乘机攻牛渚。孙策先派步骑数百迎战,另设伏兵于后。迎战者"锋刃未接而伪走",将敌军诱入伏击圈后,伏兵四出,大破笮融军,斩首千余级。从此,牛渚营便成为孙策平定江东、经略江南的稳固战略据点,为后来攻秣陵、下曲阿、夺吴郡、占会稽提供了可靠的后方保障。可见,孙策袭占横江渡、当利口、牛渚营,是他开创江东根据地具有决定意义的第一步,是日后建立东吴政权,并与曹魏、蜀汉鼎足而立的重要战略步骤。

孙曹濡须十年之战

濡须,古代河流名,即濡须水,源出我国五大淡水湖之一的巢湖,东流经亚父山,入含山县界后转东南流经东关镇,再南流经无为县城东,至泥汊镇附近入江。这条古水道,相传夏禹治水时为引巢湖洪水下泄入大江,"凿东关石梁为渡漕",故又称"石梁河"、"东关水"。濡须水因自古便是巢湖通江咽喉,至三国时又是江淮间的水上交通要道,所以沿濡须水一带常为兵家必争之地。尤其是上游的濡须坞和下游入江口的濡须口"山川险阻,最为控扼之雄"(宋王象之《舆地纪胜》卷四十八),更是当年孙权和曹操多年争夺的战场。据史书记载,从东汉建安十八年至魏黄初四年(213—223年),曹操、曹丕与孙权为奠定自己的疆域,双方曾经在濡须坞和濡须口一带展开了十年之久的拉锯战。这里仅就其间的三次战事略作钩沉。

●孙曹首战濡须口

孙策遇刺身亡,其弟孙权袭承父兄基业。为屏障江东安全,建安十三年(208年),孙权西征灭掉刘表部将黄祖,占据了荆州大部地区。当年十一月,孙权联合刘备集团,夺取了赤壁大战的胜利;次月,孙权又亲率大军围攻合肥(今合肥西北),久攻不下,只好退兵。此后孙曹之间便展开了连年不断的江淮之争。

赤壁战败后,曹操鉴于江淮地区不断被孙权蚕食,一方面加强这一地区的防卫,一方面进行大规模的屯田,屯集粮草,以便与孙权较量。为解除与孙权集团对抗的后顾之忧,建安十六年(211年),曹操率军袭取了关中,赶走了马超、韩遂集团。此时,孙权手下大将吕蒙听说曹操西征回师后,欲向东进击东关(今含山县东关镇),于是劝说孙权在东关附近的濡须水上游,建一座防御性的小型城堡，以便在紧急情况下登船上岸、防卫御敌。可是众将认为："要攻击敌人，就可以登岸；要退回船内，洗脚后再上船也来得及，何必费力修建城坞？"吕蒙则坚持认为："兵有利钝，战无百胜之理；如果与敌人不期而遇，敌人步骑紧追逼近，人都来不及跑到水边，哪里还能登船呢？"孙权认为吕蒙的意见可取，便在濡须水上游的濡须山上修建了濡须坞。濡须坞位于今东关镇沿河乡以西，与七宝山和锥山夹水对峙，因形似偃月，又名"偃月坞"、"偃月城"、"濡须城"。同时，为防备曹军南进跨过长江，孙权又在濡须口（濡须水入长江口）布防，遣都督公孙阳驻守。

　　建安十八年（213年）春，曹军前锋在荡寇将军张辽和威虏将军臧霸的指挥下进逼濡须口。随后，曹操亲率十万（号称四十万）大军跟进，一举攻破濡须口的孙权营垒，俘获了公孙阳。孙权闻报后，赶忙亲率吕蒙、甘宁、周泰、徐盛、朱然等重要将领和七万部众前来迎敌。据《三国志·吴书·孙权传》注引《吴历》载，曹操以牛皮蒙覆、涂以桐油的"油船"出濡须口"夜渡洲上"，结果被孙权水军围歼，俘获三千余人，落水溺死者数千。其后，孙权军又多次挑战，曹军坚守不出；而曹操见孙权军阵营威严、布防严密，亦不敢轻易冒进。就这样，两军在濡须口相持月余。两军相持期间，有一次，孙权乘轻舟从濡须口到曹操军前探营，曹军诸将均欲迎击，曹操却说："此必孙权欲身见吾军部伍也。"于是，令军中皆精严，弓弩不得妄发。就这样，孙权舟行五六里，返回驻地时还奏起军乐。曹操见孙权舟船器仗军伍整肃，喟然叹道："生子当如孙仲谋（孙权字仲谋），刘景升子（指刘表的儿子刘琮和刘琦）若豚犬耳！"曹操比孙权大二十七岁，故此以长辈口吻称其才干；而对刘表的两个儿子则以猪狗视之，轻贱之意与对孙权的深许之意形成鲜明对比。

　　关于孙权在濡须口探营观军的情节，史籍中还有另外一种"版本"。据《三国志·吴书·孙坚传》注引《魏略》说："（孙）权乘大船来观军,（曹）公使弓弩乱发，箭着其船，船偏重将覆，权因回船，复以一面受箭，箭均船平，乃还。"这完全是《三国演义》中"草船借箭"的原型，只不过罗贯中将借箭的主人改作诸葛亮、将借箭的地点搬到了湖北赤壁而已。

　　孙曹首战濡须口虽各有伤亡，但并未分出胜负。后值长江春汛将至，孙权便写信劝曹操说："春水方生，公且速去！"这显然是在向曹操下逐客令。后来见曹操仍无撤军之意，便又写一信说："足下不死，孤不得安。"这无疑又是一句难听的"春水方生"，可曹操看了之后却不嗔不怒，反而对部将说："孙权说的是实话，他没有欺骗我。"于是率军撤离濡须口。

●孙曹再战濡须坞

　　孙曹首战濡须口后，双方为争夺江淮地盘，又相继发生了皖城之战和合肥

之战,双方各有胜负。建安十九年(214年)闰五月,孙权率军攻曹操所据皖城(今安徽潜山),俘获庐江太守朱光及男女数万人。次年八月,孙权又率兵十万围攻曹军张辽驻守的合肥。张辽时有兵马七千余人,在众寡悬殊的紧急关头,张辽夜招八百勇士冲击孙权围城的十万之众,大战逍遥津(今合肥市区偏东北),令"(孙)权人马皆披靡",险些活捉了孙权。孙权围攻合肥十余天,城池未下,只好撤军。合肥之战后,曹操于建安二十二年(217年)春正月再次兴师南征,孙曹在濡须坞一带又一次展开较量。

据《资治通鉴》和《三国志·吴书·吕蒙传》记载,建安二十二年正月,曹操率军进至居巢(今安徽巢湖市东北),孙权则以濡须水为防线,先派军队驻守濡须口,同时命大都督吕蒙据守五年前修建的濡须坞。吕蒙对濡须坞重新进行了修整加固,并在坞上置强弩万张以拒曹军。二月,曹军由居巢进击濡须坞,孙权命部将甘宁选勇士百余人,夜袭曹军。甘宁受命,率勇士乘夜秘密进至曹军营前,拔鹿角,逾濠垒,突入曹营,斩杀数十人后返回,令曹军惊骇鼓噪,一片混乱,以致锐气大挫。甘宁回营后,深得孙权赞许。孙权说:"(曹)孟德有张辽,孤有兴霸(甘宁字兴霸),足相敌也!"由于吕蒙和甘宁等将领率军奋勇抵抗,曹军久攻濡须坞不克。三月,曹操见难以急战速胜,遂率军撤回,留伏波将军夏侯惇、都督曹仁、征东将军张辽等率军驻扎居巢,监视孙军动向,以待战机。孙权则令平虏将军周泰、偏将军朱然、中郎将徐盛等继续防守濡须坞和濡须口,与曹军遥相对峙。

同年,孙权与刘备争夺荆州,双方的联盟产生裂痕。为避免出现同时与刘、曹两面作战的局面,解除沿江向西发展的侧背威胁,孙权遂在迫退曹操主力之后,主动派都尉徐详赴洛阳向汉廷"请降"求和。曹操则运筹全局,顺水推舟地同意休战和好,并把侄女许配给孙权弟孙匡,又为儿子曹彰迎娶孙权从兄孙贲之女,孙曹结为姻亲之好。

这次濡须坞之战,曹操虽未取得军事上的胜利,但却抓住了孙刘联盟破裂的转机,与孙权媾盟修好,从而赢得了把握战略全局的主动权。而对于孙权集团来说,濡须坞之战虽小胜曹军,但战后主动提出与曹操集团结盟,对于减轻腹背受敌的两面压力,亦不失为明智之举。如此,孙权集团向北开拓疆域的战争,至此也暂时平息。

● 孙曹三战濡须城

建安二十五年(220年),曹操卒于洛阳。十月,曹丕逼迫汉献帝禅位,登基称帝,改元黄初。次年,孙权遣使上表称臣,受封为吴王。

黄初三年(222年)八月,曹丕为控制江东,令孙权送其子孙登入魏,名为受封万户侯,实想扣为人质。孙权拒绝,曹丕大怒,遂于当年九月,以征东大将军曹休、前将军张辽、镇东将军臧霸率东路军出兵洞口（在今和县东南江边），以大将军曹仁率中路军出兵濡须，以上军大将军曹真率西路军围攻南郡（治今湖北江陵），企图三面齐攻，使孙权集团首尾不得相顾，达到一战而胜的目的。孙权面对魏军大举南下的严峻局面，决定以建威将军吕范率五军，以战船水师在洞口一带抵抗曹魏东路军；以左将军诸葛瑾等率军西进驰援江陵，助守将朱然抗击曹魏西路军；又以裨将军朱桓为濡须督，率部驻守濡须城，抗击曹魏中路军。

次年二月，曹仁领中路军进逼濡须城。为保证顺利攻下濡须城，曹仁采取了声东击西的策略，扬言要发兵东南进攻羡溪（今芜湖裕溪口），以引诱朱桓分兵救援，然后曹仁率步骑数万直扑濡须城。朱桓发现曹仁诡计后，急令派往羡溪的援兵迅即返回。可是未及回师，曹仁大军已兵临濡须城下。当时朱桓手下只有五千余人守城，面对曹仁的数万之众，守城将士人心惶惶。紧急关头，朱桓镇定自若地激励将士说："凡两军对垒交战，胜负往往取决于将领的指挥，而不在兵力的多寡。大家知道，曹仁用兵行师哪一点能比得上我朱桓？况且，胜负与否，有时不仅要看有无城池依托进行防御，还要看将士是否勇敢、团结。今曹仁并非智勇之将，其部卒胆小怯战，又是千里跋涉，人困马乏。而我军居高临下防守濡须高城，南凭大江之险，北依高山峻岭，以逸待劳，正是百战百胜的态势。因此即便曹丕亲自率军来攻，也不必忧虑，何况是曹仁之流呢？"朱桓部下将士听了顿时精神振奋，信心大增。接着，朱桓便命令部队避而不战，故意偃旗息鼓，外示虚弱，以诱魏军攻城。曹仁见状，果然上当，当即令其子曹泰率军进攻濡须城，并派参将常雕率诸葛虔、王双等五千人乘油船袭击朱桓部众家属住地、濡须城附近的水中小岛——中洲。朱桓面对强敌攻城略地，临危不惧，令严圭等从中洲上流乘势而下，截击常雕所部，结果斩杀了常雕，活捉了王双。朱桓则亲自率部迎战曹泰，曹泰军战败，烧营而走。朱桓军大胜，魏军被斩杀和落水而死者千余人。至此，曹仁统率的中路魏军宣告失败。

其他两路魏军的进击也不顺利。东路军初战虽获小胜，最终却是损兵折将，铩羽而归；西路军遭到守将朱然重创，屡攻不克，长达半年之久，将士极度疲惫，又加上疾疫流行，只得撤军。至此，曹丕登基后首次对孙权集团的大规模军事进攻以全线崩溃而告终。

东晋讨平王敦、苏峻之乱

东晋时，姑孰（今当涂）一带因地近都城建康（今南京）而成为京畿锁钥之地，正如清代学者顾炎武所说：太平府"古名姑孰……左天门，右牛渚，凭大江之险，控三吴之脊……自北来者，往往既渡而先取太平，苏峻、侯景、韩擒虎、兀术是也；自上游来者，亦往往先据太平，王敦、梁武帝是也"。其中提到的王敦和苏峻便是东晋时期在当涂与和县一带发动军事叛乱的两个军阀。

● 王敦于湖谋乱

王敦,琅玡临沂（今山东临沂北）人。年少时,习《左传》,擅长清谈,善于品评人物。成年后娶晋武帝司马炎之女襄城公主为妻,官拜驸马都尉,后为扬州刺史。东晋元帝时加封广武将军、左将军,都督征讨诸军事,镇守荆州,手握重兵,威震四方。其从弟王导在京中为骠骑大将军,仪同三司,录尚书事,执掌朝政。王氏一族,可谓权倾朝野,时有"王与马,共天下"之说。

然而,随着时间的推移,王敦依仗自己的宗族势力和辅佐东晋王室的功劳,渐渐暴露了不甘居于臣下的情绪。元帝深深感到王敦已对自己构成威胁,于是采取了一系列措施削弱王敦的权势。他一方面改派心腹镇守湘州（今湖南长沙）、襄阳（今湖北襄樊北）等长江中游的军事重镇,以钳制和防备王敦反叛；另一方面公开疏远王敦、王导,有意重用刘隗、刁协、周顗、戴渊等人。朝中人事的变动招致王敦的忌恨,他与朝廷对抗的态度更加表面化了。永昌元年（322年）正月十四日,王敦以诛灭刘隗、刁协的名义,打着"清君侧"的旗号,从武昌（今湖北鄂州）发兵反叛。二月,王敦自芜湖进袭牛渚,一举攻下建康石头城,京城守军迅速瓦解。入京后,王敦拥兵不朝,任由士卒抢掠,朝中官吏四散而去,刁协逃至江乘（今江苏句容北六十里）被杀,刘隗北投后赵。元帝屈服于王敦的兵威,只得任王敦为丞相,都督中外诸军事,录尚书事,领江州牧,封武昌郡公。王敦却故作谦辞而不受。"君侧"既清,王敦便于当年四月还镇武昌。然而晋元帝经王敦这么一折腾,竟忧愤成疾,于当年闰十一月病死。元帝死后,太子司马绍（明帝）即位,由司空王导辅政。

王敦初乱告捷,从此更加肆无忌惮。他屡屡上表初登皇位的明帝,要挟明帝召他入朝,借以显示自己的权势。明帝无奈,只好亲拟诏书征其入朝,并派人授加黄钺,准予他上奏不必通报姓名,入朝可带剑上殿。太宁元年（323年）四月,王敦为了尽早实现"问鼎江山"的夙愿,又以"入觐方便"为由,将大本营由武昌移至姑孰,引兵屯驻姑孰南面的于湖县（今当涂县南三十八里）。并于十一月,任王含为征东将军,都督扬州、江西诸军事；王舒为荆州刺史,监荆州、沔南诸军事；王彬为江州刺史。王敦在于湖还常与其党羽钱凤、王含等人密议篡晋大计。

其实,当王敦、钱凤、王含等人在于湖密谋乱晋时,近在咫尺的明帝也在积极布防京师、谋划征讨王敦之事。太宁二年（324年）六月,明帝以王导为大都督,兼领扬州刺史,温峤都督东安北部（今南京秦淮河以北地区）诸军事,与卫将军卞敦共守石头城；并征召临淮太守苏峻、兖州刺史刘遐、徐州刺史王邃、豫州刺史祖约、广陵太守陶瞻等入卫京师。

太宁二年五月，王敦病重。他自知来日无多，便假称圣命，以养子王应（兄王含之子）为武卫将军，作为自己的副手，又以王含为骠骑大将军。钱凤等乘王敦尚在清醒之际，与王敦商议后事。王敦嘱托说，他死后"莫若释兵散众，归身朝廷，保全门户，上计也。退还武昌，收兵自守，贡献不废，中计也。及吾尚存，悉众而下，万一侥幸，下计也"。王敦临终前对其谋乱篡晋虽有悔意，但为时已晚。此时钱凤等人已经议定，待王敦死后，立即发兵进攻建康。

王敦病重期间，晋明帝为探听虚实，曾数次派人去于湖问候王敦病情，甚至还亲自微服暗至于湖侦察王敦军营。当他探知王敦确已病重，便决意兴师讨伐。为确保讨伐成功，明帝下诏伪称王敦已死，历数王敦、钱凤罪行，同时立下"有能杀（钱）凤送首，封五千户侯"的赏格，然后发兵近十万进讨姑孰、于湖。

自从明帝微服探营之后，王敦也许受到惊吓，竟致高烧数日不退。如今看到朝廷诬称自己已死的讨逆诏书，更惹动一腔怒意，病情急骤加重，以致无法统兵。于是，他以王含为元帅，命钱凤、邓岳、周抚等率水陆两军五万之众，兵发于湖，北攻建康。王含领军过姑孰、牛渚，经慈湖，于七月初二抵达建康城秦淮河边，因在越城（今南京中华门外）受到郗鉴、温峤等官军的阻击而无法前行，只好在秦淮河南岸扎营。初三夜，晋明帝命段秀等人率敢死之士千人，乘夜渡河偷袭王含军营。王含毫无防备，顿时军中大乱，急命前锋将军何康迎战，结果被段秀斩杀。王含军惨败，急忙逃遁。段秀等官军一路追杀至慈湖一带，又斩首千余级，方收兵回营。

此时的王敦已命若游丝。他听说王含军大败，深知大势已去，于是召来少府羊鉴及养子王应，对他们说，他死之后，王应马上即位，先立朝廷百官，然后再为他办理丧事。王敦交代完后事，当天夜间便撒手西去，时年五十九岁。王敦死后，王应秘不发丧，以席裹尸，外涂以蜡，密封后暂埋于于湖军营议事厅中。王应虽接管了王敦军队，却整日只知与其死党诸葛瑶等人在于湖城中纵酒淫乐，而不顾军情，结果王敦军群龙无首，纷纷逃散。后来钱凤、王含等人又会合王敦部将、大都督沈充的万余兵力再度攻打建康，但最终仍没逃脱惨败的命运。不久，王含与王应便从于湖投奔荆州刺史王舒，结果被王舒投入江中淹死，钱凤、沈充等也均被杀。至此，发生在姑孰、于湖一带的王敦之乱宣告平息。

●苏峻历阳起兵

太宁三年（325年）十月，晋明帝司马绍病死，晋成帝司马衍即位，因年幼，便由其母庾太后临朝称制，王导、郗鉴、卞壶、庾亮等为顾命大臣。然而庾太后只是名义上代理皇帝处理国家政事，军国大事实皆由其兄中书令庾亮决断，东晋政权实际上落入了外戚之手。

此时，曾经参与平定王敦之乱的历阳内史苏峻和豫州刺史祖约，常常觉得自

己平叛之功不在郗鉴、卞壶之下，却未被晋明帝诏命为顾命大臣而心怀不满、轻视朝廷。庾亮因此怀疑苏峻、祖约有反叛企图，但他又畏惧征西大将军陶侃都督荆、湘、雍、梁四州诸军事的声威，于是便日益加紧培植自己的势力。为此，他任命丹阳尹温峤为都督江州诸军事，领江州刺史，率军镇守军事重镇武昌（今湖北鄂州），尚书仆射王舒为会稽内史，并派人加修石头城的防御工事。

苏峻与宗室南顿王司马宗交谊一向甚厚，咸和元年（326年）十月，庾亮为了打击苏峻，便以谋反罪诛杀了司马宗。司马宗的亲信卞阐逃至历阳投奔苏峻。庾亮逼令苏峻交出卞阐，送还京师。苏峻不从，反将其保护起来，这就更加深了庾亮对苏峻的怨恨。翌年十月，庾亮认为苏峻终究必反，想矫诏将苏峻召至京师除掉。他去征求司徒王导的意见。王导认为："苏峻凶险，必不奉诏，不如暂时容忍他。"光禄大夫卞壶也力阻庾亮召苏峻入京。他说："苏峻拥有强兵，历阳逼近京师，朝夕即至，一旦有变，事态将难以控制。还是慎重考虑为好！"可是庾亮专横用事，听不进大家的意见，便矫诏苏峻回京辅政，企图将苏峻骗到京城，便于尽快除掉。

苏峻得到庾亮征召的消息后，立即派司马何仍至庾亮处呈报说："我在外征讨贼寇，只要是朝廷的命令，我定然唯命是从。至于要我回到京师辅佐朝政，我很难胜任。"庾亮见苏峻难入圈套，遂又矫下"优诏"再征苏峻进京为大司农，加散骑常侍，位列特进；同时将他的部队转交其弟苏逸统率，借以解除苏峻兵权。苏峻闻诏则上表说："明帝在世时，当面委派我至北方讨伐胡寇。现在中原尚未平定，我不甘心就此罢休，请求补给我青州境内一荒凉之郡，以展示我效忠朝廷的心志。"可是庾亮不答应他"补青州"的请求。正当苏峻准备整装应召却又犹豫不决之际，参军任让则劝告苏峻说："将军请求补给一荒凉之郡而不被允许，事势至此，恐无活路，不如陈兵历阳以自守。"阜陵县（治今安徽全椒县东南十五里百子楼）令匡术亦劝苏峻起兵造反，苏峻于是拒受"优诏"，决心反叛。时任江州刺史驻军武昌的温峤听说苏峻欲反，便要率军东下入卫建康，但庾亮担忧陶侃乘机在荆湘起事，便致书阻止温峤说："我对西陲陶侃的担忧超过历阳的苏峻，您还是不要过雷池（古雷水流经今安徽省望江县东南积而为池，称雷池）一步吧。"

苏峻知道祖约也怨恨庾亮，于是派参军徐会去联络祖约，共同起兵征讨庾亮，祖约欣然应允。咸和二年（327年）十一月祖约命兄祖逖之子祖沛、祖涣及女婿淮南太守许柳带兵赴历阳，与苏峻会合，准备渡江攻建康。消息传到京师，朝野震动。尚书左丞孔坦、司徒司马陶回向王导进言说："应乘苏峻军尚未到来之前，急速截断阜陵历湖之阻，防守西江当利（今和县东南十二里临江渡口）诸口，我众敌寡，当一战可胜。如苏峻军未至，我可先进军历阳城下。若不先往，苏峻军先入京师，那时人心惊恐，将难与其战。切不可失去时机！"王导赞许，庾亮却不同意。十二月初一，苏峻果然起兵历阳，派其大将韩晃、张健等率军渡江拔牛渚。韩晃渡江后急袭姑孰，尽获姑孰临江诸洲间囤积的大批盐米物资，然后南进芜湖、宣城，击退宣城内史桓彝后回师北上，进逼慈湖。张健则率军进攻于湖，杀于湖县令陶馥后也回师北上逼近慈湖。恰在此时，彭城王司马雄、章武王司马休等，又都投奔了历阳苏峻军。尽失姑孰、于湖、芜湖后，庾亮后悔莫及，于是从初十开始，在京师加强戒严，再次部署平叛力量，命左卫将军赵胤为历阳太守，振威将军司马流率军据守慈湖。但司马流一向为人懦弱胆怯，适逢韩晃、张健来攻，他竟恐惧得连吃烤肉都不知嘴在哪里。不久，司马流兵败身亡。

正月二十八日，苏峻率领祖涣、许柳等军共二万兵马，由横江渡过长江，登上牛渚山，屯兵于牛渚山东北的陵口，并在牛渚、陵口、慈湖一带屡次击败晋军，朝廷为之震骇。陶回向庾亮建议说："苏峻知道京师石头城有重兵防守，不敢直接攻取，必从陵口绕至小丹阳这一条'南道'扑来。若在小丹阳一带伏兵截击，可一战而擒获苏峻。"然而庾亮并未采纳陶回的建议。苏峻军果然夜出潜行，从陵口绕道小丹阳进逼京师。二月初一，苏峻军进至建康蒋陵（今南京钟山）、覆舟山（即今南京太平门西小九华山）。初七，苏峻军进攻青溪栅（今南京城东），顺风纵火，守将右将军卞壸战死，而在宣阳门准备布阵迎战的庾亮军，见苏峻叛军已到，皆弃甲而逃。庾亮见败局无可挽回，便乘小船逃往是年正月屯军于浔阳（今江西九江）的温峤。苏峻军进入台城后，百官已逃散一空，唯有司徒王导、侍中钟雅等人护卫着年仅八岁的晋成帝，将他抱至太极前殿。苏峻军进入后宫，抢掠侮辱宫女，哀号之声震动皇宫内外。苏峻掌控朝政后，称诏任命百官，自为骠骑将军、录尚书事，并大赦天下，唯庾亮兄弟不在大赦之列。随后派兵征讨庾亮，自领军马退出建康，屯兵于湖。

咸和三年（328年）二月，经温峤从中斡旋，庾亮与陶侃言归于好，结为联盟，并推陶侃为盟主，传檄诸郡，共讨苏峻。随后，陶侃率联军四万余人顺江而下。苏峻闻讯，立即从于湖、姑孰返回建康，据守石头城，并分兵迎击陶侃联军，同时逼迫晋成帝迁至石头城内。五月，温峤军克天门，占牛渚，驻泊蔡洲（今南京西南江中沙洲），准备进逼建康。六月，陶侃联军齐至建康，与叛军在石头城一带交战，但陶侃联军屡战屡败。九月二十五日，双方又在石头城北激战，叛军又获大胜，苏峻遂以酒犒劳将士，而后自己乘酒兴率数骑追击联军赵胤的骑兵，追至白石垒（故址在今南京金川门外、幕府山南麓）阵营前正要掉转马头返回，不料马失前蹄，被陶侃部将彭世、李千等以矛投中。苏峻跌下马来，结果被"斩首脔割之，焚其骨"。叛军见其主帅被杀，遂纷乱大溃。后来，祖约逃奔后赵，叛将韩晃、张健被郗鉴参军李闳斩杀于平陵山（今江苏溧阳西北三十五里），苏峻之子苏硕被温峤斩杀，其弟苏逸也死于晋军之手。至咸和四年（329年）二月，苏峻之乱被彻底讨平。

桓玄篡晋之战

东晋隆安元年（397年），晋安帝司马德宗即位后，会稽王司马道子辅政，中书令王国宝、建威将军王绪参掌朝政。王国宝等劝说司马道子裁减方镇兵权，这引起了平北将军王恭、鹰扬将军殷仲堪等人的不满。时镇京口（今江苏镇江）的王恭便以清君侧为名，约殷仲堪联合举兵，共讨王国宝，而此时闲居荆州的桓玄也极力鼓吹和支持他们出兵。

桓玄是大司马桓温之子，少以雄豪自处，二十三岁时以太子洗马出补义兴（今江苏宜兴）太守，后因不满朝政，弃官优游荆楚多年，与荆州刺史殷仲堪交往甚密。桓玄也深恶王国宝专权，当他听说王恭派人联合殷仲堪讨伐王国宝时，便极力劝说殷仲堪应约起兵。殷仲堪在桓玄的怂恿下，便与王恭合兵，东西齐发，进逼建康。司马道子闻讯后，为求退兵，遂赐死王国宝，并斩王绪于东市。

王国宝、王绪死后，司马道子遂以十六岁的儿子司马元显为侍中、征虏将军，重用谯王司马尚之及其弟司马休之等人，任命心腹王愉为江州刺史，并析豫州（治历阳，即今和县）四郡归其督管。豫州四郡原为豫州刺史庾楷所辖，析与王愉后，庾楷不服，上疏辩说，司马道子不听。庾楷盛怒之下，遣其子庾鸿对王恭说："尚之兄弟复秉机权，过于国宝，欲假朝威，削弱方镇。惩艾前事，为祸不测。今及其谋议未成，宜早图之。"王恭赞同庾楷的意见；便游说殷仲堪、桓玄，殷、桓等人共推王恭为盟主，约期举兵，再逼京都。

隆安二年（398年）六月，王恭以讨伐司马尚之兄弟为名，首先起兵于兖州（治廪丘，今山东郓城西六十四里）。殷仲堪随之响应，派南郡（治今湖北江陵）相杨佺期率水师五千为前锋，自江陵发兵，建威将军桓玄率军殿后，殷仲堪率军两万为后援，相继顺江而下。九月，司马道子遣司马元显为征讨都督，遣卫将军王珣、右将军谢琰率兵征讨王恭，同时命司马尚之征讨率军驻扎牛渚的庾楷。九月初十，司马尚之大破庾楷部，庾楷单骑逃奔桓玄。司马道子遂任命司马尚之为豫州刺史，镇历阳；命司马恢之（司马尚之之弟）为骠骑司马、丹阳尹，率水军镇牛渚；命司马休之为襄城太守，镇春谷县（今繁昌县西北）。

九月十六日，桓玄兵进历阳，大破司马尚之于白石（今含山县林头镇附近）。与杨佺期会师后，又击溃横江守军残部，全歼司马恢之的牛渚水师，与王恭部对京城建康形成合围之势。恰在此时，王恭部将刘牢之被司马元显收买，倒戈击杀了王恭，司马道子也乘机以官爵收买殷、桓、杨三人，任命桓玄为江州刺史、杨佺期为雍州刺史，改任殷仲堪为广州刺史，这才使战云暂消，祸乱暂平。

隆安三年（399年）四月，司马道子嗜酒成病，司马元显代掌朝政。元显担心桓、杨、殷等人再生事端，便故意重用桓玄，原官外加都督荆州四郡军事，以此离间三人。不久,桓玄利用手中的重权先杀杨佺期,后逼殷仲堪自杀,结果尽得荆、雍之地。次年,桓玄又受命都督荆、江、司、雍、秦、梁、益、宁八州及扬、豫等八郡,领荆、江二州刺史,从而控制了东晋三分之二的地区。桓玄火并殷、杨后,自恃地广兵强,篡晋之心也愈来愈强。他从江陵至姑孰沿江一线暗作部署,准备进逼京师。司马元显发现桓玄的野心后,决计颁诏讨伐桓玄。元兴元年(402年)正月,朝廷下诏列举桓玄罪状,诏命司马元显为征讨大都督,镇北将军刘牢之为前锋都督,克日出兵,前往征讨。

坐镇江陵的桓玄闻报后,即发檄声讨司马元显。同年二月,桓玄举兵从江陵东下,进驻姑孰,并派部将冯该等攻取历阳。豫州刺史司马尚之于洞浦(今和县东南江边)迎战,并遣武都太守杨秋屯兵横江浦,但杨秋不战而降,以致司马尚之兵溃被俘;襄城太守司马休之出战兵败,亦弃城而走。此时前锋都督刘牢之受命驻溧洲(即烈洲,在今南京西南江中),他担心讨平桓玄后不为司马元显所容,遂不肯进军,并于三月遣其子刘敬宣至桓玄处请降。桓玄受降后,便进军至新亭(故址在今南京西南)。司马元显只得弃船退入建康城中,屯兵于国子学,后列阵于宣阳门外,但最终由于军心已乱,不战自溃。桓玄遂攻入建康城,擒杀司马元显,放逐司马道子,并自任丞相,都督中外诸军事;不久又解除了刘牢之的兵权,逼其自缢而死。此时,桓玄认为朝廷已经完全在自己的掌控之中,于是开始了"篡晋"行动。他首先故作谦恭,辞去丞相、录尚书事等职,自任太尉都督中外诸军事,领扬州牧兼豫州(治姑孰)刺史,摄百揆,总理国政,然后于当年四月率兵出屯姑孰。

元兴二年(403年)九月,侍中殷仲文、散骑常侍卞范之等人力劝桓玄早日接受禅让。桓玄随即被册命为相国,总百揆,封十郡,加九锡。接着,朝廷又封桓玄为楚王,并允准楚国可置丞相以下百官。十一月,卞范之将私下撰写的禅让诏书交由临川王司马宝带到京城,逼迫晋安帝亲自书录"禅诏",然后由百官奉"禅诏"和玺绶至姑孰,劝桓玄继位。桓玄遂筑坛于姑孰城南十里的九井山北麓,于十二月初三登坛受禅,建国号大楚,改元永始。桓玄还追尊其父桓温为宣武皇帝,尊姑孰青山西北麓的桓温墓为永崇陵,并置守卫四十人护陵。其余桓氏子弟族党,皆晋公封侯,同时废晋安帝为平固王,贬至浔阳。至此,桓玄篡晋始告完成。

桓玄在姑孰称帝以后,仍以建康为都城。据《晋书·桓玄传》载,桓玄"入建康宫,逆风迅激,旌旗仪饰皆倾偃",不祥之兆已显。入宫主政后,桓玄为人苛细,常矜才自夸。有时臣下上奏,一字写错或一字答错,均受其严厉斥责,乃至贬官,满朝文武因此深感不安。他还大兴土木,修建宫室,"骄奢荒侈,游猎无度,以夜继日",以致"百姓疲苦,朝野劳瘁,怨怒思乱者十室八九焉"。这样便激起了东晋将领刘裕起兵征讨桓玄、恢复晋室的义举。刘裕就是后来南朝刘宋的开

国之君宋武帝,曾为刘牢之参军。桓玄篡晋当政后,刘裕见桓玄奢豪纵逸,政令无常,便起了讨伐之心。

元兴三年(404年)二月,刘裕经过精心准备,与刘牢之舅父何无忌于京口袭杀徐州刺史桓修,命孟昶为长史守京口。接着,派刘毅、刘道规等攻杀青州刺史桓弘,据守广陵;又派参军诸葛长民往历阳袭杀豫州刺史刁逵。当月二十九日,刘裕率军一千七百余人进驻竹里(今江苏句容北)宣布起事,随即向全国发出讨伐桓玄的檄文。三月初一,刘裕军与桓玄主力鏖战于江乘(今江苏句容北),刘裕亲手斩杀桓玄大将吴甫之和皇甫敷。桓玄震恐,急忙在京城建康组织军队抵抗。初二,刘裕军攻入建康城,桓玄又无力阻挡,遂率子侄乘船溯江南逃。逃至江陵后,桓玄又收集兵众两万,然后挟持晋安帝东下,企图东山再起。五月,顺江东下的桓玄军与西上追讨的刘裕军相遇于峥嵘洲(在今湖北黄冈西北六十里江中)。最终刘裕军将桓玄军击败,桓玄西逃至江陵枚回洲(在今湖北荆州西长江中),被益州督护冯迁捕获斩杀。

从元兴三年六月至次年三月,又经过八个多月的征战,刘裕、刘毅等终于扫平了桓玄的残余势力。义熙元年(405年)三月,晋安帝回到建康恢复帝位。朝廷为表彰平定桓玄的战功,封刘裕为侍中、车骑将军、都督中外诸军事,兼领青、徐二州刺史,出镇京口。刘毅为左将军,何无忌为右将军,刘道规为辅国将军。自此以后,刘裕又经过十多年的努力,终于在东晋元熙二年(420年)废晋立宋,进而开启了南朝历史的新篇章。

侯景采石渡江劫南梁

侯景,北魏怀朔镇(今内蒙古固阳县东北)羯人。此人"长不满七尺,长上短下,眉目疏秀……右足短,弓马非其长,所在唯以智谋",本是东魏丞相高欢之将,官拜东魏司徒、河南道大行台,领兵十万,镇守黄河以南,兵权仅次于高欢。梁武帝太清元年(547年),高欢死后,其子高澄惧侯景夺权,欲召侯景回京都邺城。侯景拒不从命,先降西魏,后又降南梁。梁武帝因贪得河南土地,便封侯景为大将军、河南王,并派侄儿、贞阳侯萧渊明为都督,带兵五万去河南接应侯景来降,结果受到了东魏官军阻击,全军覆没,萧渊明也被俘。

太清二年(548年)春,东魏派慕容绍宗攻打屯兵涡阳的侯景,侯景部被俘斩五万余人,其余大都逃散,侯景仅收容步骑八百余人逃至南梁寿阳(今安徽寿县)。慕容绍宗班师后,东魏即派使者至南梁媾和。为表示诚意,东魏愿将萧渊明送回南梁。侯景得知这一消息,担心东魏、南梁一旦议和,可能会联合起来对付他,因此十分恐慌。为了试探梁武帝对自己降梁的真实态度,侯景派人诈称东魏使者,送信到南梁都城建康,提出欲用萧渊明交换侯景。梁武帝被"来使"

瞒过,当即回信交予"来使",说只要把萧渊明放还,梁方即可将侯景交东魏处治。侯景本来就不是真心降梁,阅过梁武帝信后,大骂武帝"薄心肠",当即决定反叛南梁。

当时,梁武帝另一位侄儿临贺王萧正德平素贪暴不法,为朝廷不齿,后又因失去皇储之位而痛恨梁武帝。侯景得知后,意欲利用这一矛盾,拉拢萧正德为

其反梁作内应。于是他给萧正德写信说："今天子年尊，奸臣乱国，以（侯）景观之，计日祸败。大王（即萧正德）属当储贰，中被废黜，四海业业，归心大王。景虽不敏，实思自效，愿王允副苍生，鉴斯诚款。"侯景又在信中诱骗萧正德说，只要他肯作内应，推翻武帝之后，就拥戴他做皇帝。萧正德回信则满口应允侯景作反梁内应。

当年九月二十五日，侯景命部将王显贵留守寿阳，自己诈称游猎，出寿阳城，于十月三日攻下谯州（今安徽滁州），随即率兵南下，兵临历阳。南梁历阳太守庄铁派其弟庄均夜袭侯景兵营，结果全军覆没。庄均死后，庄铁母亲怕庄铁再遇不测，便劝庄铁降侯景，庄铁遂向侯景献计："宜乘此际，速趋建康，可兵不血刃而成大功"；如等待朝廷做好了准备，到那时即便他们"遣赢兵千人，直据采石，大王虽有精甲百万，不得济矣"。于是，侯景以庄铁为向导，直趋横江浦，准备渡江取采石。

此时，沿江上下各重要镇戍的南梁将领纷纷上奏武帝，请求采取对策。南梁都官尚书羊侃认为，采石濒临大江，锁钥东南，西对历阳横江，要想阻止侯景渡江，必须首先据守采石这一险厄之地，以壮京师屏藩，并建议梁武帝批准自己领兵二千"急据采石"，令"邵陵王（萧纶）袭取寿阳"，使侯景"进不得前，退失巢窟"。可是，武帝宠臣中领军朱异却说，侯景虽反复无常，但未必有渡江逼京都的胆量，因此劝武帝不必听信"危言"。因朱异反对，武帝终未采纳羊侃建议，但为应付眼前朝廷内外的混乱局面，武帝还是作了些布防，他先派宁远将军王质率三千水兵在采石上下巡江防遏，又命临贺王萧正德为平北将军率兵驻扎采石，都督京师诸军。侯景见采石由其内应萧正德守备，甚为得意；可是又恐王质水军从中作梗，因而不敢轻举妄动。

当时，南梁临川太守陈昕发现采石守备虽有萧正德督军，但王质水军分散，侯景一旦渡江，王质水军难以拒敌，遂上疏梁武帝尽快增重兵镇守采石、封锁江面。由于羊侃和陈昕的先后进言，梁武帝这才更加重视起采石防务，命陈昕为云旗将军，代替王质巡江防遏，戍守采石，另调王质为丹阳尹。侯景在历阳横江浦闻讯后，为了摸清采石戍防底细，便派出探子过江打探。探子临行前，侯景吩咐说："（王）质若退，折江东树枝为验。"当侯景派出的探子偷渡到江东时，王质已离开采石，而陈昕尚未到任，只有萧正德的部分守军在渡口巡逻。探子摸清江东的军情后，便折一树枝为凭证带回历阳，报告侯景。侯景大喜，说："我事成也！"太清二年十月二十二日，萧正德从采石派出大船数十艘，以到历阳运芦荻为名，暗中接济侯景军辎重，并密助侯景军"自横江济于采石"，渡"马数百匹，兵八千人"。侯景兵不血刃占据采石并俘获陈昕后，又分兵袭取姑孰城，俘获了淮南郡（侨置郡，治姑孰）太守萧宁。

梁武帝闻采石重镇失守后，急命建康至采石一线沿江戒严，并派南津校尉江子一率水军千余人,在采石下游慈湖一带拦截侯景。但江子一的副将董桃生在慈湖不战而遁,致使军心大乱,江子一只好收拾残兵奔回建康。而此时的建康城内已是一片混乱,梁武帝感到已无力控制局面,便委派太子萧纲筹划京都防务。侯景占据慈湖后,乘势长驱直入,二十三日攻占今板桥镇,二十四日又攻占今秦淮河镇淮桥附近的朱雀航。此时,萧纲尚不知萧正德早已私通侯景,竟派他守卫宣阳门(建康城南门)。侯景军至,萧正德率众于秦淮河上的张侯桥迎侯景入宣阳门。萧正德"望阙而拜,歔欷流涕",后与侯景合兵攻打宫城台城。萧纲依靠良将羊侃率众力拒,以致侯景军围攻台城四个月而未下。侯景见军心离散,遂令兵士掠夺民间粮食和妇女玉帛,胁迫民众数万人充当兵士,并招募南梁奴隶千人,分配给各军,于是侯景兵力复振。

太清三年(549年)三月十二日,侯景集中兵力再度攻城,经过血战,终于攻陷台城。侯景纵兵烧杀抢掠,建康城内"横尸满路,不可瘗埋"。梁武帝被侯景俘获后,幽禁于净居殿,"上所求,多不遂志,饮膳亦为所裁节",终在五月二十六日饿死。六月二十九日,侯景又缢杀了曾经助他反梁的萧正德。

梁武帝死后,侯景先后立萧纲和萧栋二帝为傀儡。大宝二年(551年)十一月十九日,侯景逼萧栋让位,自称为汉皇帝。次年,侯景在江州刺史王僧辩和西江督护陈霸先征讨下,兵败身死。而南梁王朝经侯景之乱,也快速走向灭亡。

陈霸先采石战捷创帝业

侯景之乱平息后,南梁与北方诸政权间的矛盾更加尖锐,而南梁诸王为争夺帝位斗争亦日趋激烈。552年,湘东王萧绎在江陵称帝,史称梁元帝,两年后被河东王萧詧借西魏兵所灭。555年,王僧辩、陈霸先拥立萧绎之子萧方智为帝。而此时,北齐为吞并南梁,却护送太清元年(547年)被东魏俘获的梁武帝之侄、贞阳侯萧渊明来作梁帝。面对这种抉择,王僧辩竟因惧怕北齐南侵而改变主意,主张迎立萧渊明。当年五月二十二日,北齐侍中裴英起护送萧渊明"自采石济江"入建康,即皇帝位。

王僧辩,太原祁(今山西祁县)人,初为湘东王萧绎王府国左常侍,后任征东将军兼江州刺史。陈霸先,吴兴郡长城县(今浙江长兴东)人,初为小军职,后因参与镇压李贲起义有功,进振远将军、西江督护。两人曾共同发兵讨平侯景之乱,起初情谊甚笃,过从甚密。可是,当王僧辩因惧齐而迎立萧渊明时,陈霸先坚决不同意,曾"遣使苦争之,往返数四,(王)僧辩不从",陈霸先便于九月二十五日,召部将侯安都、周文育、徐度、杜棱等,率兵十万,夜发京口,水陆并进,攻打建康,讨伐王僧辩。二十七日,陈霸先攻入石头城,俘获王僧辩及其子王颁,一并绞杀于狱中。然后废贞阳侯萧渊明,奉时年十三岁的晋安王萧方智

正位,是为梁敬帝。陈霸先则自为尚书令,以丞相身份都督中外诸军事,并兼任扬、徐二州刺史。

陈霸先虽然消灭了王僧辩,但王之部将秦州(治今江苏六合)刺史徐嗣徽却不愿听命于陈霸先。他不仅举州降齐,还煽动南豫州(治当涂)刺史任约同时起兵反陈。王僧辩的女婿、吴兴(今浙江湖州)太守杜龛闻岳父被害,亦密结义兴(今江苏宜兴)太守韦载联兵抗陈。十月,徐嗣徽、任约趁陈霸先东讨杜龛、韦载之机,率精兵五千乘虚偷袭建康。此时,北齐因早有吞并江南的野心,因此也在江北集结兵马,准备在建康西南面的采石和江北岸的胡墅运兵渡粮,以形成对建康的南北夹击之势。

十一月二日,北齐从南线"遣兵五千渡江"至采石,占据姑孰,以策应徐嗣徽、任约部,北线则派安州刺史翟子崇、楚州刺史刘士荣、淮州刺史柳达摩领兵万人,于胡墅渡米三万石、马一千匹到石头城。陈霸先于义兴闻徐嗣徽、任约借北齐势力进逼京师,急忙卷甲还都。他先命侯安都领水军夜袭胡墅,焚烧齐船,大败齐军,自己则率铁骑直攻建康城西明门,大败徐嗣徽部。徐嗣徽留下柳达摩等守城,自往采石向齐兵求援。十二月十日,徐嗣徽从采石"引齐兵水、步万余人,还据石头",与陈霸先再战。陈霸先集中兵力猛攻石头城,终于逼北齐讲和,退出建康归北,徐嗣徽、任约随即渡江北逃。十六日,北齐和州长史乌丸远在采石听说北齐兵败,留下守军,自己也从采石奔还历阳。陈霸先见北齐军仍占据采石不退,威胁建康安全,便派大将侯安都南攻采石,北齐军多被俘获。随后,陈霸先又命侯安都、周铁虎率水军镇守东梁山,同时派明州刺史张怀钧担任采石戍主,镇守采石。可是,徐嗣徽、任约及北齐军在建康、胡墅、采石等地遭陈霸先重创后,并不死心,仍以大江西岸的历阳为据点,经常派些游勇散兵骚扰江东。

太平元年(556年)二月十八日,徐嗣徽、任约又从历阳渡江袭采石,俘获了明州刺史张怀钧,并将他送与北齐。三月二十三日,北齐又派萧轨、库狄伏连、尧难宗、东方老等,与徐嗣徽、任约合兵十万,出栅江口(今和县西南五十里江边),进犯梁山。陈霸先急命帐下荡主黄丛组织勇士突袭敌军,焚烧齐军前锋战船,杀死齐兵数百人。北齐军与徐嗣徽、任约等退兵至芜湖。梁山告捷后,陈霸先亲自赶赴东梁山巡抚诸军,并派定州刺史沈泰协助侯安都共守东梁山。五月二十二日,徐嗣徽等引兵自芜湖再犯建康,但因东梁山守备甚严,只得从陆路经丹阳(今当涂丹阳镇)趋进。六月十二日,陈霸先以侯安都为先锋,与徐嗣徽及北齐兵大战于建康城北郊坛(故址在今南京玄武湖西北)。结果齐师大败,被斩俘者数千人,相互践踏而死者不计其数,徐嗣徽及弟徐嗣宗也被陈霸先擒杀。六月十四日,陈霸先听说还有一支北齐水军龟缩在采石江面待命,遂又挥军直指采石,尽焚齐军舟舰,大获全胜。

太平二年（557年）十月，陈霸先认为自己羽毛已丰，于是便逼梁敬帝萧方智禅位，在建康建立了陈朝。陈霸先即帝位，是为陈武帝，改元永定，废萧方智为江阴王。南梁自萧衍篡齐，共传四主，计五十六年而亡。

在梁末大乱中，陈霸先起兵讨伐，先后削平了侯景、徐嗣徽等诸多叛乱，铲除了智勇不在其下的王僧辩异己势力，同时又摒北齐势力于江北，成功地保护了南方汉族政权，开创了陈朝的基业。他为了争得半壁江山，东征西讨，苦战七八年，终于如愿以偿。在这七八年的苦战中，作为京畿重地采石一带所发生的战事实在不少。因此后来有人说："陈朝江山得之于采石。"这话不无道理。

韩擒虎采石渡江平南陈

公元581年，北周大丞相杨坚篡位称帝，在北方建立隋朝，定都长安，改元开皇。此时南方陈朝政权也传到了奢侈荒淫的后主陈叔宝手中。正当陈后主整日只知宠艳妃、嬖狎客、醉生梦死、不理朝政之际，已逐步统一北方的隋文帝杨坚已有并吞江南、统一全国之志，遂命文武兼备、以胆略著称的两位大将韩擒虎、贺若弼分别担任庐江总管和吴州总管，在今天的合肥和扬州"潜为经略"，厉兵秣马，候命渡江。

为充分做好灭陈准备，隋文帝广泛征求朝中诸大臣意见，并谨慎而有效地予以实施。苦心经营了六七年，直到开皇七年（587年），文帝认为灭陈条件已基本成熟，于是询问诸大臣是否用兵。大臣们多认为时机已到，用兵伐陈势在必行。其中晋州刺史皇甫绩还分析了三条灭陈的理由，以坚定隋文帝平陈的信心。皇甫绩说："从力量对比上看，我是以大吞小；从政治状况上看，我是以有道伐无道；从两国关系上看，南陈不知天高地厚，竟屡屡挑衅强邻，纳我叛臣萧岩，我发兵攻陈，师出有名。因此，我灭陈必胜。"

开皇八年（588年）三月九日，隋文帝下令伐陈。发兵前，诏告天下，历数陈后主罪恶二十条，又令人抄写三十万份，在江南各地广为散发，大得人心。为加强统一指挥，十月二十三日，隋文帝在寿春（今安徽寿县）设置淮南行台省，任晋王杨广为行台尚书令，统领灭陈之事，并任杨广、秦王杨俊、清河公杨素同为行军元帅，左仆射高颎出任晋王元帅长史，右仆射王韶为司马。在作战部署方面，文帝采用全面进攻、重点突破的战略，令杨广出兵六合（今南京六合）、杨俊出兵襄阳（今属湖北）、杨素出兵永安（今四川奉节）、荆州刺史刘仁恩出兵江陵（今属湖北）、蕲州刺史王世积出兵蕲春（今属湖北）、韩擒虎出兵庐江、贺若弼出兵广陵、青州总管燕荣出兵东海（今连云港），合计兵力五十一万人，统受晋王杨广节度。八路平陈隋军"东接沧海，西拒巴蜀，旌旗舟楫，横亘数千里"，其中又以韩擒虎、贺若弼两路为重点。

十二月,当杨素水军从长江上游永安顺流东下时,建康城内的陈后主非但不理朝政,而且依然耽乐如常,并积极筹办春节盛会;再加上中书舍人施文庆、沈客卿等人将沿江上游守军告警求援的文书全部扣压,以致在隋军大举压境的危急关头,南陈朝廷竟不作战备。南陈护军将军樊毅对这岌岌可危的局势深感不安,他向仆射袁宪建议,在京口、采石等战略要地应各派锐兵五千、战舟二百艘沿江守御。袁宪遂上奏陈后主,希望能按此建议行事,可是施文庆、沈客卿却说:"寇敌入境,已成常事,我边城将帅皆忠其职守,足以堵御,何必多出兵船,自招惊扰!"都管尚书孔范更是大言:"长江天堑,限隔南北,今日北隋虏军,岂能飞渡?"陈叔宝闻后竟也荒唐地认为金陵素有王气,当年北齐、北周多次来扰都被挫败,隋军现今又能怎么样呢?从此以后,陈后主悉置如雪片飞来的沿江告急警报于一边,整日里恣情声色。然而,此时的隋军大将韩擒虎、贺若弼已经陈兵江北。

开皇九年(589年)正月初一,陈后主正朝会群臣,倏而"大雾四塞,入人鼻皆辛酸",大殿之内白昼如同暗夜,陈后主却不以为怪。退朝以后,他便与张贵妃等嫔嫱开筵贺岁,并被灌得烂醉如泥,直到黄昏方醒。而担任江防重务的采石守将徐子建与兵士这一天也都喝得酩酊大醉。当夜,韩擒虎探知采石守军懈怠无备,便率五百人夜渡横江,乘守兵尚在醉乡中,袭占了采石。徐子建仓皇出逃,急驰建康报信。号称"天堑"的大江,就这样轻而易举地被韩擒虎突破。次日,陈后主闻报采石失守,方知建康危在旦夕,于是急召群臣商议,于初四下诏内外戒严,并扬言要"亲御六师,廓清八表",而实际上此时他已无所措手足,惶惶不可终日。

韩擒虎攻下采石后,就地休整了五六天,准备再攻姑孰。姑孰时为南豫州刺史樊猛(樊毅之弟)镇守,可是在韩擒虎渡江时,樊猛却被临时调至京师,守卫白下城(故址在今江苏南京幕府山南麓)。樊猛只好委派六子樊巡代理南豫州事务,命散骑常侍皋文奏镇守姑孰。皋文奏闻隋军将攻姑孰,便重立赏格,招募兵士,甚至要求僧尼道士也从役参战。初七,韩擒虎自采石发兵南进,半日工夫便攻下姑孰,樊巡及其全家被俘,皋文奏逃奔建康。

当韩擒虎在南线攻克采石、姑孰之际,北线的贺若弼大军也于正月初六自瓜洲渡江占领京口,擒获南徐州刺史黄恪及部下六千人。次日,贺若弼部陈兵今南京紫金山南麓白土冈一带。而此时的韩擒虎大军也已进据今南京西善桥附近的新林浦,与贺若弼部对建康城形成南北合围之势。

这时,建康城中尚有军士十余万。倘有良将指挥,坚壁待援,然后伺机出击,内外夹攻,胜负或未可逆料。然而,陈后主淫佚怯懦,不懂军事,当隋军兵临城下时,"唯日夜啼泣"而已。无奈之下,居然命专事奉迎的孔范率兵迎战贺若弼。结果大败而归,死者五千多人,伤者不计其数。

正月初十，韩擒虎部向建康城发起总攻。南陈大将任忠见大势已去，便带领数骑在今南京雨花台投降隋军。韩擒虎率精兵五百，由任忠做向导，直入朱雀门（今南京中华门附近）。守军意欲抵抗，任忠却以手挥之曰："老夫尚已投降，尔等又何必为一个昏君死守呢？"城门守军和城内百官遂四散而走，纷纷遁逃。陈叔宝带着张贵妃和孔贵嫔藏匿于宫中景阳殿后的一座枯井内，结果被韩擒虎部下擒获。平陈之战遂告胜利结束。韩擒虎因平陈有功，进为上柱国。

自西晋灭亡，经过二百七十余年的分裂局面，中国至此复归统一。而在隋统一天下的征战中，平陈之战尤为重要。千年之后，著名诗人黄景仁客居当涂时，曾赋《望远行·采石》咏其事云：

巍然一亩，精铁色，不遣涛头冲去。夹岸成营，沿江设垒，多少南朝残戍？为问山灵：当日韩家擒虎，到此怎教横渡？更一帆吹送，楼船难住。　何处，觅个渔樵闲话？见来往精灵无数。一片黄芦，半轮西日，衬出历阳烟树。毕竟上流荆益，中原凤泗，方算江东门户。者一拳能几，几曾堪据？

赵匡胤采石架桥灭南唐

五代十国是中国历史上又一个纷乱割据的时期。公元960年元旦，后周禁军统帅、归德军节度使赵匡胤通过"陈桥兵变"，迫周恭帝柴宗训禅位，建立宋朝。其后十多年，宋太祖赵匡胤先后灭掉楚、荆南、后蜀、南汉等国。至开宝四年（971年），中原地区基本统一，南方唯存有南唐（都金陵）和吴越（都杭州）两国。

南唐后主李煜生有奇表，工书画，知音律，但天性懦弱，喜文厌武。他二十五岁即位时，南唐国势已奄奄不振，国蹙兵弱。971年宋灭南汉后，亡国的风雨飘摇感虽已沉重地压在李煜心头，但他却不思振作。为讨取宋太祖的欢心，他一方面主动削去唐号，自称"江南国主"，每年贡奉宋廷大量财物；一方面穷奢极欲，事神佞佛，甚至倾国库货币募人为僧，致使城中僧尼多达万人。

为了尽快平灭南唐统一江南，宋太祖乘隙使用反间计，借李煜之手鸩杀南唐名将林仁肇，并以重修天下图经的名义，向南唐索取《江南图经》，从而掌握了江南十九州形势、屯戍远近和户口多寡。随后，宋太祖又召李煜入朝。李煜认为自己一旦北入宋都汴梁（今河南开封），势必遭扣留而成为阶下囚，从此失去帝王之尊和奢华生活，因此他屡次谎称有疾而不肯应召。宋太祖便借口李煜"倔强不朝"，于开宝七年（974年）九月十八日毅然下令出征南唐。

宋太祖命宣徽南院使曹彬挂帅，兼任西南路行营马步军战棹都部署，命山南东道节度使潘美为都监，颍州团练使曹翰为先锋都指挥使，并制订了详细的作战方案：首先由曹翰率少数精锐从江陵出发，沿江东进，为大军开路。随后主力部

队分两路跟进，一路由曹彬率舟师由荆南顺流而下，从西线进攻金陵；另一路由潘美率步骑和部分水军南下渡江，从北线进攻金陵，然后两路兵马会师采石。同时，授吴越王钱俶为东南招讨制置使，率师沿太湖西进，从东线进攻金陵，与曹彬、潘美东西呼应，合围金陵。

一切部署妥当，曹翰率先领兵由荆南沿江而下，以迅雷不及掩耳之势快速突破，有力地震慑了南唐沿江守军。十月十八日，总指挥曹彬统御十万人马由江陵解缆起航，绕过江州（今江西九江），先后攻克南唐沿江重镇池州、铜陵；闰十月十八日，又克芜湖、当涂两县，直扑南唐重兵把守的采石矶。闰十月二十三日，曹彬领兵攻打采石矶。一时间，采石江上和牛渚之畔，钲鼓轰雷，战马嘶鸣，经过一番激战，宋军击溃两万多南唐守兵，生擒南唐马步军副部署杨收、兵马都监孙震等，缴获战马三百余匹。曹彬攻占采石后便驻军采石，休整部队，准备和集结于长江西岸的潘美部会合后，进逼南唐都城金陵。

可是，大江东岸的采石矶素有"甲险塞于东南"之称。于长江西岸集结待命的数万人马，面对天堑长江的涛风陡岸，又如何飞渡呢？原来，宋太祖在宣谕南征前已采纳了南唐举子樊若水所献的渡江良策，即在采石江面架浮桥以济师，并制订了具体的实施方案，早已是胜券在握。

那么这位献策的樊若水究竟是什么人呢？樊若水因父樊潜曾任石台（今属安徽）县令，遂寓家池州。他本想以科举入仕，但屡试不中，在进取无路的失意中"遂谋北归"，投靠宋廷。樊若水深知宋太祖早有平唐之心，之所以迟迟未发兵正是苦于长江天险的阻隔。因此，樊若水想，如能架设浮桥，宋军兵马粮草即可源源不断渡过大江。为了将此计策作为"北归"的见面礼，樊若水经过周密的考察和谨慎的筹划，便选择了采石江

面作为架设浮桥的理想地点。

然而,要想在这"惊波一起三山动"的采石江面架设一座浮桥谈何容易!这首先要测量江面的准确宽度,其次还要准备和选择好岸边固定浮桥的物体。况且,采石毕竟是南唐兵防要地,在驻军眼皮底下公开测量江宽,建造浮桥固定物,无异于痴人说梦。但樊若水为了将梦想变为现实,竟削发乔装为僧,庐居采石山,于临江处建石塔作为日后架设浮桥的固定物,并以垂钓为名,乘小船,载丝绳,乘人不备,将丝绳拴在采石山下礁石上,划船到西岸,以此测量采石江面宽度。为求精确无误,他在惊涛骇浪中如此往返数月,测量十几次,竟然做到神不知鬼不觉。

开宝三年(970年),樊若水北奔宋都,向宋太祖献上"平南策"和详细标注采石江宽、曲折险要的《横江图说》。宋太祖阅后龙颜大悦,喜不自胜地说道:"今得此详图,南唐李煜小儿已入我彀中!"宋太祖念及樊若水投宋的一片诚心,特赐名知古、字仲师,准其参加进士考试。及第后,经吏部铨选,授舒州军事推官,参与平唐军务。同时,为防止李煜加害樊若水家眷,宋太祖还强令李煜将樊母、妻儿等数十人送到江北舒州(治今安徽潜山)。曹彬领兵南征时,樊若水则以太子右赞善大夫及向导身份领曹彬军至池州。

其实,在曹彬出兵之前,宋太祖已开始架设浮桥的准备工作。他命高品、石全振等人在长江西起江陵、东抵黄冈、南至岳阳的荆湖一带水域赶造黄黑龙船千艘,作为浮桥桥墩;又命郝守浚率工匠在这一带扎制竹筏,作为浮桥桥面。宋军原计划将集结于江陵的龙船竹筏,直接驶抵采石架设浮桥,但考虑到采石江面波涛险恶,稍有疏忽,恐难成功,于是,曹彬采纳了樊若水的建议,在占领铜陵后回师石牌口(今安徽怀宁县西临江处)试设浮桥。在樊若水的技术指导下,浮桥很快试架成功。曹彬攻占采石后,便命熟知采石水文地理的新任池州知州樊若水再次主持架桥,将石牌口的浮桥移至采石江面。时值长江枯水季节,采石横江一带浪平滩浅,浮桥移置十分顺利,竟"三日桥成,不差尺寸"。然后曹彬传令在长江西岸集结待命的潘美部队渡江,结果"大兵过之,如履平地"。

再说南唐一方,当宋军在采石架浮桥渡江的消息传入金陵后,李煜心急如焚,不知所措。可是学士张洎却以轻蔑的口吻说:"陛下不必在意!臣遍览古书,还未曾见以浮桥横渡大江之说。想必是军中讹传,何必信以为真!"经张洎这么一说,李煜也颇不以为然地随口说道:"朕也以为这纯属儿戏,何足深虑!"可话未说完,又有探马来报,说宋军确已过江。李煜这才痛感大祸临头,决计拼死抗争。他诏令废弃"开宝"年号,征召各地将士奋力勤王,同时急遣镇海节度使同平章事郑彦华督水军万人、都虞侯杜真领步兵万人,开赴采石,共拒宋军。

郑彦华带领战船二十余艘,溯江而上直趋采石浮桥。宋军都监潘美闻报,即精选弓弩手五千人,排立在采石江岸。随着一通鼓号,箭如飞蝗,射得南唐战船

樯折帆摧。南唐军急切慌乱中竟无从停泊,只好倒桨退去。不久,杜真率领的步军自北而南,沿江岸驰入采石,潘美的步兵也不待其排列阵势,便掩杀过去,又将杜真的军队杀得七零八落,向北溃散。

郑、杜两路南唐军被击溃后,曹彬又亲督大军,长驱直入,进逼金陵。据《宋史·太祖本纪》载,开宝七年十二月至次年四月,宋军先后在金陵城西南江中的白鹭洲、新林港和秦淮河北大败南唐军,并占领了金陵城南水寨。开宝八年(975年)五月,曹彬大军包围了金陵阙城。这时的李煜信用门下侍郎陈乔及学士张洎等人提出的坚壁固守之计,自恃无恐,将守城部队全权交由都指挥使皇甫继勋指挥。然而,皇甫继勋将守城当儿戏,不仅毫不过问备战事宜,甚至自欺欺人,扣压一切战报及有关战局的奏疏,致使南唐君臣处于围城困境而不自知。等到李煜听到宋军兵临台城的震耳炮声,登城瞭望,见城外宋军营帐棋布、旌旗蔽野,远处江面帆樯林立、战舰如云,方知自己受到奸佞蒙蔽,遂将皇甫继勋正法,并飞诏驻军鄱阳湖口的镇南军节度使朱令赟速率兵驰援金陵。

朱令赟接到李煜诏书后,迟疑未决;直到九月,奉赵匡胤之命包抄李煜后路、由东线进攻的吴越军攻陷常州、润州(今镇江),朱令赟闻报这一消息,方知金陵确实危在旦夕,才决计自湖口发兵入援。行前,朱令赟命士兵在鄱阳湖编成数百只巨筏,然后用这些巨筏载重开路,顺流直奔采石方向,试图撞毁采石浮桥,切断宋军增援,直下金陵解围。曹彬闻讯,便令部将王明、刘遇各领兵五千,在今安庆附近的独树口一带洲浦间多竖长木伪作帆樯,以迷惑朱令赟。当朱令赟率领水军行至皖口(今安庆西南十五里临江处)时,朦胧月光下隐约见宋军"帆樯"林立、无数小船游弋,疑为伏兵,便令舟师在虎蹲洲旁停泊待命。时至夜半,忽闻战鼓齐鸣,朱令赟见宋军水陆并进,一齐杀来,担心暗夜中难辨敌我,不便分军相拒,遂下令点燃"火油机"焚烧宋军船队。宋军见火油机狂卷火舌,直扑而来,惊恐万分,急忙后撤。孰料,风向突变,火舌被东北风吹折回南唐舰队,南唐水师顿时大乱,溃不成军。宋军乘胜追杀,一夜间将南唐十万水军扫得精光,从而确保了下游采石浮桥的安全。

而此时金陵城中的李煜,正对朱令赟水师望眼欲穿,骤然闻报朱令赟兵败身死,全军覆没,顿时魂飞魄散,只好派学士徐铉带着贡银厚礼北上汴梁,哀求宋太祖罢兵。可是宋太祖不肯罢兵,并使人传话给李煜说:"李煜既然事朕若父,朕待他若子,父子应出一家。既是天下一家,卧榻之侧,岂容他人鼾睡?"十一月二十七日夜,宋军攻破台城,扎营于宫门外。李煜无计可施,遂于次日率百官、亲属穿戴白衣纱帽,齐聚宫门,向曹彬、潘美等宋军将领奉表献玺,肉袒出降。至此,历三世四十八年的南唐国亡。

姚兴血战尉子桥

南宋绍兴三十一年（1161年），在今含山县西北与巢湖市交界处的尉子桥、姚庙一带，曾发生一起重要战事，即宋金尉子桥之战。在这次战役中，南宋官军统制姚兴父子为抗击金兵南侵，"以四百骑当金人十数万"，最终父子阵亡，在南宋抗金史上留下了可歌可泣的光辉一页。

1149年，时任大金国平章政事的完颜亮杀死金熙宗，自立为帝。为实现平灭南宋、"立马吴山第一峰"的企图，完颜亮开始了长达十年的战争准备。而此时，偏安江南的宋高宗赵构却一直信守所谓的"绍兴和议"，不肯备战，仍然醉生梦死地过着"直把杭州作汴州"的日子。

绍兴三十一年（1161年），完颜亮做好南侵准备之后，一面派人到南宋索取淮汉之地，一面又大杀被劫掠至金的赵宋宗室。宋高宗闻讯，这才相信金人南侵已是箭在弦上。于是，在主战派的督促下，宋高宗勉强进行备战。他命吴拱率兵三千戍守襄阳，派成闵率兵三万控扼武昌，又以老将刘锜为淮南江南浙西制置使，节制诸路军马，同时命令"两淮诸将，各画界分，使自为守，措置民社，增壁积粮"，以加强两淮地区防范，以备不测。虽然部署粗定，然而为时已晚，早有准备的金兵已经兵锋南指，大举入寇。

当年八月，完颜亮兵分四路，水陆并进，杀向南宋：第一路由完颜亮亲自率领，自寿春（今安徽寿县）攻淮南；第二路由工部尚书苏保衡率领，由海道直趋宋都临安；第三路由太原尹刘萼率领，由蔡州（今河南汝南）攻荆襄；第四路由河南尹徒单合嘉率领，由凤翔（今属陕西）攻大散关。从以上部署来看，三、四两路为辅兵，对整个战局只起牵制作用；第二路直取南宋京都临安，在战略上虽有重要意义，但无必胜把握，也只是在心理上对南宋起到一定的威慑作用；而真正主力则是完颜亮自领的第一路大军。

第一路金兵以"夺淮渡江"为目标，兵力逾三十万，这给宋军负责江淮军事的老将刘锜带来巨大压力。刘锜虽是抗金名将，但此时毕竟已年过花甲，且有病在身，只能靠兵士"肩舆"抬着行军，强撑着从镇江出发，进据扬州，与金兵相持于淮阴，固守淮东防线；而淮西一线的防务则无力顾及，只好委派建康府都统制王权驻守庐州（今安徽合肥），负责处置。可是王权却是个贪财好色、惧敌怯战的无能之辈。起初，刘锜命他在沿淮河口引兵迎敌，他却与十几个姬妾泣别三日而不能行；后刘锜多次催他进军寿春，他居然"每三日遣一军"，前后拖延竟达二十四天，发兵不及全军一半。十月初九夜，王权闻完颜亮率兵渡过淮河，急忙放弃庐州，逃往今含山县西北的仙踪山、昭关一带。十月十七日完颜亮领兵进入庐州后，立即派兵追击王权至尉子桥，王权则派部将姚兴阻敌断后。

据《宋史·姚兴传》载,姚兴,相州（今河南安阳）人,先后为宗泽、张俊、刘锜等抗金将领部属,因"劫杀金人有功"以及从刘锜守顺昌有功,而官至建康府御前破敌军统制,后在王权军中也以能征善战闻名。这次金兵南侵,姚兴就曾拒敌于淮河水口,并在庐州定林（今巢湖市东北）击败金兵五百骑,生擒金将鹘杀虎。如今,王权被金兵紧紧追逼,于是又想到这位能征善战的姚兴,让他断后阻敌,但他只拨给姚兴步兵三千人、骑兵四百人。尽管敌我兵力悬殊,姚兴仍临危不惧,奋力抵抗。他与年仅十七岁的儿子一道,率兵赶到今巢湖市北的黄山八字口一带,凭着险要山势,杀得金兵披靡欲退。然而,姚兴父子的三千步骑毕竟难敌十多万金兵,因无援兵救阵,姚兴只得且战且退,在尉子桥遭到金兵铁骑的合围。在此紧要关头,姚兴数次派快马驰报王权,要求增援。可是,躲在仙踪山大营内的王权,却"置酒仙（踪）山上,以刀斧自卫,殊不援兴";另一前线统领戴皋更是只顾"下道避敌",见死不救。无奈之下,姚兴父子只好率军拼力死战,从晨至午,姚兴出入敌围三四次,杀敌数百。然而毕竟寡不敌众,姚兴步骑损失惨重,急需增兵救援。金兵见姚兴求援心切,便暗派奸细"李二"潜入王权军营,窃取王权的牙旗,在尉子桥以东的一座庙附近假立牙旗,伪设宋军援兵营帐。姚兴父子不知其中有诈,便领郑通等五十余人向竖有王权牙旗的大营奔去,结果俱陷机阱,全部壮烈捐躯。

姚兴死后,完颜亮被他忠不避危、勇冠三军的气概所震撼,作诗感叹道："独领孤军将姓姚,一心忠孝为南朝。元戎若解征兵援,未必将军死尉桥。"而在尉子桥一战中,曾与姚兴父子血雨交锋的金兵更是不无后怕地说："假如宋军有十来个像姚兴这样的将领,我们还敢向前冲吗？"

宋高宗得知姚兴父子浴血抗金、战死尉子桥后,特下诏追封姚兴为容州观察使,准许建庙祭祀,并赐额"旌忠",今含山县西北四十八里的"姚庙"即由此而得名。三十六年后,宋宁宗赵扩又赐谥姚兴为"忠毅公"。作为享祭英烈的"姚公庙",初建时据说有九十九间,规模宏大,因当地百姓常于此祈福辄应,所以数百年享祭不衰。元代末年,姚公庙毁于战火,明永乐初年重建,并绘姚兴等人图像。今存姚公庙为2005年重建,殿宇庄重,颇为壮观。

关于姚兴父子战死尉子桥的事迹,当地民间还有另一种传说：即姚兴父子阻金兵于黄山八字口之北,后因寡不敌众,被金军分割包围,父子不能相顾。姚兴孤军奋战,被砍得遍体鳞伤。姚兴为求援兵,纵马驰向金兵伪设的宋军援兵营帐后,被金军伏兵围住。姚兴挥舞长刀连斩三将,杀出一条血路,直抵"宋"字旗下,挥刀砍断旗杆,以避免部属再次受骗误入敌营。姚兴砍倒"宋"字旗杆后,自己却被金兵刺中腹部,顿时肠出腹腔,血流如注。姚兴强忍剧痛,盘肠于腹,不下战场,直至阵亡。

传说姚兴阵亡后,仍坐立马背而不倒,如同一尊铁打金刚。战马驮着他冲破重围,来到离姚庙西约十里的一座桥上,恰逢其子带领数十骑迎面而来。其子见姚兴怒目圆睁、血染战袍,急忙下马叩拜,久久不见动静,方知父亲已故去。其子愤然泣诉道:"父亲忠义,感天动地。儿当继承父志,奋扬威武,收复失地,雪耻报仇!"话音刚落,只见姚兴缓缓从马上倒下。后人便将姚兴砍倒旗杆的那座山称为"倒旗山",而将这座桥称作"遇子桥"。这座桥始建之初,或许是由一尉(作姓氏用读"遇"音)氏人家出资修建,后因姚兴父子抗金的故事恰巧发生在此,所以"遇子桥"的故事便与"尉子桥"的原始称谓叠加在一起,产生了这个传说;当地老百姓借此以怀念和颂扬姚兴父子赤心许国、忠勇不屈的精神。

虞允文采石大败完颜亮

南宋绍兴三十一年(1161年)尉子桥一战后,宋军在淮西战场,以王权部弃城渡江、遁归采石而全线崩溃;而淮东战场,主帅刘锜也"已病甚,不能食",只得退守镇江。当淮西、淮东先后陷落,沿江以北皆为金人所占的消息传到临安,南宋朝廷一片混乱。宋高宗惶恐失措,计无所出,只好召集大臣商量对策,最终在朝中主战派的竭力劝谏下,方才决心下诏"亲征",命知枢密院事叶义问主持江淮军事,中书舍人虞允文参谋军事,由驻军池州的先锋都统制李显忠移师芜湖,接管王权部,另调大江上游的成闵接替病中的刘锜,守备镇江。

当年十一月七日,完颜亮率众临江,在和州江岸高筑土台,斩白马、黑马各一匹以祭天,投一羊一猪入江以祭水,并传令次日渡江,先登采石岸者赏黄金一两。此时,宋军都统制王权已被革职查办,但接替他的李显忠尚未到任,急切之下,宋军主帅叶义问派虞允文前往芜湖,催促李显忠尽快赶往采石接管王权的军队,并顺道至采石犒劳守江军士。虞允文受命后,当即从建康驰往芜湖。当他赶到距采石还有十余里的地方时,忽闻"鼓声震野",他断定金兵即将渡江,于是快马加鞭赶到采石,组织宋军官兵进行抵御。历史上著名的"宋金采石之战"就此拉开了序幕。

十一月八日晨,当完颜亮率十五万大军渡江时,虞允文已赶到采石。他见王权余部因无人统率,正三五星散、解鞍束甲地坐于道旁,不知所措,便问:"金兵已经渡江,你们为何闲坐路旁?"士兵答道:"王节使(权)兵败淮西,军心已散。撤退时,又令我们这些骑兵弃马渡江,如今我们既无战马,又不懂步战,想杀敌报国却无能为力,只好闲坐于此!"虞允文见军士们仍有杀敌报国之志,于是决计留在采石组织战斗。虞允文的随从见状,担心残局难收,于是劝道:"督府(叶义问)只是委托您犒师,并未让您督战,您为何要代人担责?"虞允文愤然答道:"危及社稷,我将安避?"随即召集原王权部将张振、王琪、时俊、戴皋、盛新等人,慨然说:"金兵一旦渡江,你们逃跑也无生路!今我等凭江临险、御敌抗战,只有守住采石,方能死中求生。况且朝廷养了我们三十年,今不能一战报国,岂不愧对朝廷、愧对国家?"众将官被虞允文的热血豪情所感染,异口同声答道:"我等也想杀敌报国,只是苦于没有统帅指挥啊!"虞允文见众人斗志已振,便宣告:"朝廷已将王权革职,另选名将李显忠主持军务,很快就到。眼下军情紧急,在李将军未到来之前,我决心与诸将戮力同心,决一死战!我虞允文乃一介书生,未娴戎事,还靠诸位辅助。此次我来犒军,携有朝廷府库金帛九百万缗,对有功者即发金帛奖赏。"众将士急忙从路边站起来说:"虞参军如此忠勇,堪敬堪佩!我等久效戎行,今有虞参军做主指挥,敢不誓死一战?"虞允文见群情激昂,不禁大喜,遂检点人马,得余兵一万八千余人、战马数百匹,并与时俊、盛新等人商定了具体作战方案:将步兵、骑兵埋伏于采石江岸,结成严整的防守阵地;分水军为五队,每队由海鳅船和普通战船组成,其中一队作为中军驻大江中流,两队作为左、右军,驻中军的东西两翼,以成掎角之势,还有两队潜伏于姑孰溪和锁溪河中,作为游兵,以备不测。

宋军刚刚部署完毕,金兵七十余艘战船已抵达大江东岸,开始登陆。金兵原以为采石无宋兵防守,上岸后却见山后的宋军伏兵纷纷杀出,不禁大惊失色,可后有大江,欲退不能,只好强行登岸与宋军厮杀。宋军见敌势甚猛,起初也有些怯阵。执鞭督战的虞允文见状,急忙上前拍着时俊的背说:"将军胆略,素传远近。今大敌当前,却退立阵后,反似妇孺一般,岂不威名扫地?"时俊被虞允文这几句话一激,遂手挥双刀,冲向敌阵。宋军兵士也一拥而上,与金兵相持不下。这时候,江风忽止,金军后续战船的速度渐慢,虞允文当即命令预驻大江中流的海鳅船,冒着如雨的飞箭,猛冲金军船队。这种海鳅船形似泥鳅,尖尖的船头包裹着铁皮,底舱装有踏车,人踏车轮,不仅船行如风,而且可以撞毁对方船只。在事先征召来的一些民工的全力踩踏下,宋军海鳅船竟拦腰截断金军船队,使它们首尾不能相救,甚至撞沉好几艘金军战船。经过一番冲撞,宋军军心昂奋,一时间,"王师胜利了"的呐喊声响彻采石江面。而在江岸上,当涂老百姓在"采石上下登山以观者,十数里不断",他们或呐喊助威,或驻足不动,大有江南壁立万仞之势,令金兵魂飞胆丧。

经过一天的鏖战,金军虽遭重创,但完颜亮仗着船多兵众仍不肯退兵。虞允文见暮色已笼罩江面,但敌兵不退,难免有些焦灼。恰在此时,三百多名从淮西光州(今河南潢川)溃散下来的宋军士兵途经采石,虞允文忙上前拦住:"你们到此,正好立功。我今授以旗鼓,你们从牛渚山后转出,擂鼓呐喊,敌人必疑为援兵到达,定当惊骇而退。"大家依计而行,完颜亮果然上当,遂麾兵仓皇退走。虞允文则命强弓劲弩,尾击追射。金兵所乘战船大都是底平如箱,行动缓慢,调头不便,因此被宋军乘势射杀的金兵无数。据《续资治通鉴》卷一百三十五记载,金军退兵时,有一艘战船漂流至薛家凹(即今马鞍山电厂附近),宋军统制王琪率军"以劲弓齐射,舟不得着岸。舟中之人,往往缀尸于板而死"。

　　初战告捷后,虞允文料敌不甘失败,必将卷土重来,于是连夜布阵待敌。他命盛新乘夜色将战舰驶进大江西岸杨林河口,封锁金兵船队出入大江的水道;另派一支船队载以火箭、霹雳炮,驻泊于杨林河口上游。盛新行前,虞允文一再告诫:"若敌船自河出,即齐力射之,必与争死,毋令一舟得出。如河口无敌船,则以克敌神臂弓射北岸。"第二天,完颜亮果然督军进至杨林河口,准备再攻采石,孰料未出杨林河口,金军船队和岸上骑兵就被宋军的如蝗箭雨射退。此时,驻泊杨林河口上游的宋军船队,也乘势用火箭和霹雳炮焚烧金军船只。完颜亮见三百多艘战船损失大半,气得暴跳如雷。但他亡宋之心不死,便修书一封,招降王权,以瓦解守江宋军。殊不知,王权已被解职,他的劝降书却落入了虞允文和当时已经赶到采石的李显忠之手。在反间不成、宋军援兵已到的情况下,完颜亮只好焚毁他的龙凤乘舟,率残兵趋淮东,妄图与瓜洲金兵会合,然后渡江京口(今镇江),再谋南犯。然而当年十一月二十七日黎明,完颜亮在瓜洲一带却被部下所杀。至此,完颜亮的南侵之举,终于从采石的惨败到瓜洲兵变被杀而告结束。

　　为旌表虞允文忠义爱国的精神和再造社稷的功绩,嘉定九年(1216年),宋廷在采石牛渚山广济寺侧敕建虞忠肃公祠,后移建于采石宝积山西侧,宋理宗赵昀亲赐"英烈"祠额。明成化七年(1471年)以后,每年十一月一日被定为采石大捷纪念日,由当地文武官员在祠内行礼致祭。宋金采石之战是中国古代战争史上以少胜多、以弱胜强的著名战例,而这场战役的指挥者、被毛泽东赞为"千古一人"的虞允文虽为一介儒生,但他临危不惧、敢于任责,竟以一万多散卒大败十倍于己的金兵,这确实是我国战争史上的一大奇迹。

朱元璋智取和州

　　元朝末年,政治腐败不堪,官府横征暴敛,举国上下民不聊生。在阶级矛盾和民族矛盾极度激化的社会背景下,至正十一年(1351年)五月,终于爆发了红巾军起义。起义爆发后,反元之火迅速蔓延,全国各地农民纷起响应,濠州(今安徽凤阳)郭子兴所率义军便是其中一支重要的农民武装,其部将朱元璋日后竟成了大明王朝的开国皇帝。

　　朱元璋为濠州钟离县(今凤阳东北)人,二十五岁时投奔郭子兴的红巾军,因作战勇敢,每战必胜,被郭子兴视为心腹。至正十三年(1353年)六月,朱元璋受镇抚之职,到定远(今属安徽)略地招兵,不仅收编了许多"聚保乡里"的地主武装,收用了一批善谋智勇的人才,还采纳了冯国用"先拔金陵,以为根本,然后四出征战"的建议,从而确定了平定天下、先南后北的战略方针,以

及攻取滁和、伺机渡江的军事计划。

至正十四年（1354年）七月，朱元璋领兵攻占滁州，不久，郭子兴也率濠州主力进驻。朱元璋攻取滁州后，部卒已逾三万人，他不仅以此为据点四处略地，还多次打败元军的进攻。郭子兴见形势越来越好，便想在滁州称王，可是朱元璋却认为，滁州只是一座"舟楫不通、商贾不集、无形胜可据"的孤城，困守滁州是死路一条，只有南取和州，东渡大江，占据姑孰、集庆（今南京），才能谋求更大发展。

朱元璋为什么要把另谋发展的出路指向和州呢？这是因为和州为江淮间水陆要冲，左挟大江，右控昭关，梁山峙其南，濠滁环其北，自古为兵家必争之地。南宋和州知州谢德与在《历阳周侯生祠记》中就曾说过："历阳之为郡，虽在江北，实蔽江南，盖西援合肥，北接滁濠，东南直姑孰、建业之间，凡渡淮而有事于南者，不得历阳则不敢窥江。"和州城初为项羽亚父范增所筑，后由汉将灌婴维修加固，至南宋时"州城十一里，城门十一所"。和州城虽然不大，但较为坚固，况且当时是由元"平章政事"也先帖木儿领重兵把守，因此，朱元璋决定"计取"和州城。他先派张天祐、汤和等率三千兵士"着青衣、挽椎髻"，乔装成元兵，带上四匹驮载赏物的骆驼，伪称是护送使者到和州犒劳将士的庐州元兵；再派耿再成率绛衣兵尾随其后且相距十余里。当青衣军赚开和州城门后，举火为应，绛衣兵则乘势杀进城内。

可是，张天祐的青衣军行进途中因用午餐耽搁，未能按约定时间赶到和州城下，而耿再成的绛衣军却已到了和州城郊。耿再成久候不见城中举火，误以为张天祐已经进城，便挥师城下。元守将也先帖木儿急闭城门，搭飞桥以缒兵出战。耿再成部攻城受挫，本人也不幸中箭，遂领兵退走，元军乘胜追杀至千秋坝（今和县西北十七里）。傍晚时分，返城的元兵与张天祐部遭遇，两军激战，元兵大败。张天祐军乘势追击到和州小西门，元兵急忙抽桥关闭城门，幸亏汤和眼明手快，抽刀砍断桥索，于是青衣军顺势夺下吊桥杀入城中。而耿再成部兵败后，误以为张天祐军已陷没，遂奏报朱元璋，朱元璋即率部驰援张天祐。朱元璋援兵到时，见张天祐已攻下和州，大喜过望，遂整军入城，抚定百姓。

也先帖木儿率残部乘夜逃走后，其实并未远遁，而是与周边地区的元军会合，屯戍在高望、青山、鸡笼山、新塘等和州城通往外地的几条交通要道上，并准备围城反扑。朱元璋闻讯后，当即召集诸将商议，要求分工修城，限期完工。至正十五年（1355年）三月，元军果然组织十万兵力反扑和州，朱元璋"以万人据守，间出奇兵击之"，元军屡战屡败，遂撤围退兵。后来，元军又利用高望、青山、鸡笼山和新塘的戍军断绝朱元璋的粮道，以期造成和州城中缺粮乏食、不战而溃的效果，朱元璋则多次"率兵击走之"。元军几经挫败后，实力大损，纷纷渡江东去。自此，朱元璋在和州的地位完全得以巩固。不久，郭子兴病死，时任左副元帅的朱元璋便成为这支部队的真正领导者。当年六月初一，朱元璋率军克牛渚、占采石、取太平，终于在次年三月攻占集庆，实现了他南进和州的作战目的，为日后扫平天下、建立大明王朝奠定了坚实的基础。

花云战太平

当涂，古称"姑孰"，为宋太平州、元太平路和明清太平府治所在地，所以当涂又称"太平"。京剧传统剧目《战太平》所唱的便是元末发生在此的一起战事。剧中主角、朱元璋部将花云虽战死在当涂城的守卫战中，但他"愿死不愿生作他人臣"的英烈形象却彪炳史册，令后人传诵千古。

朱元璋占领集庆后，改集庆路为应天府，自称吴国公，并以应天府为根据地，展开了平定江南的一系列战役。其时，在朱元璋的地盘周围，除了一些元军据点外，与他对峙的还有长江中游的红巾军首领陈友谅和长江下游的反元势力张士诚，他们与朱元璋为争夺地盘，时有冲突。元至正十九年（1359年），陈友谅在今江西九江称"汉王"。次年五月，陈友谅率军攻打朱元璋所占池州，被朱元璋部将徐达、常遇春等在九华山下"斩首万余级，生擒三千余人"。陈友谅惨败后恼羞成怒，遂统残部，率舟师，顺江而下攻打太平府城当涂。当涂城为应天府（今南京）门户，时有太平知府许瑗、行枢密院院判花云、王鼎等，协助朱元璋义子朱文逊镇守。

据《明史·花云传》载，花云，"怀远人，貌伟而黑，骁勇绝伦"，在攻滁州、取和州、渡大江、战采石等战役中屡建奇功。当年在攻打滁州时，朱元璋曾被数千敌兵围困，正是因为花云跃马突阵，方才冲出重围。战后，敌兵叹道："此黑将军勇甚，不可当其锋。"由于花云作战勇猛、战辄立功，朱元璋由和州渡江攻占太平后，便命他以主将身份协助朱文逊等共同担负守城重任。

至正二十年（1360年）闰五月初一，陈友谅率军抵达当涂城下，花云和朱文逊领兵三千，出城结阵迎敌。太平城垒高沟深，又无墙隙可供攀堞，加上守城将士奋勇抗击，陈友谅部连攻三日也未能攻克。正当陈友谅为攻城不顺而心急如焚之际，突然发现当涂城西南隅一段城墙正好筑在河岸上，不禁心中大喜。原来，始筑于三国黄武年间的当涂城，到南唐时已是"复加高广……跨姑孰河"；南宋太平知州郭伟为便于守御而改筑新城，则将姑孰溪置于城外，且离城墙较远，唯独西南城隅的城墙滨溪而筑，这就给陈友谅攻城留下了可乘之机。陈友谅率军攻城时，适逢江南黄梅时节，暴雨连日不止，河水猛涨，停靠河中的战船几乎能与城墙平齐。陈友谅骤得天时地利，欣喜若狂，于是下令，命高如层楼的战船渐次靠近当涂城西南城垣，命士兵猬集舟尾，架梯攀城堞而上，突入城内。黑将军花云得知陈军登上西南城墙，遂与朱文逊合兵一处，飞骑驰援，与陈友谅军展

开巷战。激战一夜,终因寡不敌众,朱文逊不幸战死,花云亦力竭被俘。正当敌人将被捆绑起来的花云押向陈友谅处,花云奋身大呼,竟挣断捆绳,夺过敌兵短刀,左右一通乱砍,又杀敌五六人。陈友谅兵一拥而上,又将花云縶住。花云大骂道:"贼奴胆敢伤我!我主吴国公到来,必砍尔等为肉泥!"陈友谅兵闻言大怒,以锤击其首,然后将他绑在大船桅杆上,乱箭齐射。花云依然骂不绝口,"至死声犹壮"。

当花云与敌军鏖战而寡不敌众时,花云之妻郜氏眼看城池不保,便带上三岁儿子在家庙中一边祭告祖宗,一边哭着对侍女孙氏说:"城破,吾夫必死。吾义不能独存。然不可使花氏无后,此子幼小,尔等善抚之。"待花云被俘不屈而死,郜氏果然也投水自尽。侍女孙氏不负郜氏重托,将花云夫妇偷偷葬于玉带河边后,便抱着花云之子逃至九江。可在九江乘船渡江时,又被陈友谅败兵抛入江中。幸有一断木漂来,孙氏抱儿"浮断木入苇洲,采莲实哺儿,七日不死"。后来,经一雷姓老父多方打听,他们才找到朱元璋的行在所。见到朱元璋,孙氏"抱儿拜泣,太祖亦泣,置儿膝上,曰将种也",并赐名花炜。花炜长大成人后,官任水军卫指挥佥事。

在花云守卫太平的激战中,时任太平知府的许瑗和行枢密院院判王鼎也被俘不屈而死。后人为纪念他们,曾在花云墓前建有"三忠祠"。今墓尚存,然祠已毁,尽管如此,但明万历年间当涂县令章嘉祯所作的《三忠祠》三首诗却依然回响在太平城的上空。其中第三首咏花云将军,这样写道:

> 桓桓花将军,艺勇实冠世。
> 伟干翼飞龙,铁颜奋鹥鹜。
> 提兵克滁和,常镇随芟刈。
> 宿卫帝左右,太平命协治。
> 一朝御勍寇,三千当万帜。
> 力屈气益雄,骂贼口不置。
> 忠魂归帝旁,妻亦陷水逝。
> 侍儿抱孤逃,芦洲采莲饲。
> 帝命录其孤,忠节照来禩。
> 遗像凛英风,此邦万年祀。

这首诗既是对花云一生征战、"艺勇冠世"的真实写照,又是对花云血战太平、誓死不屈、忠烈精神的生动再现。

第四章

人物春秋

RENWU CHUNQIU

概 览

马鞍山及所属的当涂、和县、含山地区,濒临大江,地接南京。自古以来,人文荟萃、英才辈出。据史志记载,早在汉魏六朝时期,马鞍山地区就出现了陶谦、甘卓、薛兼、陶回、华孟、昌义之等一批著名的军事将领。其中最为亮眼的是当涂丹阳人陶谦与和县人华孟。陶谦以《奏记太仆朱儁》《上献帝论罢兵疏》而闻名,官至徐州牧、安东大将军而成一方之雄。华孟于公元2世纪中叶不堪忍受封建王朝的压迫和剥削,发动历阳数千农民揭竿起义,声震江淮,最后英勇就义,成为东汉农民起义军的著名首领。

六朝时期,南梁姑孰才子、员外散骑侍郎周兴嗣,集王羲之书法字体撰著的四言韵文《千字文》,融知识性、可读性和教化性于一体,是我国"问世最早、流传最广、影响最大"的蒙学读物。

隋唐以后,境内贤豪雅士,踵异挺生,英秀迭出,如张籍、郭祥正、杜默、沈立、徐兢、龚颐正、游酢、张孝祥等。和州人张籍是唐代优秀的现实主义诗人,杰出的新乐府运动先驱,与当时著名诗人王建并称"张王乐府",张籍所著《张司业集》存诗四百五十余首,深刻反映了社会现实,揭露封建统治阶级的腐朽罪恶,记录劳动人民的苦难生活。郭祥正是北宋时期继诗坛泰斗梅尧臣之后又一安徽境内著名诗人,他的诗"沉雄俊伟,如波涛万叠,一涌而至,莫可控御",被誉为"李白后身",受到梅尧臣、王安石、袁陟、章望之等人盛赞。和县人杜默淡泊名利,工诗歌,有"歌豪"之称,时与"诗豪"石曼卿、"文豪"欧阳修并称"三豪",欧阳修曾诗赞他"杜默东土秀,能吟凤凰声。作诗几百篇,长歌仍短行"。沈立一生著述盈架,多达十八种、三百六十余卷,其中《河防通议》《宣和编类河防书》记载了大量有价值的治水经验,治水者"悉守为法"。徐兢曾出使高丽,著《高丽图经》反映了高丽(今朝鲜)建国立政之本、风土民情之宜,以及往来航线,对发展中朝两国人民友谊产生了深远的历史影响。"程门立雪"之一的游酢为北宋著名理学家,所著《论语杂解》《孟子杂解》《诗二南议》、《游定夫集》,或收入《两宋名贤集》,或采进《四库全书》,或为名流编刊,都极富盛名。南宋爱国词人张孝祥词风豪放,杰特雄奇,多抒发爱国之情,风格与苏东坡相近,与张元干的词被称为南宋初期词坛的"双璧"。

宋代和州文士多通翰墨,精于书法,仅张氏一门就出现了张孝伯、张孝祥、张即之等著名书法家。张孝伯历官监察御史、刑部侍郎,能诗善文,尤长书法,常临摹诸家法帖,在笔情墨象中任意挥洒;张孝祥擅长草书,朱熹曾称他"作字多得古用笔意",曹勋评他的"字尤为清劲,如枯松折竹,架雪凌霜,超然于笔墨之外";张即之在其父辈影响下,承袭家法,以"能书名闻天下",他早年师法米芾,自成一体,晚年师海岳,遂成名家,尤善作擘窠大字,兼工小楷、行楷,清劲绝人,其丰碑巨刻多流传江左,存世墨迹尚有《金刚经》《华严经》《上问帖》《汪氏报本庵记》《杜诗卷》等。

　　元明以后,马鞍山地区相继出现陶氏、邢氏、戴氏、徐氏、陈氏、夏氏等文化家族。他们或名播于翰苑,或称誉于诗坛,或跻身于士林,在文学、经学、史学、艺术等不同领域取得了巨大成就。"以儒臣而司著作"的明翰林大学士、当涂人陶安,曾被时人誉为"开国名臣、一邦之杰"。他的著述繁多,《周易集萃》《辞达类钞》《姚江类钞》《龙江诗钞》《江行杂咏》《黄冈寓稿》《知新近稿》《玉堂稿》《鄱阳新录》《明律》等取材广泛,隽语连珠,是故朱元璋赞他:"国朝谋略无双士,翰苑文章第一家。"明江西布政使当涂人邢珣,在任期间多有惠政,晚年笔耕不辍,尤擅长作长歌,先后著有《归田野语》《采芹余兴》《秋台小记》、《三湖集》等,其子邢埴任过浦城县令,邢址做过都察院监察御史,俱有政声,都能文能诗,颇有父风,后人对其有"父子同官蔚国光,兰台清望姓名香"之誉。明嘉靖年间(1522—1566年),当涂城内曾有为邢珣所立"大方伯坊",今天的当涂湖阳仍屹立着明万历年间(1573—1619年)为邢氏父子重立的"济美坊"。明末,家住和州西村的戴重、戴本孝、戴移孝一家,堪称"书画之家"。戴重好古穷经,能诗善文,擅书工画,著有《河村诗集》十卷《文集》八卷。长子戴本孝自幼传承家学,致力于诗古文辞,尤精绘画,为明末清初著名的布衣画家,少时师萧云从,善画山水,风格学倪瓒、王蒙、黄公望,但自出新意,与宣城梅清、梅庚、石涛及歙县渐江同为"黄山画派"代表人物,晚年著《前生集》《余生集》,后人赞他"文章气节远迈"、"诗、书、画绝俗"。次子戴移孝喜交游,善吟咏,著有《碧落庐丛谈》《碧落后人诗集》,其诗豪迈悲壮,雄浑顿挫,与兄本孝被称为"历阳秀",颇受推崇。

　　清代,马鞍山地区的文化气息和创作氛围相当浓厚,不少家庭世承儒素,风雅相续。其中有以太平府所在地姑孰为名的"姑孰画派"创始人萧云从为代表的绘画艺术世家;以内阁尚书黄钺为代表的书画艺术世家;以翰林院检讨徐文靖为代表的湖阳经学世家;学兼汉宋、著述满堂,一门撰著多达六十五种、六百二十余卷的青山夏氏世家等,都对我国艺坛和学界产生过重要而深刻的影响。值得一提的是,和州才子陈廷桂由一名庶吉士官至奉天府丞兼提督学政,历任湖北、陕西、江苏按察使,一生著述多达二十五种,内容涉及经、史、子、集及稗官野史等各类著作,他所撰的《历阳典录》和《历阳诗囿》两部巨著,征引繁富,考据广博,成为一方重要文献,为马鞍山地区留下了厚重而精彩的一笔。

陶 谦

　　东汉末期,军阀割据,地方郡守多拥兵自重,各霸一方,在不同的政治舞台上扮演着不同的角色,其中陶谦便是他们中的一个代表人物。

　　陶谦,字恭祖,今当涂丹阳人,生于东汉永建七年(132年)。初因学业优异、孝亲廉正,被察举为茂才、孝廉(茂才即秀才,东汉时,为避讳光武帝刘秀的名字,将秀才改为茂才),出任舒城县令,不久,升任幽州刺史。幽州是当时北方的交通中心和军事重镇,管辖区域大致在今天的北京、河北北部、辽宁南部、朝鲜半岛的西北部。在任期间,陶谦"在官清白,无以纠举",这在"豺狼当道"的东汉末年是极为少见的。

　　中平二年三月(185年),陶谦应召入朝,任尚书议郎,随司空、车骑将军张温率军西讨盘踞在今天甘肃中南部的韩遂、马腾。韩遂、马腾所率的西凉兵中有很多西北游牧民族的士兵,他们惯于跃马驰骋,骁勇善战,战斗力强大。当陶谦随张温率军抵达时,西凉兵刚刚大败名将盖勋和黄埔嵩的军队,气焰正炽。然而就在两军对垒时,天上骤降陨石。韩遂以为上天惩罚,十分惊慌,以致西凉兵军心大乱,被张温所破,败走榆中(今甘肃榆中县)。

　　西征回来后,五十六岁的陶谦转任徐州刺史,参加对徐州境内农民起义军黄巾军的镇压。这是陶谦为官生涯中第一次作为主帅出征。一到徐州,他就任用臧霸、孙观等将,结果一战便将黄巾军赶出徐州境。当时的徐州因战乱,已是"世荒民饥",如果不好好处理,饥民有可能再次起义。"国以民为本,民以食为天",要解决百姓举义的问题,就先得解决吃饭问题。陶谦此刻展现出优秀的政治管理能力,他想到了一个好办法——屯田。在陶谦的努力下,徐州农业生产得到恢复和发展,一年后,徐州收获的"粳稻丰积"。陶谦在徐州的屯田虽然规模不如后来曹操在许昌附近的屯田,但时间上却早了六年,可谓东汉末年第一个以屯田解决粮荒的人。黄巾起义是由"太平道"首领张角发动的,黄巾军也多数由太平道信徒组成,而徐州是当时"太平道"活动最为活跃的地方之一。为了教化民心,去除"太平道"的影响,陶谦在组织屯田的同时,以信佛免役作号召,大力推广"好生恶杀,省欲去奢"的佛教。徐州佛教一时兴盛起来,而"太平道"很快在徐州就没了市场。陶谦担任徐州刺史年间,北面的青州、兖州黄巾起义此起彼伏,徐州却是"百姓殷盛,谷米封赡,流民多归之"的太平景象,这一切都归功于陶谦大行屯田、推广佛教的政策。

　　不久,董卓作乱。陶谦又积极响应冀州牧袁绍,随关东州郡起兵讨伐董卓。董卓被杀后,李傕、郭汜又作乱关中,以致州郡多藐视朝廷,拒绝贡奉。但陶谦依然不忘"君臣"之礼,每年按制向朝廷贡奉,受到了汉献帝刘协的赏识。不久,汉献帝升陶谦为徐州牧，加安东将军，封溧阳侯。

当时汉室天下共有十三个州，而州牧是一州最高的军政长官，位居郡守之上，一般由朝廷从列卿、尚书中选派资深的人担任。此时陶谦已六十岁，既任州牧，又是安东将军，身任二职，俨然一方雄杰。陶谦虽为一州之长，但他仍心系朝廷，不忘为国家举荐人才。时有名将朱儁，在镇压黄巾军起义中屡建战功，曾任谏议大夫、右中郎将、河南尹、太仆等职，因与董卓不合，被迫弃官投奔荆州的刘表。陶谦认为时下政局动荡，唯有能文能武的朱儁能挽救时局。于是，陶谦联络扬州刺史周乾、北海相孔融、九江太守服虔、博士郑玄等一批名士，联名上书《奏记太仆朱儁》，共同推举朱儁出山。后来，汉献帝果然召朱儁入朝，委以重任。从这可以看出，陶谦胸怀宽广，时时以国家大计为重，心系社稷、荐贤举能，这在军阀混战、社会动荡的东汉末年，的确是难能可贵的。

初平四年（193年），曹操之父曹嵩到山东兖州躲避战乱，途经徐州。陶谦出境迎接，筵席款待，并派部下张闿护送。不料张闿贪图钱财，将曹嵩一行全部杀害。曹操听说曹嵩一行四十多人在徐州被害，勃然大怒，认为是陶谦怂恿部下所为，便欲讨伐陶谦。讨伐前，曹操上书汉献帝，要求削掉陶谦兵权。陶谦闻讯后，当即作《论罢兵疏》上奏汉献帝，反对削其兵权。陶谦认为安定一方、平定战乱，必须依靠军队。时下奸寇成患，如果罢兵削权，势必"上忝朝廷宠授之本，下令群凶日月滋蔓"。汉献帝闻奏后，便不再追究，陶谦也因此没有被罢官贬职。但曹操却一直记恨在心。当年秋天，曹操从兖州举兵攻打陶谦。陶谦战败，丧师失地，退守郯县（今山东郯城）。第二年，曹操再次发兵征讨陶谦。陶谦此时势穷力竭，身染重病，已无力抗拒"挟天子以令诸侯"的曹操大军。在他准备渡江南奔、回到家乡丹阳时，病重而死，终年六十三岁。

其实，曹操讨伐陶谦这段史实不仅在《后汉书·陶谦传》中有记载，在罗贯中的《三国演义》中也有描述，但《三国演义》的描述更加戏剧化。在《三国演义》中，陶谦被刻画成一名仁义爱民、忠诚爱国、"久镇徐州，人民感恩"的一郡之长。

通过《三国演义》中陶谦的三段自白，我们就能感受到陶谦有血有肉的艺术形象：

陶谦在徐州听说曹操起兵围攻，准备屠城为父报仇时，仰天恸哭："我获罪于天，致使徐州人民，受此大难！"

曹陶交战，忽然狂风大作，飞沙走石，两军皆乱，各自收兵。陶谦入城，与众人计议："曹兵势大难敌，吾当自缚往操营，任其剖割，以救徐州一郡百姓之命。"

曹操兵退，刘备入城。陶谦拱手对众人曰："老夫年迈，二子不才，不堪国家重任。刘公乃帝室之胄，德广才高，可领徐州。老夫情愿乞闲养病。"

作为章回小说，陶谦这三段自白的真实性大可怀疑，但给我们再现了一千八百多年前陶谦的宽仁和豁达。

据记载，陶谦去世后，其子陶商和陶应原本想将灵柩运回原籍丹阳下葬，但因路途遥远，曹军南下在即，便将其葬于徐州西南约六十里的黄河故道边，即今皖北萧县城南四十五里的庄里乡陶墟山下。陶谦墓现已被萧县人民政府列为文物保护点。

周兴嗣

众所周知，《三字经》《百家姓》《千字文》并称为我国三大国学启蒙读物。《三字经》《百家姓》产生于宋代，距今一千年左右，而《千字文》距今则已近一千五百年历史，是至今保存完整、使用最久、流传最广、影响最大的蒙书，它的作者便是有"姑孰才子"之称的南梁文学家周兴嗣。

周兴嗣，字思纂，生年不详，原籍陈郡项（今河南项城）人。他的先人于西晋末年迁徙到姑孰，世居采石的宝积山。周兴嗣自幼聪明，勤奋好学，青年时便一个人去当时的京城建康（今南京）游学十多年。游学期间，他博览群书，常与江南名士唱和，以其文采飞扬、通晓古今、"才学迈世"而名重一时。南齐隆昌年间，侍中谢朏出任吴兴（今湖州）太守，听说了周兴嗣的名声，曾召他到官邸议论文史和治政之道，十分钦佩，便大力举荐周兴嗣。不久，周兴嗣出任贵阳郡丞，深得太守王峻赏识。

502年，萧衍代齐称帝，史称"梁武帝"。梁武帝喜好文学，他深知重用文人可以安邦治国、长治久安，于是在身边网罗了大批高才文士。每逢盛大庆典，他都令这些文士吟诗作赋，粉饰太平。但多数文人因措辞空泛，流于庸俗，引起梁武帝不满，唯独周兴嗣因文藻清新、辞赋隽永而深受梁武帝青睐。梁武帝即位之初，周兴嗣便撰写了《休平赋》颂扬梁武帝功德。《休平赋》文辞华美、对仗工整、韵律贴切，时人为之倾倒。梁武帝读后倍加赞赏，即诏他为文学侍从、员外散骑侍郎，主持撰写重要文告，如《北伐檄文》《光宅寺碑文》《铜表铭》等。周兴嗣每次稿成，都受到梁武帝的夸奖。从此，周兴嗣常出入宫廷内外，又常往来于姑孰、建康之间，很是风光。

梁武帝在位期间，为巩固南梁江山，很希望生活在皇宫中的诸位皇子能成为出类拔萃的人物，然而却苦于没有一本合适的启蒙读物。起初，他命令文学侍从殷铁石从大书法家王羲之的书迹碑石中，拓下一千个不同的字，一张纸一个字，一字一字地去教授那些皇子。可是这种教法杂乱无章，不便记忆，收效甚微。梁武帝寻思，若是将这一千个各不相同的字，编成一篇文理通顺又有韵味，而且便于记忆的文章，岂不更好？于是梁武帝便将这事交给姑孰才子、文学侍从周兴嗣去办。周兴嗣接到诏令后，回到家中，将这一千个字摊在桌上、摆在地上，逐字揣摩,反复吟诵,直到天刚放晓,才豁然贯通,将这一千个不同的字连缀成一篇内容丰富的千字韵文,而周兴嗣也在一夜间累得须发皆白。这件事在《梁史》《尚书故实》《刘公嘉话录》《太平广记》等史籍中都有记载。

《千字文》四字一句,共二百五十句,行文流畅,气势磅礴。通篇共用七韵,读起来朗朗上口,内容涉及自然、社会、历史、伦理、教育、饮食、起居、修身等各个方面。从总体上看,《千字文》可分为四个部分:从第一句"天地玄黄"至第三十六句"赖及万方"为第一部分,主讲天上日月星辰的运转和四季气候的更替,赞颂三皇五帝的仁德,以及商汤、周武王时的盛世表现;从第三十七句"盖此身发"至第一百零二句"好爵自縻"为第二部分,主讲做人的修养标准,阐述了忠孝、言谈、举止、交友的原则,勉励学子固守"五常"之伦;从第一百零三句"都邑华夏"至第一百六十二句"岩岫杳冥"为第三部分,主讲京城形胜、宫阙壮丽、典籍之盛、英才之众、土地之广、江山之美,以宣扬华夏悠久历史和灿烂文明;从第一百六十三句"治本于农"至第二百四十八句"愚蒙等诮"为第四部分,主讲饮食、寝处、祭祀之礼、御患等,倡导恬淡的田园生活,赞美甘于寂寞、不为名利羁绊的精神追求。

不难看出,周兴嗣的《千字文》包罗万象,涵盖甚广,但其最大优点是融知识性、可读性和教化性于一体,所以梁武帝读后大加赞赏,当即将《千字文》作为皇子们的习诵课本,并下诏刊行于世。从此,这部蒙学读物很快在街坊里巷广泛流传,在时间与空间两方面产生强大的辐射力量,成为我国流传最广、影响最大的启蒙教材,被誉为"开蒙养正之最上乘"和"蒙学之祖"。南朝以后,智永、张旭、怀素、赵孟頫、文征明等历代书法家均曾手书《千字文》,不仅为后人留下了伟大的艺术瑰宝,而且大大提高了《千字文》的知名度。

周兴嗣一生勤于思考,笔耕不辍。据《梁书》及方志记载,他在朝期间,还撰著有《梁皇帝实录》《梁皇帝起居注》《职仪》各十卷。晚年,他又著有《皇德纪》《梁史》等著作。直到梁武帝普通二年(521年),因积劳成疾,病逝于官邸。周兴嗣因其才华出众、著述斐然深受梁武帝的器重和推崇。据《南史·文学传·周兴嗣》记载,周兴嗣晚年患风疽(湿疹),左眼失明,梁武帝曾亲自手疏治病药方赐给周兴嗣,可见武帝对其爱惜程度之深。

唐宋以后,《千字文》还同《百家姓》《三字经》一起流传到西域和东南亚等地区,有关《千字文》的仿写本、改编本、注释本、意译本更是层出不穷,成为我国蒙学研究的一项重要内容。今天,就其丰赡的内容、典雅的辞章、统一的思想、深邃的意境来看,《千字文》在中国古代的蒙学读物中,是一篇承上启下的作品,是《苍颉篇》《劝学篇》《三字经》《百家姓》等其他任何一篇蒙学读物都无法比拟的,这彰显了姑孰才子周兴嗣深厚的文学功底和庞博的知识储备。

张 籍

唐代宗大历元年（766年）至敬宗宝历二年（826年）的六十年间，是唐诗创作数量最为丰富的时期，超过了初唐和盛唐时的总和，而号称"张王乐府"的张籍和王建所创作的乐府诗无疑是其中的奇葩。他们继承了杜甫现实主义的传统，开创了白居易新乐府运动的先声，在我国诗坛发展史上占有极为重要的地位。

张籍，字文昌，和县乌江人，因在兄弟中排行十八，人称"张十八"，生于大历三年（768年），卒于太和四年（830年）。贞元十五年（799年）中进士，授太常寺太祝，后迁秘书郎，历官国子博士、水部员外郎、主客郎中，以国子司业致仕，故世称"张水部"、"张司业"。著有《张司业集》八卷，集诗四百五十七首，其中五古四首、七古三十七首、五律一百一十六首、五排十三首、七律七十九首、五绝十一首、七绝一百一十八首，乐府、古风等七十九首，末附张籍《上韩昌黎书》和《上韩昌黎第二书》。

张籍早年与韩愈、孟郊交谊深厚。张籍二十九岁时曾筑别宅于和县桃花坞，常与孟郊于此游憩，饮酒赋诗。孟郊十分赏识张籍的诗，于是便将张籍推荐给韩愈。韩愈"性弘通，与人交，荣悴不易"，极为重视提携后学。当时一些有名的学者都受到过韩愈的提携与教诲，因此张籍两次上书韩愈后，便得到了韩愈的信任与提携，很快由秘书郎升任水部员外郎和国子司业。自此以后，韩愈与张籍在京都时相往来，过从甚密。韩愈不仅是一个雄视千古的散文家，还是一位富有创新精神的大诗人。两人在交往中，韩愈不仅多次向张籍介绍自己的创作经验，同时劝导张籍不要总是钻在书堆里寻章摘句，而应学习李白、杜甫，多创作一些反映社会现实的好诗。其实，张籍也非常崇拜杜甫。据冯贽的《云仙杂记》记载，张籍曾将杜甫的一帙诗烧成灰烬，然后拌上膏蜜，和水而饮，并说"令吾肝肠从此改易"。虽然这一传说未必真实，但表现了张籍对杜甫诗歌的崇敬。

张籍与王建的乐府诗虽然齐名，但两者的风格不尽相同，正如王世贞在《艺苑卮言》中所言："张籍善言情，王建善征事。"张籍的诗歌，不仅是唐诗中的瑰宝，更是民族文化宝库中的奇珍。韩愈曾赞他"龙文百斛鼎，笔力可独扛"，甚至说，他听人朗诵张籍诗，犹"如听吹竹弹丝，敲金击石也"。白居易在《读张籍古乐府》诗中，不仅全面评价了张籍的乐府诗，而且赞扬张籍"尤工乐府诗，举代少其伦"、"风雅比兴外，未尝著空文"。王安石在《题张司业诗》中更誉张籍的乐府诗"妙如神"，"看似寻常最奇崛，成如容易却艰辛"。

张籍生活的年代正处于唐王朝安史之乱后的多事之秋。这期间，外扰于回纥吐蕃，内困于藩镇割据。尤其是两淮地区兵连祸结，哀鸿遍野，民不聊生，加上沉重的赋役捐税，阶级矛盾和民族矛盾异常尖锐。面对现实的黑暗，诗人创作了《野老歌》《猛虎行》《牧童词》《山头鹿》《江村行》等一批揭露统治阶级残酷本质、呐喊人民心声以及反映苛政下劳动者艰辛的作品。在《野老歌》中，张籍尖锐而深刻地写道：

> 老农家贫在山庄，耕种山田三四亩。
> 苗疏税多不得食，输入官仓化为土。
> 岁暮锄犁傍空室，呼儿登山收橡实。
> 西江贾客珠百斛，船中养犬长食肉。

字字血泪地描述老农终年辛劳却因"苗疏"、"税多"而"不得食"、"傍空室"，以致呼儿登山采野果充饥的悲惨现实，这与官仓不劳而获轻率地把粮食"化为土"、西江商人"珠百斛"的极度奢靡以及船中宠犬"长食肉"的饱食形成了强烈对比，批判了"人不如狗"的不合理社会现象。在《猛虎行》中，张籍更是以寓言的形式，将邪恶势力比喻成恶虎，大胆揭露了劳动人民在恶虎猖獗横行的淫威下，只能忍气吞声过着暗无天日生活的黑暗现实，不仅对劳苦大众寄予无限同情，而且表明自己为劳苦人民鼓与呼的阶级立场。

张籍在用诗歌强烈控诉统治阶级剥削和掠夺的同时，还以诗歌表达了他对异族侵略给人民造成灾难的憎恨。他在《董逃行》《废宅行》和《永嘉行》等诗中，怀着沉重的心情记录了长安、洛阳等地遭受外族侵略时"洛阳城头火曈曈"、"重岩为屋橡为食"、"都人避乱唯空宅"、"公卿奔走如牛羊"、"夫死眼前不敢哭"的满目疮痍和无限悲凉。在《征妇怨》中，诗人更进一步指出战乱给国家和人民带来的苦难：

> 九月匈奴杀边将，汉军全没辽水上。
> 万里无人收白骨，家家城下招魂葬。
> 妇人依倚子与夫，同居贫贱心亦舒。
> 夫死战场子在腹，妾身虽存如昼烛。

可以看出，张籍的这些诗歌既是当时社会现状的实录，又是人民遭难的真实写照，更是对统治者一针见血的讽刺之作。在目睹各种社会现象及人民遭受战乱之苦后，他急切地呼吁"拯斯民于水火"、"扶大厦之将倾"，表达了强烈的爱国情怀。

此外，在张籍的诗作中，还有《乌衣啼》《秋思》《樵客吟》《宿渔家》《寒塘曲》等大量歌颂劳动生活、反映劳动人民思想感情和高尚品德的作品。在《乌衣啼》中，诗人通过"少妇起听夜啼乌，知是官家有赦书。下床心喜不重寐，未明上堂贺舅姑"的动作描写，将一个少妇企盼含冤入狱的丈夫早日获赦的急切心情，描绘得十分深刻而真挚；在《秋思》中，诗人在"洛阳城里见秋风，欲作家书意万重。复恐匆匆说不尽，行人临发又开封"的意境里，将"作家书"

的特定背景和心理联系在一起，将一个远方游子对家乡亲人的思念之情，刻画得入木三分，充分显示了诗人观察事物的细腻和真切。

作为中唐时期一名现实主义诗人，张籍足迹遍布祖国大江南北。他的《江南曲》《湘江曲》《成都曲》《宿江曲》《虎丘行》等诗，句句有景、景景有情，既描绘了祖国的大好山川，又给人以无限的美的享受，读之令人神往。正如白居易所赞：

  读君学仙诗，可讽放佚者。
  读君董公诗，可诲贪暴臣。
  读君商女诗，可憾悍妇仁。
  读君勤齐诗，可劝薄夫淳。

张籍不仅是新乐府运动的先驱，而且同韩愈一样，也是一个能提携后学、奖掖后进的热心人，当时受知于他的就有朱庆馀、项斯、李余等人。朱庆馀未出名之前，曾向张籍献《闺意献张水部》诗：

  洞房昨夜停红烛，待晓堂前拜舅姑。
  妆罢低声问夫婿，画眉深浅入时无？

诗中，朱庆馀以新妇自比，以新郎自张，以公婆比主考，暗寓自己应试前特有的不安和期待，正如初入婆家的女子，希望得到丈夫和公婆的喜爱。张籍看到这首诗后，随即写了一首《酬朱庆馀》：

  越女新妆出镜心，自知明艳更沉吟。
  齐纨未足时人贵，一曲菱歌敌万金。

张籍在诗中将朱庆馀比作采菱姑娘，貌靓歌美，刚梳妆好就在镜湖采菱放歌，尽管有许多姑娘身穿齐地（今山东）出产的贵重丝绸衣服，但并不值得人们看重，只有这位采菱姑娘的一串珠喉（喻朱的才华），才抵得万金之贵，暗示朱庆馀打消"入时无"的顾虑，不必为这次考试担心。宝历二年（826年），朱庆馀进士及第后，常常出入张籍门庭，而张籍也经常将朱庆馀的诗作带在身边，一有机会就拿出来给公卿要员们欣赏，以致朱庆馀很快成名。在张籍的不断教诲、提携下，朱庆馀后来也成为一位享有盛名的诗人，清初的《全唐诗》还收录了他一百七十七首诗作。朱庆馀在回忆与张籍的交往时，曾经深情地说：

  出入门阑久，儿童亦有情。
  不忘将姓字，常说向公卿。
  每许连床坐，仍容并马行。
  恩深转无语，怀抱甚分明。

其感激之情，溢于言表。

杜　默

宋代是继唐代以后诗歌创作的又一高峰时期，宋诗与唐诗同为影响后世诗歌创作的重要源头之一。据清厉鹗《宋诗纪事》所录，宋代诗家就有三千八百余人，其中擅作长歌的和州诗人杜默，便曾名重一时。然而他的行迹和诗作却少为人知、少见于世。

杜默，字师雄，历阳（今和县）丰山杜村人，生于天禧三年（1019年），卒于元丰八年（1085年）。史载他幼读经史，博览群书，才思过人，工诗善文，尤擅长作歌。早年师国子直讲、"徂徕先生"石介。二十岁游学开封，与诗人欧阳修（永叔）、石曼卿交往甚密。石介曾诗云"曼卿豪于诗，永叔豪于文，师雄豪于歌"，故世人并称三人为"三豪"。欧阳修闻之，在《赠杜师雄》的诗中自谦地说"赠之三豪篇，而我滥一名"，又说"杜默东土秀，能吟凤凰声。作诗几百首，长歌仍短行"，足见其对杜默的诗歌及其豪气的赞赏有加。名相李迪八月十五生日时，杜默曾献贺诗《中秋月诗》，全篇数百言，皆围绕"月"字，洋洋洒洒，一气呵成，南宋胡仔在《苕溪渔隐丛话》中评述这篇长歌"大率如此，虽造语粗浅，然亦豪爽也"，又说杜默"以歌行自负，石介谓之豪于歌者如此"。

由于杜默"诗歌狂怪"、"文章狂鄙"，加之恃才自负，倜傥不羁，因而每次参加科举考试，俱名落孙山，未被录取。由是空怀壮志，深感怀才不遇。一年秋天傍晚，杜默路过乌江酒店，在酒醉之后，踉踉跄跄地走进霸王庙，面对项羽塑像，边哭边诉说："天下英雄有谁能比上大王？而大王竟不能得天下！世上文章有谁能比上杜默？而杜默却屡试不中！"说着又放声大哭，于是传出了"杜师雄哭灵祠"的故事。后来有人就在项王庙正殿两旁挂了一副对联，联云："司马迁乃汉臣，本纪一篇，不信史官无曲笔；杜师雄是豪士，灵祠大哭，至今墓木有余悲。"

康定元年（1042年），范仲淹任陕西经略招讨安抚使。他甚慕杜默的才华，曾派人请杜默去他的幕府充任书记官，杜默推辞不就。是年六月，杜默被朝廷任为武成军节度判官。不久，又应诏至京师，任秘阁校理，职掌分修日历、撰著祝文、刊别图书、校勘典籍等事务。杜默在京任职期间，常游走于达官显贵之间，因歌风豪迈、性格豪放，"歌豪"之名一时驰誉京师。然而杜默无意于功名利禄，十分厌倦官场的客套虚伪，于是决心辞官归隐。他离开京师时，在开封买了六株玉蝶梅带回故乡，精心栽培于丰山杜村的宅屋旁。杜默一生爱梅，眼见梅花怒放，香气馥郁，便邀宴宾朋，赏梅遣兴，饮酒作诗，随作《植梅》诗一首：

半亩花荫半亩园，宽通一角始周全。
培根急取他山石，设槛须添杖上钱。

浅筑墙头防过酒，大开竹径为留贤。
不妨酒力兼诗思，好具藤床待昼眠。

杜默在吟完此诗后，联想自身，深觉意犹未尽，乃效法逸民，倾吐了对梅花的无限爱慕。接着又吟道：

手植梅花浪深名，名花于我是门生。
幽香自足魁天下，清白由来效逸民。
铁干四垂阴射日，瑶华万点雪飞晴。
何当烂醉呼兄弟，异姓梅翁结杜陵。

杜默在诗中说，自己在名花面前只是一个"门生"，所以一定要像梅花那样，做一个高洁、归隐的"逸民"，在"垂阴射日"、"点雪飞晴"的环境下，做一个与杜少陵一样的"梅翁"。杜默以梅花为伴，半生盘桓于梅荫之下，度过了四十多个春秋。晚年，他将一生诗作集成《诗豪集》(后人称《杜师雄诗集》)。

然而名花难养。年深日久，他手植的六株玉蝶梅，至今只成活了一株。这株梅属单瓣果梅，为稀有的玉蝶梅种。梅树高六米，树冠如伞，直径八米多。它抗寒斗暑近千载。每当春寒料峭之时，梅花便迎风怒放，犹如只只飞蝶，摇曳生姿，香气袭人。尤为可贵的是，此梅不仅粗壮美丽，而且十分奇特，每年只有半边开花，半荣半枯，逐年更替。因其半树开花似蝶，半树虬枝斜出，故名"半枝梅"。据林学专家考证，目前我国仅存古梅十二株，除了湖北晋梅、浙江隋梅、云南唐梅外，年代最久远的就数欧阳修植于琅玡山的"欧梅"和这株歌豪杜默手植的"半枝梅"了。

杜默去世后，"半枝梅"名传千里。自宋迄今，名人雅士前来丰山赏梅者不可胜计。据陈廷桂《历阳典录》记载，清乾隆三十八年（1773年），翰林院侍读学士朱筠任和州主考官时，曾来丰山杜村赏梅，因听说此梅为宋代歌豪杜默手植，又是稀有玉蝶梅种，十分欣喜，便与知州刘长城在古梅旁建了一座飞檐翘角、古朴典雅的"梅豪亭"，并撰《丰山梅豪亭记并铭》，既考证了杜默生卒始末，又对建亭经过作了翔实记述。《亭记》勒石成碑后，朱筠又亲书"梅老香浓新干起；豪歌万里庆年丰"楹联，巧妙地将"梅豪"二字嵌入联首，对一代歌豪杜默的一生表示了深深的崇敬之情。

杜默吟诗放歌，倡导贵在意境，反对循规蹈矩，不以词害意。据传，欧阳修作《赠杜师雄》后，杜默即席谢诗《上欧阳永叔》一首，诗云：

一片灵台挂明月，万丈词焰飞长虹。
乞取一杓凤池水，活取久旱泥蟠龙。

诗句豪迈，举座赞叹。但席间一位老学究却指责此诗平仄失调，又重复用了"一"和"取"字，犯了诗家忌讳。杜默闻之不屑："以词伤义，杜某不为！"杜默离京后，因人走茶凉之故，这些学究们每每见到类似诗作就讥讽"这是杜默所撰"。后来，人们就把"杜默所撰"简称"杜撰"，用来指信口开河或文理不通的诗文，孰知"杜撰"的本意中所具有的打破陈规陋习的积极意义呢！

郭祥正

北宋当涂籍著名诗人郭祥正，字功甫（功父、公甫），号谢公山人、醉吟先生、漳南浪士。生于北宋景祐二年（1035年），相传"其母梦李白而生"，八岁丧父，十岁时随姐姐去临川（今江西抚州）读书。少年时就倜傥不羁，皇祐三年（1051年），时任当涂县令的南昌诗人袁陟听说郭祥正诗文有飘逸之气，便邀请年仅十六岁的郭祥正同游江宁（今南京）的方山。通过这次同游，袁陟发现郭祥正吐言不凡，才气纵横，便将他推荐给当时的诗坛泰斗梅尧臣。郭祥正十八岁时登进士，初授秘阁校理，不久任今江西九江的星子县主簿。一年后，郭祥正弃官，寓居宣城昭亭。这年末，他拜见时年五十多岁的宣城籍诗人梅尧臣，为之吟诵欧阳修的《庐山高》诗和一些自己的诗作。梅尧臣听后，喜叹他"其天才如此，真太白后身也"。从此，郭祥正在诗坛有了"太白后身"的雅号。

北宋嘉祐四年（1059年），郭祥正赴京师汴梁参加官吏选拔，因时任国子监直讲梅尧臣竭力举荐，得官江州德化尉。1057年任满后，郭祥正回到当涂，过了十五年"吟咏苦读、诗文交友"的家乡生活。值得一提的是，在治平四年（1067年）他与王安石相识。王安石是郭祥正父亲的老朋友，当年，王安石以工部员外郎出任江宁（今南京）知州，邀郭祥正等诗友同游金陵凤凰台。郭祥正登上台后，随即朗诵起李白的《登金陵凤凰台》，有人提议郭祥正依韵追和二首。郭祥正不假思索，立即展纸书就《追和李白登金陵凤凰台》诗二首：

其一
采凤何年此地游，高台千古自风流。
寒烟淡淡笼城郭，宝器时时出冢丘。
舴艋尽归芳草渡，鹭鹚群舞碧芦洲。
重华不返萧韶断，落日秦淮添客愁。

其二
高台不见凤凰游，浩浩长江入海流。
舞罢青蛾同去国，战残白骨尚盈丘。
风摇落日催行棹，湖涌新沙换故洲。
结绮临春无觅处，年年芳草向人愁。

众人见郭祥正援笔立成，满座皆倾，王安石当即赞他"豪迈精绝，出于天才"。郭祥正比王安石小十五岁，一向敬重王安石，通过此次同游，两人关系愈加亲密。即便元丰元年（1078年）和元丰八年（1085年），王安石两次罢官退居

江宁半山园,郭祥正也常去探望他。元祐元年(1086年)四月,王安石病故,郭祥正十分悲痛,当即作挽词二联,盛赞王安石:

公在神明聚,公亡泰华倾。

文章千古重,富贵一毫轻。

这足见两人之间深厚的友谊,以及郭祥正对王安石的尊崇。

熙宁五年(1072年),郭祥正出任湖南武冈县令,兼邵州防御判官。郭祥正到任后,立即协助荆湖北路察访使章惇管理和安抚梅山少数民族,显示出非凡的才能。事后章惇曾向宋神宗赵顼推荐郭祥正为太子中书舍人,但因遭诽谤没有被皇帝采纳。郭祥正感到备受委屈,愤叹:

论功第一遭众谗,断木浮沉委沟壑。

熙宁八年(1075年),郭祥正转任桐城县令。两年后又徙任签书保信军(治今合肥)节度判官,同时兼历阳(今和县)的案件审理。不久,以殿中丞致仕归乡。归乡后,他过着"一吟一酌,婆娑溪上"的生活,并将他早年作品辑成《诗卷》。"苏门六君子"之一,被苏轼誉有"万人敌"之才的文学家、诗人李廌读了《诗卷》后,作《题郭祥正诗卷》诗,赞他:

好古爱诗唯有君,独使笔力惊风雷。

欲推郭祥正为"诗坛盟主"。

元丰元年(1078年),苏轼任徐州知州,于当年八月建成黄楼,郭祥正作诗贺之,从此开始与苏轼交往。次年十二月,苏轼之弟苏辙贬到筠州监管酒税,途经当涂,与郭祥正会晤,赋诗《题醉吟庵》,称郭祥正为"国子博士"。

元丰四年(1081年),郭祥正经一些大臣推荐,任福建路汀州通判,掌管粮运、水利和诉讼等事务。他到任后,与知州陈轩相处亲密,闲暇之日常常一起登山临水,吟诗题咏,成诗百余篇,在当地传为佳话。第二年春,郭祥正迁任漳州。到任不久,漳州遇台风袭击,树倒屋倾,海翻浪腾。郭祥正十分担忧老百姓的安危,冒着生命危险,多次深入灾区视察灾情。不久,因顶撞来检查灾情的吏部使者被召回京,行至半路上又遭诬陷被捕下狱,直到年底才出狱,回到汀州等候处置。其后两个月间,郭祥正住在汀州南楼,常与知州陈轩唱酬,有"重来跨马三千里,楼上春风为我悲"之叹,痛诉内心冤苦。元丰六年(1083年)夏,郭祥正复去漳州,在闲淡生活中,他自号"漳南浪士",写下《浪士歌》自慰。他在《浪士歌序》中说,除了"仰愧于天,俯愧于人,内愧于心"之外,再没有什么事情能值得一个"士"子去忧愁的了。这段话即便放在今天,依然有现实教育意义。

第二年,郭祥正经大赦,回到家乡当涂。此时,郭祥正正值人生半百,何去何从,一时心情十分沉重。当年七月,苏轼赴江西临汝,途经当涂与郭祥正相见。

两人谈诗论文,至为宽慰。苏轼于醉中在郭祥正家的墙壁上画了一幅《竹石》。郭祥正乃作诗二首并赠两柄古铜剑答谢。苏轼回赠诗云:

　　一双铜剑秋水光,两首新诗争剑芒。
　　剑在床头诗在手,不知谁作蛟龙吼?

元祐二年(1087年),朝廷复命郭祥正出任端州知州。九月,他离开当涂赴任,一路走到哪里、写到哪里,诗作不断,直到次年二月才到任上。据《肇庆府志》记载,他到端州后,"留心政术,民乐其化",并留下了不少诗篇。

元祐四年(1089年)二月,郭祥正在端州任职刚满一年,自感心力交瘁,厌倦官场,觉得与其宦游千里他乡,不如早日归隐,便决定"上书请老"。同年秋,朝廷准许郭祥正致仕归休。郭祥正接到诏令后,怀着"此生乞得生前去,却向江南云水边"的心情,携家人回到当涂,安家于城南青山,晚年将一生诗作编成《青山集》三十卷,为后人研究郭祥正和他的艺术成就留下宝贵的资料。

郭祥正一生对李白的遭遇和才情始终怀着深深的同情和敬仰,并对李白诗歌进行了独具匠心的研究,以致他的诗"深得太白体",诗风酷似李白。北宋文学家胡仔称他的《金山行》诗"造语豪壮,世不多见,构思巧妙,实属金山名胜之绝唱"。南宋末年文艺理论家黄昇说:"功甫诗此数绝,真得太白体,宜为诸老之所称赏也。"清代文学家曹庭栋在《宋百家诗存》中更说他的诗"沉雄俊伟,如波涛万叠,一涌而至,莫可控御,不特句调仿佛太白,其气味竟自逼真"。综观郭祥正的《青山集》,可以看到他直接或间接提到李白的诗句竟有百余处,用李白原韵创作的诗歌多达四十一首,这在我国诗坛上是极其罕见的,于此可见他对李白的诗歌烂熟于心,对李白诗歌的研究也可谓功深力到。

郭祥正虽仕于朝,但"不营一金",所到之处多有政声。他的诗歌不仅深得太白神韵,还饱含了对劳动人民的深切关怀与同情,其中不少诗作深刻反映了人民的苦难,唱出了人民的心声,揭露了封建统治阶级的倒行逆施和横征暴敛。如《苦寒行》、《前春雪》、《川涨》、《复雪》、《治水谣》等就是其中的代表作。在《苦寒行》二首中,他真实地写照了当涂一带遭受大水、雪灾后人无食、路横尸,以致子母生离、骨肉相泣的景象,同时深情地发出了"安忍催科更诛殛"、"愿见春回二三月"的强烈呼声。类似这样的诗句,在郭祥正的诗集中多处可见。政和三年(1113年),郭祥正病卒于当涂青山。

游　酢

宋代理学兴盛,先后出现濂、洛、关、闽四个学派,其中,以洛阳人程颢、程颐兄弟为首的"洛学"认为,存在于天地万物之中的"理"是宇宙之本,而"天理"则是哲学的最高范畴,是自然界和社会的最高原则。程颢、程颐兄弟均为北宋著名理学家和教育家,被世人称为"二程"。当时追随"二程"的人很多,和州含山人游酢便是其中代表人物之一。

游酢,字定夫,一字子通,世称"廌山先生"、"广平先生",原籍福建建阳人,生于北宋皇祐五年(1053年)。其兄游醇,字质夫,系元丰进士,官至奉议大夫,以文章理学著称;叔父游复,字执中,深研经学,早年与"程门弟子"杨时结为忘年交。游酢少时读书过目成诵,以文章、品行闻名乡里。元丰六年(1083年),游酢中进士后初任越州(今浙江绍兴)萧山尉,后因贤能被举荐为太学录,任太学博士,继为齐州、泉州签判。徽宗即位后,授监察御史,历任汉阳、舒州、濠州、和州知州。在和州履任之初,游酢因能及时查明、决断悬疑十多年的狱案,百姓深为叹服,说他"惠政在民,戴之如父母,愈久而不忘"。后辞官,初寓历阳,后移居含山。

游酢早年便以文行知名一时,所交往的朋友"皆天下英豪",与"龟山先生"杨时、"上蔡先生"谢良佐、"汲郡先生"吕大临等交谊深厚,同为洛阳"二程"高徒,时称"程门四大弟子"。他们都是我国理学史上卓有成就的重要人物,对理学发展起到承前启后的作用。

据《宋史》载,元祐八年(1093年)冬的一天,游酢与杨时冒着漫天飞雪到程颐家求教,时程颐"瞑目而坐",正在休息。两人不敢贸然惊动先生,便恭恭敬敬立在门前静候,等程颐醒来时,门外积雪已有一尺多深。这就是成语"程门立雪"的由来,千百年来,这一直是尊敬师长的佳话。

游酢一生深研"二程"理学,力主"去人欲、存天理","正心诚意","居敬穷理"以"求仁",对经学、理学俱有贡献。论家称其"见道之速,传道之正,造道之远,俱与上蔡(谢良佐)龟山(杨时)并列",其"发明语孟之书,研穷性命之理",堪与"杨谢诸贤并隆"。朱熹曾赞赏他"德清望重,皎如日星,流风遗韵,可以师世而范俗"。考其平生,著述不断,可谓硕果累累。先后著有《易说》、《中庸义》、《诗二南义》、《论语杂解》、《孟子杂解》、《录二程先生语》、《游廌山集》、《游定夫先生集》等多种。据《四库全书大辞典》载,游酢卒后由其后人拾掇成编的《游廌山集》有乾隆十一年(1746年)游氏刊本、同治六年(1867年)游智开重编的和州刊本,《游定夫全集》有乾隆十一年游文运刊本、同治元年(1862年)桐城方宗诚刊本。由此可见,游酢一生学说造诣高深,影响久远。

其实游酢不仅深于理学、谙于经学,他还工于诗歌,其诗风格清新,以七言见长。游酢辞官和州后,曾一度居住于当涂,几乎游遍了当涂所有的名胜古迹,写下了《凌歊台》《青山海棠》等诗。凌歊台位于当涂城北五里的黄山,为南朝宋孝武帝刘骏所建,每到夏季,刘骏常带领群臣歌伎来此避暑游乐,在凌歊台上笙歌达旦。游酢在《凌歊台》中深有感触地说:

> 今古豪华一梦回，刘公遗迹有荒台。
> 青山空野双门壮，白浪风云万里来。
> 涧涧松篁生夜响，年年桃李为春开。
> 更寻小杜题名处，玉筯银钩皆藓苔。

当涂青山为南齐诗人、宣城太守谢朓遨游之地，又是唐诗人、谪仙李白长眠之所。宋时青山岩际水滨多生海棠，枝柔密茂，叶大缥绿，花泽赤白而胭脂点点。游酢触景生情，喜而吟作《青山海棠》：

> 绛唇皓齿发春阴，野径翻成锦绣林。
> 端为雾中看未了，少陵当日岂无心。
> 群仙丽服戏朝云，雨过啼妆泣暮春。
> 野客强吟无好句，直须分付谪仙人。

可以看出，游酢的诗确是"流风遗韵"，写得相当好。然而游酢却自谦地说他是"野客强吟无好句"，雾中看花"看未了"。

游酢一生"不为世儒之习，诚于中，形于外"，事亲无违，交友有信。晚年"不治生产"，家境贫寒，其妻"攻苦食淡"，多"有贤行"。宣和五年（1123年），游酢病故，葬于含山林头车辕岭，杨时为之撰写了《游定夫墓志》，墓旁建有祠，和州同知薛祖学撰《游定夫祠记》。为了纪念这位著名理学家，明洪武十四年（1381年），和州同知赵彦亨、判官杨本中、学正虞辅曾著文祭墓。正统三年（1348年），知州朱沅复修其墓，提学御史彭勗特立碑石为之旌表。弘治十一年（1498年），知县张时清又因其墓岁久仆裂，乃重砻坚石，重刻龟山墓志于碑阴。

游酢去世后，前来含山拜谒游酢墓、祠的人络绎不绝。宋代和州同知胡永成在《谒游定夫祠》诗中，盛赞游酢一生的学行与业绩，说他"斯文如日星，河洛映秋阳。三尺门前雪，幽然孔梦长"，"至此诚明处，千年照雪光"。知州孟雷在拜谒定夫祠后，更以七言绝句抒怀：

> 万古乾坤吾道在，荒郊不废定夫祠。
> 我来想到程门雪，一片寒山烟雨知。

元代延祐年间（1314—1320年），游酢的五世孙游以仁为了纪念游酢，还在他的老家、今福建省南平市专门建了"游酢祠堂"，并为祠堂撰写了碑记。几百年来，游酢的后裔一直牵挂着游酢的墓地。改革开放后，他的后人曾来含山林头镇拜谒游酢墓，以纪念这位不朽的老人。

徐 兢

据史料记载，我国与朝鲜半岛的文化交流，可以上溯到公元4世纪的半岛三国（高丽、百济、新罗）时代。前秦苻坚曾派使者及僧人送佛像及佛经到高丽，高丽也曾遣使来中国答谢。其后，佛教由高丽传入半岛南部的百济和新罗。公元660—668年，新罗联合唐朝先后灭百济、高丽，统一了朝鲜半岛，9世纪末期，新罗又分裂成后三国，最后被高丽统一。无论是新罗，还是高丽，都与我国的关系一直十分密切，那时不断有贵族、僧侣及学生渡海来我国求法、修行和游学，两国间友好往来十分频繁。北宋宣和年间，和州人徐兢便曾出使高丽，为加强中朝人民的友好关系作出过积极的贡献。

徐兢，字明叔，和州历阳（今和县）人，号自信居士，生于北宋哲宗元祐六年（1091年）。少时侨居常州，勤奋好学，十八岁入国子监读书，虽然学习成绩优异，但会试时以考绩不佳而落第。后以其父徐宏中任辅将仕郎荫补为通州司刑曹事。在任期间，他秉公执法，很有政声。随后摄知河南雍丘县事，旋又移知原武县，皆有佳绩。徽宗宣和六年（1124年），他应诏调入国信所，任提辖官，不久，便随傅墨卿、路允迪出使高丽，参加高丽新国王王楷的册封加冕庆典。

册封庆典那天，徐兢随傅墨卿、路允迪代表大宋朝廷对高丽国王王楷正式行册封加冕之礼，一时半岛鼓声震天，一片欢腾。大礼之后，他们一行应邀到半岛各地观光赏景，每到一地都向当地"守令"宣传大宋皇朝的德政，对当地人民表示深切的敬意。作为持节使者，徐兢始终以谦和的态度、友好的真情，观摩访问，记下了所见所闻以及大量的山川风物、典章制度、接待礼仪、往来航路等重要资料。在访问中，他十分尊重高丽人民的风俗习惯，对半岛上的风光表现出极大的热情和兴趣。

徐兢回国后，稍事休息，即将他出使半岛所得大量资料，按照隋唐五代编修"图经"的纪事方法，提纲举目，分门别类，仔细排纂，撰成《宣和奉使高丽图经》四十卷。全书分二十八个门类，凡高丽之山川、风俗、典章、制度以及接待仪文、往来航路等，无不详载于书。其中仅"海道"一门，就占了六卷，最为详尽，甚至首次记录了在航海中使用罗盘针（指南针）导航的资料，这无疑在我国乃至世界航海史上有着重要的历史意义。

《高丽图经》后世多次刻印和重刊，享有很高的声誉。早期在朝鲜有高丽刊本，在宋代有宋刊本，明代以后，又有姚士粦和郑宏刊本、鲍廷博知不足斋本、天禄琳琅丛书本、丛书集成本等。原书附有不少地图，并被收入《钦定四库全书》。据《四库全书大辞典》记载，《高丽图经》后来还被摘抄精选，改编而成《高丽记》《使高丽录》两种版本，《使高丽录》又有广百川学海乙集本和说郛本两种刻本。由此可见，徐兢的《高丽图经》为增进人们对朝鲜半岛的了解、发展中朝友谊与文化交流产生了深远的影响。

徐兢在撰写《高丽图经》后，随即上报朝廷。徽宗赵佶看到这部巨著后，大加赞扬，十分喜悦，特赐徐兢同进士出身，擢升大宗正丞，兼掌书学。徐兢授任后,名义上是掌管王室宗族的内部事务,实际上他的主要精力是在协助徽宗管理书学。宋徽宗虽然在政治上昏庸无能,但对书学和书画特别重视,在位期间曾于京都筑五岳观、玉真宫,征集当时书画名士为之画壁作书,徐兢在"兼管书学"中,获益甚多,学到许多书画知识,并在实践中增长了自己的书画才能。

史载,徐兢多才多艺,既工书法,又善绘画。其书无论真草隶篆皆"遒丽超逸,褚(遂良)、薛(稷)、颜(真卿)、柳(公权)诸体兼备,尤逼怀素",晚年尤喜草书,长于篆籀。其书法作品深受徽宗赵佶的爱赏。一日,徽宗召他至宫中书写"进德修业"四字,徐兢挥笔自如,书至"业"字,突变行笔顺序,最后落笔中画,修劲端直,如高山坠石,旁观者骇异失声,徽宗连声称赞,击节叹赏,由是获得"宣和书法博士"之称。

徐兢除善书外,还善绘山水人物。时任中书舍人、集英殿修撰、著作郎的韩驹曾称他的"画入神品,山水人物,一一俱冠"。宋代著名理学家、焕章阁待制朱熹见到他的《秋山溪云图》即作题画诗云:

　　群山相接连,断处秋云起。
　　云起山更深,咫尺愁千里。

徐兢晚年由大宗正丞升任刑部员外郎。在任期间,曾因"坐亲嫌,谪迁池州永丰监",后又起为沿江制置使参议。绍兴二十三年(1153年),徐兢在回历阳省亲时,卒于途中。

张孝祥

张孝祥,字安国,历阳乌江(今和县乌江镇)人,南宋绍兴二年(1132年)出生于明州鄞县(今浙江宁波),是唐朝著名诗人张籍的七世孙。因其长期生活在江南,常往来于芜湖、当涂、宣城间,故以西晋太康二年(281年)于今当涂县南所设于湖县而自号"于湖居士",名其词为《于湖词》,名其集为《于湖文集》。

张孝祥自幼颖悟,勤奋攻读。他"读书过目不忘,下笔顷刻千言",十六岁就考中举人,二十二岁便状元及第。时主考官魏师逊慑于权臣秦桧的淫威,内定秦桧之孙秦埙为第一,张孝祥为第二,曹冠为第三。高宗赵构阅卷时,发现张孝祥"论议确正,词翰俱美",乃躬自裁择,拔张孝祥为进士第一,降秦埙为第三。唱名时,在廷官员都对张孝祥荣获状元十分"叹美",一时"争录其策,而求识面",于是招来秦桧忌恨,致使张孝祥中状元后并未得到重用,直到秦桧死后,才由秘书省正字,授镇东军签书判官,升任秘书郎、著作郎、中书舍人。

绍兴二十九年(1159年)八月,张孝祥在中书舍人任上遭劾罢官,其时,他的父亲张祁任淮南转运判官兼淮西提刑,他便到淮西协助其父处理边事。后张祁罢官,张孝祥也一度避地宣城。其间,他多次游历当涂的丹阳、青山、采石,并在青山买田置舍,萌生长住之念。绍兴三十二年(1162年),张孝祥重新得到起用,先后出知抚州、平江府事。隆兴二年(1164年)初,经右相张浚推荐复任中书舍人、直学士兼都督府参赞军事。三月,张浚出师江淮,再荐张孝祥出知建康府(今南京)行宫留守,不久张孝祥因力主督师恢复中原,反对同金人议和而再遭罢职。乾道元年(1165年),张孝祥复任集贤殿修撰,旋知静江府、广南西路经略安抚使,三年改知潭州,四年徙知荆南、荆湖北路安抚使。短短四年间,张孝祥的任职屡易,忽南忽北,疲于应命。乾道五年(1169年),深感疲惫的张孝祥请辞侍亲,归居当涂。离开荆州前,张孝祥致信好友朱熹,说他"有田在谢家青山,屋十余间,下俯江流,今归真不复出矣",并邀请朱熹东游江淮时来当涂。可惜的是,张孝祥未等到朱熹"乘兴东游",便病故于芜湖,年仅三十八岁。

张孝祥生活于南宋朝廷偏安江左时期,年幼时便因金兵时常南犯而避乱江南,由和州徙居芜湖,少年时就立下了"恢复中原,洗血国耻"的大志。他在步入政坛之初,不顾个人安危上书高宗,为民族英雄岳飞鸣冤,说岳飞"忠勇,天下共闻,一朝被谤,不旬日而亡,敌国庆幸,将士解体,非国家之福"。又说"今朝廷冤之,天下冤之,陛下不知也。当亟复其爵,厚恤其家,表其忠义,播告中外,俾忠魂瞑目于九泉,公道昭明于天下",同时建议高宗要"总揽权纲,以尽更仕之美"。绍兴三十一年(1161年),当寓居宣城的张孝祥闻悉虞允文在采石大败金主完颜亮,使得宋廷转危为安时,豪情激荡,兴奋不已,随即写下《水调歌头·闻采石战胜》:

雪洗尘埃静,风约楚云留。何人为写悲壮,吹角古城楼?湖海平生豪气,关塞如今风景,剪烛看吴钩,剩喜然犀处,骇浪与天浮。 忆当年,周与谢,富春秋。小乔初嫁,香囊未解,勋业故优游。赤壁矶头落照,淝水桥边衰草,渺渺唤人愁。我欲乘风去,击楫誓中流。

词的上阕盛赞虞允文采石大捷,雪洗了宋廷多年来饱受金人欺凌的耻辱。下阕则发思古幽情,浇胸中块垒,将采石大捷比作赤壁与淝水之战,激励将士要像当年的周瑜和谢安,心系国家和民众安危,表达了张孝祥立誓"恢复中原"的雄心壮志和急欲为国建功的迫切愿望。可以看出,无论在言事、用典,还是在立意上,这首词都蕴含着张孝祥意气豪迈、忠愤激烈、沉雄悲壮的气势与爱国精神。作了这首词后,张孝祥意犹未尽,又作了《辛巳闻德音》七律二首:

其一

帐殿称觞送喜频,德音借与万方春。
指挥夷夏无遗策,开阖乾坤有至神。
南斗夜缠龙虎气,北风朝荡犬羊尘。
明年玉烛王正月,拟上梁园奉贡珍。

其二

鞑靼奚家款附多，王师直到白沟河。
守江诸将遥分阃，绝漠残胡竟倒戈。
翠跸春行天动色，牙樯宵济海无波。
小儒不得参戎事，剩赋新诗续雅歌。

从诗中可以看出，张孝祥闻采石大捷的喜悦心情久久不能自抑，从而再以高昂的格调，描写了南宋军民因采石大捷而举国欢庆的情景，热情讴歌了虞允文指挥有方，乾坤再造，再次表达了只要宋军乘胜追击，不久便能返回故都、恢复中原的强烈愿望。

张孝祥自仕宦以后，多次迁调，在人生的道路上几经曲折。然而他无论闲居青山还是途经当涂，总是对当涂的山山水水眷恋不已。绍兴三十二年（1162年）春，他自建康（今南京）回宣城、芜湖省亲，途经青山、丹阳，凝望丹阳湖光山色，即景生情，写下了《西江月·丹阳湖》：

问讯湖边春色，重来又是三年。春风吹我过湖舡，杨柳丝丝拂面。　世路如今已惯，此心到处悠然。寒光亭下水如天，飞起沙鸥一片。

三年前，张孝祥在中书舍人任上罢职后，曾游历一次丹阳湖。如今，他遭罢后的心情已由激愤而渐趋恬淡，对于仕路的险恶已能泰然处之，因而此次重游，显得悠然自得，完全陶醉于湖岸春色，似乎与水天一体，与鸥鸟为群，进入了物我两忘的境界，字里行间流露出他鄙弃世俗、热爱自然的无限旷达之情。

乾道二年（1166年），张孝祥再遭罢官，回到当涂青山别宅。这期间，他常来往于县城和青山之间，多次漫游采石、横山等名胜。时值太平知州王矩大兴州学，张孝祥应约为当涂郡学撰写了《乾道修郡学建阁记》。他称赞当涂为"江淮名郡"，并说"天地之位，日月之明，江河之流，岂有他哉！人而已耳"，表达了他"世间万事万物关键在人，人始终是第一位"的观点。在漫游横山时，适逢横山大圣院新修落成，张孝祥又应约撰写了《横山大圣院记》，详述了大圣院的历史渊源和规模建制，为后世研究大圣院的历史和马鞍山地区人文留下了珍贵的史料。而以江山胜迹著称的采石矶，则更是张孝祥经常往来之所。乾道五年（1169年），张孝祥在离开湖北荆州的东归途中，泊舟采石，曾作《菩萨蛮·舣舟采石》：

十年长作江头客，樯竿又挂西风席。白鸟去边明，楚山无数青。　倒冠仍落佩，我醉君须醉。试问识君不？青山与白鸥。

张孝祥从1159年至1169年的十年间，先后出任抚州、平江、静江、潭州、荆州等地，大多是沿江从水路赴任或离任，故他说"十年长作江头客"，如今却因"倒冠"和"落佩"而泊舟采石江头，只能在狂歌痛饮中，向熟识的青山、江头的白鸥细诉自己报国无门的苦衷，表达了他悲愤填膺和壮志未酬的无限惆怅与愤懑。

张孝祥与张元幹并称宋室南渡初期的词坛双璧，他的词上承苏轼的豪放，下开辛弃疾爱国词派的先河，无论是选材范畴还是表现手法，都不局限于一隅。张孝祥的爱国词多"豪壮典丽"，对故国的哀思长怀和忧国慨敌的情感无所不在，既有对北伐中原的颂扬，也有对萎靡国事的愤慨，如《浣溪沙·荆州约马举先登城楼观》《水调歌头·闻采石战胜》《六州歌头·长淮望断》等。张孝祥的咏怀词则因英姿奇气的高雅格调而为人称颂，此类写景寄情、因事立意的作品，大多表达了自己"天涯漂泊"和无辜被黜的感慨，隐约而含蓄地表达了对朝廷的不满，并通过描绘的情境，流露和展示自己放旷、豁达的人生态度和胸怀，如《念奴娇·离思》《水调歌头·泛湘江》《念奴娇·过洞庭》等。

除了立意鲜明、同国事紧密相关的爱国词、咏怀词外，张孝祥的情词也别具风格。其情词深婉清丽，情真意切，佳作尤推思念情人李氏的几首作品。桐城浮山人李氏为张孝祥年轻时避乱中所识，同居后于绍兴十七年（1147年）生下长子张同之。绍兴二十四年（1154年）张孝祥状元及第后，秦桧党羽户部侍郎兼临安（今杭州）知府曹泳揖欲招张孝祥为婿，张因自己已与李氏同居而拒绝。绍兴二十六年（1156年），迫于家庭压力，张孝祥被迫与李氏分离，娶仲舅之女时氏。是年重九前夕，张孝祥在建康送李氏母子溯江西上浮山，途经采石时写下《念奴娇·风帆更起》，词中以"别岸风烟，孤舟灯火，今夕知何处？不如江月，照伊清夜同去"，表达了他与爱人被迫分别时内心的自责和痛苦，苦叹江月可以随人，而人却身不由己，只能"默想音容，遥怜儿女，独立衡皋暮"，展现了张孝祥另一面多情的内心世界。此后，张孝祥尚有《木兰花慢·离思》《木兰花慢·别情》《雨中花慢·一叶凌波》等词作，以怀念李氏及长子张同之。

综观张孝祥的《于湖词》，其词多数是凭激情而作，所以情感连贯，热情澎湃，能融汇前人诗句而不见雕琢痕迹，正如汤衡在《张紫微雅词序》所说，张孝祥"平昔为词，未尝著稿，笔酣兴健，顷刻即成，初若不经意，反复究观，未有一字无来处"。词风上，张孝祥承袭了苏轼风格，评论者也多认为二人极其相似。汤衡曾云："自仇池（苏轼）仙去，能继其轨者，非公其谁与哉？"清人查礼在《铜鼓书堂遗稿》中评价《于湖词》"声律宏迈，音节振拔，气雄而调雅，意缓而语峭"。可见，张孝祥的《于湖词》对南宋词坛的风气和后世词作的发展影响是何等的深远。

张即之

宋代和州文士多通翰墨，精于书法。其中仅张氏一门就出现了张孝伯、张孝祥、张即之等很有名气的书家。他们中尤以张即之的书法成就为高，留下的作品也最多。

张即之的父亲张孝伯,字伯子,自号笃素居士,历任监察御史、刑部侍郎、代理礼部尚书、江南西路安抚使、同知枢密院事等职,能诗善文,尤长书法,常在官邸临摹诸家法帖,在笔情墨象之中,任性挥洒。张即之的叔父张孝祥,亦工翰墨,擅长草书,是南宋书坛一位草书高手。朱熹称他"作字多得古用笔意";曹勋曾赞"孝祥字尤为清劲,如枯松折竹,架雪凌霜,超然于笔墨之外"。张即之自幼跟随父亲,承袭家学,耳濡目染,受到了良好的书法艺术的熏陶,后来成为"名闻天下"的书法大家。

张即之生于南宋淳熙十三年(1186年),字温夫,号樗寮,早年以父恩荫授承务郎,后升两浙盐运使。中进士后,曾监平江府粮料院,历任临安、宁国、荆门、乌程、江阴、扬州、镇江、嘉兴等地的地方官,累官至司农寺丞,主管云台观,后在直秘阁任上致仕。他为人正直,敢于伸张正义。宝祐四年(1256年),阆州知州王惟忠因谗被劾处死,震惊朝野,张即之致信淮东制置使贾似道,要求为王惟忠案平反,并抚恤其遗孤,受到时人的好评。

然而,张即之最为人称道的,还是他在父辈的影响下,长期师法米芾,同时借鉴欧阳询、褚遂良书法,勤奋研习,临书不断,最终自成一体,以"能书名闻天下"。据《宋元明清书画家年表》记载,从淳祐四年(1244年)到宝祐四年(1256年)的十二年间,张即之就书写了《莲花经》七册、《杜诗卷》《金刚经》《佛遗教经》《上问帖》《适间伏闻帖》等众多名品。其中,《上问帖》章法不拘一格,行列长短不一、错落有致,行气流畅贯通、斜正相间,结字虚实相生、左右映带,通篇极富天趣,深得自然之妙,使人在审美过程中,意象感受或驰或止,或险或夷,目不暇接,美不胜收。而《适间伏闻帖》更是以"老笔纷披,清逸遒健"入藏清宫内府,名列《三希堂法帖》第十七册。除《上问帖》《适间伏闻帖》外,存世的张即之书法作品尚有《汪氏报本庵记》《书杜书卷》《金刚经》《华严经》等。

张即之所处的时代,应该说弥漫着宋初书坛恢宏的尚意之风,书家们多以能在书法中追求文艺修养、个人意趣、人品性情为最高目标,因此,信笔所至,遗貌取神,常常成为其艺术创作的态度和手法。张即之亦在此列,他为我们留下的每幅作品都凝结着民族与时代的心态,是华夏民族智慧与创造力的最好体现。

陶 安

明正德年间,当涂城东街一带,牌坊林立。其中立在希夷观左面一座又高又大、上镌"开国名臣坊"五个大字的石牌坊特别耀眼醒目。在牌坊后面有门楼一座、祠堂三间,就是当涂人民为纪念翰林学士、中奉大夫、江西行省参知政事陶安而设立的"陶公祠"。据正德十六年（1521年）当涂进士祝銮所撰《明翰林大学士陶公祠堂记》载："大学士陶公德业闻望，巍然为开国名臣，不啻一邦之杰……读其书，而手泽存焉；思其德，而羹墙见焉……（今建祠）阐扬功烈，激励来兹。"如今这座牌坊和祠堂虽已不复存在，但陶安的伟绩和著述仍给后世留下了一笔珍贵的文化遗产。

陶安，字主敬，生于元仁宗皇庆元年（1312年），卒于明洪武元年（1368年）九月。先祖世居秣陵（今南京江宁东南），后"迁至丹湖之阳"。至其祖辈举家徙居当涂县城东街。陶安六岁时父亲便去世，在母亲训导下，他矢志于学，师从有"双桂"之称的当涂硕儒李习、李翼兄弟。李习精治《尚书》，博通程朱性理之学；李翼喜好辞赋，于诸经子史无不淹贯，与其兄齐名江左。陶安受业"双桂"门下，学识大进。泰定五年（1328年），时任太平路通判的马昂夫闻知年方十六的陶安学过人，即令他"赋《喜雨》诗，并拘以韵"，陶安应声立就，令马昂夫十分惊异。二十岁后，陶安愈加奋发，集中精力致力于濂、洛、关、闽之学，一时名儒硕士皆乐与之师友，喻仲衡、潘黼、詹俊、陶本、冯景文等人都因得他"蒙其教而闻名"，尊称陶安"姑孰先生"或"敬斋先生"。元至正四年（1344年），陶安应荐参加江浙乡试，以优异成绩考中举人；八年（1348年）礼部会试落第后，被行省授为明道书院山长；十三年（1353年）调任会稽（今绍兴）高节书院山长；次年归里，避乱家居。

至正十五年（1355年），朱元璋率军渡江，取采石，占当涂，陶安携李习及父老迎谒，并向朱元璋献计说："方今四海鼎沸，豪杰并争，志在子女玉帛，未有拨乱救民者。明公神武不杀，应天顺人，此行吊伐，天下不足定也。"朱元璋问"吾欲取金陵如何"时，陶安则答："金陵古帝王之都，取而有之，取形胜以临四方，何向不克？"朱元璋从其言，遂留陶安"参幕府"，授予兴国翼元帅府金史。翌年三月，朱元璋克集庆（即金陵），改集庆路为应天府后，陶安遂迁居应天。

至正十八年（1358年）冬，陶安任江西行省都事，掌管兵曹，三年后升任左司郎中。二十三年，朱元璋攻克黄州后，急需重臣驻守，便派陶安"出知黄州"。陶安一到任就招抚逃亡，免其租税，减其徭役，深得百姓拥护。随后，又"移镇桐城"，至翌年冬始还应天。二十五年（1365年），陶安调知饶州，时有陈友定聚兵攻陷景德镇、乐平，围攻饶州城。陶安召集官民父老，晓以大义，一直固守至援兵赶到，平定匪乱。嗣后，陶安将所有胁从释放，免除州民军需二年，复建义仓、孔庙，促进州民休养生息。当地人民感其德政，特在学宫讲堂东侧为陶安建生祠，设像供奉。其时，民间流传歌谣颂他：

　　　　千里臻芜，侯来之初。
　　　　万姓耕辟，侯来之日。
　　　　湖水悠悠，侯泽之流。

> 湖水有塞，我思泽德。

至正二十七年（1367年），朱元璋初置翰林院，首召陶安为翰林学士，负责制订朝中礼仪制度。与此同时，朱元璋又任命陶安为总裁官、议律官、知制诰，兼修国史，带领新征召的江南名儒议礼法、定律令。明初仪礼、议律等典章制度多出自陶安之手，他先后为朱元璋撰写文、武《诰命》千余件，编订《明律》三十卷，并与左丞相李善长草创《律令直解》《律令宪纲》，主张法贵简直，使人易晓。朱元璋登基后，曾与众臣议论元代兴亡原因。陶安认为，元朝丧乱的根源是当政者"骄纵放肆"，正道不明，邪说盛行，只有去邪说、兴正道，才能治理天下。为此，朱元璋赐陶安"国朝谋略无双士，翰苑文章第一家"门帖一副。

明洪武元年（1368年）四月，陶安年过半百，转任江西行省参知政事。为此，朱元璋连发两道《诰命》，旌表他"以帝王事功期于始见之际，赞襄兵务……宣号令则军民信，议礼制则体要成。建陈之论以忠，出纳之命唯允……至于牧民而民安，治吏而吏服，捍城御侮，憨寇成擒，列郡寰宇，其劳则著"。是年九月，陶安积劳成疾，卒于任上，葬于当涂城北喻家铺大神山。病重期间，陶安仍忧心国事，撰成《时务十二封事》上呈朝廷。陶安去世后，朱元璋哀恸累日，追封他为"姑孰郡公"，加谥"文宪"，入祀乡贤祠，并"遣江西有司致祭"，诏令江西"有司致祭"。次年一月，朱元璋秉承封旧制，连下六道《诰命》，追赠陶安祖父陶大宥为嘉议大夫、礼部尚书，封姑孰郡侯；追赠陶安父亲陶文兴为中奉大夫、参知政事护军，封姑孰郡公；追赠陶安祖母、母亲、前妻、继妻为姑孰郡夫人。由此可见，朱元璋对陶安宠信之深。

陶安一生无论在野为民，还是在朝为官，始终未忘读书写作。他视野开阔，涉猎广泛，为文一根于理，著述典而有据。他早年的学术成果，均出在明道书院和高节书院讲学期间。这期间，他虽"怀抱利器"，但因会试不第，"郁郁余年"，便在授课之余研读诸经、潜心著述，先后撰成《周易集萃》十二卷、《辞达类钞》十九卷、《姚江类钞》一卷。史载他"于经无所不通，尤精于《易》，筮验若神"。《周易集萃》集中表达了《周易》六十四卦的要义和卦辞，用以象征自然和社会的各种变化现象，是阐述《易经》的重要典籍。《辞达类钞》为陶安早期诗文杂集，而《姚江类钞》则是陶安任高节书院山长的两年所作诗文辑集。投奔朱元璋后，凡宦游所至，陶安更是无不笔之于书。从至正十八年（1358年）起任江西行省都事，至二十五年（1365年）调任饶州的七年间，陶安先后撰写了《江行杂咏》一卷、《龙江诗钞》一卷、《黄冈寓稿》一卷、《鹤沙小记》一卷、《鹤沙小记别类》一卷、《鄱阳新录》一卷。此外，任职中书省和翰林院时，还著有《知新近稿》五卷和《玉堂稿》八卷。

陶安不仅长于经学、擅长作诗歌，而且善于作文。他的文章取材广泛，体裁多样。从文体上看，有记、序、启、赋、谱、奏疏、诰命、律令、赞颂、碑铭、题跋等多种;从内容上看,几乎触及陶安一生仕宦生活的各个方面。

其实,早在元末,陶安即以文章宿望名闻乡里,一时名公巨卿、饱学之士多与之交往,求他题跋作文的人也很多。他的文章大多文笔秀逸、豪爽透脱、踔厉风发。如他早期所作《蛾眉亭记》《腾云楼记》《大成殿赋》等,才气宏大,隽语连珠,行文自然亲切,造语新奇响亮,能真情注于笔端,丽句流自肺腑。读他的《蛾眉亭记》,似乎"一视千里",极尽登览之美,大有"吞吐乎吴楚"、"出没乎淮甸"之感,令人"兴怀而不能已";读他的《腾云楼记》,似乎"山川之气腾而上浮,油然成云",引领仰望,则"高爽敞朗,林树芬郁,晨霏暮霭,皆足以怡心娱神";读他的《大成殿赋》,犹见"百工缤纷以云集,斤斧轰轰以协心,隆殿起于紫薇,飞梁驾乎长虹,苍翠之山峰缭乎城邑,洙泗之遗风清波半壁",回味无穷,感人至深。

陶安任职翰林院时,曾参与大量应制、颂圣、宣诰及应酬、题赠等案牍活动,这为他开"台阁体"文章的先河创造了条件。"台阁体"成熟于永乐至成化年间(1403—1487年),文辞雍容典雅,有博大昌明之气,题材常是"颂圣德,歌太平",所以朱元璋称赞陶安"开翰苑以崇文治,立学士以冠儒英",所作文章,不仅显示了厚实的笔下功力,又传达了一代帝王的"开国之音"。

陶安一生热爱家乡,几乎遍游了家乡的山山水水。他的《青山谢玄晖故宅》《李翰林墓》《望夫山》《天门曲》《姑孰溪》《丹阳湖》《登高凌歊台》《过景山全真洞》等诗,无不是其挚爱家乡故土的真实写照。他在拜谒李白墓时,看到墓上长满的笔芦星竹和荒野中残存的李白墓碑,遥想当年李白在金陵、采石、姑溪、青山一带笑傲吟诗、放怀诗酒的遗闻韵事,动情地追忆道:

自别金陵抵夜郎,江南有梦到朝堂。
酒酣采石风生袂,屋老青山月满梁。
龙管凤笙遗韵事,笔芦星竹借文章。
云飞荒野苔碑断,时有诗人酹一觞。

在青山寻访谢朓故宅时,他更以"猿哺子"、"鹤温雏"、"道人炼丹"、"箫管绕梁",烘托出被南齐诗人谢朓誉为"山水都"的青山,依旧一派"仙都"气象。

明弘治十二年(1499年),当涂人民鉴于陶安学术深醇,著述甚多,始由县学教谕张祜将陶安的诗文整理、校编而成《陶学士集》二十卷,由内阁大学士、户部尚书费宏作《序》,后由当涂学者夏炘编《陶主敬年谱》附于集后。《陶学士集》辑陶安诗、文各十卷,诗分《辞达集》《知新稿》《黄冈寓稿》《鹤沙小记》《江行杂咏》五类,与所作辞赋,分体编次,各自为集;文则以赠人之《序》、《引》各居一半。清乾隆年间,《陶学士集》被采入《四库全书》,《四库全书总目提要》中曾说陶安"身价亚于宋濂,然学术深醇,其辞平正典实,有先正遗风,一代开国之初,应运而生者,其气象固终不侔也",这应该是对陶安一生学术成就最好而公正的评价。

邢 珣

谈及当涂古迹,不能不提及石臼湖畔大邢村的"济美坊",而大邢村这个普通的湖边小村,也因为这座面临石臼湖浩渺烟波、历四百多年风雨未圮的"济美坊",成为谈及当涂人文历史不可不提的村落。这一切都要归功于五百多年前从大邢村走出的一位先辈——邢珣。

邢珣(1462—1532年),字子用,号三湖。自幼刻志励学、饱读诗书,于弘治六年(1493年)登进士。初授南京户部主事,正德(1506—1521年)初任南京刑部郎中,以果敢任事、执法允当,深受都察院左都御史张简肃的赏识,后因得罪宦官刘瑾被免职。正德五年(1510年),刘瑾被诛后复任南京工部郎中,不久调任赣州知府。满总是屯居赣闽交界峤山的巨盗,时常到周边府县抢掠。邢珣到任之初,只身深入满总的巢穴,对满总推心置腹,劝其投降。满总为他真诚所感动,归顺朝廷,并协助邢珣抵御其他盗贼,一时赣州境内太平。

正德十二年(1517年),一些农民起义军活跃于湘赣边界,占据横水、桶岗、左溪诸峒。右检都御史王阳明下令两省官兵集中镇压。邢珣认为横水、左溪为起义军的腹心,而桶岗为咽喉,于是在湖南官兵尚未到达、起义军没有防备之际,出其不意地以"扼咽掏腹"的战术,冒雨攻下横水、左溪二峒,然后直抵起义军要害桶岗。经过一番激战,起义军最终被剿灭,首领也被杀害。朝廷闻讯后,特为邢珣增加俸禄,赐以金绮磁磴一对。正德十四年(1519年),宁王朱宸濠又在南昌谋反,王阳明再次率部前来平叛。邢珣与王阳明在樟树会师后,认为叛军倾巢东下,宜快速进兵,先占据南昌,断其后路,叛军必返兵,乘此机会,南北夹击,可将叛军重重包围而全歼。王阳明采纳了他的策略,乘夜袭击南昌。时值南风正猛,邢珣便点燃满载灌油芦苇的小船,乘风势火烧叛军战舟船队,一时"火举风发,烟焰蔽天",叛军战船"枕藉江面",结果叛军大败,并生俘朱宸濠。平叛后,邢珣因战功被授予江西右参政,嘉靖元年(1522年)升任江西左布政使。在任期间,邢珣依照古训,修订乡规民约,大兴学堂,对江西文教之风的兴盛起了积极的倡导作用。

邢珣最终被罢官了,罢官的原因,史载阙如。据《当涂县志》记载,不是因为他征战不力、治政乏术,而是因为平朱宸濠叛乱不久,当时的权臣巨珰"仗朝廷之命,冒领功劳,株连无辜"所致。巨珰的恶举惹恼了"不识时务"的邢珣,他不但去安抚帮助那些被巨珰陷害的无辜人员,还再而三上疏陈情、弹劾巨珰,但均遭拒斥,反被罢官。邢珣罢官归里后,江西百姓十分怀念他,为他立"报功祠"，在地方学堂奉祀提倡"心是天地万物之主"的理学大家王阳明时，总以邢珣配祀。可见，胆识韬略过人、智勇双全，具有一份文人真性情的邢珣，已长久地矗立在江西百姓的心目中。

归乡后的邢珣杜门谢客，闭口不谈当年官场上的沉浮，也不议论时政的得失。他在家乡广置义田，赡养族中老人，为那些死去的先贤立碑修墓，并为重建黄山东岳庙、重修当涂县儒学、重凿太平府儒学泮池撰文、篆额、书丹，十分关注家乡的文化建设与慈善事业。邢珣善于作五言长歌，工于用典，不尚藻词丽句，往往吟兴一起，下笔不休，很有大家风度。到晚年更是手不释卷、笔耕不辍，纂修了正德《当涂县志》，并著有《归田野语》《采芹余兴》《秋台小记》《三湖集》等，据说这些文集十分精究，惜今俱已散失无存。嘉靖十一年（1532年），邢珣在家乡去世。传说他死时，从东南方飞来数十只仙鹤，翔舞许久才离去，当地人深以为异。为旌表邢珣一生平乱治文的功德和刚介至诚的品格，朝廷在邢珣死后将其入祀乡贤祠，并在当涂县城南京门附近敕建"大方伯坊"青石牌坊，后来，《明史》亦为其立传。

邢珣长子邢埴，字汝器，少负奇资，师从永嘉儒士张孚敬。嘉靖二年（1523年），任福建浦城县令。他上任之初，就惩治了长年横行乡里、荼毒百姓、贪赃枉法的徐鹰扬。他的上司闻知，准备提升他，而他却弃官乞归。邢埴临行时，"行李不备，唯图书数卷而已"。蒲城百姓听说他要归里，特勒石立碑记其功绩，都察院左都御史范嵩还亲绘一幅《秋辙遐思图》赠其行。邢埴归乡后，专事"授徒讲学，咏歌适志"。内阁张孚敬曾多次招他进京做官，他都不赴任。时人赞他"刚正恬素，颇有父风"。

邢珣的次子邢址，字汝立，号阳川。幼时勤奋读书，务求精通。嘉靖七年（1528年）中举，十一年会试登进士，初授刑部主事，因才华出众，旋升都察院监察御史。曾应诏在崇政殿为皇帝讲解经传，受到皇帝赐赏。嘉靖十六年（1537年）春，邢址奉旨伺查勘劾两广诸司所存库金数十年不清案。他到两广后，立即查封库藏，严禁搜刮，根治宿穴，致使库清弊除，诽言尽止。随后，邢址调任保定知府，在任上始终以清肃自励、廉洁自勉，并以例银八百两周济寒士、帮助贫困，同时打击强暴，惩治黑恶，深得民心。寻迁邵武知府，擢升山东漕运使。后上疏乞归。邢址归乡后，筑室曰"砼斋"，以"砼砼自守"而自励。有人推荐他复出，他都拒辞不就。邢址善为文，辞藻雅丽，风格旷达，早年曾著有《游潜岳记》。晚年，又著有《砼斋过庭训》。时人谓其"清介刚直，父子一辙也"。

万历元年（1573年），万历皇帝恩准在邢珣故里湖阳大邢村重建"济美坊"，以昭示邢珣父子"世济其美，不陨其名"的功德。济美坊高七米，为一间两柱一牌楼青石牌坊，额镌"恩荣"，枋刻"济美坊"，牌楼上刻画"二龙戏珠"、"狮子绣球"、"瑞鹤祥舞"等浮雕，造型古朴典雅、庄重肃穆。民国二十五年

(1936年),南社著名诗人、当涂塘南人杨晓帆先生曾作诗赞美邢氏父子:

    父子同官蔚国光,兰台清望姓名香。
    邻翁解道簪缨盛,拥看街道济美坊。

这应该是对邢珣父子的最好赞誉。

戴本孝

  提起中国的山水画,人们就会想到被称为"中国山水画摇篮"的安徽黄山。黄山享有如此盛誉,功在明末清初创建"黄山画派"的艺术大师们。他们在当时"舟车闭塞"的原始山林中,把天造的画境绘成纸上丹青,对我国画坛产生了积极而深远的影响。和州布衣画家戴本孝就是其中的代表人物之一。

  戴本孝(1621—1693年),和州西河村人,字务旃,号无根道人、鹰阿山樵、黄水湖渔父、迢迢谷老樵、太华石屋叟等,为明末的抗清志士、文学家、诗人戴重长子。

  戴重字敬夫,号蒿民,能诗善文,崇祯十七年(1644年)廷试第一名,授湖州推官。清军入关时,与王元震在湖州率众浴血抗清三个多月,湖州城三失三复,后因流矢洞穿胸胁而潜居寺内。伤愈后突围北归,隐居于和州城北迢迢谷,因忧时感事、怀念故国,绝食而死,乡人追谥"文节先生"。戴重擅长草书,精于篆籀,工绘画,亦善诗文,生前著有《河村诗集》十卷《河村文集》八卷《诗余》一卷。他的诗格调高雅、视野开阔,多反映明末遗民的思想和生活;他的文章取材广泛,体裁多样,文风清俊刚简,有助风教,在当时很有影响。

  戴本孝自幼承传家学,肆力于诗文,兼习绘画,临摹金石隶楷,十五岁时便师从姑孰画派创始人萧云从,擅长画山水,善于用干笔焦墨,格调枯淡松秀,墨色苍浑,构景空疏高旷。戴本孝主张学古人而不拘泥于成法,强调"以天地为真本",重视"师法自然",所以他的作品虽多为风景小品,风格学元代倪瓒、王蒙、黄公望,但自出新意,别具一格。因其绘画多写黄山胜景,故与渐江、石涛、梅清、梅庚等人,同被视为"黄山画派"的代表人物。

  戴本孝喜交游,常以布衣漫游四方,写诗作画。康熙五年(1666年),他北游泗上、宿迁,经山东琅玡谒王羲之故宅,过蒙阴、登泰山,作《登泰山放歌》长诗。在去燕京途中,登北山寺,过洋河,后游大同、长城,与王士祯、冒丹书、刘松勇、净尔海等学者、书画家交好,时有诗酒之会。次年,戴本孝作客燕京,游京郊西山、香山,后移居燕京金鱼池馆,为刘松勇作画题诗。是年春,戴本孝听友人谈及华山胜景,即整装往游。其间,他曾绕道太原访学者、名医、书画家傅青主不遇,乃去西岳庙,访名士王山史,作画华山,吟诗十一首,后东返客居济南。戴本孝这次出游,一路写诗作画,创作不断。

康熙八年（1669年），戴本孝返回和州，家居迢迢谷山中。翌年，筑迢迢谷草堂，堂内珍藏戴重遗留的一方"澄泥砚"。此砚因曾遭南明权臣马士英索取和强购，均被戴重拒绝，戴本孝故名其斋堂曰"守砚斋"。自是"石泉秋露净，茶碗月窗香"的草堂，成了他赋诗作画的理想场所。这期间，戴本孝仍不时外出云游，怡情于山水。据说，他对北宋歌豪杜默所植"半枝梅"很感兴趣，几乎每年梅花开时都要到丰山杜村赏梅。一次，他观梅兴起，便挥笔画梅，但画了一张又一张都不满意，直到傍晚，他仍在树下徘徊，苦苦构思。忽然一轮明月破云而出，将古梅丰姿照映在地面，他顿有所悟，急忙展纸挥毫，不料画到一半，月亮又被乌云遮掩，画稿竟成"半成品"。戴本孝不禁喟叹："成也月亮，败也月亮。"谁知这半幅梅影图却别有韵致，成了画中精品，"半枝梅"也因此驰誉四方。

康熙十四年（1675年）除夕，戴本孝乘船从池州登岸，经歙县岁寒亭，开始了黄山之行。他先后作《望天都峰》《登莲花峰》《炼丹台》《文殊院》等画稿，成《黄山纪游诗》十二首。康熙十九年（1680年），他六十岁时又作《黄山图歌》《董北苑山水轴》，其间，与孙豹人、程周量、龚贤、冒襄、沈荃等著名诗人和画家频繁交往，切磋画艺。康熙二十八年（1689年）秋，应南京友人之邀，戴本孝赴江宁冶城（今南京朝天宫附近）西山道院，与孔子六十四代孙、户部员外郎、国子博士孔尚任相见，为其绘《石门山图》。孔尚任十分感佩，极其推崇他的画作，赠其诗云：

　　展现真是石门山，尺幅能容三十里。

　　柴丈尚浓此尚淡，淡远林木尤神似。

康熙三十二年（1693年）七月，戴本孝病逝，墓葬于鹰阿山麓。

戴本孝生值明清易代之际，饱尝国破家难之痛，习画作诗不断，几至卖画为生。他的画早期"师名山"、"师造化"，笔墨丰润华滋，画风清新，明显受到吴门沈石田、文征明的影响，如《仿启南山水轴》《林泉高踏图》《扇面山水》等。到了中后期，作品多从实景中写生创作而成，体现了他超凡的写实功力，笔墨淋漓的风格与众不同，自出心意，追求神韵与气魄，如《华山图册》《黄山图》《莲花峰》等。晚期作品，意境高旷，构图简朴，枯笔渴墨已趋于成熟，可谓"高古而不荒寒，幽旷而不萧索"，颇具幽深峻远的纯静之美，如《山水册》十二页。戴本孝一生泼墨挥笔不辍，存世作品较多，如现藏北京故宫博物院的《仿启南山水轴》、现藏上海博物馆的《华山十二景》（十五开册）《雪桥梅图》《山水图册》《黄山四景图》等十一件，现藏沈阳故宫博物院的《山水册》（十二页），现藏广东博物馆的《黄山图册》，现藏安徽省博物馆的《巢氏老人观菊图》《白龙潭图轴》《黄山云海图》等，另有《烟波杳霭图》《华山毛女洞图轴》等存世。除绘画外，戴本孝亦工书法和诗，他是清代前期著名书法家，是创金石与碑帖熔于一炉书法风格的先驱之一。晚年，他将四十五岁之前所作诗文编为《前生集》,而将四十五岁以后所作诗文编为《余生集》,另有《历阳遗音》。清人读其二集"莫不哀其志",赞他"文章气节远迈"、"理高渊深"、"诗、书、画皆绝俗"。

戴本孝之弟戴移孝,字无忝,号笋山,又号碧落后人,生于明崇祯三年(1630年)。早年与戴本孝克承父志,勤奋攻读。及长,善刀槊,好驰马习射,遍交豪杰,曾联络中原奇士,思报父仇,以图抗清复明。后知时不可为,遂遍游名山。常与方以智、刘城、沈寿民、张自烈、冒辟疆等名士治史论《易》,卓有见识。康熙三十二年(1693年)归里,居家授徒,吟咏自遣,以经营药铺为生。康熙四十五年(1706年)卒。著有《碧落庐丛谈》《碧落后人诗集》。其诗豪迈悲壮、雄浑顿挫,与戴本孝被世人并称"历阳秀"。

徐文靖

在明末清初的经学研究上,曾出现一支专门从事训诂考据的流派,这个流派继承古文经学的训诂方法,从参订经书、阐释经义,扩大到考究历史、地理、文字、音韵、天算、金石、乐律以及典章制度,形成所谓"朴学"(亦称"汉学")。到乾隆、嘉庆年间(1736—1820年),考据学大兴,朴学达到全盛时期,史称"乾嘉学派"。这一时期,凡经他们整理的古籍和研究的语言文字,大多突破旧说,屡有新见,对我国经学研究作出了重大贡献,产生了深远影响。当涂学者徐文靖便是这段时期从事这方面研究的一位重要人物,被称为"清代著名考据大师"和"朴学大师"。

徐文靖,字位山,号愚尊,康熙五年(1666年)出生在素有"稻米菱芡之美、湖光山色之胜"美称的当涂县湖阳乡南徐村。徐文靖幼年家境贫寒,生活艰苦,但他勤奋好学,博览群籍,考据经史,讲求实学,尤其喜读舆地、方志之类的书籍,年轻时就以学识渊博、见解独到而闻名江东。

雍正元年(1723年),徐文靖参加江南乡试考中举人。当时的主考官黄叔琳曾称,此次科考他发现了三个人才,一是宜兴任翼圣,二是常熟陈亦韩,三是当涂徐文靖,并惊异地赞道:"吾得三经师矣!"称他们"学博而醇",堪称"不朽之士"、"今世之大手笔"。随后,徐文靖被"拣选知县"。然而他不求仕进,一心治学,于当年完成了他的第一部著作《山河两戒考》。

《山河两戒考》是徐文靖补正疏解古代郡国"分野"之说与唐代僧一行"两戒"之说的著作。"分野"之说是以天上的星次、星宿对应地上的州、国等来划分地理疆域,十分原始,极不科学。"两戒"之说则以"南戒起岷山、江为南纪","北戒起三危、河为北纪"来确定南北疆域大体界限,再在这个范围内作小的区域划分。然而唐宋以来,学者对"两戒"之说研究不多,徐文靖则查阅引证了《尧典》《素问》《史记》及历代正史中的《舆地志》《疆域志》,并借助明代以来传入中国的西方地理知识，将"分野"之说与"两戒"之说合为一体，相互参证，著成《山河两戒考》十四卷，前八卷为"两戒"的注疏，后六卷为作者采辑经史典籍的续补，另附图册一卷。该书是对历代疆域、政区、建置沿革和山川变化系统而精辟的论述，《四库全书总目提要》评价说："自来言分野者，莫善于一行，而一行之山河两戒，前人善之者虽多，未有发明亲切如文靖此考者也。"

乾隆元年（1736年），吏部尚书、协办大学士孙家淦闻徐文靖学识渊深、才学迈世，力荐他应试博学宏词科。可惜因湖阳地处僻壤、交通闭塞，待徐文靖赶到考场时，考期已过，从此徐文靖再也无心仕途，只安心治学了。此后，他广涉群书，熟读经史，既精研古代典籍，又致力于当代著述。至乾隆八年（1743年），徐文靖完成了另一部巨著《管城硕记》三十卷、一千二百八十四则。《管城硕记》内容大多是对经、传、子、史、骚赋、杂集以及天文、地理之学中先后互异、疑信相参者，进行反复辨别，务求考证明确，如对顾炎武的《日知录》作了大量校正和注疏，对方以智的《通雅》提出了很多修正意见，纠正了张自烈《正字通》中很多讹误。在一千二百八十四则中，每则均以所引原书为纲，而系之以"按语"，详加考订，尤其是历史部分的论断，时有创见，足见他高深的史学修养，为时人所叹服，著名史学家全祖望赞《管城硕记》"考据精博，论断新颖"。后来，黄汝成在附刊《日知录集释》时，特地将徐文靖的校正和注疏内容全部加以收录。乾隆九年（1744年），《管城硕记》《山河两戒考》被收录于《四库全书》。

乾隆十年（1745年），徐文靖受乾隆皇帝亲自"召见"，被"钦赐"为国子监学正。在国子监，徐文靖眼界大开，结识了不少学界名流和馆阁要人，治学上也是择善而从，既不墨守先儒大师的成论，又不妄加排诋，尤其肆力于他人所不注意和不愿意研究的学术领域。任学正期间，他手不停披、不断著述，终成《竹书纪年统笺》十二卷。

《竹书纪年》又称《汲冢纪年》，原是西晋太康年间（280—289年）汲郡（今属河南）人在战国魏襄王陵墓中发现的数十车竹简，后经卫恒、束晳、续咸、荀勖、和峤等人整理，撰成一部上起五帝、下迄战国魏襄王二十年（公元前299年）的编年体史书。原书十三篇，记载内容与传统正史记载多有不同，对研究先秦史有很高的史料价值。《竹书纪年》问世后，相传南朝沈约始作《附注》，但注释简略。及至清初，研究此书的人已经很少，流传下来的也多为后人辑本，真伪难辨。乾隆十二年（1747年），徐文靖首次看到此书，发现流传下来的《竹书纪年》注本存在很多问题，许多史实与典籍记载有明显出入。于是，他查阅、对比记载这段历史的所有典籍，并写下大量读书笔记，进而分门别类，严加推断，去伪存真，将《竹书纪年》的所有历史事件、帝王世系、地理人物逐一进行考证、疏通、笺注，于乾隆十五年（1750年）著成《竹书纪年统笺》。此书共分三编,前编仿司马贞补《史记》体例,作伏羲神农纪年,自为注疏;次编为杂述,主述《竹书纪年》的渊源及流传历史;最后为统笺,仿郑玄《毛诗传笺》体例,统笺所引史籍中的讹者、误者,实现了"误者订之,疑者释之,缺者补之,散见于他说者汇而集之",并将自己的结论和所引诸书的出处都注明于各条之下。

徐文靖的《竹书纪年统笺》问世后,一时学界争相研读,引起学界的广泛关注。随后,《考订竹书纪年》《竹书纪年辨证》《竹书纪年义证》《竹书纪年校正》《竹书纪年笺证》《竹书纪年补正》《竹书纪年补注》《竹书纪年拾遗》、《汲冢纪年存真》《竹书纪年考》《古本竹书纪年辑校》《今本竹书纪年疏证》等相继问世,掀起了研究、考订《竹书纪年》的热潮。然而这些著作"皆因《统笺》益致其精,不能出《统笺》之范围"。由此可见,徐文靖研究《竹书纪年》的学术成果具有极其重要的价值。

乾隆十五年(1750年),徐文靖通过殿试,被授予翰林院检讨,乾隆皇帝念其年已八十六岁,特优礼给假归里。徐文靖归里后,受知县张海之邀,与县学教谕万㮤等人一起编纂了《当涂县志》。县志脱稿,他又出任翠螺书院主讲。徐文靖见当时学界"务虚名者多",极力提倡"做切实的学问",主张在解释经义、校刊经书中,既要"博学于文",又要"无征不信"。教学之余,他通过研读,发现宋邵雍所著《皇极经世》中有不少错误,而宋儒王湜不加考证便依从邵雍之说,以致"群相讹谬",于是引《周礼》《左传》《说文解字》《乾坤凿度注》、《黄帝内经素问集注》《日知录》等经籍,以《竹书纪年》驳斥《皇极经世》纪年之误,辨析考证著成《皇极经世考》三卷。不久,这部著作被安徽巡抚采辑进呈,收入《四库全书》。

乾隆十八年(1753年),徐文靖针对唐宋以来一些学者注疏《禹贡》和《水经》中的许多错误和失实之处,在康熙年间(1736-1795年)胡渭所著《禹贡锥指》的基础上,旁征博引、详加厘正,著成《禹贡会笺》十二卷。该书博据诸籍、断以己意,逐一指出郭璞、韦昭、陆德明、颜师古等大师在论述《禹贡》中的错误,对《禹贡锥指》没有讲到的论述尤为精密。如汾水西入黄河,非东入黄河;九江在江西浔阳,不在湖北洞庭湖;三危山即丹羽山,非司马迁《史记》中写作的卑羽山等等。

为传承《易》学,徐文靖又撰《经言拾遗》十四卷。该书对两汉诸儒的师友渊源、门派学说、政治背景和社会根源作了系统而精辟的阐述,获得学界一致好评。晚清内阁学士张之洞曾称他"博综众说,确有心得,为汉宋兼采之经学家"。当徐文靖《经言拾遗》脱稿时,他的二兄徐必泰所著《经言茹实》二十卷也相继完稿,其婿毛大鹏便将两部著作同时刊刻行世,可谓"经学萃于一门也"。

徐文靖一生埋头治学,成果累累。但他治学严谨,为人谦虚。每有著作脱稿,即询诸同好,不耻下问,生怕自己的作品贻误后世。每次稿成,更是广泛征求意见,他说自己"绝非徒以好古,博以虚名",而是要使自己的著作经得起历史的检验。闲暇之余,徐文靖也寄情山水,吟诗作赋。八十岁时,他将早年所作诗赋辑成《志宁堂诗赋集》,其中《湖居三十咏》组诗,肖景赋物,辞藻典丽,诗评家赞其"气冲然以恬,味悠然以远",清代著名诗人、文学家袁枚也称其诗"皆典雅可诵",并在《随园诗话》中收录了他的诗。

乾隆二十一年(1757年),徐文靖在湖阳家中无疾而终,卒后入祀乡贤祠,《通史》《清史》为之立传。清同治年间(1862—1874年),因连遭兵火,徐文靖的著作大多散失。当涂薛镇人钟良骏"百方搜访,得残板于湖阳",乃将其《山河两戒考》《管城硕记》《竹书纪年统笺》《禹贡会笺》《经言拾遗》和《志宁堂诗赋集》加以校补,辑成《徐位山先生六种》刊行于世。民国二十三年(1934年)秋,南社著名诗人杨晓帆在《丹阳湖杂咏》中,就作诗两首赞扬徐文靖"文章绝代"、"高风可寻"。

黄 钺

清代的乾隆、嘉庆、道光年间(1821—1850年),当涂县出了一位在诗书画领域成就斐然而又官居内阁尚书的军机大臣,他就是因一生勤政敏学、卒后谥号"勤敏"的黄钺。

黄钺,字左田,号左君、盲左,其先人于宋末由皖南祁门县左田村迁居当涂城东关马乡。黄钺生于乾隆十五年(1750年),童年时考妣双亡,由外祖家养育成人。他自幼勤奋好学,敏识过人,十三岁时便到县城参加安徽学政使院的考试,安徽提督学政朱筠阅其卷,以为"奇才异能"。后入京应试未中,在《四库全书》馆做誊录,由是博览群书,学识大进。

乾隆四十五年(1780年),黄钺应诏试,作《养老乞言赋》和《日华川上动》诗,被钦取二等;四十九年(1784年),黄钺再应诏试,作《士绅知己赋》和《至人心镜》诗,再次获赏;五十三年(1788年),黄钺应试中举,两年后中进士,授户部主事、云南司行走,从此走上仕途。时权臣和珅主管户部,黄钺因与和珅意见相左,数月后即告假回乡。回乡后,黄钺协助安徽巡抚李世杰在芜湖创建中江书院,招员授业。不久,因安徽巡抚朱珪推荐,先后出任徽州紫阳书院、皖西六安书院、安庆敬敷书院山长。兴学任教之余,他探访名胜古迹,观赏摩崖石刻,为他后来绘画创作积累了丰富的资料。

嘉庆四年(1799年),和珅倒台后,黄钺进京得到嘉庆皇帝赏识,以户部主事之职在懋勤殿行走。其后十多年,他先后任广东司主事、山东乡试副考官、湖北乡试正考官、山西学政、翰林院侍讲学士、礼部侍郎、户部右侍郎等职。嘉庆二十年（1815年），黄钺奉命检校《秘宝珠林》和《石渠宝笈》书画，这对他以后的绘画创作产生了深刻影响。在此期间，他手不停披，初成《壹斋集》二十卷。翌年八月，嘉庆东巡滦河，在阿济克鸠围猎，黄钺将围猎场面绘画成图进呈嘉庆。嘉庆观后甚赞，赋诗画上。二十三年（1818年），黄钺任兵部左侍郎。二十四年（1819年），出任朝廷会试主考官，次年又加太子少保衔，升任户部尚书、军机大臣行走。道光元年（1821年），黄钺正式任军机大臣、户部尚书，参与大典事宜，从事"京察议叙"。两年后授翰林院掌院学士。道光五年（1825年），七十五岁高龄的黄钺请老归休，道光几次"温旨慰留"，直至次年才允准，从此结束了他二十七年"矢勤矢慎"的仕宦生活。

道光六年（1826年），黄钺回到家乡，定居芜湖。此后，他挥毫泼墨，吟诗作画，笔耕不辍。终其一生，先后著有《壹斋集》四十卷、《壹斋诗集》三十六卷、《韩诗补注正讹》十一卷、《萧汤二老遗诗合编》二卷、《奏御集》二卷，以及《两朝恩赉记》《泛桨录》《黄山游记》《于湖画友录》《二十四画品》等。

黄钺擅长写辞赋。他的辞赋长于骈体、谙于掌故、善于用典，往往感情真挚，文采华丽。如他在描写家乡名胜的《春日望谢家山赋》《采石矶赋》《凌歊台赋》中，以"人传小谢，忆太守之风流；句可惊人，动青莲之旷逸"，表达望青山时对谢朓和李白的仰慕；以"白也不群，宗之潇洒，着宫锦而扬帆，共兰舟而持觯"，抒发游采石矶时"吊昔贤之遗迹，深景仰于千秋"的情怀；以"隳万里之长城，乐三千之歌舞"，喟叹登凌歊台时对南朝刘宋政权兴衰的感触。可见，黄钺对家乡人文掌故、历史文化是何等的熟悉。

其实，黄钺的诗歌也写得很好。他的诗题材广泛，格调清新，形式多样。他主张诗歌应反映现实、抒写性情，反对无病呻吟。他所著的《壹斋诗集》存诗二千三百七十余首，其中不少都是歌颂劳动人民生活、反映家乡风土民情、呼吁和同情人民苦难的作品。如《久雨》《地火》《哀饥民》《农夫救圩》《岁暮十咏》等，亦诗亦史，语调自然，寓意深远，富有浓厚的爱乡爱民之情；《五君咏》、《藏云寺》《姑溪道中》《夜泊青山下》等，诗情画意，绘声绘色，反映了他对家乡、对生活、对大自然的热爱之情。

黄钺善画山水、花鸟，尤长画梅。他初学王翚，所画山水华滋浑厚、气势勃发，所画小景生趣盎然、清幽灵动；晚年则学王原祁，笔墨趋于苍厚，兼"清逸疏秀"之风，且"深得萧云从遗韵"。萧云从是"姑孰画派"创始人，黄钺不仅十分推崇萧云从，还对他的一生和诗画有过深入研究。在黄钺所撰《于湖画友录》的七十二位姑孰画友人中，第一位便是萧云从。黄钺盛赞萧云从"博学能文，工画山水人物，具有北宋遗法"，与其弟萧云倩有"二陆"（指西晋文学家陆机与其弟陆云）之誉。他任徽州紫阳书院山长时，曾有友人赠其萧云从画作，他喜而赋诗：

萧君昔图骚，博古古舆服。
奈何少不捡，落笔偶从俗。
乃知画有学，勿以艺事目。

道光十六年（1836年），黄钺在芜湖劳公祠观赏萧云从的壁画时，更以"劝君收视返听且面壁，一任云烟过眼神无驰"之句，赞扬萧云从画技高超，神韵非凡。为使"姑孰画派"的成就不致泯灭，黄钺将萧云从与其好友汤燕生的诗稿辑成《萧汤二老遗诗合编》，并将萧云从的《离骚图》推荐给嘉庆。后来《离骚图》被收入《石渠宝笈》。

黄钺一生佳作甚多，如乾隆年间（1736—1795年）的《梅花溪山图》，嘉庆年间（1796—1820年）的《花卉图》《端阳佳景图》，道光年间（1821—1850年）的《高冈长松图》等，并富有深厚的绘画艺术理论修养和独到的艺术见解。晚年，他对自己在绘画艺术上多年的实践和探索进行了理论概括，撰成画学专著《二十四画品》。书中运用四言韵语，以气韵、神妙、高古、苍润、沉雄、冲和、淡远、朴拙、超脱、奇辟、纵横、淋漓、荒寒、清旷、性灵、圆浑、幽邃、明净、健拔、简洁、精谨、隽爽、空灵、韶秀等二十四品，系统而完整地概括了我国各个历史时期绘画艺术流派不同的画艺和风格，以及栩栩如生的艺术形象。全书深明画理，勾勒特色，列其次第，品其优劣，素有"画评"、"画论"之称，这是黄钺对中国画坛的杰出贡献。

道光二十年（1840年），黄钺双目开始失明，但他仍怀着"听松涛"的浓厚兴趣，在子孙搀扶下"舟过青山，游谢公池、白云寺"，吟诗咏物。次年，黄钺病逝于芜湖。道光皇帝闻讯后，追封其为太子太保，入庙祠，谥"勤敏"，赐祭葬于当涂之南褐山下胡家山。

陈廷桂

清乾隆至道光年间（1821—1850年），和州出了一位著名的才子陈廷桂。他由一名进士官至奉天府丞兼提督学政，足迹遍赣、鄂、滇、辽、陕、苏、皖等省，一生著述多达二十五种一百四十余卷，内容涉及经、史、子、集。尤其是他历五十余年编著的《历阳典录》和《历阳诗囿》两部巨著，考据广博、征引繁富，成为一方重要文献，为马鞍山地区留下了一笔宝贵的精神财富和文化遗产。

陈廷桂，字子犀，别名梦湖、花谷老人、嫏嬛居士，和州历阳镇人，生于乾隆二十九年（1764年）。少年时慎言敏行，博闻嗜学，工诗善书，十四岁就考中举人，三十一岁时考中进士，随后殿试中又得二甲第一名，被授翰林院庶吉士。嘉庆元年（1796年）三月，改补刑部主事，后为律例馆纂修、员外郎。其后二十五年间，历任云南、江西乡试副考官、湖北安襄道、陕西、江苏按察使、太仆寺少卿、道光四年（1824年），授奉天府丞兼提督学政。陈廷桂任职期间，清谨廉明，卓有政声，所至俱有惠政，深受人民爱戴。道光七年（1827年），陈廷桂以病告老归乡，在历阳陋室西南仙山旁建"岳归园"，筑笋根精舍，收藏周至宋文物及古籍数万卷。此后，陈廷桂就在这个幽静的园内以书自娱，专事著述，终日整理旧作、续写新篇。

陈廷桂一生著述甚多。史载，他二十多岁时就已遍读两汉史籍及唐宋以来名人文集二百余部，他边读边记，草成粗稿多种。居官后，他无论宦游哪里都不忘读书写作，由是览书愈多，拾掇愈繁，积年累月，搜集了大量珍贵史料，先后纂成《入秦记》《豫章行记》《沈阳于役记》《江汉行程录》《秦三绝录》《郧谳随笔》各一卷，《滇程日记》二卷，《神京风土记》十卷，《蔗廊短书》八卷，《续识小录》六卷，《尚书质疑》八卷，《尚书古今文考》二卷，《诗略》十一卷，《香草堂集》十四卷，《所独集》《太音集》各二卷，《试帖词》《牝金集》各一卷，《历阳陈氏家乘》六卷，《香草堂藏书目录》二卷，《历阳典录》四十卷。归里后，陈廷桂仍抱疾著书，撰《笋根杂录》六卷、《历阳诗囿》十二卷、《年谱稿》一卷，并重修《和州志》。可惜的是，《和州志》尚未刊行，陈廷桂便于道光十八年（1838年）病故。

在陈廷桂众多的著作中，以《历阳典录》和《历阳诗囿》最为宏富和珍贵。《历阳典录》共四十卷，由《正编》和《补编》两部分组成。《正编》三十四卷，始撰于乾隆四十年（1775年），至嘉庆三年（1798年）完稿。内容大体分为五大类、四十五目，是博采五百零七部历代经、史、子、集及稗官野史而成的一方文献。其特点有四：一是详"舆地"，约九万字，占了全书三分之一，其中"山川"中的"天门山"一目，就收历代诗文七十余篇；二是详"史事"，资料多采自正史，从周朝至明崇祯十五年五月的史事皆有记述；三是详"艺文"，六万余字，录书目一百一十九种，所收诗文皆注明出处，并创"诗评之后附以诗话"之例；四是加"按语"，即所录资料除标明出处外，还加"按语"以补充原资料的不足，如南宋张孝祥传，除了注明录自《宋史》外，又以"按语"补入陆士良的《张氏姓谱传》，以及张孝祥第一个站出来为岳飞翻案的资料，这对丰富资料显得尤为重要。《补编》六卷，始撰于嘉庆三年（1798年），至道光九年（1829年）完稿，收录道光《直隶和州志》刊行十年后所积累的资料，资料来源于七十四种书，又收和州名目五十二种、人物三十六人，摘引章学诚《和州志》二十九人。

《历阳典录》凝聚了陈廷桂毕生怀乡、爱乡之情，他"以和人，纪和事"，凡历阳"碎金片羽"，均不遗漏。当人们读到这部巨著时，犹如穿过二千多年的历史长廊，从秦建历阳县开始，直到清代历阳的疆域、沿革、民俗风情、历史人物都一一展现在人们眼前，所以很多学者都对《历阳典录》给予极高的评价。嘉庆元年（1796年）的无为进士、刑部主事吴元庆曾说，该书"以志山川之险易，时代之治乱，民物之盛衰，因循未成。读陈子书，可以无作矣"。嘉庆九年（1804年）的和州举人孟成儒评"是书之作之功，非浅解也"。《四库全书》总纂纪晓岚更说，《历阳典录》"考据博雅，辩论精核，阅之色然而喜，太史负名山著作之才者也"。

陈廷桂的另一部巨著《历阳诗囿》，是他毕生著述的又一丰硕成果。此书收录了和州地区自春秋战国至清代七十四位作者的六百五十一首诗词，其中既有张籍、张孝祥等著名诗词大家的作品，也有许多名不见传的逸民、隐士、乡贤的遗珠，可谓集和州古代诗词之大成。它以丰富的内容、广阔的视野、不同的风格，充分展现了和州的山川胜迹和民情风物，真实地再现了和州厚重的文化底蕴。

《历阳诗囿》共十二卷，成书于道光十一年（1831年）。全书按朝代顺序和作者先后依次编排。其特点有三：一是诗前有作者介绍，记其生平、仕履、著述及与作品相关的事迹；二是作者介绍后有名家诗评，如唐诗人张籍的诗歌，就录有《竹坡诗话》《礼部诗话》《贡父诗话》《西清诗话》《新唐书》《旧唐书》《容斋四笔》《全唐诗》等二十多家评语，具有重要的研究价值；三是诗评后附编者自撰的诗话，陈廷桂在《凡例》中说"唐宋人诗……辑前人'诗评'多，而自撰'诗话'少"，为此，他首"列仕履，杂引诗评，诗评之后，附以诗话，皆仿朱竹垞《诗综》《词综》"之例。至于陈廷桂编纂《历阳诗囿》的缘由和经过，他在自序和《凡例》也作了交代："历阳自汉后，屡遭兵燹。明崇祯乙亥被贼城破，焚掠一空。前人著述，多归浩劫……无论即载在列史艺文，及古今藏书家著录者，亦大半有目无书。"基于这些原因，他只好"远搜载籍，近访故家世族"，"佚者存之，散者聚之"，历时三年多才得编成此书。可见，陈廷桂编著《历阳诗囿》的良苦用心，也彰显了陈廷桂"关情桑梓"的浓浓乡情。

"青山四夏"

当涂青山夏氏向以"诗书传家"为荣，家学根底深厚，及至清代晚期，更是出了淹贯经史、长于考据、精通音韵的四个兄弟，他们便是被学界称作"青山四夏"的著名学者夏炘、夏炯、夏燠和夏燮。夏氏兄弟洁身自好，刻苦治学，相互师友，继承清初学者经世致用的思想，深得乾嘉学派的真谛，在理学、经学、音韵、史学上各有建树。"青山四夏"共有著作六十五种，合计六百二十六卷，学术成就不仅为当时学者所叹服，也为后世留下了丰厚而珍贵的文化遗产。

夏炘，字心伯，号弢甫，生于乾隆五十四年（1789年）。幼时随父夏銮至徽州，师从胡竹村、汪莱，二十岁时便"学兼汉宋，粹然儒者"。道光五年（1825

年），他考中举人，初任武英殿校录，后任江苏吴江、安徽婺源教谕十八年。咸丰继位后任颍州府学教授，升内阁中书，授四品卿衔。然而，夏炘虽身为仕宦，却将主要精力集中在学术研究上。

夏炘治学之初是从说文、音韵开始的。早年他就著成《六书转注说》二卷，详考了六书（即指事、象形、形声、会意、转注、假借）造字规则中的"转注"一书，以"互训"解释"转注"，以"形转"、"音转"、"义转"之说，考证了五百四十个部首、九千三百五十三个汉字的"转注"法则。晚清重臣张之洞曾赞此书"详征博考，堪与曹仁虎《转注古义考》并博"。此后，夏炘又系统研究了《韵学五书》《群经韵读》《群经字类》《六书音韵表》《四声切韵表》等书，将二十一部古韵改为二十二部，著成《古韵表二十二部集说》，不久，又将《诗经》中的韵字，分为四声，著成《诗古韵表集说》二卷，使得古韵学更为完备。

夏炘十分注重治学途径和方法。他在《景紫堂劝读书七则》中便说，学人治学要想成功，一要读"小学（文字学）"，二要读"注疏"，三要读"近思录"，四要读"资治通鉴"，五要读"朱子全集语录"，六要读"读书分年日程"，七要读"三鱼堂全集"。道光三年（1823年），夏炘辑成《学制统述》二卷，倡导"每解一经，融合全旨，每阐一经，贯串全经"的治学方法。其后，他又以毛公亨、董仲舒、文中子、韩愈等汉唐诸儒的遗言轶事、治学之道，撰成《汉唐诸儒与闻录》六卷，为学人治学提供借鉴。在注重治学途径和方法的同时，夏炘还强调治学要以"经世致用"为原则，反对空口谈经，不重践行。他在任职吴江时，偶见王亮生所著《钱币刍言》，读后深感惊异和隐忧，认为如按作者的主张，将无限制地发行货币作为"富国富民第一策"，必然导致苛政暴敛、民不聊生，甚至会天下大乱，遂作《聚敛箴言》一书予以驳斥，引起学人和社会的广泛关注。

经学是夏炘一生最主要的研究领域，也是他在学术上最有建树的领域。夏炘一生研读了大量汉唐以来儒家大师对经典的诠释、注疏、集解，但他敢于大胆质疑、不拘成说，总是认真而又细致地考证和分析先儒的观点，发现和纠正了历代诸多注家的错讹，并确立了自己的观点。如他在《读诗札记》八卷和《诗章句考》一卷中，不仅对《诗经》章句逐一进行考证，而且推翻了前人"鲁诗"最优的观点，立"齐诗"最优之论。他的《学礼管释》十八卷，内容涉及乾象坤舆、郊庙明堂、宴享朝会、井田沟洫、冠婚丧祭等礼制的训诂与诠释，很多观点都是前人所没有的，论家认为此著"足以辅世翼教，实乃礼家之洋洋大观也"。他在《檀弓辨经》中，以详细的考证，逐一推翻先儒认为《礼记·檀弓》记载失实的三十余条论据，以致曾国藩称该书"发千古之覆，成一家之言，足与阎氏（若璩）《尚书疏证》同为不刊之典"。此外，他还对古代丧服按生者与死者的亲疏关系、分列五等的制度逐一进行疏解，荟其精华，揭其底蕴，附注先儒论说，再加"按语"辨之,著成《三纲制服尊尊述要》三卷,获得学人的一致称赞,谓其"博考详证,实足补注疏所未备"。其后,他在另一部专著《诗乐存亡谱》中,则通过对《周礼》《仪礼》《礼记》等经典的分析,推翻前人观点,提出了"孔子未尝删诗,笙诗未尝无词"的论断。

程朱理学是夏炘另一个重要的研究领域。夏炘一生嗜读朱熹的著述,尤其是他到婺源任职后,常自幸"幼读朱子之书,长成朱子之学,老官朱子之乡",不仅以朱熹别号"紫阳"而名其书斋"景紫堂",更是"凡关涉朱子之学术著述、师友出处者",莫不"随笔疏记,积久成帙",著成《述朱质疑》十六卷。全书分析透彻,观点严密,论证精辟,详细考证了朱熹"生平学术之早晚、著述之异同、师友之渊源",以及朱熹上疏谏言、力陈时弊的事迹,被桐城学者方宗诚赞为"洵近世未有之书"。此后,夏炘还反复校勘、详加厘正《朱子诗集传》,撰成《朱子诗经集传校勘记》。

咸丰元年(1851年),夏炘采用清初以来流行的考据学方法,对历象、地理、音韵、训诂、名物、典制等进行考证,著成《景紫堂文集》十四卷。光绪五年(1879年),左宗棠在其《奏议》中称该书"与朱(熹)陆(九渊)同异,辨析颇精"。婺源学者陈光烈则称此书"抉经之奥,撷史之腴,讹者正之,缺者补之。至其论人、论理、论学术、论教养,而于功夫次第、道体本原,无不了然于篇帙之间"。可见《景紫堂文集》学术价值之高。其后二十年,夏炘依旧笔耕不辍,先后编著了《养疴三编》《息游咏歌》《当涂陶主敬先生年谱》《易君子以录》、《闻见一隅录》《贾长沙政事疏考补》《景紫堂主人自订年谱》等。终其一生,共有著作三十五种,二百四十七卷。

除了擅长考据注疏外,夏炘亦工诗歌,以五言、七言见长。其诗风格清新,语言明丽,题材广泛,既有思亲怀旧之作,又有咏物览胜之篇。晚年,他著成《墨稼堂诗草》二卷,其中不乏《丹湖帆影》《古寺钟声》《松峦黛翠》《荷岭花香》《咏双紫薇》《游石隐庵》等佳作。

夏炘为官时不仅勤于治学、乐于著述,而且热心社会事业。他在婺源期间就重视兴学校、办教育,并一度与包世臣、帅承瀛等受聘为旌德毓文书院山长,多次在此讲授经史和训诂之学,大力培养人才。他还曾应祁门、贵池两地之邀,先后纂成《祁门县志》三十六卷、《贵池县志》四十四卷。当他得知家乡当涂受灾,更是将自己三百多亩田地捐给族人,设置义仓、义田,帮助贫苦乡民。为端正风化,每值闲暇,他便周游乡村,将康熙九年(1670年)颁布的"圣谕十六条",即"敦孝第,笃宗族,和乡党,重农桑,尚节俭,隆学校,黜异端,讲法律,明礼让,务本业,训弟子,息诬告,诫窝逃,完钱粮,联保甲,解仇忿"等,转变为通俗语言在乡村"演释",一时"观者如堵,传为当地二百年来未有之盛事"。

同治十一年(1872年),夏炘病逝于当涂,葬青山龙堂坳王家垅。左宗棠闻讯后，奏请国史馆为之立传，将其入祀婺源名宦祠、当涂乡贤祠。

夏炘，字仲子，号㫬生，生于乾隆六十年（1795年）。少从父学，"博闻强记，冠绝一时"。及长，专治诸经注疏，旁及六书音韵，涉猎广泛。早年参加科考，惜未中举，道光二年（1822年），应制科考职，取得二等，被授州吏目。但他不愿仕进，乃归里养亲，专心致力于学术研究。

夏炘长期体弱多病，但他"虽体弱亦好书，虽病痛亦置书枕席"，常常废寝忘食，挑灯夜读。由于家学的深厚和他持之以恒的刻苦研习，他在学术上取得重大成就。治学之初，夏炘爱读清代学者阎若璩、顾炎武、江慎修、戴东原的著作，倾力于《礼经》的考证，道光初年便著成《礼志属草》，可惜尚未定稿，因其父去世，一度辍笔。服满丧期后，夏炘转而研究宋、元、明诸儒之著述，"发旨趣，辨讹谬"，见解独到，评述精当，有"粹然一轨于程朱之正"的赞誉，在当时学者中影响很大。

道光中期，夏炘开始将自己的著作汇编成《夏仲子集》六卷，其中第一、二两卷以宋、元、明诸儒的学术观点相互印证理学源流分合的原因和规律，并考证朱熹及其门人传记，梳理出理学的弊利。第三卷历考乾隆以后俗儒学正的章句，区别汉代儒学和宋代儒学的异同，实为夏炘针砭汉儒的学术思想。第四、五、六卷主要论述经史，大旨是阐述注疏经典本于汉代，发展于宋代，即"务治其大者远者，又归宿于宋"。该书刊行后，学者罗椒生赞其论著"博洽精核，世罕伦比"。桐城学者姚莹则称夏炘"见识为百年所未有"，其论断与著名思想家、学者方东树所著的《汉学商兑》"若合符节"。

晚年的夏炘致力于经世致用之学，关注世务，热心时政，撰有《选法河务》、《鹾政私议》等著作，对当时的漕治和盐政的弊端提出了很多好的建议，深为时人推赏。道光二十五年（1845年），夏炘病逝于当涂。民国十二年（1923年），内务部咨请清史馆立传，将夏炘入祀当涂乡贤祠。

夏燠，字叔安，号和甫，生于嘉庆三年（1798年）。幼随父居住徽州，父殁后，与夏炘、夏炘、夏燮相互师友，从事学术研究。他博通音韵之学，尤其对各种口形的发音能辨入毫厘，分辨率极高。早年，夏燠在徽州研习皖派朴学奠基人江永所著《四声切韵表》一书，发现此书讹误甚多，便广征博考，潜心校勘，修订错讹，著成《四声切韵表详校》。时两江总督陆建瀛见之，叹其为"精核"之作。

道光三十年（1850年）夏燠病逝。其生前所著《四声切韵表详校》，经桐城学者姚莹刊刻，可惜当时只印了十部，遂成"稀世之珍"。民国二十三年（1934年），复经安徽丛书编印处影印行世。

夏燮，字谦甫、季理，别号谢山居士、江上蹇叟，生于嘉庆五年（1800年）。他幼承家学，就读于太平府学时，便博览儒家经典。道光元年（1821年），夏燮考中举人,任皖南青阳县学训导,直至道光三十年(1851年)转任直隶临城县学训导。其间,他留心时务,兼习经史,因上书陈述实行洋务之利弊,于咸丰三年(1853年)被荐于湖南安仁、江西鄱阳官署任职,受到湘军首领曾国藩和浙江巡抚黄宗汉的赏识。咸丰十年(1861年)十月,曾国藩调任两江总督,召夏燮入其幕府。其时,曾国藩奉旨执行长江通商法令,在九江设置租界,便命夏燮同英国领事谈判,并常与之商议各种对策。九江谈判后,夏燮为江西巡抚毓科、沈保桢幕僚,实际上是参与处理长江设关事宜和处理江西法国教士传教纠纷。同治五年(1866年)后,夏燮历任江西永宁、高安、吉安、宜黄等县知县。任职期间,他极力革除陋习,兴办学馆,宽减刑讼,调解民事,多有善举。

在为官的同时,夏燮勤于著述,笔耕不辍,一生著作多达二十一种、二百六十三卷。他的著作博论宏通,取材广泛,有"精研音韵,兼深史学,留意时务,持论宏通"之誉,是清代后期著名的经世派史学家。

夏燮早年谙习诸经,博通音韵,先后撰著有《述均》《音学辨微校正》《五服释例》等书。其《述均》二十卷,全面系统地论述了顾炎武的《音学五书》、江有诰的《群经韵读》、戴震的《六书论》、孔广森的《诗声类》、段玉裁的《六书音韵表》等书的得失,从声、韵、调三方面着手,全面论述汉字的类别、流变及历史上的分合异同,颇多创见。《音学辨微校正》一卷则对江永的《音学辨微》既肯定其说理透彻,又订正其讹误。《五服释例》二十卷是夏燮于同治七年(1868年)所著,书中,他条分缕析,疏通例证,系统阐释《礼经》中丧服之"五服",造诣颇深,为后世研究我国古代丧服制度提供了宝贵资料。

除了研究经学,夏燮还以二十多年时间力耕史苑,硕果累累。他的史学思想与实践体现了强烈的近代意识与世界意识。其代表作有《中西纪事》《明通鉴》,另有《明通鉴考异》《明史纲目考证》《粤氛纪事》《私议六事》《泰西稗闻》《汉书八表刊误》《校正东林始末》《校正吴应箕两朝剥复录》《校正衡斋算学遗书》《校正留都见闻录》《广蚕桑说辑补》《高安县志》等多种。

《中西纪事》二十四卷主记两次鸦片战争的历史,至今仍被史学界誉为我国第一部中外关系史和较早的近代史专著,为研究我国近代史提供了大量翔实而宝贵的资料。全书采用纪事本末体,将中外关系的大量史实分成二十四个专题,每题一卷,原委清楚,叙事详明。在卷首"通番之始"中,夏燮详述了西班牙、葡萄牙、荷兰、英国、法国、俄罗斯、意大利、丹麦等国与中国交往的经过,及其殖民扩张的企图,较早地预见到列强殖民给中国人民带来的严重危害。在"猾夏之渐"中,夏燮揭露了西方传教士在中国的传教始末,认为他们是外国势力侵入中国的急先锋。在"中西之衅"中,夏燮揭示了鸦片战争的深层原因,抨击了英、法、美、俄等帝国主义列强用武力在中国攫取种种特权的侵略野心。在"外事锄剿"中,夏燮追述了清政府"借助夷兵"和帝国主义勾结,屠杀太平军的种种罪恶史实。在"五口衅端"中,夏燮指出自《南京条约》签订后,外商假"五口通商"之名,输入鸦片、极力搜刮中国资源的事实。在"粤民义师"中,夏燮叙述了南海、番禺、香山等地人民兴办团练,"誓与英夷为不共之仇"的斗争情景。在"海疆殉难"中,夏燮颂扬了虎门战役、吴淞战役中为国家、为民族牺牲的抗敌英雄,谴责了琦善、奕山等人谋国无能、临阵脱逃、畏敌如虎的卖国行径,同时赞扬了三元里、广州西郊乡民反抗侵略、高举义旗的英勇斗争精神。

《中西纪事》是夏燮眼见满清政府在帝国主义列强面前软弱无能、国家和民族处于严重危机时刻,怀着"蒿目增伤,裂眦怀愤"的心情,"搜集邸抄文报,旁及新闻报纸之可据者"编辑而成,其目的是想唤起民众的爱国热情,抵御外国侵略,体现了夏燮强烈的爱国主义思想,1984年出版的《中国史学家传》中便称他是"清朝末年具有爱国思想的史学家"。因该书有大量揭露和批判现实的内容,夏燮顾虑清初文字狱的余威,故而托名"江上蹇叟"所著。实际上,《中西纪事》的确受到清政府查禁毁版,直到同治十年(1871年)才重新刊刻印行。

清代前期,学人研究明史最易犯禁,大多不敢涉足明史,而清政府也害怕激起汉人的反抗情绪,以致官修的《明史》有许多空白,甚至"颇失其真",尤其对南明历史更是讳莫如深,缺乏记载。鸦片战争后,由于封建统治的严重危机,文禁有所放松,怀着经世志向的夏燮决意"参证群书,考其异同",毅然率先进入明史研究领域,力求从中探求"治乱之源",终于同治十二年(1873年)著成二百万字的《明通鉴》一百卷。《明通鉴》体例精严,叙次得当,因其所载事迹详明审正,成为"治明史必读之书",而夏燮也被誉为清代研究明史第一人。

《明通鉴》共分前编、正编、附编三部分。前编《明前纪》四卷,详记了朱元璋投奔郭子兴到建立明王朝的历史;正编《明纪》九十卷,主记朱元璋称帝到崇祯缢死煤山、清兵入关的历史;附编六卷,重点记叙了南明政权和郑成功父子等史实。全书取材以《明史》《明史纪事本末》以及永乐、正德、嘉靖《实录》等资料为主,参以《明会典》《明一统志》及野史、说部、文集等数百种著作,对明朝的纪纲、礼乐、刑政、天文、历法、河道、漕运、练饷、赋役等"有关一朝治乱兴衰之源",作了真实和详细的记述,尤其对建文逊国、英宗北狩、正德南巡、万历妖书、明季三案、甲申事变等官修《明史》欠备之处补充甚详,对明末抗清志士史可法、张煌言、郑成功等人的事迹敢于如实记录。可见,《明通鉴》不仅反映了历史的本来面目,纠正了《明史》中的许多错误,保存了大量丰富而珍贵的资料,也充分体现了夏燮敢于据实直书的治学精神和不畏时忌的胆识和勇气。

其实夏燮在治史上建树还多,他早年所著《汉书八表刊误》,便是针对班固《汉书》八表中多有"前后失次、年月舛误"等缺失,通过考证检校,加以厘正撰成。晚年他复以《汉书》纪、传、志校表，找出致误原因，加"按语"说明，依原书体例，编成八卷，后被收入《二十五史》补编，成为汉史研究不可或缺的著作。他在皖南和江西任职时期，所著《校正吴应箕两朝剥复录》六卷和《校正东林始末》三卷，则为后世研究明末东林党与阉党斗争提供了大量的史料。

中英《南京条约》签订后，夏燮到南京等地实地考察，发现海口撤防、鸦片弛禁，遂著《私议六事》奏江苏巡抚、两江总督陆建瀛，建议政府公开声明禁烟，加强内河防御，整治水师，修造战船，改造江浙沿海卫所，并将"改革茶盐税制，增加国库收入"作为攸关国计民生的急务，深切地表明了他对国家、对民族的忧患意识与爱国思想。而他的《粤氛纪事》十三卷，则详记了太平天国革命运动中的用兵得失、历年战事，以及阵亡将弁和绅民事迹。书中对太平天国运动虽有不当之词，但保存了大量历史资料，是研究我国近代史，特别是太平天国运动的重要史著。

成稿于咸丰九年（1859年）的《泰西秩闻》六卷是夏燮晚年所著。《泰西秩闻》与清代著名史地学家魏源的《海国图志》相为表里，介绍了以英、法、美等为代表的西方国家立国源流、通商始末、对华贸易、宗教文学，以及现代地理、数学等，为当时的国人了解西方打开了一扇窗户。在书中，夏燮提醒国人"中国既开五港通商，轮船、火车瞬息万里，异域遐方迩若咫尺，就不应局守堂室，藩篱视听。故于各国建设兴废，内地交通原委，莫不考据精审，以为中国改革基础"，体现了夏燮"师夷长技"的近代改良主义的思想。

同治十三年（1874年），夏燮在宜黄任内，因料理不善，致国库亏空达几万金，被革职查办。光绪元年（1875年），夏燮在贫病忧愤中去世。光绪十年（1884年），两江总督左宗棠鉴于夏燮是著名学者，奏请朝廷将他列入《儒林传》而未果。直到民国十三年（1923年），国民政府内务部咨请清史馆，始将夏燮立传，入祀乡贤祠。

徐静仁

20世纪初至40年代末期，在内忧外患、国是日非的中国出了一位胸怀"实业救国"壮志、毕生致力于民族工业和文教事业发展的著名实业家，他就是当涂的徐静仁。徐静仁艰苦创业，成绩卓著，为开启民智、振兴实业、造福桑梓作出了可贵而有益的贡献。

徐静仁，名国安，当涂北乡阳湖（今马鞍山市雨山区佳山东湖村）人，生于清同治十年（1871年）。徐静仁自幼敏识过人，勤奋好学。十九岁时寓居当涂府正街，入庠为秀才，后因家境贫寒，遂弃学随父前往镇江谋生。镇江与扬州隔江相望，而扬州是淮盐枢纽、盐业重镇。徐静仁经常往来其间，耳闻目睹，对盐业逐渐了解，同时结识了许多盐业界人物，成年后即在扬州开始经营盐业，从此走上了经办实业的道路。

苏北沿海是全国最大的盐产区，自元代起即由朝廷专营，清代两淮盐运使便驻节扬州。那时淮盐产地分淮北、淮南两个区域，淮北盐区有济南、板浦、中正、临兴四个盐场，其中以位于苏北灌云县与涟水县交界区的济南场最大，先后建有大德、大阜、大源、大有晋、裕通、公济、庆日新等七大制盐公司，而大阜、大有晋制盐公司，便是徐静仁等率先创办的。两公司各有池滩十圩，占地约一万二千八百亩。公司创办初期，也遇到了资金短缺、技术不足等种种困难，但由于徐静仁办事果敢，调度有方，这两个公司迅速形成生产能力，产盐很快行销淮南盐区引岸，弥补了南场产量不足而造成的供盐缺口。

光绪后期，由于海岸东迁，淮盐地势发生变化，各场卤气淡薄，产盐渐少，一些有识之士为另寻出路，打算开垦盐圩，种植棉花，以图发展。光绪二十七年（1901年），南通张謇与汤寿潜、郑孝胥、罗振玉等人成立通海垦牧公司，开垦盐圩种植棉花获得成功，使黄海之滨的大片滩地化为沃土。随后，徐静仁联络张謇，投资八十万元，在南通三余镇创办了大有晋盐垦公司，开垦盐圩二十万亩，除种植外，兼营土法煎盐。不久，徐静仁又在东台县（今大丰县）成立大丰盐垦公司，前后投资四百万元，垦地一百一十二万亩，为淮南垦区规模最大的公司，今大丰县即因此而得名。大有晋和大丰盐垦公司大量投资农田基本建设，筑堤围海、开挖沟渠、筑涵修路，使垦区得到快速发展，获得了很大的经济效益和社会效益。以今天的眼光看，这项废灶兴垦的改革，集中了大量资金，创造了史无前例的社会生产力，是中国近代史上颇有影响的壮举，对推动当时的地方经济发展具有重要意义。

1912年，徐静仁回到当涂，集资一百万元创办了福民、利民两个铁矿公司，翌年将两个公司合并为福利民铁矿公司，并出任总经理。公司成立以后，即与开滦矿务局联合，聘请瑞典铁矿专家丁格兰主持勘探。随后，经农商部许可，取得当涂境内小姑山、梅子山、小凹山、栲栳山、扇面山、南山的采矿权，矿区面积一千八百亩。徐静仁虽然在公司的经营、生产中投入了大量的精力和资金，甚至将其子徐瑞霖送到美国宾夕法尼亚大学专攻矿业。但在当时的社会环境下，福利民铁矿公司一直外受日商钳制、内受官僚倾轧，始终处于惨淡经营中，未能完全实现徐静仁实业富民的理想。

徐静仁在经营淮盐的过程中，与清末民初著名实业家张謇结下了深厚的友谊。张謇是清光绪年间的状元，先后在南通、上海等地创办了多家企业和公益福利机构。他比徐静仁年长二十岁，两人以兄弟相称，情同手足。清末，张謇经营大咸牌通如食盐时，徐静仁曾受邀经营大咸盐业，因他守职尽责、措置有方，深得张謇的器重。辛亥革命爆发后，江苏都督程德全邀张謇出任盐政总理，张謇受任后首先聘徐静仁为淮盐科科长,襄理盐署公务。徐静仁应聘后,果然不负所望,提出了一整套振兴盐业的计划,力主改革盐政弊端,深受张謇赞许。后来,徐静仁还两次临危受托,帮助张謇的大生集团走出危机。1922年,张謇的大生纱厂陷入经济危机,由于该厂是张謇实业的支柱,它的盛衰关系到整个大生集团的存亡,张謇认为"环顾知交,可与患难相恤,肝胆相照者"唯有徐静仁,于是请徐静仁出任大生公司纺织管理处处长力挽危局。1926年后,张謇父子相继去世,大生企业日趋衰落,到了"大绌之际,岌岌危殆"的地步,大生董事会把挽回危局的希望寄托在徐静仁身上,一致推举他为大生企业集团董事长。徐静仁再度出山,大胆革新大生企业的管理体制,一改过去政出多门、各行其是的弊病,提高办事效率,企业经营状况逐渐有了起色,很快挽回颓势。

两淮盐政局裁撤后,徐静仁迁居上海,与上海实业界、金融界的周扶九、刘厚生、聂云台、荣宗敬、史量才等往来频繁,以其才能、智慧和诚信受到实业界的一致推重,先后担任溥益纺织公司总经理,兼任大有晋盐业公司董事、上海商业储蓄银行和中南银行董事等职,并与聂云台、荣宗敬组设上海华商纱布交易所,成了上海工商界的知名人士。1917年,徐静仁筹资创办的溥益纱厂(又称"溥益一厂",即后来的上海国棉三厂前身)建成投产,时有纱锭二万六千五百二十枚,工人八百名,拥有当时最先进的纺织机器,所产"地球牌"和"双地球牌"粗细棉纱,行销国内各地以及南洋和印度等地。1924年,徐静仁又创办了溥益二厂(即后来的上海国棉十四厂前身),有纱锭二万四千枚。其间,徐静仁还曾与张謇、聂云台、荣宗敬等实业家于1922年在上海吴淞创办中国铁工厂,制造纺织机器,可惜该厂十年后毁于"一·二八"淞沪战役。1940年,上海茂德制药公司成立,徐静仁出任董事长,但他以七十高龄,为公司筹建付出了大量心血,使得公司成立后一年就正式投产,年产针剂十万支、液剂一千加仑、片剂二十万。

由于徐静仁在实业界取得突出成就,国民政府于1927年4月聘任徐静仁为财政部盐业署署长,1934年1月聘任徐静仁为黄山建设委员会副主任委员,次年主任委员许世英出任驻日大使后,还曾聘徐静仁代理过主任委员之职。徐静仁担任公职时,虽然年已花甲,但他仍恪尽职守,多有建树。

徐静仁一生志在振兴实业,但他也十分关心文化教育、医疗卫生事业,主张学以致用,培养实用人才。

早在1913年,他就与张謇兄弟创办了南通纺织专科学校,后来该校改为南通纺织大学、南通学院,培养了一千七百五十多名纺织专业的人才,对发展我国纺织工业作出重要贡献。1916年,史量才经营上海《申报》时,日销量仅七千份,亏损严重,后得到徐静仁大力支援才摆脱困境。到了30年代初,《申报》日销量已增至十五万份,成为全国著名的大报。1917年黄炎培在上海创办中华职业教育社,徐静仁得知其经费困难后,慷慨相助,捐赠了大量资金。

1920年,徐静仁委托黄炎培到当涂进行实地调查,制订筹办职业学校的计划。次年秋,徐静仁耗资三万余元,在当涂县城创办了静仁职业学校(即今当涂第二中学前身),时建校舍七十余间,购置了数十部穿纱机、织布机、紧纱机、织巾机以及三万余种仪器、药品,内设农事管理科、工业职工科和附属小学。该校历经沧桑,始终坚持开课,其产品曾参加全国教育展览,为当涂培养了大批职业技术人才。

同年,上海工商界名流、著名的棉花专家穆藕初在苏州创办昆曲传习所,招收学员七十余人,聘请老艺人执教,后来传习所经费遇到困难,他又委派严惠宇、陶希泉接办,聘请俞振飞、袁安圃等著名艺人在上海溥益纱厂楼上和上海淡水路上贤坊招收学员、传承技艺,为中华传统艺术昆曲的传承和发展作出了重大贡献。

1925年,徐静仁与镇江同仁筹资四十余万元创建了镇江弘仁医院,时有病房百余间、病床八十张,设内、外、儿、妇、五官、放射、检验等科,为抗战前长江沿线最大的一家私立医院。医院对平民采取减免医药费等措施,深受民众欢迎。在此期间,他还捐出巨款,在镇江创办了我国最早的蚕桑职业学校,受到黄炎培的高度赞扬。1937年秋,他还与镇江士绅创办镇江京江中学。为表彰他对建校作出的贡献,学校将一座校舍命名为"静仁堂"。正是由于徐静仁在发展民族实业的同时,热心社会公益事业,大力办校兴学,1936年,他被收入《民国名人图鉴》,受到时人一致赞誉。

1948年2月20日,徐静仁因病在上海逝世,生前好友于右任、许世英、黄炎培等一百零三人联名刊登追悼启事,称赞徐静仁:"早岁献身社会,于实业、金融、新闻、教育等事业靡不躬自倡导,或努力推行,成就甚多,口碑载道。而生平更笃于友谊,济困扶危,功成不居,尤足风世。"家乡当涂各界也挽曰:"沛泽遍乡邦,姑水申江同哽咽;歆歔传里巷,青山采石动悲思。"

林散之

1991年10月,经中共中央办公厅、国务院办公厅批准,由著名书法家启功题写馆名的"林散之艺术馆"在马鞍山采石公园落成。主馆"江上草堂"由著名诗人、书法家赵朴初题额,陈列林散之生前书画艺术精品,副馆陈列林散之生前遗物和书稿等。自林散之艺术馆建成后,无数来自国内外的书画家、诗人、学者纷纷前来参观拜谒,对林散之先生的诗画艺术给予了高度评价。

林散之,原名以霖,号三痴、左耳、散耳、聋叟、江上老人、半残老人等。清光绪二十四年(1898年)出生于和县乌江江家坂。林散之自幼患耳疾,沉默少语。十四岁时父亲去世,他便到南京随张青甫学习工笔人物画,六年后又师从和县书法家范培开、含山进士张栗庵。十年间,他勤奋攻读,淹贯古今,打下了扎实的书法和文字基础。三十岁以后,林散之来到上海投师国画大师黄宾虹,在其后四年多的学艺期间,他不仅将黄宾虹所藏书画临摹殆遍,还得到了黄宾虹的指点和教导,画艺大长。1934年林散之遵循业师黄宾虹"读万卷书,行万里路"的教导,只身远游,途经八省,行程达一万八千多里。他一路探奇览胜,游历了嵩山、龙门、潼关、华山、秦岭、剑门关、嘉陵江、岷江、峨眉山、三峡、庐山等,得画稿八百余幅,作诗二百余首。在这次远游中,大自然的秀丽景色、奇峰怪石、云海松涛给他的艺术生命提供了丰富的养料,也使他的书画艺术步入了一个更高的境界。

林散之虽然半生飘零,但在艺术上却一直勤奋不止、孜孜不倦,尤其在书法上更是秃笔成丘、精益求精。早在20世纪40年代,他的书艺就名噪乡梓。他的书风苍劲朴茂,刚劲俊秀,真草篆行诸体各有妙趣,其中尤以草书成就为高,可谓功深力到、妙造自然。

1972年,《人民中国》杂志社为创作版画,决定在全国征集一批优秀的书法作品。时任江苏书法家协会秘书长的田原便向该社推荐了几位作家,其中首推林散之和费新我两位老先生。当田原将林散之的作品奉请书坛泰斗赵朴初过目时,赵朴初大加赞赏,此后二老常诗词唱和,传为书坛佳话。不久,《人民中国》杂志社选出二十余幅征集的作品送著名书法家启功审阅,启功看到林散之的作品,顿时眼前一亮,恭恭敬敬地向那幅作品鞠了一躬,连声说:"想不到中国当今还有如此高手。"自此以后,林散之的书法在书坛声名鹊起,蜚声遐迩。

1973年,《人民中国》第一期首次将林散之草书毛泽东《清平乐·会昌》词发表在首页。当这期《人民中国》发行到日本后,立即在日本引起巨大反响,日本书道界为之震惊,以为"怀素再世,张旭重生",谓"古有王羲之,今有林散之",一时间掀起了"林散之热"。当年3月,日本书道界访华参观团到南京访问,指名要与林散之晤面、求字。林散之欣然应允,采用绘画用墨的手法,以一管羊毛长锋,写出一幅刚劲老辣、潇洒飘逸的草书,使一旁观看的日本友人不约而同地惊呼赞叹起来。自此林散之的书法名满江南,拜访者、求字者络绎不绝,这使他不堪应酬,曾自嘲:"何处能寻避债台,江南江北费安排","如今苦被虚名累,始悟张颠误了余。"

1976年,日本书法代表团以高价向他求购书法作品,他都婉言拒绝了,但他随后写了一幅《赠日本书法代表团诗四首》手卷,赠送日本友人。事后,他在致好友信中说:"日本书法代表团团长村上三岛来访,向我致以热烈握手和八九十度鞠躬礼,随行十五人也同样地敬礼。团长介绍我的声名、书法价值非常崇高,说我一张字可值日金一万元,能换两部汽车……我听到此话,直是头上流汗。"可见，林散之淡泊名利、不务虚名的高尚品质。

　　1984年春天，享有盛誉的日本碑学领袖、书道泰斗青山杉雨访华，在南京参观江苏省书法展览时，他在林散之刚劲潇洒、拙中见巧的《真龙虎》草书立轴前驻足，惊喜万状，连声称赞着："大家！大家！果然名不虚传。"随后青山杉雨十分急切地说："我一定要拜望林老先生。"当天，久候在莫愁湖郁金堂前的青山杉雨，见林散之坐在轮椅上由家人推着缓缓而来，急忙上去搀扶林散之走进堂内，随即拿出一张纸条递给林老，纸条上写着："此番来到中国古都金陵，有幸拜读你老的书法大作，实在无比敬佩。你是中华天才书法家，是书家的骄傲！"林散之看过后，沉思片刻，随即拿起笔来，自谦而又如实地答道："先生过誉，我非天才。幼学书法，先写唐碑，然后由魏入汉。三十岁后，广采博学，尝试行书，六十岁方练习草书。顾念平生，寒灯夜雨，汲汲穷年，所学虽勤，所得甚浅。"青山杉雨看后，立即走到桌前，写了一张条幅，上书"草圣遗法在此翁"七个大字。写好后，即向林老躬身敬礼，乞赐墨宝。林老移步案前，提笔写了两个刚劲雄浑的大字"鱼水"，青山杉雨喜不自禁，再次向林老鞠了一躬。自此林散之"当代草圣"的美名不胫而走，蜚声海内外。

　　林散之除以书法名世外，他的诗和画也很有造诣。其子曾说，他的父亲如以诗、书、画三者而论，当以诗为第一。林散之也曾多次说过："平生为癖诗、书、画，就我自己说，诗一、画二、字老三。"他一生写诗一万余首，生前自编有《江上诗存》三十六卷，附录一卷，收诗二千二百余首。对于林散之的诗，不少名家评赞他善于用诗歌来深入浅出地道出书法、绘画的规律，将诗歌与书法、绘画三者融为一体。启功先生曾说："伏读老人之诗，胸罗子史，眼寓山川，是读万卷书，而行万里路者……（林诗）发于笔下，浩浩然，随意所之，无雕章琢句之心，有得心应手之乐。"

　　林散之的绘画成就亦很高。早年他就对中国传统山水画技艺有过广泛深入的研究，晚年则多采用元人高克恭阔厚之笔，老辣天真，画真山真水。他曾自题山水道：

　　　　一池墨水学荆关，辛苦半生始克全。
　　　　点点斑斑学错了，又从秋雨画房山。

　　1985年，黄山书社曾出版《林散之书画选集》，选录其诗五百四十首，书、画精品各十六幅，由李冬生、邵念慈选注，赵朴初先生曾写诗赞："庄严色相臻三绝，老辣文章见霸才"、"万里行程万卷书，精思博学复奚如"。

　　1989年12月6日，林散之病逝于南京，享年九十二岁。林散之一生仰慕李白，生前曾十余次放歌采石，晚年曾遗诗：

　　　　翠螺山色阴晴变，扬子潮声远近连。
　　　　身后一抔清净土，共君永此傍青莲。

如今,老人已安卧在翠螺山麓的青松翠竹间,与山腰的李白衣冠冢遥遥相望,实现了他生前"愿归宿之期与李白为邻"的夙愿。

第五章 民间故事

MINJIAN GUSHI

概 览

民间故事是民间文学的重要门类之一,它是劳动人民创作并传播的具有虚构内容和夸张手法的口头文学创作。

与民间故事相近的是民间传说。民间传说是指民众口头创作和传播的描述特定历史人物或历史事件、解释某种地方风物或习俗的传奇性叙事。其基本特点是它所讲述的对象是历史上或现实中确实存在过的,但具体情节则是在原有基础上改造、添加的,有的甚至是完全虚构、编造的。

本章所选既有民间故事,也有民间传说。准确地表述,本章的内容应是"民间故事与传说"。但有些内容很难区分究竟是民间故事还是民间传说。再者,我们这里不是作学术性的研究,而是一种介绍性的讲述,所以,我们就笼统地称之为"民间故事"。或者说是包括民间传说在内的广义的民间故事。

民间故事大多充满幻想、传奇和神话甚至童话色彩。如在民间故事里,可以让草木说话,让动物与人交流,让人上天入地,让泪水成河冲倒长城。尽管民间故事想象丰富、情节离奇,但它却深深扎根于生活的土壤中。无论是劳动人民在历史事实或传闻基础上给予艺术性的加工成篇的,还是无中生有,完全虚构编造的,但它必定是人们某种愿望的表达,如移山填海的故事,表达的是人们改造恶劣自然环境的愿望;如惩恶扬善的故事,表达的是人们对真善美的尊崇与热爱,对假恶丑的厌恶与鞭挞。总之,民间故事是劳动人民意志的体现、理想的载体、情感的寄托、智慧的结晶,是过去自给自足小农经济和封闭社会状态下劳动人民用来自娱自乐的一种特殊的文化现象。

民间故事具有时代久远、口头传播、情节夸张、语言生动等特点。此外,还有着多版本、多地域流行的特点。如,同一故事主要人物或基本情节相同,但次要人物或具体细节有所不同,即"一事多传"、版本不同。这是因为在流传过程中走样了,不同的传播者在讲述时添加上自己的喜好或理解,改变了部分情节。还有的民间故事是"多地传一事",如"天仙配"的故事,在多个地方都有流传,并且都说主要人物就是本地人,故事也就发生在本地。这种情形,体现了中国人特有的一种乡土情感。

以上所述,是试图从理论上对民间故事的含义、内容、意义、特点作简要的归纳,这也是本章搜集、整理流传在马鞍山这块土地上的民间故事的依据。

马鞍山市地跨大江两岸,辖有三区三县,建市虽仅五十多年,但历史却十分悠久,因此流传的民间故事十分丰富,且不乏精彩篇章。早在 20 世纪 80 年代中叶,马鞍山市就曾组织有关专家搜集了二百七十多篇民间故事,并整理其中一百六十六篇出版了《中国民间文学集成·马鞍山民间故事分卷》。当时马鞍山市仅辖一县三区，面积、人口只有现在的一半，如果现在重新组织搜集民间故事，其数量可能要翻一番，甚至还要多。但受到时间、人力和篇幅的限制，我们在编写本章时未作全面的搜集，仅是发动三县有关文化单位和相关民众团体提供了一些在当地具有较为广泛影响的资料，并参考吸纳了《马鞍山民间故事分卷》中的内容，且从有关报纸和书籍中摘取了极少量的文字，一共精选了二十五篇民间故事。数量虽少，但几乎都是精品，也有一定的代表性，应该能达到"窥一斑而见全豹"的效果。

这二十五个民间故事可分为六类：

一是历史传奇故事。这一类故事的主人翁是历史上的真实人物，而且都有动人之处，人们对他们怀有好感与敬意，对传承悠久灿烂的中华文明有着积极意义。

二是有关地名故事。这一类故事往往是虚构、想象的产物，但反映了人们对事物的探究精神和对乡土的热爱。

三是神话传说。这一类故事基本上都是幻想的产物，但其中蕴含着治病救人、惩恶扬善、脱离人生苦难等美好愿望。

四是斗智斗勇的故事，这一类故事表达了人们对智者、勇者的赞美。

五是有关特殊物产的故事。这一类故事有一定的真实基础，反映了人们对美好事物的喜爱、对高超的生产工艺的追求和褒奖。

六是趣话、佳话，包括成语故事、对联故事以及爱情故事。其中有委婉的嘲讽、辛辣的讽刺，以及对有情人难成眷属的深沉的叹惋，都是劳动人民真实、健康、美好感情的表达。

以上分类是大致的、粗略的，未必都很精当，还有的故事难以归类。在编排次序时，我们尽可能将同类的故事放在一起，尽可能按故事发生的时代先后排列。

这里还需要作三点说明：

其一，我们只是整理者，而非作者。民间故事的真正作者是流传地的劳动人民，很难具体指认是哪一个人。但我们不否定具体的采集人、记录者、整理者所付出的劳动。如果没有他们的劳动，这些民间故事只能是以口口相传的形式存在，很有可能随着民间"故事篓子"（即故事讲述人）的故去而消失，而且很有可能在口口相传的过程中走样变形。因此，对民间故事采集人、记录者、整理者付出的辛勤劳动，我们深表感谢。我们在整理、加工、润色的过程中，尽量做到尊重初始的状态，不改变基本的故事情节和主要的人名、地名。本拟在每一则故事的后面标明采集人、记录者、整理者姓名，以示对他们劳动的尊重。但由于标注不全，有的因署名太长，标注有困难，于是便统统不予标注，特请有关方面予以体谅。

其二，我们对收集到的资料作了一番筛选，有的我们认为意义不大或故事情节太简单、太离奇或没有代表性则没有选用。也有的内容甚好,语言表达也比较流畅,但由于本书篇幅有限,也不得不割爱。对没有入选的资料提供者我们也表示感谢。如果没有他们提供的那么多资料,我们也就无从选择,难以做到好中选优。正如美国著名作家海明威所说:我们呈现给读者的仅是冰山一角,也就是冰山露出水面的大约八分之一部分,但还有隐藏在水下的八分之七部分。如果没有水下部分作铺垫、作衬托,也就无法显示出冰山的雄伟高大。我们不敢说,现在奉献给读者的就是最好的作品,但确实是经过了精心筛选和加工的。

其三,少数作品是由几篇来稿综合而成的,或者说是以某一篇为基础,适当汲取了同一素材的其他来稿的合理部分。如关于伍子胥过昭关一夜白了头发,就有两种说法:一说是急的,另一说是他躲在箩柜里被面粉染白的。我们觉得都有合理性和可能性,便将两种说法都写进故事中。又如关于和县"白渡桥"的得名及建造者有多种说法,我们综合来稿,也一一加以讲述。这样做既是为了保持相关故事的原生态,也是对同一故事不同采集人、记录者、整理者劳动的尊重。同时,也可给读者提供更多的想象空间和阅读的乐趣。

民间故事在某种意义上来说,也是非物质文化遗产。非物质文化遗产里饱含着丰富的文化信息,是人类文明的重要载体。近年来,从联合国教科文组织到国家有关部门都予以高度重视,都在呼吁要加强发掘、整理、保护与传承非物质文化遗产。流传在马鞍山地区的民间故事,作为我们这一方土地上从古至今由劳动人民流传下来的非物质文化遗产,也是值得我们去发掘、整理、保护与传承的。我们希望有更多的人参与民间故事的发掘、整理、保护与传承工作。那样做,对传承、繁荣和发展马鞍山市的文化事业是很有意义的。

伍子胥过昭关

伍员,字子胥,楚国监利人(今湖北监利县)。相传此人身高一丈,腰宽十围,眉广一尺,目光如电,有扛鼎拔山之力。其父伍奢,为楚国太子建的老师,官封连尹。伍奢因揭露楚平王占媳为妻的丑恶行径,被捕入狱,打入死牢。为了斩草除根,楚平王逼迫伍奢给他的两个儿子写家书,说是楚平王已为他平反,并要给他两个儿子加官晋爵,让他兄弟二人速来郢都相见(时郢都为楚国都城,在今湖北省纪南县)。伍奢的大儿子伍尚接信后,信以为真,便要立即去郢都,但伍奢的二儿子伍员(也就是伍子胥)则认为其中有诈,坚决不愿去。兄弟俩僵持不下,后来各从己志。伍尚去了郢都,果然与父亲一道被斩首示众。奸臣费无极随后又向楚平王密奏道:"伍奢、伍尚虽被斩杀,但还有伍子胥在外。此人文武双全,如此人不除,将来一定会成为楚国的心腹大患。"楚平王闻之,立即传旨全国通缉伍子胥,凡捕获伍子胥者,赏粟五万担,官封大夫;窝藏不报者,全家处斩。并画影图形,挂在各处关口要道;同时下令各诸侯国,发现伍子胥立即拿下,押送郢都。

伍子胥在边关闻讯,十分悲愤,当即离开楚国,准备寻找机会为父兄报仇。伍子胥本打算沿长江东下,直奔吴国。后听说太子建已逃到宋国,便决定改道宋国,帮助在宋国避难的太子建推翻楚平王的统治,这样既可维护君臣伦理,又能替父兄报仇。

伍子胥在宋国与太子建相见,一个是妻子被占、太子被黜;一个是父兄被杀、忠良被害。当即二人抱头大哭,发誓一定要推翻昏君。他俩打算请求宋国出兵攻楚,可当时宋国正遇内乱,乱党向楚国借兵篡政。伍子胥闻迅,便和太子建离开宋国,逃向郑国。

这时郑国已脱离楚国控制,归顺了晋国,郑定公收留了太子建。郑定公说:"你们的遭遇,我非常同情。但郑国弱小,兵力不足,不是楚国的对手。如果你们想报仇还是去晋国吧,晋公有足够力量帮助你们。"太子建便把伍子胥留在郑国,自己上晋国拜见晋顷公。晋顷公款待了太子建,召集大臣商议此事。晋国有个大臣尚寅说:"郑国反复无常,一会儿归附楚国,一会儿又归附晋国,不如把它灭掉,让楚国太子收买勇士作为内应。灭掉郑国后把郑国封给楚太子,然后再去攻打楚国。"晋顷公和大臣们一致赞成这个计策,太子建也满口答应。楚太子建回到郑国后,把这个秘密达成的协议告诉了伍子胥。伍子胥一听连说不可。他说:"郑国虽说不愿出兵攻楚,但也待我们以上宾。如果协助晋国攻郑,岂不是忘恩负义吗?再说这种行动一点成功的把握都没有,而且会闯下大祸。"太子建不听伍子胥的话,暗地里做内应准备,结果阴谋败露,太子建被郑定公斩首。伍子胥见太子建被杀,料定自己也难免受到牵连,赶紧带着太子建留下的儿子公子胜连夜逃离郑国,直向吴国方向奔去。当时古昭关地处吴楚两国结合部,有"吴头楚尾"之称,是投吴的必经之地。昭关两山对峙,险关天成,楚平王料定伍子胥会投奔吴国,特地派大将远越带着军队牢牢把守昭关,在关口悬挂捉拿伍子胥的通缉令和画像,对往来人员严加盘查。

伍子胥来到了昭关附近仔细观察,发现关上森严壁垒,防守严密,山上山下,关里关外,到处都有兵丁巡逻搜查。伍子胥不敢贸然前进,便在芦苇丛中一直躲到黄昏,最后还是鼓足了勇气,走出了芦苇丛,踏进了傍山的小路,准备躲进丛林,察看关上的动静。

谁料在曲折的小道上没有走几步,就撞见一位白发老者。他慌忙调转身子想躲进路边的树丛,可是来不及了。老者已经到了他的面前,一见面就说:"你不是伍太傅之子伍子胥吗?"伍子胥大吃一惊,急忙施礼,直言不讳道:"小生正是。不知老丈如何认得?"老者哈哈大笑:"我乃扁鹊之弟子东皋也,曾在军中为你父行过医术。我本是历阳山人,现因年老隐居在这昭关境内,为当地百姓及守关官兵行医授药，以此谋生。数日前，远越将军有小恙，邀我前往视之，见关上悬有伍子胥的画像，与你相貌一致，故而冒叫一声。你不必害怕，寒舍就在近前，请挪步暂歇，有话再作商量。"

伍子胥揖拜了东皋公，随他到了草堂居处。东皋公引伍子胥到屋后小园，四周有竹篱围绕，中有三间茅草小屋，内有石磨、罗柜之类，别无他物。东皋公搬来小桌，席地而坐，与伍子胥促膝同饮。伍子胥再次拜过东皋公，直言道："我有父兄被杀刻骨之仇，誓欲图报，望公勿泄。"东皋公慌忙答礼："老夫但有济人之术，岂有杀人之心哉！在此处住一年半载，亦无人知觉。但昭关设守甚严，公子如何可过？必思一万全之策，才可无虞。"

伍子胥跪拜于地："先生何计能脱我难，日后必当重报！"东皋公道："此处荒僻无人，公子且宽留数日，容我寻思一策，送你过关。"伍子胥连连称谢。此后，东皋公每天以酒食款待，一连住了七天，并不言过关之事。伍子胥心急如焚，对东皋公说："某有大仇在身，度日如年，迁延于此，宛如死人。先生高义，宁不哀乎？"东皋公答道："老夫思之已熟，欲待一人至耳。"

是夜，一轮明月高高挂起，伍子胥辗转反侧，不能入睡，身心如在芒刺之中，卧而复起，绕室而走，不觉东方发白。这时东皋公叩门而入，见到伍子胥大惊道："怎么一夜之间，你头发、胡子全白了？"伍子胥不相信，拿过铜镜一照，果然须发皆白。伍子胥投镜于地，放声痛哭："老天啊！我大仇未报，一事无成，却双鬓斑白。叫我怎么办啊？！"东皋公此时反而大笑道："我的计策成了！几日前，我已派人请来我的朋友皇甫讷，他跟你长得非常相像。我想让你与他换装，以蒙混过关。你今天头发全白了，岂不更加容易蒙混？"

这就是伍子胥一夜急白头发故事的来历。说到这里，还有另一种说法。说的是伍子胥在东皋公家中住了七日，终于等来皇甫讷。他们在夜间关起门来准备饮食并商量过关之策，忽听前屋敲门声急。原来巡逻的关兵路过这里，发现深夜仍有炊烟，便叩门查看。东皋公被这一突如其来的叩门声惊呆了。这时皇甫讷催促伍子胥："赶快躲避起来。"伍子胥朝着土屋的四壁一看，只有一罗柜，急忙之间，便躲了进去。东皋公开门，让关兵进来。关兵问起皇甫讷，东皋公说："这是吾乡友，约老夫明早出关同游，故早食备行耳。"东皋公经常到关上军营中行医，与这几位巡逻的士兵有些相识，再加上款待一番，几个士兵也就没再深究。待送他们走后，已近天明。伍子胥在罗柜中又急又闷，汗水湿透了鬓发。当东皋公打开柜门引伍子胥出来时，他们大吃一惊，只见伍子胥鬓须皆白。原来是罗柜里的细白面粉，沾在了他须发上，伍子胥显得白发苍苍。后面的情节则是一样的。

天亮后，伍子胥与皇甫讷更换了衣帽，伍子胥扮作樵夫老丈，二人分头来到关上。皇甫讷见关上搜查甚严，佯作惧怕，躲躲闪闪。守关的士兵看他形貌和关上悬挂的伍子胥相像,又见其躲闪逃避,蜂拥而上,捉住了他,并一个个大嚷:"捉住伍子胥啦,捉住伍子胥啦!"这时天已大亮,过关的人很多,听说抓住久闻大名的逃犯伍子胥,大家都想看看伍子胥到底是什么样子,便成群结队地往关口拥挤过去。关口乱成一团,伍子胥就在这一片混乱中过了昭关。后来成语"蒙混过关"就源于此。

至于伍子胥过昭关后到吴国吹箫行乞,后来获得吴王信任,统帅大军讨伐楚国、报仇雪恨的故事,这里就不一一细表了。总之,伍子胥过昭关一夜白了头的故事千百年来广泛流传,甚至被编成戏剧演唱,说明人们对维护正义、报仇雪恨的仁人志士是充满敬意的。

伍子胥与渔邱渡

伍子胥在东皋公和皇甫讷的帮助下蒙混过了昭关,一路狂奔来到大江边一个叫"渔邱渡"的地方,只见眼前江水滔滔,无舟可渡。伍子胥回首一看,发现通向江边的大路上尘土飞扬,人吼马嘶。原来是关上守军发现抓错了人,追赶来了。伍子胥抱着公子胜赶忙躲进芦苇丛中,猛然瞧见一个捕鱼的老头贴着芦苇划着一只小船过来。伍子胥急忙招手喊道:"老伯,请把我们渡过江去。"那老者就把船划过来。伍子胥和公子胜上了小船,老者紧摇桨橹,小船朝江对岸急驶而去。

小船靠上岸,老头才开口说:"将军想必就是伍子胥了?你的画像挂在各处关口、渡口。听说楚王不听忠言,杀了你父兄,百姓都替你担心啦!今儿渡过大江,脱离楚地,我们也放心了。"

伍子胥感激万分,说:"难得老伯一片好心。"说着,摘下身边的宝剑递给他,说:"这把剑是先王赐我祖父的,剑上镶有七颗宝石,至少值一百两金子。我只有这点礼物送你,略表感激之情。"那老者笑道:"楚王下重赏捉拿你,我不要五万石粟的赏赐,也不要大夫爵位,怎么会贪图你这把宝剑呢?再说,这把剑对我没什么用处,对你可是不可缺少的。"伍子胥深受感动,问道:"请问老伯尊姓大名,也好让我日后报您大恩。"划船的老头很不高兴,他指着伍子胥说:"我是敬佩你的忠孝之心,才渡你过江。你倒开口一百两金子,闭口将来报恩!"伍子胥连忙赔不是,说:"可我怎能忘了你的救命大恩呢?你把姓名告诉我,也好让我记住。"老者说:"我一个捕鱼的,今天在这儿,明天在那儿,你就是知道我的姓名,也找不到我。要是我们还能相逢,我就叫你芦中人,你就叫我渔丈人吧。"

伍子胥见老渔翁一片诚心,不求报答,也就作罢。他拜谢了老渔翁,带着公子胜踏入吴国境地。他把公子胜藏在破庙里,自己穿上破衣,披散着头发,手拿一根竹箫沿街讨饭。伍子胥边乞讨边唱起一首悲愤沉郁的歌：

呜，呜，呜！天大的冤屈没处诉。宋国郑国一路跑，孤苦伶仃谁相助？杀父大仇不能报，哪有脸面做丈夫？

呜，呜，呜！天大的冤屈没处诉。昭关好似罗网罩，须眉变白日夜哭。杀兄大仇不能报，哪有脸面做丈夫？

后来伍子胥得到吴王重用，率兵攻占楚国，把已经死去的楚平王从棺材里拖出来鞭尸三百，以发泄心头之恨。随后为搜捕已逃到郑国的楚平王之子楚昭王，要发兵进攻郑国。郑国闻之，举国惶恐不安。此时，渔丈人的儿子为了天下少一分杀戮、多一分太平，便凭借其父曾护送伍子胥过江的情分，说服了伍子胥退兵，也因此受到郑国的重赏，被封为"渔大夫"。后来，人们就将当年渔丈人送伍子胥过江的渡口称作"渔邱渡"，渔邱渡遗址在今和县第一中学东北隅。二千多年地貌变迁，江岸东移，古时的渔邱渡原貌早已荡然无存，但有关老渔翁帮助伍子胥过江的故事还在民间广泛流传着。

霸王庙的传说

●乌江渡

西楚霸王项羽大败于垓下，率领几个残兵败将南逃。一路上且战且逃，逃到乌江时只剩下他一人一骑。滔滔扬子江挡住了他的去路，这时他忽然想起爱妻虞姬临终前叮嘱的一句话："危难之时，慢抽乌骓马三鞭，自可脱险。"于是项羽用马鞭慢抽了乌骓马三下，但战马纹丝不动。他眼看前无去路，后有追兵，不禁仰天长叹："天亡我也！"

正在这万分危急之时，江边芦苇丛中划出一条小船，船头上坐着一位渔翁。项羽便道："渔夫，快把船划过来，送我渡江，我有重赏。"谁知那渔夫是被韩信用十两黄金买通的，专门在江边等候他上钩。这家伙听到喊声就把船划到岸边，满脸堆笑地说："大王，赏不赏是小事，要紧的是保住大王龙体。您看我这渔船又小又破，不能同载人马过江。请大王吩咐，是先渡人还是先渡马？"项羽看那渔船确实又小又破，的确难以人马同渡。他心中想到："这乌骓马陪我走南闯北，立下赫赫战功，如果我先渡江，追兵赶到必然夺我宝驹，岂不可惜。不如让我的战马先渡江，待追兵到时，我奋力抵挡片刻，尔后过江。"想到这里，他便决定：先渡战马。"好哎！"渔夫把船靠到岸边，拉着乌骓马的缰绳要往船上牵。乌骓马双眼流泪，头低着，四蹄紧赖在江滩上不肯上船。项王见状，含泪走过去，抚摸着战马的鬃毛说："老伙计，先走吧！我随后便到。"乌骓马这才肯上船。它上船后，悲鸣三声，并且望着项羽点了点头。

当渔夫把战马渡到江中心时，刘邦追兵已到，三面团团围住项羽。项羽毫无惧色,一手执枪,一手挥剑,远来的用枪戳,近逼的用剑刺,众人不得近他半步。约一个时辰后,渡船回来了,但却不靠岸。那渔夫站在离岸十数丈远的船上,望着项羽,指手画脚地嬉笑。项羽见他那模样,知道自己上当了,气得浑身发抖。他执起长枪,猛地向那家伙奋力掷去,只听见渔夫"妈呀"怪叫一声,人仰船翻,葬身水中。此时项羽身前身后,里三层、外三层,围满了刘邦的将士,刘邦的宠将韩信也慢吞吞地像公鸭挪步,踱上前来。项羽与之力战一刻,眼前横尸数百,而自己也遍身是伤,鲜血染红了战袍。他想到自己南征北战十多年,最终落得个亡妻失马、孤身一人,觉得无脸去见江东父老,遂拔剑自刎于乌江边。后人就把这渡口叫"乌江渡"。中国著名书法家林散之曾题诗云:

寂寞重瞳子,春风感在今。
横阶青长草,渡岭白云深。
壮士两行泪,美人一寸心。
至今江上水,呜咽作哀吟。

● **霸王庙会**

过去,乌江老百姓为纪念霸王,就把每年的农历三月初三定为霸王庙会。到了这一天,人们抬着霸王檀木雕像,拖着龙舟,张灯结彩,敲锣打鼓,出游周围村镇。每到一村镇,群众累千上万,尾随其后,烧香叩头,祈拜霸王保佑有个好年成。这时,如果发现霸王木像额部有汗,那就预兆着当年必有水灾,那方圆十几里的男女老少,都纷纷赶来,为霸王擦汗,为霸王挥扇扇风,求其汗水早点干,让人民少受点灾。据传,清朝道光二十九年(1849年)和民国二十年(1931年),霸王木像头上汗流如雨,那两年,果然都发了大水。

● **霸王神钟**

霸王庙正殿西侧,原悬有一口古钟。据传,明代万历年间,重修的霸王庙刚刚竣工,夜里便狂风暴雨持续到了天亮。瓦工木工一觉醒来,发现不知从哪儿飞来一口神钟,庙里和尚就把它系在了钟架上。每年除夕,老僧夜半起床诵经后,即撞钟三十一响。每撞一响,要间隔一分多钟。钟声宏亮,响彻云霄,胜过附近的广圣寺钟声。有人问及为何钟要撞三十一响,和尚讲:"项羽在乌江自刎,时年仅有三十一岁,所以撞三十一响!"后人有诗记其事:

大地冰封雪满天,人间除夕不成眠。
乌江江上霸王庙,夜半钟声万里传。

● **石狮护宝**

霸王庙大殿前原有石狮一对,雄踞大门两旁,神态威武,体骼匀称,肤色青黑,纹理细腻,其雕刻之精美、造型之奇特,令人叹为观止。相传,在明代末叶兵荒马乱,有歹徒夜间盗走霸王冠上宝珠,走不到半里,被石狮追到。石狮大吼三声,惊醒庙内大小和尚。和尚们闻声前来捉拿盗贼。盗贼还想逃跑,石狮用嘴咬

住贼腿不放。大小和尚赶来,歹徒不得不将宝珠归还庙内,并向霸王磕头请罪。乌江有人叹曰:

> 韩信无情王有道,石狮有义人无知。

可惜的是,在"文革"的十年浩劫中,霸王庙前的石狮未能幸存下来。

望梅止渴的故事

翻开《三国演义》,有曹操望梅止渴的故事。关于这个故事有不同版本,其中一个版本说这个故事就发生在含山县境内的梅山。因此,含山县的梅山名闻遐迩,自古至今游客不绝。

从含山县城出发,往东南行五里就到了梅山(唐天宝年间称为"栖霞山")。这座山北麓的乌龟坡,就是当年曹操挥师下江南、士兵望梅止渴的遗址。西行约二百步有一鸣玉洞,洞内幽深,洞口石嶂峭拔,宛如石帘挂在此间,所以又叫"石帘洞"。洞内终年流泉有声,似众鸟和鸣。遗址东侧是梅山庵,坐南朝北与梅山顶峰相对。庵门上有一副对联,上联是:"门对梅山龙虎地",下联是:"户绕洞水降仙池"。庙宇四周藤蔓绕壁,竹木掩映,显得非常恬静,向有"晴云穿斗汉,萧寺结烟萝"的名声。宋人韩驹有诗赞曰:

> 寺门岑寂知何许,老树千岩万壑开。
> 待得梅山梅子熟,不辞先寄一枝来。

几经沧桑,这里的梅林已不存在了,但是,"望梅止渴"的故事依然流传人间。据《历阳典录》《舆地胜记》和《世说新语》载:197—207年,曹操击败北边乌桓,一举消灭了袁绍、袁术,统一了北方。次年,曹操凭借逐渐强大的实力,兴师十万大军从许都(许昌)出发,南下伐吴,经过界首、合肥、昭关,大军到达梅山。士兵口渴难忍,曹操坐在马上打开地图一看,乃令曰:"前有大梅林,饶之甘酸,可以解渴。"士卒闻之口皆出水,军心振奋,得以继续前进。

宋朝大诗人王安石写有与此事相关的诗句:

> 将军马上设良谋,遥望青山指梅树。

明朝诗人戴重亦有记此事的诗篇:

> 千里吴江春水深,许君饮马望江浔。
> 空山花树无人迹,枉被曹瞒指到今。

后人为了传留望梅止渴的典故,就在遗址上建造了一座止渴亭。清嘉庆十八年(1813年)重修时,和州州守胡永成还作了《止渴亭碑记》,现俱不存。但是,梅山乌龟坡的石壁上刻的"曹操行师至此,望梅止渴"十个大字,虽经风雨剥蚀,字迹仍可辨认。从山的北坡,沿着一条游蛇般的小路攀缘而上,穿过山中部苍翠挺拔的松林,向梅山顶峰望去,梅峰塔矗立在它的西南。这座砖建的古塔,塔顶书有"贯月参天"四个大字。塔身南半壁被雷击倒塌,残留北半壁向西倾斜。古塔建于何年已经无法查考。千年一瞬,今天的梅山,亭塔已无迹可寻,但"望梅止渴"一说,却流传下来,并作为成语收进辞书,给后人许多启迪。

点将台与散马滩的来历

在含山与无为、巢县三县交界处的东关(现属含山县林头镇)有一座高约二十米的大土堆,土堆顶是一块平地,面积大约有半个足球场大,远看像一座小山,原来的东关公社中心小学就建在这个土墩上面。当地人称这个大土堆为"神墩",又称之为"点将台"。"神墩"西北面有一大块平平整整的空地,足有几千亩地的面积。当地人称这块地为"散马滩"。关于这两个地方,当地老百姓有许多传说,总之都与三国时期魏吴两国对垒有关。

传说三国时期,这里是曹魏政权和东吴政权的交界处,也是两方经常打仗的地方。有一次,东吴与曹魏又开战了。先是曹操率军南下进攻,而东吴方面早有防备,来了一个大反击,打得曹操部队抱头鼠窜。曹操一口气跑到当时叫"濡须坞"的东关。前面是一条大河,就是现在的裕溪河,又叫"运漕河",当时叫"濡须水"。匆忙之间,曹操未准备渡河的船只。后有追军,前有拦路的河流,情况十分危急。情急之下,曹操想出一个主意,他叫每个士兵手抓一把土,然后听他的号令,集中向一处扔去。他在心中默默向上苍祷告,说:"如果天不亡曹,就让士兵扔出的土,立即长成一座小山,挡住东吴军队的追路。"默默祷告完毕,他下令:"扔土!"于是所有士兵纷纷向他手指的地方扔出一把土。说来也怪,就在一瞬间,扔土的地方长出一座小山,而且,顷刻间大雾迷漫。东吴的军队追到这里时,被挡住了视线和去路,不知曹操的人马到哪里去了。就这样,曹操的军队躲过一劫。原本是平地,忽然出现一座小山,当地人感到不可思议,于是就把这座突然长出来的小山称为"神墩"。这正是:

撒土成墩神奇事,天不灭曹浓雾起。

东吴军队在"神墩"周围转来转去,不见曹操军队踪影,看看天色将晚,孙权就命令军队就地安营扎寨。他将自己的统帅部安置在"神墩"顶上。于是后来人们又称这个地方为"点将台",用现在话说,就是司令部驻地。"神墩"西北面是一大片开阔地,正好可以在这里练兵演习,于是孙权命令部队在这片开阔地上安营。以后部队经常在这里遛马训练,当地人就称这块地为"散马滩"。

话说曹操军队躲过一劫,随后退居濡须水之西,也就是现在无为县七宝山那一带,在那里安营扎寨。于是曹魏政权与东吴政权隔河对垒。两军经常发生战争,互有胜负。总体上看,曹魏势力较强,东吴方面处于守势。

由于曹操军队驻扎在濡须水之西,人们就将那个地方叫作"西关"。而东吴军队驻扎在濡须水之东,于是人们就将这个地方称为"东关"。"西关"地名早已湮没无闻,而"东关"地名却一直流传下来。以前东关是含山县的八大镇之一。21世纪初,撤乡并镇,东关镇并入林头镇,只保留了社区一级组织。虽然作为镇东关已不存在了,但东关的戴氏骨科和东关的"老鹅汤"却闻名遐迩。东关的"神墩"也就是"点将台"依然屹立在无、巢、含三县交界处,"散马滩"尽管因历代垦荒而面积大大缩小,但也还有一两千亩的规模,只是每到夏汛时节,会被裕溪河水淹没。

李白跳江捉月骑鲸升天

李白跳江捉月、骑鲸升天的传说广为流传。早在五代时,王定保《唐摭言》云:"李白着宫锦袍,游采石江中,傲然自得,旁若无人,因醉入水中捉月而死。"宋代诗人梅尧臣也有诗描绘李白跳江捉月:

> 采石月下逢谪仙,夜披锦袍坐钓船。
> 醉中爱月江底悬,以手弄月身翻然。
> 不应暴落饥蛟涎,便当骑鲸上青天。

马鞍山采石一带关于李白跳江捉月、骑鲸升天的传说即本于此。这一传说反映了人们喜爱李白、怀念李白的心理。人们不愿看到李白平平常常、窝窝囊囊地死去,而是希望他以浪漫的、传奇的方式离开人间。"跳江捉月"也符合李白一生喜欢月亮的性格,具有独特的审美意蕴。

传说的故事情形大概是这样的:李白晚年定居在当涂,他特别喜欢采石江边美丽风光,经常身穿宫锦袍到采石游览。在一个月光皎洁的夜晚,李白喝醉了,手持酒杯醉醺醺,步履不稳,歪歪倒倒来到江边欣赏风光。边走边吟诵着:

> 绝壁临巨川,连峰势相向。
> 乱石流水间,回波自成浪。
> 但惊群木秀,莫测精灵状。
> 更听猿夜鸣,忧心醉江上。

走到捉月台那个地方,他先仰头望月,举起酒杯,向空中的月亮敬了一杯酒,然后自己又喝一杯。这叫"举杯邀明月,对影成三人"。他觉得这样喝酒很痛快,便反复地敬、反复地喝,直至酩酊大醉。忽然他低头看到江水中月亮的倒影,于是连连呼喊:"不好了!月亮掉到大江里去了,快来救啊!"无人应答。李白自言自语道:"怎么没有人呢?看来只有我来救了。"于是他赶紧扔掉酒杯,揽起衣襟,纵身一跃,跳入大江,轰的一声,溅起一圈大大的水花。李白乃天上太白金星下凡人间,所以他这一跳,惊动了天上玉皇大帝。玉皇大帝闻讯赶忙命令水神将李白救到天上。于是水神派一条得道成精的大鲸鱼来救李白。稍顷,忽然水面分开,李白骑在一头大鲸鱼身上飞腾起来,扶摇直上,向月宫奔去。李白进入月宫后,鲸鱼重返江中。但匆忙之间,李白的宫锦袍和纱帽弄丢了。第二天,当地老百姓知道了这件事,就赶到江边寻找,将找到的宫锦袍和纱帽葬在江边,成为衣冠冢,后来人们常常来此凭吊李白。

李白采石月夜诲后生

采石依山傍水,山光水色无比秀丽,是江南名胜地。唐代大诗人李白晚年经常在这里盘桓流连,并留下许多传说故事。李白月夜诲后生就是其中一个。

某年一个深秋的夜晚,一轮皎月当空照,江面波光粼粼,一艘客船缓缓溯江而上,停泊在采石矶旁。后生孙维祺站在船头不住地长吁短叹,只因他赴京赶考未中,乘船返回故里,一路上郁郁寡欢。

这时,上游驶来一只小船,泊在客船旁边。小船上坐着一位长者在边饮酒边赏月。当他听到阵阵叹息,便说:"如此良宵月夜,不知何人这般伤感?"

孙维祺转身一看,见是一位和蔼可亲的长者,便拱手致意:"老人家,我有满腹难言的苦衷啊!"

"噢,能否告诉老朽一二?"

孙维祺苦笑着说:"哎!老人家,我吃尽千辛万苦进京赶考,谁知竟名落孙山!我十年寒窗读书苦,一朝落榜失意归。哎,愧对父母祖宗啊!"

老者听了不禁哈哈大笑,说:"青天虽高,但鲲鹏可以展翅;金榜无名,来日发愤仍会夺魁。后生家,来日方长,不要悲伤。来,来,来,陪我饮酒吟诗如何?"

孙维祺仔细端详,见老者举止潇洒、谈吐不凡,顿生敬意,于是便跨过船来,坐到老者对面。老者举杯一饮而尽,说:"后生家,咱们吟诗,你先吟一句如何?"

孙维祺略微思考,便口出一句:"月白风清夜如何?"
老者接着吟道:"谯楼鼓打二更过。"
孙维祺:"有朋正好联佳句,"
老者:"无酒焉能作好歌。"
孙维祺:"皇榜无名枉费力,"
老者:"脚底有路莫蹉跎。"
孙维祺:"先生教诲如日月,"
老者:"别君莫道不尽欢。"

二人吟罢,孙维祺感到心情十分舒畅,便起身感激地说道:"老人家,感谢您的开导。今日幸会,我领略到您的博大无穷,也知道自己的狭隘可笑。我一定牢记您的教诲,继续力求上进。"老者也起身叫船家起航。分手时老者说:"他年恭候佳音!"孙维祺满怀信心地点点头,看着渐渐远去的小船,一种依恋之情油然而生。

两只船相距越来越远,孙维祺忽然听到江面上传来一阵朗朗吟诗声:"余亦能高咏,斯人不可闻。明朝挂帆席,枫叶落纷纷……"他猛然醒悟,这不是诗仙李白吗?他连连高呼:"翰林先生!等等我!"可是小船正顺流而下,已经去远了。

张籍与桃花坞

张籍是中唐杰出诗人,字文昌。他与白居易、元稹、王建等人共同发起"新乐府"活动,反映人民的苦难,在当时很有影响。白居易赞他"尤工乐府诗,举代少其伦"。他是和州人,少年在家乡苦读,后中了进士,但因为他很正直,官运一直不佳。在宪宗朝任太常太祝,一任十年,未得升迁。不但未升官,一次因为作诗还差点掉了脑袋。在和县流传的张籍与桃花坞的传说就与这次作诗有关。

相传唐元和十二年(817年)冬,宰相裴度平定了多年与朝廷对抗的淮西节度使吴元济。为庆祝此次大捷,宪宗大摆筵席,宴请满朝文武百官。席间,有人提议:凡叨恩者,都要吟一句尾缀"红"字的七言诗句,以示庆贺。出格者当罚。当时张籍身为太祝,是一个名秩低微的官,当轮到他出句的时候,"红"字差不多被前面的人用尽。张籍当时也有几分醉意,便信口吟出一句"柳絮轻斟玛瑙红",以此搪塞。不料,有一个专事落井下石、谄媚取宠的家伙,当场向宪宗奏道:"我主洪福齐天,四海归附。然柳絮,色固白,白为丧。太祝吟句,意在诅咒皇上,罪该万死。"此时宪宗酒喝得昏昏然,闻听此言,勃然大怒,喝道:"小小太祝竟敢诅咒朕!来人,将他推出去斩首示众!"几个武士一拥而上,就将张籍向门外推去。在场的文武大臣一个个吓得目瞪口呆。

韩愈是裴度麾下的行军司马,亦是此次平淮大捷的有功之臣。他对张籍的人品、学识极为赏识,便不顾个人安危,起身进谏道:"启禀陛下:喜庆之日不宜杀戮。况张太祝乃饱学之士,吟句当有来处,绝非信口雌黄。请陛下当场问个明白,他如讲不出来龙去脉,再行治罪不迟。"裴度也从一旁力谏。宪宗见他们言之有理,便传旨将张籍赦了回来。张籍惊出了一身冷汗,酒意早就飞到九霄云外。他镇静了一下,说道:"今日喜庆,微臣早有祝词在胸。所吟律句乃诗中成句,全诗虽不敢妄称上乘之作,但也不落凡俗。"宪宗道:"既然如此,快将全诗吟来!"

在场的人都为张籍捏着一把汗,而张籍此时却是神态自若。只见他略微思索了一下,便不慌不忙吟出四句诗来:

四海升平承主恩,桃花柳絮醉春风。

桃花酿就胭脂色,柳絮轻斜玛瑙红。

吟罢,他解释道:"臣少年在家乡和州郡桃花坞攻读,坞里有千棵桃树,万株杨柳。每当春深,桃花怒放,艳似朝霞,柳絮随风轻舞,在桃花辉映下,灿若红色玛瑙,因而有此吟。"宪宗听了,觉得他讲得很有道理,遂龙颜大悦、拍案称妙,特赦张籍无罪,并破格擢为秘书郎。

好一个才思敏捷的张文昌,不仅躲过一劫,反而因祸得福。其实他的读书处并无桃花,更无桃花坞的雅称,所吟咏之诗、所描绘之景,都是他凭借超人才华,利用申辩瞬间,急就而成。嗣后,为防追究,张籍特遣心腹,昼夜兼程赶回和州,嘱咐家人在读书处周围抢种桃树和柳树,命名为"桃花坞"。

人以文名,山以林秀。后来在和州大西门外岗峦上真的有了一大片桃林,周围溪流旁杨柳成行。这就是游览胜地——桃花坞。桃花坞伴随着张籍的诗名而名传遐迩、延续古今。

常遇春大战采石矶

在采石公园内,沿燃犀亭西侧的盘山石阶扶铁链而下,即可见到一块巨石,一端插入山崖,一端悬空横出,飞临江面。巨石边沿有一只一尺八寸长的大脚印,脚后跟处,岩石竟被踩掉一块。不论立于何处观看,都像一只巨人的脚印。据传这只脚印就是明朝开国大将常遇春留下的。

元末群雄割据,义军风起云涌。朱元璋率领起义军攻滁州,战采石,直指集庆(今南京)。而采石之役,是朱元璋所领导的农民起义军转危为安的重要一战。

采石是集庆的天然屏障,攻集庆,必先取采石。

那天一早,天刚放晴,红日当空,朱元璋的船队乘风破浪,直趋采石。船刚出江口,大将廖永安前来请示:"大军过江,船在何处登陆?"朱元璋回答:"对岸的牛渚矶前临大江,是登陆的好地方。"

这时江面上刮起了阵阵北风,船借风势,像飞一样破浪而来,很快靠近牛渚江面。但是,使朱元璋万万没有想到的是,这时的牛渚矶上,元军把守得像铁桶一样严密,守矶的元朝大将蛮子海牙,手执兵器站在矶上,要和朱元璋决一死战。

朱元璋把战船一字摆开,向部下高声问道:"谁能最先登上采石矶,我封他为正先锋!"

年轻的将军郭英应声而出,领着人马,冲到矶下。就在他正要率军登矶时,只见矶石上箭如雨注,士兵纷纷落水。在这紧要关头,朱元璋的副将常遇春驾船来到面前,朱元璋把手一招,对常遇春说:"常将军来得正好,你不是要夺头功、争先锋吗,现在正是机会!"

朱元璋随即将令旗一举,只见常遇春大吼一声,左手执着盾牌,右手举着长枪,飞身一跃,一脚踏上矶石。他同时挥动长枪向敌阵刺去,所向披靡,无人能挡。这时,郭英、胡大海等战将在朱元璋的指挥下,一拥而上,刀劈剑刺,将元军杀得仓皇而逃。结果是朱元璋领导的农民起义军大获全胜。

现在采石矶下的景点"大脚印",就是当年常遇春登矶时用力过猛踩下的。采石一战,常遇春威名远扬。朱元璋也不食言,当即封他为正先锋,后来对他十分倚重。常遇春也不负朱元璋所望,为明王朝的建立屡立战功,成为开国大将之一。

采石地名的来历

采石矶原来叫"牛渚矶"或"牛渚山",后来怎么改称"采石"的呢?这与一尊石香炉有关。

很久很久以前,在牛渚矶有座庙,那就是广济寺。广济寺初建的时候没有水井,僧人们要到附近江里取水。路远,很不方便,而且缘着崖壁上下也不安全。到了三国时候,也就是吴赤乌年间(238-250年),新来了一位当家和尚。这个当家和尚决定带领寺里僧人自己动手打一口井,井址就选在寺门前。那时候打井没有机械,全靠人力。众和尚轮番上阵,有的用锹挖,有的用镐刨。挖着挖着,忽然"当啷"一声,一块石头冒了出来。这可不是平常的石头,而是一块五彩斑斓的石头。尽管刚出土,石头上还沾满泥巴,却仍然放射出夺目的光彩。挖井的僧人们又惊又喜,赶忙将这块五彩奇石捧到庙里给当家和尚看。当家和尚也很高兴,认为这是一个吉兆。于是命人将这块五彩石头洗得干干净净,然后请工匠把这块石头凿成一尊香炉供奉于神台上。从此,寺院里终日光彩满堂,壁生金辉。附近老百姓听说有这稀罕物,纷纷来庙里观看。庙里香火人气比以前不知增加了多少倍。这件事越传越远,几十里的人们都知道牛渚矶上出现了一块神奇的彩石,日久天长,人们就把牛渚矶改称"采石矶"了。

后来这尊由五彩奇石凿成的香炉在兵荒马乱年代弄丢了,但挖出那块五彩奇石的井还在。那就是位于现今广济寺山门前的赤乌井。有喜好古玩的人又从附近山上拾取了一块五彩斑斓的石头重新凿成一尊香炉,只是这尊石香炉不再放射光芒。这尊香炉现在还陈设在采石太白楼里。

"三元洞"名称的由来

逛采石公园的人一般总会去游览三元洞。三元洞洞口在蛾眉亭西侧,面对大江,上有飞檐门楼耸立在悬崖之上。进门后沿着曲曲折折的磴道而下,可在洞中探幽，别有风味。洞分两层。上一层离江面五六米，有茶楼，可凭窗边饮茶边观江景。下一层曲折盘旋经过几个半圆形凹洞可直抵江面。如果乘船从江上回看三元洞，则又是一番风光，但见一座弯弯曲曲的黑瓦廊桥如游龙盘旋在崖壁之上。三元洞是采石公园内一处著名景点，被游人称为"江南胜景"。

三元洞能有今天这样的规模与名气，源自一个动人的传说。相传在明代，有三个湖南秀才进京赶考，行船途经采石江面，忽然天色转暗，他们有点担心，怕有风雨将至，但又想多赶点路，好早日到京。正在犹豫之时，隐隐听到岸边有一个老者在呼喊他们的乳名，喊声既急迫又亲切。他们便循声而去，发现岸壁间有一洞口，立着一位银须老翁慈眉善目，正在向他们招手。他们感到很奇怪，遂准备靠岸看个究竟。等他们将船靠拢岸边，跳下船朝老翁站立处走去，忽然一道青烟腾起，老人不见了。这时，江面狂风大作，暴雨倾盆，波浪连天，其他船只均被风浪吞没，唯独三人幸免于难。三人暗暗称奇，以为遇到了活神仙，便双手作揖向空中祷告，一感谢神仙搭救之恩，二来还请神仙保佑此番赴京考试得中，并许愿回来之日一定备香烛鞭炮感谢，如能高中，还要在此建阁祭祀。后来三人进京应试皆中，一人为状元，一人为探花，一人为榜眼，俗称"三元"。三人为感谢老翁搭救之恩，在做官之后返乡祭祖的途中特地相约再到采石，捐资在当初避风浪的洞口修建了亭台楼阁，颇为壮观。因是"三元"所建，故人称"三元洞"；因三人后来又都当了官，所以又叫"三官洞"。

"三元洞"得名的另一传说是：清康熙年间（1661—1722年），僧人定如云游四方，当他来到采石江边，看到这里临江有洞穴，清幽绝俗，心生欢喜，遂率众僧供奉天、地、水三元神位于此，并在洞口建立楼阁和庙宇。后来游人常来此游览并进香朝拜，于是这里便成为游览胜地。

昭明太子与慈姥山

昭明太子萧统是梁武帝萧衍的儿子，自幼就喜爱读书。他嫌在当时的都城建康（今南京）应酬多，不安静，一心想走出建康城，找一个安静的读书处。于是，他离开建康城，溯江而上，来到了离建康城八十多里地的当涂境内，看到今天的金家庄区紧靠大江处有一座如同卧猫的小山（当地人称"猫子山"），山上树木葱茏。他觉得这里很好，既安静，离建康城也不远，要是有事回去也很方便，于是就在在这里造房起屋，读书选文。

不知不觉，十年过去了，由于刻苦攻读，劳累过度，他的视力越来越差，身体状况也不太好。他的母后得知，心疼万分，决定亲自去把儿子接回来。母亲来到山上，提出要带他回去，萧统这时正在编选《文选》一书，尚未完成。他向母后请求宽限一些时日，等书编好了就回建康。可是母后爱子心切，一再要求太子立刻同她一道回京。昭明太子萧统为表明决心，顺手从桌上拿起刚用过的竹筷，跑到门外，往土里一插，含泪对母亲说："如果能让竹筷长成竹子，我马上随母亲归去！"

筷子怎么能长成竹子呢？母亲一着急，竟伤心地哭出声来。母后哭得十分悲痛，哭声越来越大，被玉皇大帝听见了。玉皇大帝问明此事，被这人间母爱深深打动，传令让那些插在土里的筷子很快长成了一竿竿青竹。太子见了，大惊失色，感到这何止是母亲的召唤，分明是天意，于是星夜随母后赶回建康。

后来，人们便将这长得像筷子一样的青竹称为"慈母竹"，而将这座山称作"慈姥山"。

据说萧统随母后回京休养了一段时间，身体渐渐恢复了健康，视力也有所好转，可他始终放不下读书、编书的事。后来他征得母后同意又到别的幽静地方读书、编书。经过长期努力，他终于读遍天下书，并从中选出最好的文章，编成《昭明文选》一书。这本书成为当时读书人手边必备的读本，凡是把《昭明文选》读懂读透的人，考中秀才乃至举人，都很有把握，所以古代读书人常说"《文选》烂，秀才半"。

姑孰溪得名由来

当涂县城南有一条静静的小河从城边流过，这条小河名叫"姑溪河"，古时叫"姑孰溪"。"姑孰溪"名称的来历因何而起，"姑孰"二字的含义又是什么？当涂民间有这样的一个传说：相传东晋时，北方的五个少数民族，割据混战，中原人们苦于战乱，只得向南方流亡。有一批难民，逃难来到当涂。一天，有一位年轻美貌的姑娘，身穿素白衣裳，来到河边，一边浣纱，一边低声哭泣。过路的人关切地问她为什么忧伤，她什么也不说，却趁众人不备，突然纵身入水，杳然而逝。当时人们只看到这个姑娘悲伤的模样，却不知道她的姓名和身世。路人都互相询问："这姑娘是谁？"随后又有很多闻讯而来的人都问："姑娘是谁？"这条小河本来没有名字，从此，人们就把这条淹没浣纱姑娘的小河，取名为"姑孰溪"，"姑孰？"就是"这姑娘是谁？"的意思。大概那个时代人们用的是文言，"这姑娘是谁？"用文言表达，便是"此姑孰人？"简称"姑孰"。年长日久，"姑孰溪"又就被人们称为"姑溪河"了。唐代大诗人李白寓居当涂时，深深地爱上了姑孰溪。他写的《姑孰溪》诗中有两句写道：

何处浣纱人，红颜未相识。

这是对那位投水姑娘的叹息。我们可以想象，那位姑娘一定是与家人在流亡路途中失散了，也许全家人都死于逃难中。那天她可能是看不到与家人团圆的希望，因思念家人心中悲切，一时想不开便投河自尽了。这应是一个历史悲剧，从这个悲剧中，我们可得到一点启发，那就是我们应珍惜和平安定的美好生活。

含山县仙踪镇得名由来

　　含山县南有运漕镇，北有仙踪镇。两个镇都是历史悠久，其中仙踪镇始建于隋唐年间，距今已有一千五百多年历史。仙踪镇因有"仙家"多次来此云游，留下多处踪迹，故得名"仙踪"，因此仙踪镇也流传着许多神话故事。

　　相传在远古时期，仙踪地域一片水泊沼泽，野生动物繁多，其中有九条巨龙盘踞在这一区域，经常翻江倒海，闹得这里不得安宁，若不歼灭，仙踪这一带将演变成汪洋大海。

　　当地土地神赴天庭作了汇报。玉皇大帝得知情况后，发布圣旨，指派天将下凡，限期三月内斩除九龙，为民除害、造福一方。这位天将携带宝剑奉旨下凡，来到仙踪地面，四方寻找恶龙踪迹，找了五十余天不见它们的踪影。眼看限期快到，天将心急如焚。

　　一天中午，天将来到仙踪遇仙塘（即大官塘）北边石丘处，突然腹痛便胀，就此蹲下欲行方便。他随手将宝剑插入地下，不料地下喷出一股血浆直冲云霄，鲜血染红北边黄桥岗。据说这是一条土龙蛰伏在地下，它是被天将解大便时无意中斩死的。

　　"斩死土龙气死石龙"，这句民谣一直流传至今。说的是土龙被杀，盘踞在降福庙后面石龙口的一条石龙闻讯后，又气又怕，竟然不斩自亡。其他七条害龙也都惶惶不安，纷纷从蛰伏很深的地下钻出来，企图寻机逃走。天将睁大眼睛，一发现苗头就跟踪追击。边追边杀，一直追杀至现今到骆集方向的斩龙岗才将最后一条恶龙斩杀。九龙被全歼后，天将如期回天庭向玉皇大帝复旨。

　　九龙死后，在当地留下一些遗迹。现今在黄桥岗下的遍地红砂据说就是"龙血"染成的。原先大官塘天然石丘上遗留有"仙家茅坑"，坑两边有神仙天将蹲下方便时留下的两只脚印，现今六十岁以上的老人在孩童时都去试蹲过"仙家茅坑"。这些都是仙人留下的踪迹。仙踪镇得名也就源于这些神话传说。遗憾的是"仙家茅坑"和天将脚印，中华人民共和国成立后因兴修水利造溢洪闸时被破坏了，人们现在已看不到这些"仙踪"了。

丁令威化鹤成仙

　　道家有"十大洞天"、"三十六小洞天"和"七十二福地"之说，其中的第十四福地便是"灵墟"。许多人不知"灵墟"地在何处，有的人以为是今天浙江的天台山，其实真正的第十四福地灵墟在江东姑孰，即今日当涂县城东约三十里的灵墟山。灵墟山之所以在道家神仙体系中占有一席之地,是与丁令威在此修行得道、化鹤成仙的传说有关。

丁令威,姓丁名威,汉末辽东人,曾任泾县县令,人称丁令威。他本来就有一些道术,相传他常跨竹龙巡游四方。一次来到灵墟山,看到这里松萝密布、桃红杏白、烟霞缭绕,有泉石之胜,便决定在此修炼。他辞去官职、告别家人,来到灵墟山结茅而居,架炉炼丹,经过若干时日,丹成,服用之后化为仙鹤。丁令威化鹤之后,终不能忘怀故土及家人,于是飞往家乡辽东。他以鹤形停歇在辽东城门华表柱上。时有少年,举弓欲射之。鹤乃飞,徘徊空中而言曰:

　　有鸟有鸟丁令威,去家千年今始归。
　　城郭如故人民非,何不学仙冢垒垒?

遂高飞入云,不知所终。

唐代大诗人李白,怀才不遇,求仙问道,膜拜丁令威。他在当涂曾写下《灵墟山》诗一首:

　　丁令辞世人,拂衣向仙路。
　　伏炼九丹成,方随五云去。
　　松萝蔽幽洞,桃杏深隐处。
　　不知曾化鹤,辽海归几度。

姑孰灵墟山是道教"羽化成仙"传说的发源地,道教遗迹众多。古代,灵墟山香火鼎盛、萦山绕林,山上有修真观、太乙殿、望湖亭等建筑,有"洗鹤池"、"炼墩"等古迹。后人还总结出灵岫朝烟、仙洞闲云、炼溪新涨、凤竹晓月"灵墟四景"。如今,仙洞仍在,山椒坛址犹存,"洗鹤池"、"炼墩"依稀可辨。山的西南方,洞口所对台地,有"洞阳"古地名沿袭至今;山的东南方,沿炼丹河而下,留有丁仙桥、炼丹村、八卦圩等道教遗迹。

和合洞及和合二仙

和合洞位于当涂县姑孰镇凌云山西麓,在距旧县城东南角三里处的姑孰溪边。和合洞原为明代嘉靖年间(1522—1566年)所建,洞宽近两米,深近六米。洞前垒石为门,上刻"和合洞"三字,阴文楷书。洞门前建一亭。相传此洞为和合二仙隐居之处,洞内供奉的就是和合二仙。以前这里香火颇盛。"文革"时期因开山采石等原因,和合洞遭严重破坏。现在的和合洞是在原址上重建的。在当涂有关和合二仙的传说甚多。故事的大概情节是这样的:

从前姑孰城东门外有个大塘,塘里有个黑鱼精。据说黑鱼精专门吃人的影子,它把哪个人影子吃掉了,那个人就活不成。就这样也不知道害死了多少人。

有个老头子,他家有个女儿。一天,他女儿从塘边走过,回家后就昏昏沉沉，不吃不喝。别人告诉他，肯定是被黑鱼精吃了影子，这个事情不找张天师不行。老头子就这么一个宝贝女儿，这下他可急坏了，赶紧跑去找张天师。

经过左打听右询问，老人终于找到了张天师。张天师对老头子讲："这个事情不要找我，当涂有和合二仙。他们道行深得很，你去找他们吧。"张天师还告诉他，这和合二仙天天清晨从东门桥头那儿过。老头子问和合二仙长得什么样子，张天师说和合二仙"头顶绿盔，身穿赤甲，脚蹬金靴"。

老头子跑回当涂，天天清晨来到城东门桥头子上面等。他左等右等，怎么也没看到有什么人像张天师说的那样穿着的大仙，只看到两个小叫花子，鼻涕拉乎的，兜个红兜兜子，脚穿草鞋。一个头上面顶张荷叶，手里抓着荷花，一个带着讨饭的饭盒，接连着好几天，天天从桥上面过，边走边耍。

老头子心里想，莫非仙人就是这两个人。这天清晨，他跑到桥中间，又看到两个小叫花子来了。他一把拦住了这两个人，跪在地上不起来，说是哪怕自己死也要换回女儿的命。这两个小叫花子一开始嘻嘻哈哈，跟老头子打岔。后来看看实在没办法，就掐了两片菖蒲叶子给老头子，告诉他："明天是五月端午，天刚亮的时候，你把这两片菖蒲叶子，一片撂到塘里去，还有一片留到晚上枕着睡觉，就没事了。"

第二天天刚亮，老头子带着菖蒲来到塘边，一会儿就看到有个黑乎乎的东西在塘里窜。老头子吓坏了，赶紧拿出菖蒲叶子，惊慌之中一下子把两片菖蒲叶子一起甩到水塘里。塘里的水立刻翻滚起来，很快变得通红通红。老头子三魂吓得丢掉两魂半，掉过屁股就往家里跑。

回到家一看，女儿明显好转。到了晚上，女儿已露出了笑脸，老人开始放心了。晚上睡觉前，他才想起两位仙人要他"用菖蒲叶子枕头睡觉"的叮嘱。不好！我怎么把两片菖蒲叶子一起甩下去了呢？第二天清晨，他赶紧跑到东门桥去找和合二仙，可是接连几天，东门桥头根本就没有了二人的踪影。原来和合二仙本打算用第二片菖蒲将老头子杀死灭口，一来兑现老人以死救女的诺言，二来也防泄漏天机。结果掐指一算，老头子没死掉。天机不可泄露，两个人赶紧离开凌云山山洞。

有人讲这个山洞顺姑孰溪通苏杭两州。后来，人们就依两位仙人手拿荷叶、饭盒的"荷"、"盒"谐音把二位仙人称作"和合二仙"，把仙人遁迹的山洞叫作"和合洞"，并在洞中刻像供奉。

鸡笼山"三毛祖师"的来历

和县境内的鸡笼山是江北著名的风景区，也是佛教、道教圣地。在鸡笼山上有一个"三清殿"，据传供奉的是"三毛祖师"。这"三毛祖师"本是附近三个朴实厚道的农民。他们是怎样修炼成佛的呢？民间传说是这样的：

从前，在鸡笼山附近住着金佛、金乾、金坤兄弟三人，他们都忠厚老实、勤劳善良、相亲相爱，与四邻也相处得很好。他们父母早亡，三人都到了成家年龄，可是由于家境贫寒，又无父母操心，婚事也就无从谈起。

一天，老三金坤说："光是我们兄弟三人不像一个家。如果我们能买个老妈回家，帮我们看看门、洗洗衣服、料理料理家务就好了。"老大老二都很赞成，于是他们就到处说，想要有个老妈妈。

这事被观音菩萨知道了，她便装成一个要饭的老婆婆下凡到人间。这弟兄仨很可怜这个要饭的老婆婆，就把她当作妈妈请到家中来。观音菩萨到金家后，看这弟兄仨确实很老实，再看看他们的家也确实很贫穷，就对他们三人说："你们既然叫我做妈妈，家里任何事情就都要听我的。怎么样？"兄弟三人答应道："只要你愿意给我们做妈，我们什么事都听你的。"

这弟兄仨对请来的老妈妈很尊重，不让她干重活，有好吃的总是让老妈先吃，家里大大小小事情都由老妈做主。老妈教他们什么时候泡芽撒种、什么时候栽秧、什么时候耘草，他们就什么时候去做。他们出去干活回来，老妈总是先端水给他们洗脸洗手，然后端上香喷喷的饭菜。一家人相处得很融洽。

这一年到了秋收季节，稻子成熟了。老妈叫兄弟三人去收割，结果当年获得了大丰收，除交租交税外还有许多剩余。弟兄仨高兴得合不拢嘴，对老妈也就更加孝敬了。

老妈看兄弟仨乐成这样，也打心底欢喜。在和这三兄弟共同相处的日子里，她觉得他们不仅勤劳忠厚，而且心地都很善良，因此有心助他们成佛。

一天，老妈叫兄弟三人把剩下的料草用车子推上集去卖，她自己跟在车后走。兄弟仨不依，一定要老妈坐在车子上。老大老二在前面拉，老三在后面推，顺带照顾老妈。当车子来到鸡笼山脚下时，老妈要车子停下。老三问："老妈，有什么事？"老妈说："口渴，要喝水。"老妈这一讲，兄弟三人也都觉得口渴。可周围没有人家，到哪儿去弄水呢？老三说："鸡笼山上庙里有水，我去要一点。"老妈说："好！那你就快去吧！"老三答应一声就去了。

过了半晌，老三还没回来。老二说："老三怎么到现在还不回来？恐怕是在路上贪玩了。大哥，你照顾下老妈，我去看看。"老大和老妈点点头。老二一口气跑到山顶庙里，远远看到老三笑着坐在庙中一动也不动。他很生气，便拉着老三说："三弟，你坐在这儿倒清闲。老妈还等着你要水喝呢。"可是他怎么也拉不动老三，拉着拉着，自己拉累了，就紧挨老三左边坐下来，想歇口气再拉。可是这一坐下去就再也起不来，他也就和老三一样坐在那里。

再说老大在山下等候多时，不见二人回来，心里纳闷，担心出了什么事情。于是老大就对老妈说："二弟三弟到这时水还没弄来，我上去再看看，您可别走远啊!"老妈说:"行!你去看看,见到他俩要好好说,可不要打他们。"老大答应了一声,便一口气跑上山,一脚踏进寺内,看见弟兄俩坐在那里,就很生气地说:"老妈渴死了,你俩还坐在这里悠闲得很。快弄点水我们一道下山去。"说罢,他也感到很累,就往老二左边一坐,想休歇一会,可他像老二老三一样坐下去就不能动了。

就这样,老二坐中间,老大坐左边,老三坐右边,兄弟三人在鸡笼山庙里成佛了,这全是观音点化的结果。金佛、金乾、金坤弟兄三人成佛前"清白、清贫、清身",后人为了纪念他们,就在鸡笼山上兴建了"三清殿"供奉他们,并称他们为"三毛祖师"。

褒禅山摇钱树的故事

在含山县城东北十五里处的褒禅山华阳洞西有个三岔路口,一头通往昭关,一头通往褒北龙山,再一头就是通往华阳洞前的大道,往西可直至含城,往东可到和县。在这三岔路口有一棵大树,是过往行人歇脚纳凉的好地方。树下有一个茶棚,行人花上几文钱就能喝上一碗解渴祛暑的山里红茶。经营这个茶棚的是一个寡妇。过去,妇女出嫁后随夫家姓,她丈夫姓朱,人们也就叫她朱氏。她三十岁刚出头丈夫就生病去世了,留下四个儿子。丈夫在世时曾给四个儿子分别取一个单字为名,叫"忠"、"孝"、"节"、"义"。即:朱忠、朱孝、朱节、朱义。其用意是可想而知的。却不料"屋漏偏遭连夜雨,行船又遇打头风",没几年,二儿子又不幸生病夭折。朱氏擦干了眼泪,拉扯着三个儿子艰难地生活着。为了生计,朱氏就在三岔路口的树下开了个茶铺,向过往的商人和香客卖些茶水和食品,来维持生活。

朱氏很能干,又特别能吃苦。她平常起早贪黑种地、喂猪、养鸡、放鸭。在天气最热的时候,她就到三岔路口经营那个茶棚,随便让孩子们送一点剩粥冷饭充充饥就行。朱氏是个一心向佛之人,平时吃斋念佛,心地善良,待人和气。客人来到她的茶铺喝茶、买零食,她从不计较给钱多少,而客人们看着一个寡妇拖着三个孩子生活确实不容易,也不会少给她钱。就这样,朱氏茶铺经营得还不错。

转眼,三个儿子都长大了。朱氏陆续为三个儿子都盖了房子、娶了媳妇。打这之后,朱氏满心欢喜,觉得日子总算熬到了头,自己老了也有依靠。平常老人一个人单过,就在三个儿子三进大房后面搭了一个小棚子。她在身体好的时候不想麻烦儿子们,她要自食其力、独自生活。但逢年过节的时候,她总想和儿子们在一起,享受天伦之乐。可三个儿子及三房媳妇对朱氏却是不冷不热、不理不睬、不情不愿,谁都不想在逢年过节时把老母亲接回家。

那年三十晚上,三个儿子放完了爆竹,家家关起了大门过起了年,没有一个儿子喊老娘一块吃年夜饭。老人十分伤心，起初还以为三个儿子误会了，认为自己到其中某一家去过年了。于是她忍不住到大儿朱忠家门口听一听，大媳妇正在说："这个老东西，这些年不知挣了多少钱，都给那两个小儿子了。他们不喊她过年，还想推给我们啦？没门！"她知道大儿家是不会接自己过年了，于是到二儿子朱节家窗下听动静。听到二媳妇说："你家老妈过年应该先到老大家，或者由老小接回家，老小今年才结婚的。你两头一头都不是，就不要逞能了。"这里又没有希望了。她又轻手轻脚来到小儿子朱义洞房窗下，听到过门不久的小媳妇娇声娇气地对丈夫说："老婆婆过年，长子上前。今年是我们结婚头一年，把她一个老寡妇接到家里过年不吉利……"朱氏气得七窍生烟，转身回到自己的小屋里越想越气，越想越伤心，觉得自己被儿子们抛弃了，活下去没有意思了。她本想吊死在家里或撞死在家门口，又怕对子孙后代不好。思来想去，朱氏来到茶铺后的树下，她解下腰带，抛向树枝，打个活套，引颈向上，两腿将垫脚的石头一蹬，大喊一声："佛祖啊——"欲寻丈夫去了。只听"忽刺"一声，腰带断了，朱氏跌落在地，紧接着又看见刚才上吊的树枝猛地弹了起来。这一弹可不得了，只听得"哗啦啦"一片响声，似有东西掉落下来。朱氏定神一看，只见树下满地都是铜钱。朱氏转悲为喜，赶忙捡起铜钱来。她脱下棉裤蒙子，将两个裤脚一扎，就成了一个口袋，刚好装满一裤子。

第二天一早，她一一敲开三个儿子家的门，将这件事告诉了儿子、媳妇们。三对儿媳看到那黄澄澄的铜钱，一个个眼睛都发绿，争先恐后带上大口袋跑到三岔路口的树下，狠命地摇起树来。那树也发出一连串的"哗啦啦"的响声，可是落下的不是铜钱，而是暴雨般的砖头、瓦砾。三对儿媳被打得抱头鼠窜，可这些砖头、瓦砾仍追着他们猛砸，直把他们砸得头破血流，遍体鳞伤。这时朱氏急忙向天祷告："老天啊！感谢你赐福给我。儿孙不孝，当有恶报。我的三个儿子和媳妇，你已惩罚了。且饶过他们这一回。倘是不改，你再惩罚他们吧！"话刚说完，一切恢复正常。自此，三对儿媳浪子回头，争相赡养老母。朱氏和儿媳们又将摇钱树下得来的钱拿去接济村里的贫苦人家。最后，朱氏及儿媳们都平安、长寿、善终。正是：

　　善恶因果总有报，摇钱树下有神明。

白渡桥的传说

　　在和县南乡，因水系稠密纵横，故桥甚多，有功桥、姥桥、黄桥、白桥，有桃花桥、太阳桥、得胜桥、沉思桥……桥桥都有说道，桥桥都有一段耐人寻味的民间故事或美丽动人的传说。

　　且说那"白渡桥"（现白桥镇政府所在地），在当地就流传着许多不同版本的佳话。

一曰：在很久很久以前，这里来了一户姓白的人家，还带来了一条船。白家在两岸的河滩上种上五谷杂粮，农闲时就下河捕鱼。两岸居民要渡河，一喊，白家的人即到，渡人过河从不收钱。久而久之，人们都热情地称他为"白渡爷爷"。有一年夏天，一个电闪雷鸣的夜晚，白渡爷爷听见河对岸有人求救，于是他顶着风雨将船划到了对岸，原来是一产妇难产，急需到河对面请大夫。白渡爷爷二话没说把人接了过来，又送了回去。就在他返回的途中，一阵狂风掀起一股巨浪，白渡爷爷连人带船一同淹没在白浪涛涛的河流里。第二天清晨，风和日丽，一个新的生命平安地来到了这个世上，可是从那以后人们再也没有见过那位白渡爷爷。但白渡爷爷用自己的性命换取大小两条人命的佳话，一直在当地乡民中间流传着。后来人们为了两岸的物流方便，便在河道上架设了最简易的木板桥，为了纪念白渡爷爷，就把这个木板桥称为"白渡桥"。

再曰：原先这里有一大财主，横行乡里，无恶不作，两个儿子娶媳后，无一生养，那财主整日敬香求佛都不能如愿。一天，有一僧人上门化缘，财主忙送上银两求僧人施施"佛法"，请佛祖开恩送子。那僧人接过银两只说了声："阿弥陀佛，因果报应终有期。"遂转身离去。那财主苦思冥想后大彻大悟，决定悔过自新，痛改前非，行善积德。灾年时，他减了农户一些租息，并在河道上建了码头，买来两条船，请了船夫专门为两岸乡民提供出行便捷。那财主死后不久，他的两个儿媳果真生养了一男一女。两个儿子合计后决定在两条小船上放置木板，使之变成一座可分可合的浮桥，取名"白渡桥"，顾名思义，就是过河不要钱的桥。

自从有了浮桥，比起摇船摆渡自然要方便不少，但浮桥会阻断通航，一有船来就要将浮桥拆掉，好让船行。每天都要拆几次，既耽误船行，又耽误人行。又过了若干年，当地经济有所发展，涌现出一些富商大户，其中最有钱的是三家：一是开粮食行的八十五岁老汉葛玉圣，二是开槽坊的八十岁老汉王太文，还有一个就是三十来岁的郎中常继之。常继之因为医道高明，看的病人多，确实挣了不少钱，方圆百里都称他为"常二先生"。那两个老汉因为家私大，年岁也高了，都想做点好事，便产生造一座固定的石桥的念头。他俩经常在一起商量，后来拿定了主意，便请来常二先生。

这一天，二位老者把常二先生请到本镇最大茶庄"三祥居"品茶。在品茶的时候，不知不觉地扯到修桥的事。王太文老汉说："呔！我昨天夜里做了一个梦，一个白胡子老头站在我面前对我讲：'要想修桥，必是二老一少。'"葛玉圣老汉接过话头说："怪了！我昨夜也做了一个梦，和你的一样，也是一个白胡子老头对我说：'要想修桥，必是二老一少。'我把镇上的人排了一下，这二老只有我和你王太文了。"王太文接过去说："有了二老，还差一少。这一少是哪个呢？"说着，两个老汉都把眼光落到常二先生脸上。常继之是何等精明之人，他明知道这是二老串通好的，逼他捐款，他也不说破，也不推辞，自认是"一少"了。

于是由这二老一少发起，全镇的商贾百姓捐献造桥的银两，大概筹集了一半，不足的部分由他们三家包下。就这样，在二老一少主持下，一座长十丈、宽一丈六尺、高一丈二尺的三孔石拱桥横跨在河上，既方便了行人过河，也不妨碍河上船只通航。桥的两端刻有"白渡桥"三个大字，至今清晰可见。

三曰："白渡桥"的来历与唐代两位大诗人刘禹锡、白居易有关。他俩均出生于公元772年，交谊很深，唱和甚多，合称"刘白"。据史料记载，唐长庆四年（824年）春，白居易由夔州刺史调任东都洛阳太子少傅，途中想看望故友刘禹锡，便由屯溪经芜湖乘船至"天门山"，再坐马车来到牛屯河口（当时白桥只是个无名渡口）。这时刘禹锡早已等在南渡口迎接，老友相见，悲喜交加，看滚滚长江淘尽多少英雄，望隔江"青山"诗仙魂魄何处。在南渡口，他俩环顾片刻，便同乘一叶扁舟到达北渡口。下船后白居易随口吟道：

　　和州涨水少桥横，难得使君过渡迎。

刘禹锡会意后乃接吟道：

　　今有圣人波上踏，来朝或可地虹生。

吟罢，两人相视开怀大笑。后来刘禹锡为了纪念白居易和州之行，便将渡口命名为"白渡"。再后来，人们为了纪念两位大诗人给这一方水土带来的灵气，建造了坚固的石拱桥，名字依然叫"白渡桥"。

从人工摆渡，到简易浮桥，再到稳固的石拱桥，白渡桥可谓历尽沧桑，但这一切都成为过去了。20世纪80年代末，国家投资在石拱桥西建了一座钢筋混凝土结构的大桥。随着和县发展的需要和沈路的再次拓宽，第三座更长、更阔、更雄伟的钢筋混凝土结构大桥又已横卧水面。桥上人来车往，展示着现代生活的快节奏和富裕繁荣。然而，人们不会忘记有关白渡桥的古老传说。这些传说是祖宗前辈良好品德和热爱家乡、建设家乡的见证，它可以激励后人把家乡建设得更好更美。

半枝梅的传说

半枝梅，又名"宋时梅"、"雪艳古梅"、"丰山古梅"，位于和县县城西南四十里的功桥镇（原南义乡）丰山杜村。这棵梅花株高一丈有余，枝叶舒展，有十几张芦席大面积。梅花枝干呈铁色，花形似蝶，单瓣果梅，原先花色雪白如银，如今变成粉红。每当冬末春初，梅花怒放，香气馥郁，傲雪凌霜，四方游客纷至沓来，争睹其奇绝风采。丰山古梅，并非浪得虚名，而是名副其实的天下一奇。

相传，丰山半枝梅为北宋著名歌豪杜默（1019—1085年）亲手所植。杜默字师雄,和县人,骨秀神聪,幼读经史,博览群书,为北宋中叶诗文革新运动的先驱石介的得意门生,因善歌,故有"歌豪"之称。他曾在北宋京都汴梁(今河南开封)任秘阁校勘,与诗人欧阳修、石曼卿相处甚密。石曼卿之诗、欧阳修之文、杜默之歌,当时并称"三豪"。杜默生性疏狂豪放,倜傥不羁。他淡泊功名利禄,耻为五斗米折腰,乃风骨高逸的狷介之士。

杜默盛年辞官,挂冠归隐。离开京师前,他特意买了六株玉蝶梅,返乡后植于宅边竹篱之下,精心护理。后来枝叶繁茂,俨然成为一座规模可观的梅园。杜默闲来无事,常常邀宴宾朋,对梅把盏,赏梅吟诗,大有王羲之当年兰亭雅集之胜。杜默曾缘此赋诗三首,其中第二首为《植梅》诗曰:

手植梅花浪得名,梅花于我是门生。
幽香自足魁天下,清白由来效逸民。
铁干四重阴射日,瑶华万点雪飞晴。
何当烂醉呼兄弟,异姓梅翁结杜陵。

这首诗既赞美了梅花不同寻常的高洁品质,又抒发了自己亲近梅花、效法梅花的高洁品质,表现了一种陶渊明式的闲适恬淡、怡然自得的情操。

之所以叫"半枝梅",有三种说法:第一种说法,宋朝之后,普天之下玉蝶梅仅有三株半,半株即在这里。第二种说法,自杜默去世后,这里的梅花不再全树开花,年年半树轮流开花,今年南向开花,则北枝无花;次年北向开花,则南枝无蕊。人们猜测,花开半树,大概是表示对故去主人悼念之情。第三种说法与明代大画家戴本孝有关,而且颇具文人的浪漫色彩。

相传,明末清初大画家戴本孝几乎每年都要到丰山赏梅。一次兴起,面对梅花挥毫写生,可是怎么画也不满意。直到红日西沉,夜幕低垂,他仍在树下徘徊,凝神构思,迟迟不愿离去。说来奇怪,这是个大年初二的晚上,不知为什么,突然月亮从厚厚的云层里钻了出来,露出笑脸,把梅花枝枝叶叶投影到地上。此时疏影摇曳、暗香浮动,万花婆娑起舞,千枝轻拂低吟。戴本孝看得如痴如醉,急忙展纸泼墨挥洒起来。谁知刚画了半树,云翳剧涌,月亮匆匆躲进云层,四下一片漆黑。他只得手执半树梅稿,悻悻而归。然而这已经画好了的半枝梅花别具风姿,出神入化,深得众人称赞。半枝梅的传说也就不胫而走。

有关半枝梅的诗文佳话还有许多。 清乾隆三十八年(1773年),大学士朱筠在和州主考秀才。考毕,与和州知州刘长城到丰山杜村观梅,观后欣喜异常,建议重新修园建亭。朱筠说:"今三豪亡矣,越七百年,而杜先生手植之梅,岿然独存,梅亦豪矣。"遂以"梅豪"名该亭。亭建成后,朱筠撰《梅豪亭记》并铭,勒石成碑。现今亭、碑俱存,游人至此,赏梅阅碑,神游史海,也是一件雅事。

一品玉带糕的故事

相传,清朝道光年间(1421—1450年),和州梁山镇有个读书人叫鲍源深,他学习刻苦,后来参加科举考试,中了探花,奉旨任贵州学政。任职期满后,他向皇上请假回家修祖坟。修好祖坟,他要回京复旨。临行时,亲戚朋友自然前来送行。有一个朋友送给他三条雍家镇出产的糕点。他在路上吃了一条,觉得香甜可口,别有风味。还剩下两条,他舍不得吃,准备带到京城与好友们共同品尝。

回到京城,皇上命他给惠亲王的三个儿子教书。这惠亲王是道光皇帝的亲弟弟,惠亲王的三个儿子也就是道光皇帝的亲侄子。这三个皇侄都很贪玩,不肯下功夫读书。这鲍探花也就懒得去管。有一天,这几个皇侄跑到花园去玩,鲍探花乐得轻松片刻,便在书房打起盹来。几个小皇侄玩累了,也玩饿了,悄悄溜到先生的书房里翻箱倒柜找吃的。这一找还真找着了,竟把先生舍不得吃的那两条从老家带来的糕点找到了。他们打开一条,香味扑鼻,便不管三七二十一,抢着就吃。他们正吃着。忽然老师醒了过来,吓得他们兄弟三人连忙把剩下的糕点各人分了一点藏在衣袖里带回家。

放学后,三个小皇侄把剩下的糕点带到家里又拿出来吃。正吃着,惠亲王看到了,问明了缘由,觉得小孩子家顽皮,也未深责。他自己也品尝了一口,觉得味道确实好,从来没有吃过这样好吃的糕点。第二天退朝之后,惠亲王来到便殿,向皇兄道光帝说起吃糕的事,并且赞不绝口。道光皇帝听了,立刻传旨召鲍探花献糕。鲍探花赶忙将剩下的那条糕点献给了皇上。道光尝了一下糕的味道,感到此糕确实不同于一般糕点,有着特别的风味,与京城的糕点味道大不相同,便问:"鲍爱卿,此糕是哪个地方出产的?"

鲍探花回奏道:"我主万岁,此糕出于我的家乡和州雍家镇。"

皇帝又问:"此糕是如何制作的?"

鲍探花见皇帝追问,一时心慌,不知从何说起。忽然他想起雍家镇西边有个千棵柳的村庄,东边有个万河口的地方,就随机应变地回答:"此糕是用千棵柳的柴、万河口的水蒸制出来的。"

"采用哪些材料?"

"采用的原料就多了。有山上的桃仁、青梅、桂花,还有街上卖的麻油、糯米粉、白糖等。"

"这糕吃了有何益处?"

"这种糕不仅香甜可口,而且能补身体,还有止咳化痰的功效。"

道光皇帝听了点点头,又吃了几片,越吃越觉得味道好。他把糕拿在手上仔细看看,只见它四边是白色的,中间的果肉、果仁,有红、黄、绿等各种颜色,并起斑纹状,形如白玉翡翠宝石,很像朝廷一品官员佩戴的玉带。皇上触景生情,当场就赐了一个名字:"一品玉带糕"。从此,雍家镇的一品玉带糕就闻名天下了。

南来北往的商家听到这个御封的消息,就争相到雍家镇订购"一品玉带糕"。那时雍家镇家家食品店铺都忙着生产玉带糕,还是供不应求,真个是"生意兴隆通四海"啊!

在雍家镇七八里外一个村子里,有一个姓李的跛子,外号"铁拐李"。他听说皇帝亲封"一品玉带糕"的消息,也想买点尝尝。一天,天刚麻麻亮,他就由家动身拄着拐一瘸一拐地赶往雍家镇来买玉带糕。等他赶到镇上已是晌午时分,镇上人山人海,都在争相购买玉带糕。他见到这个场面,急得团团转。忽然,他灵机一动,高声喊道:"众位客商,请你们闪开一条道,让我铁拐李先买一条糕尝尝!"不认识李跛子的还真当是大仙铁拐李来了,顷刻间,人们真就给他让开了一条道。有一个穷秀才赶上去凑趣道:"李仙长,你也来买一品玉带糕吗?"

"是啊!我在深山修道,糕的香气飘去了,把我引来买的。"李跛子风趣地吹了几句,买了糕,转身又一瘸一拐地走了。那个穷秀才来了诗兴,当场作了一副对子赞颂雍家镇玉带糕:"味招云外客,香引洞中仙。"

打那之后,和县雍家镇生产的一品玉带糕的商标上就印下了这副对子,直到今天还是这样。

轿夫巧联关门镇

清朝初年,含山有位新任知县。上任不久,他来到被称为"含山首镇"的运漕镇。知县大轿一到运漕,当地绅士及文人墨客皆来拜会,紧接着大摆宴席。酒足饭饱之后,一班绅士文墨前呼后拥,陪着新知县上街巡看。闲谈之中,不免将唐诗宋词、李白杜甫评论一番。说话间,这一班人来到一条小街。知县发现这条街道上的石板大小不一,或高或低,松动不实,人走在上面,咔咔作响。知县停住了脚步,责问身边绅士:"镇上繁华,商贾充盈,为何此地路石不平,无人过问?"绅士们听到新知县的指责,非常害怕,担心追究下来不好交代。其中一人急中生智,想了个借口来骗知县,说:"这条街古人曾定名为响石街,为树古风,多年来,未敢修整路面,以免破坏古迹。"新知县听这位绅士一说,信以为真,觉得这条街名确实不同一般,不知不觉嘴中吟道:"响石街前皆响石。"话音刚落,众绅士文墨齐声称赞,一位文人立即点头击掌说:"县太爷才学渊博,聪颖超群,触景联句,信手拈来,绝妙!绝妙!晚生恭听下联。"众人也一齐附和,等待知县再吟下联。其实知县并非有联句之意,首尾两字同音同韵,要续下联,是很难对出的。知县横想竖想,搜肠刮肚,一时想不出来下联,感觉脸上无光,骑虎难下。就在这时,他身旁的师爷一见此情,虽心想这位知县也是个酒囊饭袋,但为了给知县一个台阶下,便灵机一动,高声说:"诸位,新任知县听说运漕是文人荟萃之地,藏龙卧虎之乡。今天吟出上联,是想考考诸位哩。"一句话替知县解了围,知县立即松了一口气,随即装腔作势说:"初次见面,就算是以联会友吧。"这下可把这班绅士文墨给难住了,一时间大家抓耳挠腮,无人对出。其时,这位知县心想,此地不能久留,以免露出马脚。忙推说县衙有要案审结,命轿夫起轿回县衙去了。

离开运漕,走了三十来里路,已是日落西山,天色渐晚。知县一行来到一个小镇,大轿穿街而过,街上店家正在打烊。知县问轿夫,离县城还有多远,此地叫什么地方,有无酒家。轿夫答道:"离县城还有四十里。此地叫关门镇,哪有酒家卖饭?"谁知知县又问现在是什么时辰了,知县本意是什么时辰能回到县城,轿夫不等知县说完便答:"关门镇上正关门哩。"轿夫只是随口而出,可新知县听罢,却一拍脑门说:"关门镇上正关门。"再一细想,这不正和刚才在运漕镇所说的上联"响石街上皆响石"成对吗?他心里好不欢喜,一时忘了肚饿,回到县衙后,当即写好下联,连夜派人送往运漕镇,说他早就胸有成竹。后来这副对联一直作为运漕镇首联流传下来。除随身师爷知道其中经过,外人则无从知晓,还真以为是这位县太爷自己想出来的。直至这位知县调任后,师爷才说出真相。这正是:

响石街前皆响石,关门镇上正关门。
知县为难响石街,轿夫巧联关门镇。

班门弄斧的故事

"班门弄斧"的成语,人们自然是熟悉的。其本意是说在著名的木匠祖师爷鲁班家门口玩弄斧头,比喻引申为在行家面前卖弄本领。可人们很少知道这个成语却与采石有关,或者说它原本出于采石。事情的来龙去脉是这样的:

一次,明朝诗人梅之涣来到采石矶凭吊诗仙李白。他看到在李白墓地周围凡是能写上字的地方都写满了字,墓碑上、墓基石上、附近的树上、崖壁上,密密麻麻都是字。乍看都像诗,可细细一读,好多都是文辞不通。梅之涣看了心中不是滋味,认为这些文辞不通却又附庸风雅的人竟敢在诗仙李白墓地胡乱涂鸦,简直是亵渎圣贤。他一生气,挥笔写下一首诗:

采石江边一抔土,李白大名耀千古。
来来往往诗一首,鲁班门前弄大斧。

梅之涣的诗写得通俗易懂,虽然不是很雅致,却也符合实情,因此不胫而走。这首诗的最后一句,被后人浓缩为"班门弄斧"。这样一来,"班门弄斧"

就被作为一个成语流传开了。

打草惊蛇的故事

南唐时有个叫王鲁的官员来当涂任县令。他生性贪鄙，搜刮了不少民财，还自我辩护说："在乱世为官，万万不可清正廉明。别人都贪污纳贿，就你两袖清风，不但会被别人看作无能，甚至会被别人视为眼中钉、肉中刺，非拔掉你不可。"因为心中存有这个念头，所以，凡有请他赴宴的，他都提前入席；凡赠送金银财宝的，他都来者不拒。

一天，王鲁批阅案卷，发现他的主簿（掌管文书事务的官员）被人联名控告，说是营私舞弊、违法乱纪。一件件、一桩桩有证有据，揭发得清清楚楚。这些事情也正是王鲁经常干的，如果认真追究起来，其中大部分与王鲁都有着直接的关系。王鲁看了案卷心惊肉跳，连连拍了自己的脑袋五六下，却想不出处理的办法。

他有些坐立不安，便走到院子里。只见几个衙役在围墙边的草丛边叫嚷，各提一根木棍在乱打。王鲁大喝道："你们在干什么？"为首的衙役忙走上前躬身说："大人，适才有好大一条赤练蛇钻进洞里去了。我们怕它伤人，想把它引出来打死。"王鲁点点头，说："去吧！"

王鲁有此一遇，心有所动，踱回书房，援笔在众人联名检举揭发主簿的案卷上写下八个字："汝虽打草，吾已蛇惊。"第二天，县令王鲁辞退了主簿。此后，他自己也收敛了不少，然而总是心存他想，不上半年就在焦虑不安中病死。后任在整理他留下的文书中发现了这条批语，这条批语便渐渐传开，被浓缩为"打草惊蛇"这条成语。可以推知，"打草惊蛇"这条成语是南唐的时候在当涂这个地方诞生的。

雨山和佳山的传说

一个城市有山有水，便会美不胜收。马鞍山市区中心就有两座山——雨山和佳山，还有一个千亩水面的雨山湖。雨山湖如珍珠镶嵌在市中心，雨山和佳山分别位于雨山湖的西南方和东北方，夹湖而立，如一对情人，含情脉脉，遥遥相望。这两座山终年树木葱茏，为我们这座城市增添了无限生机。说起这两座山，还有着一个美丽动人的传说。

相传很久之前，现在的马鞍山市区却是一片浩瀚无垠的水泊，周围的山村里住着一些以捕鱼为生和靠砍柴度日的穷苦百姓。他们中有一个名叫明雨的姑娘，长得如花似玉，山里山外没有不知道明雨姑娘的。另有一个名叫才佳的男青年,也生得一表人才,而且精明能干,是方圆几十里人人称赞的好后生。明雨和才佳从小青梅竹马、形影不离,游戏、打柴、捕鱼总是在一起。长大成人后,两人你有情我有意,相互间产生了纯洁真挚的爱情。就在他们即将成婚之际,村里一个渔霸垂涎明雨的美貌,企图强占为妾,乡亲们多次求情都无济于事。迫于无奈,明雨和才佳就在一个风清月白的夜晚,携手登山,对着明月,撮土为香,拜天拜地,结为夫妻。

春去夏至,夏去秋来,光阴荏苒,眼看渔霸限定的日期就要到了,明雨姑娘怀孕也到了临盆之期。渔霸得知实情,恼羞成怒,竟在明雨临产之际绑架了她,掼死刚刚降生的婴儿,并抓走了才佳。第三天黑夜,风狂雨骤,明雨和才佳在乡亲们的帮助下,从渔霸家里逃了出来。但黑夜茫茫,哪里是他们的生路?他们看到渔霸派家丁打着火把追来,感到走投无路,于是爬上当初他们海誓山盟的山顶,双双跳下水泊之中。说来也怪,不多久,茫茫水泊之中竟然冒出两座山来,山高水涨,一会就淹没了渔霸家的深宅大院。然后水退了,两座青山之间的水泊变成了一个形似娃娃的大水塘。后来,人们为了纪念这一对赤诚相爱的男女青年,就把这两座青山分别叫作"雨山"和"佳山",把两座青山之间的水塘叫作"娃娃塘",后来又改叫"雨山湖"。

现在雨山、佳山及雨山湖都成为美丽的公园,许多年轻人在这里谈情说爱,享受着幸福、美满、浪漫的生活,可又有谁知道古代在这里曾有过这样凄美的爱情故事呢?

第六章 诗文流韵

SHIWEN LIUYUN

概 览

马鞍山市横跨长江两岸,境内山水纵横。山不高而连绵苍翠,峰奇岭秀;水不深而曲折萦回,溪清鱼肥。春秋战国之际,马鞍山属于楚头吴尾。秦汉时期,大江东西两岸又分属会稽郡与九江郡。迨及三国,吴魏常在此鏖战。六朝更迭,马鞍山成为扼守首都建康(今南京)之西南门户,军事地位陡升。同时,地近京畿,王孙贵族常于此啸吟咏叹,"文的自觉"随之到来。唐宋时期,江北之和州(州治历阳)、江南之太平州(州治当涂)得到进一步开发,交通便捷,迁客骚人多会于此,诗文流韵,灿然生辉。流风余韵,波及元明清。

我们以为,在马鞍山地区文学发展史上,首先必须突出三个关键性诗人:谢朓、李白、郭祥正,而这三位诗人又有极其自觉的精神上的联系。南齐著名山水诗人谢朓出任宣城太守,遍游郡内山水佳境,清词丽句,大大拓展了山水诗的题材,丰富了山水诗的表达手段,提升了山水诗的境界,完成了由玄言诗向山水诗的革新,奠定了山水诗在中国诗歌史上的正宗地位,山水诗成为中国诗歌美学的核心内容。蔡元培先生所谓"以诗歌代美育",笔者理解这里的"诗歌"主要就是指山水诗。唐代伟大的诗仙李白,一生多次漫游当涂、和州,留下了包括《望天门山》等千古名篇在内的五十多篇吟咏马鞍山的诗文。李白晚年贫病交加,归依其族叔当涂县令李阳冰。李白病危时枕上授简李阳冰,阳冰为其编《草堂集》并作《草堂集序》,对于李白诗歌流传后世居功至伟。李白秀口一开,便吐出半个盛唐。而这半个盛唐便由阳冰保存,马鞍山为中国文化传承作出了伟大的贡献。李白一生浪迹天涯,平交天子,笑傲王侯,唯"一生低首谢宣城",其现存诗作中有十余首直接赞美谢朓。在当涂《题东溪公幽居》中写道:

宅近青山同谢朓,门垂碧柳似陶潜。

在《金陵城西楼玩月》写道:

解道澄江净如练,令人长忆谢玄晖。

李白为何如此倾心于谢朓至今仍是谜团。日本学者松浦友久认为,李白天生就有亲近透明光辉事物的心理气质,而谢朓诗歌的清新最容易引起李白的共鸣,此论聊备一说。李白最后归葬青山,实现了与谢朓结为异代芳邻的遗愿。北宋当涂著名诗人郭祥正一登上诗坛,便被尊为"宋诗开山"的老诗人宣城梅尧臣目为"太白后身",当时诸多诗人也纷纷以此许之,郭祥正自己也当仁不让,自视为"太白后身"。其《青山集》中有大量追和李白的诗歌,以至于苏轼、陆游都认为李白《姑孰十咏》为祥正托名李白所作,作者究竟是谁,迄今没有定论。这也从另一侧面说明,郭祥正诗歌的确与李白飘逸浪漫的风格十分相像。但从诗歌的独创性上考察,郭祥正则稍逊一筹,故其《青山集》至今未见有人为之作注。郭祥正晚年归隐青山二十余年,日日守望谢朓、李白的青山,冥冥之中,是否真有一缕诗魂相系?

其次,张籍和张孝祥作为马鞍山历史上的本土诗人应当受到特别的关注。张籍为张孝祥七世祖。张籍一生官位不高,与韩愈交谊深厚,但与韩愈拗峭诗风差异明显。张籍为人正直,品性高尚,喜奖掖后进,留下许多佳话,是中唐时期"新乐府"的代表诗人。其乐府诗大量内容实际上与年轻时期家乡生活经历密切相关,关注民生,关注现实,关注底层,文字清浅质朴而又耐人寻味,王安石评其诗"看似寻常最崎岖,成如容易却艰辛",赢得古今读者的普遍喜爱。南宋初年的张孝祥乃状元出身,是著名的爱国词人。孝祥号于湖居士。于湖为古代县名,治所在今芜湖与当涂之间亭头一带。张孝祥的词集亦命名"于湖",集中有不少涉及江东风物人事之内容,可见张孝祥对故乡山水的一片深情。孝祥词热肠郁思,笔酣兴健,气道格高,而又不失清空婉约,词风接近辛弃疾,在豪放词中占有重要地位。惜其三十八岁英年早逝,未尽长才,上至皇帝,旁及同僚,下至所任各州民众,无不为之惋惜深悼。

万里长江,浩荡东流,唯在马鞍山一段掉头北上,故称"横江"。长江自古以来既是天险,又是黄金水道。横江为东西交通之要冲,牛渚又为南下北上之咽喉,历代文人墨客在此云集星散,酬和赠答。江天风月,人生悲慨,历史兴亡,国仇家恨,尽于此地发抒。更因李白之故,无数诗人维舟采石,凭吊青山,"怅望千秋一洒泪,萧条异代不同时"。又因马鞍山襟江带湖,接壤金陵,地近扬州,物产丰饶,风物和美,所以也常常成为被贬官员回迁的首选之地。如唐刘禹锡长期贬官蛮荒之地,便主动上书乞得和州,于824年秋浮江东下赴任和州刺史。其长诗《历阳书事七十韵》甚至可以当作和州当时的一部微型志书。再如宋黄庭坚被贬为涪州别驾,"徽宗即位,起监鄂州税,签书宁国军判官,知舒州。以吏部员外郎召,皆辞不行",而主动上书,乞得太平州,至之九日而罢,因而情不自禁地发出了"奈此当涂风月何"的感叹!这些故事一再表明,古代马鞍山地区是诗人们真心向往的地方。如果读者仔细品读过陆游《入蜀记》盘桓当涂七日之所见所闻,那就能明白为什么当时的马鞍山能令众多名家流连忘返。除上述诗人之外,粗略算来,唐之孟浩然、李颀、刘长卿、钱起、李端、白居易、贾岛、孟郊、姚合、许浑、李德裕、杜牧、皮日休、杜荀鹤、项斯、郑谷、韦庄等,都曾在马鞍山地区留下了自己的诗篇。有宋一代,林逋、梅尧臣、潘阆、文同、曾巩、王安石、沈括、苏轼、李之仪、米芾、贺铸、李清照、晁补之、陈师道、徐俯、周紫芝、韩元吉、洪迈、尤袤、杨万里、辛弃疾、姜夔、方岳、文天祥等都来过马鞍山,吟咏过当涂、和州、含山风物。其中,王安石、苏轼、贺铸、杨万里、文天祥等名家还多次经过马鞍山,留下一批名作。而李之仪晚年编管太平州,自称为"姑溪居士"、"姑溪老农",其集为《姑溪居士文集》,对马鞍山山水更是一往情深。

降及元明清，山水文化大盛。加之明代和州直隶、清代安徽学政治所长期设在当涂，往来马鞍山地区的诗人作家更加繁多，本籍诗人作家大量涌现。择其要者，元之赵孟𫖯、萨都剌、揭溪斯、杨维桢，明之高启、方孝孺、杨基、解缙、李东阳、王守仁、王廷相、王宠、宗臣、梅鼎祚、汤显祖、袁宏道、袁中道，清之施闰章、方孝标、毛奇龄、屈大均、查慎行、刘大櫆、袁枚、姚鼐、朱筠、章学诚、汪中、洪亮吉、黄景仁、曾国藩、张之洞等，无虑数百人，或游宦于斯，或取道于斯，或客居于斯，或鏖战于斯，他们与马鞍山本籍诗人学者唱和往返，歌咏马鞍山的诗文蔚为大观，足以傲视江东，垂名后代。

纵观马鞍山地区历史上的诗文创作，我们觉得有以下几个明显特点：第一，山水诗发达。从作者看，盖由谢朓奠基，李白发扬光大推向高峰，一批唐宋大家接踵联袂，驰骛竞彩，斐然继作。明清以来，模山范水之作更是联翩而出，让人应接不暇。从名胜景点看，马鞍山境内的大江南北山水胜景几乎题咏殆遍，略无遗漏。一卷马鞍山诗文在手，令人想起南朝宗炳名言："澄怀观道，卧以游之"，"抚琴动操，欲令山水皆响"。第二，凭吊李白的诗文数量众多。由于李白七游当涂，埋骨青山，在马鞍山境内留下大量游踪遗迹和民间传说。自白居易作《李白墓》始，历代诗人作家凡踏足马鞍山，几乎没有不凭吊李白的。凭吊李白的诗作粗略统计也有千首之多，采石、青山更是笼罩上了一层浓得化不开的烟雨诗情。这在中国文学史上可以算作一种极其罕见的文学现象。时至今日，对这一现象尚未有人进行深入的研究。第三，咏怀诗成就突出。因项羽战败垓下，自刎乌江，采石扼守天险，历来为攻防要塞之故，故有相当一批诗人以此生发兴亡之叹。如李白《夜泊牛渚怀古》，刘禹锡《晚泊牛渚》，杜牧《题乌江亭》、《题横江馆》，王安石《乌江亭》，李清照《夏日绝句》，张孝祥《水调歌头·闻采石战胜》等等。这批作品，数量不算太多，观点不尽一致甚或针锋相对，但都饱含深刻的历史意识和深层的命运沉思，往往成为诗人的名篇或代表作。第四，散文名作代不乏人。南朝梁周兴嗣编著《千字文》被誉为千古蒙学之祖，虽是用四言诗形式，但因其内容浩博，往往被视为有韵之散文。李白《天门山铭》、刘禹锡《陋室铭》、李德裕《项王亭赋》、王安石《游褒禅山记》、贺铸《蛾眉亭记》、祖隽《姑孰八景赋》、郑瑜《采石新建三台阁记》、萧云从《太白楼画壁记》、黄钺《春日望谢家山赋》等等，无虑数百篇，一时流布人口。其中《陋室铭》、《游褒禅山记》更是千古名文，尤其在近现代因入选大中学课本而对一代代青少年的学习成长产生了潜移默化的影响。

因马鞍山地区现存诗文数量极为可观，上乘之作比比皆是，我们选析时就颇费周折。无论如何摆布都会挂一漏万，无法让读者见出马鞍山历代诗文全貌。因此，我们定下两条原则：从时代上着眼，以唐宋为主，六朝元明清略作点缀；从体裁上着眼，以诗歌为主，散文与词略作补充。作为概览，在此稍作交代，知我罪我,莫可奈何。

最后,我们还要对赏析文章略作说明。赏析虽然面向一般读者,尽可能通俗易懂,但为保证基本质量,避免出现史实错误等硬伤,我们参阅了大量资料,其中甘苦非亲身经历者不知,少量文章,参阅、化用了别人已有的赏析内容,不再一一注明。其中,王安石《游褒禅山记》赏析文章直接取自《国学网》,我们不敢掠美,故特别说明。

我们撰写赏析文章所定目标如下:

1. 能够纪年的作品均予以纪年。没有明确纪年但可大致确定创作时段的也均予以说明。这样做虽然给自己带来不少麻烦,如要查阅作者年谱、行纪,还要比较、核对、鉴别,但好处是避免望文生义,尽可能减少对作品的曲解、误解,尽可能还原作者创作时的现实处境和心理状态,达到"同情之理解"。

2. 尽可能多地采取比较鉴赏的方法。不同作者歌咏某个同一对象,观察、思考角度均有差异,在突出赏析文本的同时,将同题作品加以比较分析,既能加深读者对文本的理解,也能引起读者探究其他诗文的兴趣。当然,笔者也相应注意到要避免文章枝蔓过多的问题,一般只是点明意旨,不作发挥。

3. 努力既站在今人角度理解古人,又阐发古诗文的生命力和在新时代带给我们新的启示。经典诗文具有恒久的魅力,就在于常读常新,在给人艺术享受的同时,又启人心智,发人深省。

上述目标是否达到,尚待读者评判。在我们则是"虽不能至,心向往之"。

游 山

谢朓

托养因支离[1],乘闲遂疲蹇[2]。
语默良未寻[3],得丧云谁辩[4]。
幸莅山水都[5],复值清冬缅[6]。
凌崖必千仞,寻溪将万转。
坚崿既崚嶒[7],回流复宛澶[8]。
杳杳云窦深[9],渊渊石溜浅[10]。
傍眺郁篻簩[11],还望森柟楩[12]。
荒隩被葳莎[13],崩壁带苔藓。
鼯狖叫层嵁[14],鸥凫戏沙衍[15]。
触赏聊自观,即趣咸已展[16]。
经目惜所遇[17],前路欣方践。
无言蕙草歇[18],留垣芳可搴[19]。

尚子时未归[20]，邴生思自免[21]。
求志昔所钦[22]，胜迹今能选[23]。
寄言赏心客[24]，得性良为善[25]。

【赏析】

　　《游山》是公元496年前后，谢朓任宣城太守时在境内游览所写下的一首纪游诗。从其后谢朓治宅青山来看，很可能游的就是当涂的大青山。唐玄宗时，青山因为谢朓遗宅之故，还被命名为"谢公山"。全诗可分为三段。开头四句为第一段，从"幸莅山水都"至"鸥凫戏沙衍"为第二段，余为第三段。

　　第一段简要叙述了游山的原因。刚刚三十出头的谢朓出守宣城，虽得美差，也深得明帝萧鸾的信任，但谢朓已涉足官场十余年，对宫廷残酷斗争既厌倦又惧怕，宣城美丽的山水成为他疗救心灵创伤的最好的药剂。我们无法确定谢朓的体质是否真的疲惫孱弱，但他身心疲惫应当是实情流露。可当时他毕竟还很年轻，对于出处得失的考虑仍不够充分，还处于矛盾和焦灼状态。他的才华并不能帮助他参透人生的奥秘，他的软弱避祸的思想性格却促使他只有在山水中寻求解脱。这便是游山的原因。

　　第二段具体写游山经过，所见所闻。一开始就说"幸莅山水都，复佳清冬缅"。一个"幸"字，包含了诗人多少感慨啊！是皇帝隆恩，是全身避祸，是山水清丽，还是自由解脱，一切都在"幸"字之中。况且又值江南美丽清寒的冬日，诗人不能不游兴大发。从中我们也可以推测这次游山是在谢朓到任宣城太守之后不久的一段时日。下面便是游山过程中的所见所闻。登上千仞之高的山崖，又循着山间溪流千转百回。山石嵯峨，溪涧蜿蜒。抬头望去，山顶被白云笼罩，山间的岩洞仿佛吞吐着白云。俯看溪涧，深潭清洌，深不可测，而涧边溪水从光洁的石头上淙淙流过，活泼可爱。周边是葱郁的竹林、直插云霄的大楠木。荒凉的沙洲边长满了马蓝、莎草，恣肆烂漫，临岸的峭壁经溪流冲刷，有的已经崩塌，壁上山岩布满青青的苔藓。飞鼠和长尾猿在陡峻的山岭间鸣叫飞蹿，而浅水边的沙滩上鸥鸟和野鸭在相互嬉戏。这一段描写移步换景，工整细腻，山水间景物联翩而至，令人目不暇接。无怪乎陈胤倩说："此景荡漾苍蔚，有赋家之心。"表现了谢朓高超的摹景状物的能力。

　　第三段是诗人的感慨和议论。面对清丽山水，诗人从中获得意趣，抑郁的心情变得舒展开来。诗人游山兴趣方浓，对刚刚过目的一幕幕情景倍加珍视，但更欣欣然展望前程。诗人的精神明显振作起来，冬天的蕙草虽然已经衰败，但经过移植来年应该更加芳香。可以看出，诗人对未来又充满了信心。虽然自己现在还不能像昔人向平那样，子女婚嫁完毕就轻世肆志远游五岳，啸傲终身，但还可以像邴曼容那样，做好太守之职，不贪图分外之财，对应得的俸禄也只要维持生活就心满意足了。诗人的施政设想是"烹鲜止贪竞，共治属廉耻"（《始之宣城郡》。我们相信谢朓任宣城太守期间真的做到了这一点,后世的宣城方志屡屡称颂谢朓为良吏就是明证。在此,诗人再次表达了出守宣城的幸运,既能自守平生之志,又能遨游山水优胜之境。最后,诗人感慨万千,希望所有游赏风物的人都能守志任真,保持本性,在与山水的交融中度过美好的人生。

本诗层次分明,结构井然,俯仰体察,以赋笔出之,景物形象鲜明活泼而又不失整饬庄重,只是结尾稍露玄言诗痕迹。成倬云对此诗有中肯之论:"不矜才,不使气,按部就班,负声振采,自成一篇工整文字。"

【注释】

[1] 托养:赖以养身。支离:形体不全。语出《庄子·人间世》:"夫支离其形者,犹足以养其身,终其天年,又况支离其德者乎!"

[2] 遂:安然。疲蹇:有两种解释,一谓疲病,一谓疲弱跛腿的老马。

[3] 语默:指出处之间,即外出做官与归隐守志。全句意谓作者在出处之间徘徊。

[4] 全句谓得失又如何说得清呢?

[5] 山水都:指宣城郡,郡多佳山水。一说指当涂青山。

[6] 缅:远。

[7] 崿:山崖。崚嶒:高峻重叠的样子。

[8] 宛澶:犹蜿蜒,表示水势绵远。

[9] 窦:山洞。

[10] 溜:水流。浅:水流急速的样子。

[11] 篁:筋竹。筹:百叶竹。

[12] 柟:楠木。梗:南方的一种大木。

[13] 隩:水岸内曲处。郭璞曰:"今江东呼为浦。"葴:一种叫"马蓝"的野草。莎:莎草。

[14] 鼯:鼠名,俗称"飞鼠",别称"夷由"。狖:长尾猿。层崼:犹言高山。

[15] 沙衍:浅水之中的沙洲。

[16] 即趣:谓就己意趣所得。咸:都。展:适意。

[17] 惜:爱惜。

[18] 歇:尽。

[19] 搴:摘取。

[20] 尚子:东汉人向平,字子长,性尚中和,好通《老子》《易经》,子女婚嫁完毕,不问家事,与好友俱游五岳名山,不知所终。

[21] 邴生:西汉人邴曼容,名丹。他为官不肯超过六百石的俸禄,多则自己减去。

[22] 求志:谓求能自守生平之志。钦:敬佩。

[23] 胜迹：幽胜之行踪。
[24] 赏心客：心有所爱赏之人。
[25] 得性：谓守志任真，得其本性。

千字文

周兴嗣

天地玄黄　宇宙洪荒　日月盈昃　辰宿列张
寒来暑往　秋收冬藏　闰余成岁　律吕调阳
云腾致雨　露结为霜　金生丽水　玉出昆冈
剑号巨阙　珠称夜光　果珍李柰　菜重芥姜
海咸河淡　鳞潜羽翔　龙师火帝　鸟官人皇
始制文字　乃服衣裳　推位让国　有虞陶唐
吊民伐罪　周发殷汤　坐朝问道　垂拱平章
爱育黎首　臣伏戎羌　遐迩一体　率宾归王
鸣凤在竹　白驹食场　化被草木　赖及万方
盖此身发　四大五常　恭惟鞠养　岂敢毁伤
女慕贞洁　男效才良　知过必改　得能莫忘
罔谈彼短　靡恃己长　信使可复　器欲难量
墨悲丝染　诗赞羔羊　景行维贤　克念作圣
德建名立　形端表正　空谷传声　虚堂习听
祸因恶积　福缘善庆　尺璧非宝　寸阴是竞
资父事君　曰严与敬　孝当竭力　忠则尽命
临深履薄　夙兴温凊　似兰斯馨　如松之盛
川流不息　渊澄取映　容止若思　言辞安定
笃初诚美　慎终宜令　荣业所基　籍甚无竟
学优登仕　摄职从政　存以甘棠　去而益咏
乐殊贵贱　礼别尊卑　上和下睦　夫唱妇随
外受傅训　入奉母仪　诸姑伯叔　犹子比儿
孔怀兄弟　同气连枝　交友投分　切磨箴规
仁慈隐恻　造次弗离　节义廉退　颠沛匪亏
性静情逸　心动神疲　守真志满　逐物意移
坚持雅操　好爵自縻　都邑华夏　东西二京
背邙面洛　浮渭据泾　宫殿盘郁　楼观飞惊
图写禽兽　画彩仙灵　丙舍傍启　甲帐对楹

第六章 诗文流韵

肆筵设席 鼓瑟吹笙 升阶纳陛 弁转疑星
右通广内 左达承明 既集坟典 亦聚群英
杜稿钟隶 漆书壁经 府罗将相 路侠槐卿
户封八县 家给千兵 高冠陪辇 驱毂振缨
世禄侈富 车驾肥轻 策功茂实 勒碑刻铭
磻溪伊尹 佐时阿衡 奄宅曲阜 微旦孰营
桓公匡合 济弱扶倾 绮回汉惠 说感武丁
俊乂密勿 多士寔宁 晋楚更霸 赵魏困横
假途灭虢 践土会盟 何遵约法 韩弊烦刑
起翦颇牧 用军最精 宣威沙漠 驰誉丹青
九州禹迹 百郡秦并 岳宗泰岱 禅主云亭
雁门紫塞 鸡田赤城 昆池碣石 巨野洞庭
旷远绵邈 岩岫杳冥 治本于农 务资稼穑
俶载南亩 我艺黍稷 税熟贡新 劝赏黜陟
孟轲敦素 史鱼秉直 庶几中庸 劳谦谨敕
聆音察理 鉴貌辨色 贻厥嘉猷 勉其祗植
省躬讥诫 宠增抗极 殆辱近耻 林皋幸即
两疏见机 解组谁逼 索居闲处 沉默寂寥
求古寻论 散虑逍遥 欣奏累遣 戚谢欢招
渠荷的历 园莽抽条 枇杷晚翠 梧桐早凋
陈根委翳 落叶飘摇 游鹍独运 凌摩绛霄
耽读玩市 寓目囊箱 易辎攸畏 属耳垣墙
具膳餐饭 适口充肠 饱饫烹宰 饥厌糟糠
亲戚故旧 老少异粮 妾御绩纺 侍巾帷房
纨扇圆洁 银烛炜煌 昼眠夕寐 蓝笋象床
弦歌酒宴 接杯举觞 矫手顿足 悦豫且康
嫡后嗣续 祭祀烝尝 稽颡再拜 悚惧恐惶
笺牒简要 顾答审详 骸垢想浴 执热愿凉
驴骡犊特 骇跃超骧 诛斩贼盗 捕获叛亡
布射僚丸 嵇琴阮啸 恬笔伦纸 钧巧任钓
释纷利俗 并皆佳妙 毛施淑姿 工颦妍笑
年矢每催 曦晖朗曜 璇玑悬斡 晦魄环照
指薪修祜 永绥吉劭 矩步引领 俯仰廊庙
束带矜庄 徘徊瞻眺 孤陋寡闻 愚蒙等诮
谓语助者 焉哉乎也

【赏析】

中国文明五千年来一脉相承,从未中断,其中一个重要原因就是历代王朝对教育的高度重视,而启蒙教育又对人的一生影响巨大。说到启蒙教育,人们首先想到的是蒙学之祖周兴嗣编纂的《千字文》:天地玄黄,宇宙洪荒。日月盈昃,辰宿列张。寒来暑往,秋收冬藏……

《千字文》诞生于南朝梁代,看似偶然,实为必然。南北朝时期是中国文化的转型期,上承秦汉,下启隋唐。宋齐梁陈,战乱频仍而文风鼎盛,儒道释三教初步融合,人的自觉和文的自觉同时到来,而齐梁之际又尤为突出。从政治上看,梁武帝萧衍大部分时间雄才大略,文治武功,是整个六朝时期最有作为的皇帝。在中国历史上,像梁武帝这样博学多才的皇帝可以说为数不多。正是应皇帝教习诸王的要求,周兴嗣才在一夜之间连缀散乱无章的千字而成一篇旷世美文。在这个含义上,编纂《千字文》是一项地地道道的政治任务。从文化氛围看,萧梁时代可以说是整个封建社会文化气氛最为浓厚的时期之一,萧衍在齐代时,就与王融、沈约、谢朓等一代文学大家结为"竟陵八友",当上皇帝之后仍然著作不倦,可谓著作等身。昭明太子萧统更是全身心地投入艺术研究和著述之中。他所主持编选的《昭明文选》是中国第一部诗文选集,对保存古代经典文学作品起到了无可比拟的作用。其后的梁简文帝萧纲、梁元帝萧绎都是一代文学家。正是皇室大力提倡和全力推动,使有梁一代文风鼎盛,杰作纷呈。周兴嗣置身如此浓厚的氛围中,自然在艺术创作上奋勇精进。就教育规律而言,虽然秦汉时期就有《苍颉篇》、《劝学篇》等童蒙读物,但影响不大,《千字文》融各种知识于一炉,并通篇贯穿以统一的思想,脉络清晰,语言洗练,更加适合童蒙记诵。这是前此读物少有的,因此影响深远。就文学发展规律来看,此时骈文盛行。尽管近百年来对骈文大加挞伐,但客观地看,写好骈文,需要高度的文化修养和扎实的语言训练。如果在文章优美、辞藻典丽的骈文中再充实以丰富的思想内容,那就更是难上加难。但在齐梁之际,写好骈文可以说是文人的基本功,只是今人难以达到这样的高度。当然,没有王羲之的书法,也就不会有流传至今的《千字文》。梁武帝既是一位造诣很深的书法家,更是眼光独到的书论家,他是历史上第一个大力推崇王羲之书法成就的帝王,并且评论王羲之"字势雄逸,如龙跳天门,虎卧凤阙",自此王羲之书圣地位,一锤定音,千载不易。书圣精美绝伦的书法与饱含深厚历史文化内容的美文一结合,便成就了中国文学史、教育史、书法史的一段千古佳话。

说完背景,不得不关注作者周兴嗣了。《梁书》对周兴嗣有简要的记载。周兴嗣,字思纂,陈郡项人,世居姑孰,即今安徽当涂。他是梁武帝最为倚重的文学才士之一。《梁史》中说"上以王羲之书千字,使兴嗣韵为文。奏之,称善,加赐金帛"。唐代的《尚书故实》对此事作了进一步的叙述。该书说,梁武帝萧衍为了教诸王书法，让殷铁石从王羲之的作品中拓出了一千个不同的字，每个字单用一张纸，然后把这些无次序的拓纸交给周兴嗣，让他编成有内容的韵文。周兴嗣用了一夜时间，东方既白时将其编完，累得须发皆白。这件事唐宋两代多有记载，如《刘公嘉话录》《太平广记》等都曾加以记录。周兴嗣晚年两手先患风疽，又染疠疾，左目盲。梁武帝抚其手，嗟叹道："斯人也而有斯疾也！"并且亲手书写治病药方以赐之，可见武帝对其爱惜程度之深。

《千字文》四字一句，共二百五十句，一千个字。其中只有一个"洁"字重复两次。《千字文》通篇共用七韵，朗朗上口。《千字文》行文流畅，气势磅礴，辞藻华丽，内容丰富。虽说是蒙文，但由于年代久远，内容不易为当代人所理解，清人汪啸尹纂辑、孙谦益参注的《千字文释义》可以帮助当代人对《千字文》内容进行理解。《千字文》可分为四个部分。从第一句"天地玄黄"至第三十六句"赖及万方"为第一部分。这一部分从开天辟地讲起，涉及天文、地理、四时、物产，并讲述了人类早期历史变迁和商汤、周武王时盛世的表现。第二部分从第三十七句"盖此身发"至第一百零二句"好爵自縻"，着重讲述做人的修养标准和原则。对忠孝、言谈举止、交朋、保真等方面进行了深入的阐述。第三部分从第一百零三句"都邑华夏"至第一百六十二句"岩岫杳冥"讲述与统治有关的各方面问题。此章首言京城形胜、都邑壮丽，次及文化典籍及大批英才，然后叙述上层社会的豪华生活及其文治武功，最后描述国家疆域的辽阔和江山的秀美。第四部分从第一百六十三句"治本于农"至第二百四十八句"愚蒙等诮"，主要描述恬淡的田园生活，赞美那些甘于寂寞、不为名利所羁绊的人们，对民间温馨的人情向往之至。最后还有两句"谓语助者，焉哉乎也"没有特别含义，在文中将其单列出来。

《千字文》自其诞生之日起，就承担了远非蒙学识字的单一功能。首先，它在中国古代的童蒙读物中，是一篇承上启下的作品。其包罗万象的丰赡内容、优美的文字、典雅的辞章、统一的思想、深邃的意境，是其他任何一本童蒙读物都无法望其项背的。称其为"蒙学之祖"，绝非虚誉。据有关史料记载，周兴嗣当时是在采石矶旁宝积山下一夜编纂而成《千字文》的，因此，目前当地正积极打造"中国蒙学发祥地"，致力于蒙学的恢复和传承，这是一件功在当代、利在千秋的大好事。《千字文》之后，尤其是宋以后，蒙学读物层出不穷，这些作品在通俗性和知识性方面都做了很多努力，各有长处，但共同缺点是文采稍逊。即使像《三字经》，也如章太炎所说"字有重复，辞无藻采"，《千字文》在文采上独领风骚，堪称蒙训长诗。其次，《千字文》作为学习书法的绝好范本，一千四百年来长盛不衰。从智永之后的中国历代书法大家，如张旭、怀素、宋徽宗、赵孟頫、文征明等，都有《千字文》书法作品流传。书体、风格各异，千字千姿，它们在民间广泛传播，既大大提高了《千字文》的知名度，也为后人留下了伟大的艺术瑰宝。

望天门山

李白

天门中断楚江开,碧水东流至此回。
两岸青山相对出,孤帆一片日边来。

【赏析】

　　李白是公认的七绝圣手。其七绝《望天门山》又是经典中的经典,家喻户晓,妇孺皆知。它晓畅如话,自然浑成,任何解释都显得多余。但历代选本很少不选,当代的赏析之作更是琳琅满目。经典之为经典,就在于经典具有无限的阐释空间,常读常新,万古如斯。

　　开元十三年(725年),二十五岁的李白仗剑去国,出三峡,游江汉,浮舟而下,东涉溟海,此诗就是李白这次青年时期壮行途经天门山而写下的。这时的李白还没有遇到过任何实质性的人生挫折,大唐盛世如日中天,青年李白满腔豪情,长江中下游的山水风物无不令他如醉如痴。盛世气象,壮美山川,理想憧憬,青春冲动,仙气豪情一时聚汇,诗思瞬间喷薄而出,遂成千古绝唱。

　　全诗以"望"字统领,按时间推移和空间转移顺序而写,似信手拈来,但俯仰顾盼之间又见出诗人对自然新鲜敏锐的感受力,心头涌动的青春浩气和对大好河山无限热爱的深厚情感。首句"天门中断楚江开",是写从上游沿江而下眺望天门山时的动态远景。从江上极远处眺望,东西天门仿佛相距很紧,舟行愈近,则两山相距愈宽,一个"断"字,力重千钧,气势非凡,化静为动,同时又令人自然联想起江水冲决天门的无比威力。一个"开"字,则仿佛江水经过长时间的猛烈冲荡才刚刚冲断天门,奔腾而泻。山与水的关系如此对立紧张而又交融共生,显出大自然的辩证关系。次句"碧水东流至此回"则是舟行山脚对江水的近景体察。万里长江一直向东奔流,在天门山附近转头北上,所以称"至此回"。这是从地理方位的大处着眼,理解当然是不错的,但从细处品味,也许更有诗情画意。江水碧青,浩荡奔流,受山岩阻遏,盘旋回流,在江面形成一个个清澈的漩涡。于此不能不叹服李白于豪放中察物之精细,状物之奇警。第三句"两岸青山相对出"则是舟进两山之间而对东西天门的近距离仰视。东西天门本不高峻,实际海拔均不超过百米,但因舟行江上,逼视双峰,故而给人主观感受是峻拔耸峙,尤其下一"出"字,造成本是静态的山峰具有了升腾飞动之感。而"相对"出之,则充分表现诗人抓住舟行瞬间机会,引领张望,左顾右盼,生怕漏看东西天门美景的兴奋而略显紧张的微妙心情。第四句"孤帆一片日边来"是舟行天门山下游,江面顿时开阔,朝阳照耀江面,云蒸霞蔚,江天一览,自己所乘轻舟一叶孤帆就像要融进灿烂的朝阳云霞之中一样,诗人年轻的胸怀鼓荡无限豪情,尽于此句吐露。这也只有在盛唐气象特有的时运中,才能产生的包含丰富意味的自然浑成的诗句来。

诗在设色点染方面,既简洁,又鲜明。碧水、青山、白帆、红日,大色块的对比与融合,自然天成,清新明快,爽人心目。一幅绚丽生动的山水画卷,永远展现在我们的眉睫之前。

说了这么多,似乎多余,但地理意义上毫不起眼的天门山因之而进入中华子孙的血脉和灵魂,成为精神山水的永恒象征,则不能不归功于诗仙李白。

赠丹阳横山周处士惟长[1]

李白

周子横山隐，　开门临城隅[2]。
连峰入户牖[3]，　胜概凌方壶[4]。
时枉白纻词[5]，　放歌丹阳湖[6]。
水色傲沧溟[7]，　川光秀菰蒲[8]。
当其得意时，　心与天壤俱。
闲云随舒卷，　安识身有无。
抱石耻献玉[9]，　沉泉笑探珠[10]。
羽化如可作[11]，　相携上清都[12]。

【赏析】

李白是一个性格外向的诗人。他的交游十分广泛，上及天子，旁及各级各地官员，下至三教九流和市井百姓。这从他的大量寄赠酬答诗作中可以看出。本诗是李白赠给隐居在横山的处士周惟长的。周的生平及本诗具体写作时间均不可考，但这并不妨碍我们对诗意的理解，从某种角度看，具体问题的不可考倒更可以把诗当作某一种类型诗歌来看，反而读出普遍意义。

周子中的"子"，古代是敬称，相当于现在讲的"先生"。周惟长在苍翠巍峨的横山隐居，但隐不绝俗，离丹阳城很近，开门就能看见城郭人家，而横山连绵的山峰仿佛要从周子的门窗挤进去一样，这种化静为动而又拟人的诗意手法，下启王安石的名句"一水护田将绿绕，两山排闼送青来"。如此幽静秀丽而又视野开阔的佳处似乎要超过海上的方壶神山了。"方壶"一语双关，既赞美了主人隐居处风光景物之殊胜，又烘托了主人世外高人高旷洒脱的人格形象。接下两句写周子的日常生活"时枉白纻词，放歌丹阳湖"。"枉"有的版本也作"作"，固无不可，但"枉"更能突出周子的个性特征。白纻词和白纻歌、舞，三位一体，属于吴歌吴舞。而白纻山距横山也只有区区五十里，白纻歌舞节奏、动作，我们现在虽已不可详知，但其曼妙舒缓、舞袖回风的典型江南风格当不算臆度。李白曾有《白纻辞三首》，对传统乐府在继承中又有创新。但周子并不严格遵循白纻歌舞规定的节奏和动作，而是突破规矩，以适意逍遥为尚。有时，周子又在烟波浩渺的丹阳湖上尽情放歌。这种生活，不也正是李白苦苦追寻的吗？丹阳湖上水天一色，比沧溟更能激越人的精神，而川光荡漾，菰蒲青青，又令人生出无限醉意。"傲"、"秀"二字极为奇警，不愧诗仙李白手笔，把自然山水带给人的心理、生理上的陶醉与影响写得十分透彻。人，已经融化在自然之中。

前半段实写，后半段虚写。山水胜景令人忘怀一切，自得其乐。心灵与天地交融，与万化冥合。心与闲云舒卷，不识身在何处，甚至不知肉体的存在。这是高度的精神愉悦，以这样的态度回望尘世人生，当然要对尘世持批判、鄙夷的眼光。对于汲汲于功名利禄之辈，必然是耻之、笑之。诗之字面上在赞美周子，但读者读至这里，其实已经很难分清是说周处士还是李白自剖心迹了。甚至我们认为，李白以赞美别人的方式来抒发自己的胸臆。尽管我们不知道"抱石耻献玉，沉泉笑探珠"是否是针对某一具体事件而生发的感慨，但这种鄙夷和冷嘲热讽为李白一贯的心理状态。这从他的《行路难》《答王十二寒夜独酌有怀》等许多名篇中可以推知。如果这一推知正确，那就可以进一步推知此诗写于赐金放还之后的若干年内，说明他的心情仍然没有完全平复，正是因为他把周处士和自己混作一处，以此结尾双绾才顺理成章。想象周子与自己羽化登仙，携手而上天帝所居的清都，永远摆脱人世的庸碌与烦恼。

　　本诗层次井然，由实反虚，勾连紧密而又转折自如，一气呵成，充分体现了李白诗歌以气为主的创作特色。

【注释】

[1] 丹阳:古代县名,唐贞观年间为镇,即今当涂县与江宁县交界处的丹阳镇。横山:在当涂县东六十里,又名"横望山"、"衡山",山势巍峨,苍翠亘天,丹阳在其南。处士:有操守、有志向而不愿做官的人。

[2] 隅:角落。城隅:城边,城郊。

[3] 户牖:户,门;牖,窗。

[4] 胜概:风光景物优美。凌:超过,越过。方壶:传说中的海上三神山之一,又名方丈。

[5] 柱:弯曲,这里指不依照规定的节奏、动作歌舞。白纻词:《乐府古题要解》云:"《白纻歌》古词,盛称舞者之美,宜及芳时行乐。"纻指以纻麻纤维织成的布。吴地生产的纻极好,"质如轻云色如银,制以为袍余作巾,袍以光躯巾拂尘"。白纻舞,吴舞的一种。梁武帝令沈约改其辞为四时之歌。

[6] 丹阳湖:《元和郡县志》载,丹阳湖在当涂县南七十九里,周回三百余里。今已涸竭。

[7] 溟渤:在此泛指大海。

[8] 菰蒲:即菰菜,又名茭白。

[9] "抱石"句:此句用"和氏璧"典故。意谓耻于跻身仕途。

[10] "沉泉"句:《庄子·列御寇》中说过一则故事。河上有家靠编织芦席谋生,儿子沉于深渊之下得到一颗千金之珠。他的父亲说拿来石头把这颗珠子锤碎。原因是这样的千金之珠,必在九重之渊的骊龙颔下,儿子摘得这颗宝珠,一定碰巧正是骊龙熟睡的时候,假如当时骊龙醒着,儿子肯定没命了,什么也得不到。此句是嘲笑那些汲汲于富贵之人的。

[11] 羽化:道教谓成仙而去。

[12] 清都:道教谓天帝之居所。

夜泊黄山闻殷十四吴吟[1]

李白

昨夜谁为吴会吟[2], 风生万壑振空林。
龙惊不敢水中卧, 猿啸时闻岩下音。
我宿黄山碧溪月, 听之却罢松间琴。
朝来果是沧洲逸, 酤酒醒盘饭霜栗[3]。
半酣更发江海声, 客愁顿向杯中失。

【赏析】

此诗是天宝十二、十三载(753—754年)李白漫游金陵、宣城等地时所作,这时李白已经五十三四岁了,被玄宗赐金放还也近十年了。但李白报国的雄心依然炽热,他漫游江南也依然抱有遍干诸侯、寻求仕进的目的,但他仿佛并不急于找到归宿,江南山水抚慰着李白受伤的心灵,本来就酷嗜山水的李白在江南更是优游容与、逍遥无羁。一旦某种机缘凑泊,李白一抒胸臆,发而为诗,便如天籁之音,令人千载之下为之动容,遐想无际。读《夜泊黄山闻殷十四吴吟》,当作如此观想。

诗中的黄山在当涂城北五里。唐时,长江就从黄山脚下流过,此时李白漫游便夜泊黄山脚下的长江边。这样一个深秋之夜本来并无特别之处,但一阵划破夜空的吴地长吟令李白浮想联翩,夜不成寐,开篇两句"昨夜谁为吴会吟,风生万壑振空林"就让人猝不及防。寂静的秋夜、平静的心情突然就被打破,一下子让人凝神谛听,思绪飘扬。不知是谁在清夜吟啸,况且吟的是吴地的曲调,以苏州为代表的吴地是李白早年曾盘桓流连过的地方。吴越之争中吴国的覆亡曾唤起李白深沉的历史感怀,我们现在已不知道吴吟的曲调,但应当迥异于吴侬软语的民间歌谣。深秋、静夜、木叶凋零,万壑幽深,吟啸之声因没有盛夏繁茂绿叶的吸附而传得更久更远,更加清晰透彻,就像万壑生风,震动空山林木。"龙惊不敢水中卧,猿啸时闻岩下音"纯以赋法写出。原本静眠的水中蛟龙受到吴吟惊动,不敢安卧;山间猿猴被吴吟震慑,不时在幽岩深处长啸起来。总之,山水间栖息的各种鸟兽都被吴吟唤醒了。这两句属于想象之词,一方面反衬了吴吟的强大感染力,另一方面把人与自然山水鸟兽的关系写得那样亲切、复杂、丰富和饱满。诗人自己也为吟啸之声所深深吸引和陶醉,不由自主地停下了一直抚弄的琴弦,但见江流澄碧,倒映明月,长松挺立,一派肃然。此为上半段,回忆昨夜所见所闻、所思所感。

下半段接得更妙。一大早起来发现昨夜吴吟的殷十四果然是一位志趣高洁的隐士。"果是"两字,既证明了昨夜诗人自己的判断,也补足诗人一夜丰富微妙的心理活动,看似信手拈来,水到渠成,实则深蕴义涵,并起逗下文。两位高人萍水相逢,自是一见如故,畅饮叙谈。从殷十四不请自来,以主人自居,买来美酒,提来饭盘,盘中盛满经霜的富含糖分的板栗热情招待诗人这一系列动作来看,殷十四对诗仙李白也是倾慕已久了。可以想象,两位高人一边开怀畅谈,一边频频举杯,精神在交流,思想在碰撞,感情在发酵,那种酒酣耳热、相逢恨晚、相互倾诉的场景,很快打动读者的心房。酒至半酣,殷十四再次一展吟啸之声。在李白眼中,这种吟啸就像江河奔涌、海潮怒涨发出的天地之音,冲决一切障碍,具有雷霆万钧、席天卷地的无比气势与力量。诗人长期漂泊在外的客愁在吟啸之声中顿然消失,一时间竟忘记手持的酒杯了。

千百年来,人们都对此诗重视不够。其实,无论是从章法结构上,还是从艺术表现力上,此诗都堪称上乘之作。就章法结构而言,清人方东树《昭昧詹言》

卷十二评此诗可谓深得三昧:"夜泊黄山起句叙,二句写,三四顺平。'我宿'句接续叙。'听之'句衬,'朝来'句又提。佳在下半气力截勒。收二句倒绕,加倍法,六一有之。两半章法同《江上吟》。前层正叙,叙毕乃再推论,此与七律同,千年以来,不解此矣,此诗最深处。"就艺术表现力而言,此诗把最能代表李白诗歌特征的月与酒这两个意象置于山水之间。以龙惊、猿啸来反衬殷十四吴吟,以我停止弹琴来写吟声的感染力之深,使全诗意象空灵,又情感深厚。诗歌按时间铺叙,情感脉络清晰可见,但又错综起伏,显示了李白自由驾驭诗歌结构的高超能力。

【注释】

[1] 黄山:指当涂县城北之黄山,相传浮丘翁曾牧鹅于此,又名"浮丘山"。山上旧有南朝宋离宫、凌歊台、怀古亭等,今有黄山塔一座。唐时长江即从黄山脚下流过。

[2] 吴会:三国时"吴会"分别指吴郡和会稽郡,此诗所指吴会,专指吴地而言。

[3] 酤酒:买酒。霜栗:经霜的板栗,富含糖分。

临 路 歌[1]

李白

大鹏飞兮振八裔[2], 中天摧兮力不济[3]。
余风激兮万世[4], 游扶桑兮挂石袂[5]。
后人得之传此[6], 仲尼亡兮谁为出涕[7]?

【赏析】

《临路歌》作为李白的绝笔之作,是骚体诗式的自作墓志铭,历来没有什么疑义。但此诗颇不可解,有人认为可能有诗句佚失,但不管怎么说,诗的大意还是能够理解的。

李白一生以大鹏自喻。青年时代的《大鹏赋》为他赢得过巨大的声誉,著名道士司马承祯读过《大鹏赋》时称誉,李白有"仙风道骨,可与神游八极",极大地强化了李白的自信心。李白《上李邕》中也说"大鹏一日同风起,扶摇直上九万里"。临终之时仍以大鹏自命。大鹏乘风冲天而起,震动四面八方,岂料飞至半空,力不从心,翅膀摧折而坠,这两句概括了诗人复杂坎坷的人生经历。"余风激兮万世"是说自己的不朽成就将影响千秋万代,为自己盖棺定论。这仍然是高度自信的表现,显示了李白矛盾一生中的圆融与完整。这一点在传统中国极为罕见。一千多年以来的事实也足以证明李白自我判断的正确。

似此，则李白可谓不虚此生，大可安心瞑目矣。但其下"游扶桑兮挂石袂"三句，又波澜起伏，让人衔恨万古。"游扶桑"一句乃暗含李白天宝初年应玄宗之诏入朝供奉翰林，不久又被赐金还山，以及安史之乱中入永王璘军幕等事，总而言之，喻其从政。而其从政经历中颇有隐情，故以曲笔出之，"挂石袂"当喻自己从政活动遭受的种种牵连与祸患。李白一生都在巨大的荣誉与无边的诽谤中度过的，因此杜甫才说"世人皆欲杀，吾意独怜才"。所以，这一句不知包藏了多少冤屈与苦水，而又没有办法明明白白地倾吐出来。这种内心的痛苦，或许只有极少数的天才可以理解。

上句既明，"后人得之传此"亦可略窥一二。后人，后世之人。"得之"，得其身世坎坷之隐情。"传此"，传其诗歌之真谛。安旗先生解释此句意为："百岁千秋后必有知我者，被斥去朝，非我之过也；附逆作乱，非我之罪也；流言蜚语，莫须有也。我之诗中多有深意，其勿忽也；草木风月，比兴之辞也；谑浪笑傲，中心是悼也；狂歌当哭，忧国忧民之泪也……"

最后一句"仲尼亡之谁为出涕？"鲁哀公十年，有人西狩获麟。麒麟是祥瑞的象征，而获麒麟则令人无限哀伤，孔子为之泣，并从此绝笔于《春秋》。此句亦可作两种理解。一方面哀叹孔子已逝，没有谁再为自己哀伤，没有人再能理解自己。另一方面，又以孔子自拟。通观李集，李白曾多次自拟孔子。这与他一生自喻大鹏并不矛盾。作为道教形象的大鹏，是李白雄奇浪漫个性诗风的象征；作为儒家宗师的孔子，是李白建功立业的终身向往。儒道合一，功成身退，构成李白一生完成的理想模式和生命模式。孔子绝笔于《春秋》，自己的诗歌也即盛唐时代的《春秋》。李白《古风·其一》云：

  我志在删述，垂辉映千秋。

  希圣如有立，绝笔于获麟。

李阳冰在《草堂集序》之末云："论《关雎》之义，始愧卜商；明《春秋》之辞，终惭杜预。"李白曾以《春秋》自许，阳冰亦以《春秋》许之，盖李白一生念兹在兹也。所谓"谁为出涕"，即是深望后生勿忘其诗中之苦心孤诣、微言大义。

千百年来，我们讽诵李白，怀念李白，然而我们又对李白有多么深重的误解、曲解呢？诗仙，就像天空永恒的倒影，笼罩我们的心灵。

【注释】

[1] 此诗题诸本都作"临路歌"，"路"字可能是"终"字之误。诗乃李白临终绝笔之词。

[2] 八裔：八方。

[3] 中天：半空中。摧：摧断，折断。

[4] 言遗风足以激荡万世。

[5] 扶桑：神话传说中的神木，是太阳升起的地方。石袂：当作"左袂"，即左袖。严忌《哀时命》"衣摄叶以储与兮，左袂挂于榑（即扶）桑"，即左袖太长，挂于扶桑枝叶。言己衣服太长，摄叶储与不得舒展，德能宏广不能施用。

[6] 指后人得知大鹏半空摧折的消息并以此相传。

[7] 仲尼：即孔子。出涕：孔子泣麟的故事。麒麟是一种象征祥瑞的灵兽。据《春秋》《史记》等记载，鲁哀公十四年（前481年）春，西狩获麟，孔子见后为之泣下，从此绝笔不再写《春秋》了。

李 白 墓

白居易

采石江边李白坟，　绕田无限草连云。
可怜荒垄穷泉骨[1]，曾有惊天动地文。
但是诗人多薄命[2]，就中沦落不过君[3]。
渚萍溪藻犹堪荐[4]，大雅遗风已不闻[5]。

【赏析】

自李白762年病逝并埋骨当涂之后，引来后世无数文人墨客的凭吊追悼。白居易这首《李白墓》是今存最早的一篇凭吊李白的诗作。从大量凭吊李白的诗作看，这首诗也奠定了同类作品的基本格调，致使采石、青山染上了无法抹去的历史愁思，然而此诗的具体作年至今尚不能确定。顾学颉《白居易年谱简编》系于贞元十五年（799年），朱金城《白居易年谱》系于元和十三年（818年），都是根据白氏行踪推定，未知孰是，但这并不妨碍读者对此诗的理解。关于采石李白墓、李白衣冠冢、李白初葬龙山后改迁青山等等来龙去脉的考证，可参看李子龙的《关于李白之死和墓及其后人的几个问题》。

诗歌首先营造了李白墓及其周边无限荒凉的环境。首句点明李白坟的具体地点：采石矶畔的长江边。次句"绕田无限草连云"，一方面是描绘坟墓的荒凉程度，另一方面也可见诗人在墓地徘徊之久，内心波澜也像连天荒草一样，起伏不定，无边无际。因此，首联既是写景，也是起兴，寂寞荒坟，深穴冷骨，与"曾有惊天动地文"形成何等巨大的反差对照！用"惊天动地"形容李白诗歌的巨大影响力、震撼力，丝毫不是什么夸张。它与杜甫对李白"笔落惊风雨，诗成泣鬼神"的评价是完全一致的，也同一千多年来的读者感受完全吻合。如果说第二联是评价，第三联就是感叹。自古诗人多薄命，而其中穷困潦倒、颠沛流离者，再也没有超过李白的了。这也和白居易在元和十年《与元九书》中"李白、孟浩然辈终不及一命，穷悴终身"的用意一样，是借题发挥之作，流露出一种凄凉郁悒的身世之感。二、三联之间也形成鲜明对比，惊天动地之才与沦落穷愁之命,世事之荒谬,命运之无情,不能不让人浩叹千古!

　　《白居易集》原没有诗最后一联:"渚萍溪藻犹堪荐,大雅遗风已不闻。"《古今图书集成》卷八一六《太平府部·艺文二》等志书多出此二句。有人认为,此二句拙劣,大概出于后来好事文人之手。我倒认为,结句"大雅遗风已不闻"具有豹尾之力,李白多次以孔子自比,也以复兴古风、继承大雅为己任。"大雅久不作,吾衰竟谁陈"就是他的复古宣言。李白继承并发扬了陈子昂的复古之志,实际上又最大限度地开辟了唐诗发展的新境界,成为"盛唐气象"的典型代表。就此而言,此句也深得白居易之心,不应一笔抹杀。

　　另外,此诗也给后世贡献了"惊天动地"这一成语。毛泽东在《论持久战》中说:"长期而又广大的抗日战争,是军事、政治、经济、文化各方面犬牙交错的战争,这是战争史上的奇观,中华民族的壮举,惊天动地的伟业。"历史不会停止脚步。今天,我们既要学习前贤,像白居易一样感受李白的惊天动地文,葆养我们活泼的心灵,又要在新的历史时空创造自己惊天动地的事业。

【注释】

[1] 荒陇:荒凉的墓地。穷泉:深至地下的坑穴,借指墓穴。

[2] 但是:即凡是,只要是。

[3] 就中:其中。不过:没有超过。

[4] 萍、藻:河溪中普通的水草。荐:祭品。

[5] 大雅:李白《古风·其一》:"大雅久不作,吾衰竟谁陈?"

望 夫 石

刘禹锡

终日望夫夫不归,化为孤石若相思。
望来已是几千载,只似当时初望时。

【赏析】

刘禹锡这首《望夫石》明白如话,无须注释。诗题下原有小注:(望夫石)正对和州郡楼。另刘禹锡叙事长诗《历阳书事七十韵》亦有诗句曰"望夫人化石",该诗作于上任和州刺史不久的824年深秋初冬时节,故系《望夫石》作于724—726年刘禹锡和州刺史任上是比较准确的。

望夫石所在多有,历代咏望夫石诗也很多,与刘禹锡同时代的孟郊就有《望夫石》诗云:

望夫石,夫不来兮江水碧。
行人悠悠朝与暮,千年万年色如故。

中唐另一位诗人王建咏《望夫石》:

望夫处,江悠悠。化为石,不回头。
山头日日风复雨,行人归来石应语。

宋王安石《望夫石》曰:

云鬟烟鬓与谁期,一去天边更不归。
还似九疑山下女,千秋怅望舜裳衣。

当然,鼎鼎有名的还是李白的《望夫石》:

仿佛古容仪,含愁带曙辉。露如今日泪,苔似昔年衣。
有恨同湘女,无言类楚妃。寂然芳霭内,犹若待夫归。

其中,李白、刘禹锡、王安石所咏的《望夫石》是同一座望夫石。

《太平寰宇记》载:"望夫山在太平州当涂县北四十七里。昔有人往楚,累岁不还,其妻登此山望夫,乃化为石,其山临江,周围五十里,高一百丈。"今实地考查,《太平寰宇记》所述也不甚确。望夫山实即今小九华山,位于采石翠螺山北二里,山高不过百余米。原石今已不存,不过今人在山顶矗立一座望夫石,聊可慰藉。

比较几首同题诗作,我们会获得很多启示。从创新程度看,相对来说,孟诗骨力稍弱,创新最少。李诗用典设喻精当,想象丰富,绘形传神,是不可多得的佳作。王安石诗作情韵悠然,但遣词造句、意境格调承袭李诗,似乎谈不上推陈出新。真正可以一较高下的是刘禹锡与王建的《望夫石》。刘将望夫石写成由民间的一个普通女子化成,千载相望仍似初望,既切合石之特点,又显示了其相思之苦,这就翻出了新意。王建诗写人化石与刘相同,而"行人归来石应语"则超过了刘诗,甚至也高李白《望夫石》一等。从抒发情感程度看,也是孟诗情感最为薄弱,是泛泛的咏物之作,没有特点。王安石诗"千秋怅望"有一定深度,但涉嫌移花接木,地理位置亦不相称,且民间女子与舜帝二妃之地位相较也甚悬殊。李诗以"含愁"为主题,比喻恰切,用典精工,感情统一,应为上乘之作。刘诗写望夫之女"终日望夫",一往情深。望夫而夫不归,则"妇""化为孤石苦相思",此处,"孤"与"苦相思"便将石妇之情推进一层。"望来已是几千载",几千年如一日,较之"终日",石妇之情再深一层。而"千载相望"仍如"初相望",其相思之苦情则更进一层。全诗紧扣"望"字下笔,诗意层层递进,石妇相思之情越陷越深。王建赋石以情,似乎体会到石妇的内心,"行人归来石应语",石妇简直成了有血有肉的形象。其构思更是匠心独运,最为精巧。

吴曾《能改斋漫录》卷三《辨误》云:"陈无己诗话:望夫石在处有之,古今诗人唯用一律。唯刘梦得诗云:'望来况是几千岁,只似当年初望时。'语虽拙而意工。黄叔达,鲁直之弟也。以顾况为第一。云:山头日日风和雨,行人归来石应语。语意皆工。"(按:①云顾况,乃误。②笔记引诗与原诗字句有小异。)陈师道(无己)以王建与刘禹锡并称最好,而宋黄庭坚弟弟黄叔达更认为王建为第一,略胜刘禹锡。我们以今人眼光看,应当说黄叔达是客观的,识力如炬。

刘禹锡此诗能被古今一致认可,我们认为还与他善于学习民歌有关,他在夔州时期创作的《竹枝词》被认为是学习民歌的典范。《望夫石》受民歌影响痕迹十分明显。文字清浅,摈弃典故,首尾回环,紧扣"望"字,巧用顶针格,使此诗语拙意工,化俗为雅。这,便是诗外功夫了。

陋 室 铭[1]

刘禹锡

山不在高,有仙则名。水不在深,有龙则灵。斯是陋室[2],惟吾德馨[3]。苔痕上阶绿,草色入帘青。谈笑有鸿儒[4],往来无白丁[5]。可以调素琴[6],阅金经[7]。无丝竹之乱耳[8],无案牍之劳形[9]。南阳诸葛庐[10],西蜀子云亭[11]。孔子云:"何陋之有[12]?"

【赏析】

《陋室铭》因被收入中学语文课本,在当今可谓家喻户晓。但此文于刘禹锡诸集均未见收录。从20世纪60年代起就有人疑为伪作。此文前代屡见于文献记载,内容又与作者行事相合,似仍视为刘氏之作为宜。本文当作于刘禹锡和州刺史(824—826年)任上。

刘禹锡早年以极大的热情参加王叔文集团的"永贞革新",时在805年。失败后被贬为连州(今广东连县)刺史,赴任途中再贬为郎州(今湖南常德市)司马。元和十年(815年)召回长安,旋又贬出历任连州、夔州刺史。824年转任和州刺史,至此离开京城又近十年。出众的政治才能,高度的文学修养,长期的贬谪生涯,加上朴素的唯物主义哲学意识,使刘禹锡早已看破官场,看淡人生。826年刘禹锡离任至扬州初逢白居易,写了一首著名七律《酬白乐天扬州席上初逢见赠》:

巴山楚水凄凉地,二十三年弃置身。
怀旧空吟闻笛赋,到乡翻似烂柯人。
沉舟侧畔千帆过,病树前头万木春。
今日听君歌一曲,暂凭杯酒长精神。

《陋室铭》和此诗写作时间相隔一年多,两篇名作对读,可以见出刘禹锡精神思路的一贯性,看出刘禹锡在长期的逆境挫折中是如何保持志趣高洁、心境宁静的。

《陋室铭》全文八十一字,极其精警凝练。文是名文,句多名句。全文是以"斯是陋室,惟吾德馨"为核心展开叙述和议论的。开篇"山不在高,有仙则名。水不在深,有龙则灵"既是起兴,也是比喻,接句"斯是陋室,惟吾德馨"就显得水到渠成,十分自然。以比兴方式点明主旨,是对《诗经·关雎》"关关雎鸠,在河之洲。窈窕淑女,君子好逑"的继承和发展,足见刘禹锡文章手法之高妙。

从"苔痕上阶绿"至"无案牍之劳形"是铭之主体。虽也极简短,但层次分明,内容饱满,是"斯是陋室,惟吾德馨"的具体展开。"苔痕上阶绿,草色入帘青"是写陋室环境之美。苍苔和小草虽有生命,但并无人之情感。可在作者笔下,它们仿佛被灌注了丰富的人类情感。苍苔爬满了陋室外的石阶,绿意盎然。小草长得很高了,已经拂到陋室的窗帘,让陋室满目青翠。苍苔和小草在陋室外恣肆生长,没有人为的干扰,也给作者带来了抚慰和愉悦。而这一对句又说明陋室外人迹稀少,苍苔、小草很少受人踩踏,这就顺理成章地引出下文:"谈笑有鸿儒,往来无白丁。"俗话说,人以类聚,物以群分。陋室内谈笑风生,这是主人在和饱学高士谈天论地，是智慧接引，是精神交流，是心情舒放。作者志趣高远，根本不把不学无术的逢迎拍马之辈看在眼里。这两句是写作者的交友。如果再把精神交流扩展到各地心心相印的朋友，那就更能见出刘禹锡内心生活之丰富了。比如和州籍诗人张籍在京城得知刘禹锡到自己家乡出任长官，便十分兴奋地写了一首慰问诗《寄和州刘使君》：

> 别离已久犹为郡，闲向春风倒酒瓶。
> 送客特过沙口堰，看花多上水心亭。
> 晓来江气连城白，雨后山光满郭清。
> 到此诗情应更远，醉中高咏有谁听？

数月后，刘禹锡收读此诗立即回赠《张郎中籍远寄长句开缄之日已及新秋因举目前仰酬高韵》一篇：

> 南宫词客寄新篇，清似湘灵促柱弦。
> 京邑旧游劳梦想，历阳秋色正澄鲜。
> 云衔日脚成山雨，风驾潮头入渚田。
> 对此独吟还独酌，知音不见思怆然。

此外，刘禹锡在和州时还常与钱起、令狐楚、白居易、李德裕等一时名诗人唱和酬赠，这些，都可以看作陋室之内"谈笑有鸿儒"精神交流的扩展。接下来的"可以调素琴，阅金经。无丝竹之乱耳，无案牍之劳形"，是写作者独居陋室之生活情景。有高朋在座，则笑语喧哗；独处陋室，则弹琴阅经。琴为素琴，不事雕饰，琴声悠远空灵，把作者的思绪引向辽远高旷之境界；经为《金刚经》，是佛学原典，作者早在被贬朗州（今湖南常德）时就已深爱佛典，深入钻研，很有心得，佛经的微言大义又促使作者深刻思索人生真谛。而这种思考又是在没有丝竹乱耳、案牍劳形的环境中才能进行的。这也是作者长期追寻的一种生存方式或生活理想。

最后三句是铭文结尾，别有意味。当刘备三顾茅庐时，诸葛亮高卧南阳隆中，隐居之中静观天下大势，对魏蜀吴三分天下已了然于胸。扬雄结庐成都，写成《太玄经》震动当时学术界。刘禹锡引此二人草庐为典故，不仅十分熨帖，而且有以诸葛、扬雄自喻之意，可见其虽身居陋室而欲齐肩古人的信心和雄心，在自嘲自谦中暗含自强自信，人生之潇洒放达于焉可见一斑。铭文最后点明：孔子云"何陋之有？"乃是对陋室主人之精神的升华，也是作者抗衡不公之命运、完善主体人格的最终的精神支柱，精警有力，神完气足。

【注释】

[1] 铭：古代刻于金石上的一种押韵文体，多用于歌颂功德或昭申鉴戒。

[2] 斯：这。陋室：陈设简单而狭小的房屋。

[3] 惟：同介词"以"，起强调原因的作用。德馨：意指品行高洁。馨：能

散布到远处的香气。

[4] 鸿儒：博学之士。

[5] 白丁：未得功名的人。这里借指不学无术之辈。

[6] 素琴：没有雕绘装饰的琴。

[7] 金经：即佛教经典《金刚经》。

[8] 丝竹：此处泛指多种乐器。

[9] 案牍：指官府文件。

[10] 诸葛亮出山前，曾在南阳庐中隐居躬耕。

[11] 汉代扬雄是今四川成都人，其宅被称为"扬子宅"，此文中"子云亭"即指扬子宅。

[12] 何陋之有：之，宾语前置，全句即"有何陋"。《论语·子罕》："子欲居九夷，或曰：'陋，如之何？'子曰：'君子居之，何陋之有？'"

采 莲 曲

张籍

秋江岸边莲子多，采莲女儿并船歌。
青房圆实齐戢戢，争前竞折漾微波。
试牵绿茎下寻藕，断处丝多刺伤手。
白练束腰袖半卷，不插玉钗妆梳浅。
船中未满度前洲，借问阿谁家住远？
归时共待暮潮上，自弄芙蓉还荡桨。

【赏析】

张籍（约768—830年），字文昌，和州人。张籍一生虽然官位不高，但诗名极大。其乐府诗，纯用赋体，单叙事实，不下断语，绝不自己揭出主题思想。白居易赠诗曰：

张公何为者？业文三十春。
尤工乐府词，举代少其伦！

王安石《题张籍诗集》云："苏州司业诗名老（张籍先世苏州人，曾官国子司业），乐府皆言绝妙词。看似寻常最奇崛，成如容易却艰辛。"赞扬张籍语言虽然很浅显，功夫却很深，乐府诗歌达到很高的造诣。《采莲曲》是乐府旧题，内容多描写江南一带水乡风光和采莲女的生活情态。张籍自小在和州长江边长大，对采莲生活十分熟悉，所以他的这首《采莲曲》充满了浓厚的生活气息，与齐梁时代宫廷诗人所写的采莲曲的贵族气息迥然不同。

"秋江岸边莲子多,采莲女儿并船歌",清秋时节,莲子成熟了,碧莲沿江,连绵无际,正是收获的季节。采莲女笑着、唱着驶船来江上采莲。"并船歌",显示采莲是集体活动,也表现了采莲女的爽朗和欢乐。她们的船儿摇到哪里,悠扬甜美的歌声就飞到哪里。江流蜿蜒向前,欢快悠扬的歌声就随江流一路飘荡。这阵阵甜美的歌声,为清秋江面增添了无限风光。这两句环境描写,烘托了秋江采莲的热闹场景。

下面两句具体描绘采莲细节:"青房圆实齐戢戢,争前竞折漾微波。"齐戢戢,形容众多莲蓬露出水面,挤挤挨挨,让人欢喜。这些饱满的莲子,吸引了采莲女。她们荡漾着小船,在荷丛里穿梭,你追我赶,互相竞赛,都想多采一些莲子。澄碧的水面,溅起一朵朵晶莹闪亮的水花,荡起一道道翡翠般的微波,歌声、笑声、桨声,合奏出一支支欢快活泼的采莲曲。绿叶青莲,映衬采莲女红润的面庞,采莲女和粉红的荷花在秋阳下相映生辉。颜色的相互映衬,使画面明丽多姿。荷与莲是静态,采莲女和江水是动态,动静之间,衬托出画面的中心——采莲女的轻盈、敏捷。"争前",描写她们争着划船向前,轻舟竞采的动人画面跃然纸上。"竞折",突出她们争相采莲的情态,青春活力展露无遗,画面动感越来越强。"漾微波"既由竞采莲子的动作所致,也能反衬采莲女神速、灵动的动作和兴奋欢快的心境,令人心神荡漾。

前四句押"歌"韵为第一段,展现广阔而热烈的秋江采莲场景,情调悠扬甜美。

五、六句写寻藕。"试牵绿茎下寻藕,断处丝多刺伤手。""试牵"说明她们的目的只是想看一看藕长多大了。因为此时藕节尚嫩,还没到扒藕的季节。荷花茎上有刺,一不小心就会刺伤手。因此她们就慢慢地、小心翼翼地顺着绿茎向下摸藕。采莲是那样飞快,摸藕是如此缓慢,一快一慢,突出了采莲女寻藕的小心细致。这两句押"有"韵为第二段,刻画寻藕的具体细节。这一细节绝非宫廷贵族诗人所能写出的,它展现了底层人民的劳动之美,是诗人对家乡生活的无限回味与艺术表达。

下面四句转入刻画这群采莲女。"白练束腰袖半卷,不插玉钗妆梳浅。"这两句白描采莲女的装扮。她们白练系腰,显示出形体曲线美和俊俏优美的风姿。她们不插玉钗,只施淡妆,表现出采莲女朴素大方的自然美。如此分析,当然诗意盈盈。但这种装束实乃采莲劳动所必需。白练束腰,在于方便行动;袖半卷,生怕荷茎绿刺划破衣袖。不插玉钗,恐玉钗堕水。妆梳浅,秋阳烈日下采莲弄水,额头上汗水很容易破坏浓妆脂粉,也只得薄施淡妆。由此看来,这两句乃是采莲女长期劳动和生活经验的积累,在闲人雅士看来是一种"天然去雕饰"的风韵之美,但在采莲女自己,则是再自然不过的寻常之事。但这种自然之美,的确也是最能打动人心的。"船中未满度前洲,借问阿谁家住远?"莲子还没有装满船舱,她们便相互鼓励,我们结伴到前面的洲边继续采吧!"她们边采边相互关切地询问:"我们越往前采,就离家越远了,谁家住得更远一些啊?"一句亲切的问话,揭示了采莲女善良的心灵和开朗的性格,突出了相互的关切友爱情感。她们的形体美与心灵美互为表里,相得益彰,给人以美的享受。这四句押"洗"韵为第三段,刻画采莲女美妙身姿和美好心灵,情调朴实亲切。

最后两句写采莲女暮归:"归时共待暮潮上,自弄芙蓉还荡桨。"日暮还在采莲,则劳动时间之久、之辛勤可见。同时也补充上句"借问阿谁家住远"之原因。日暮涨潮,正可乘舟疾驶。"共"字用得妙,突出她们同出同归和丰收后共同的欢乐。在归途中,她们一边荡桨一边手持荷花玩耍。一天紧张的劳动后,她们还是那样轻松。这最后两句展现出一幅水彩画:晚霞给采莲女披上绚丽的色彩,她们的欢歌笑语,为日暮秋江增添了无限的情趣,首尾照应紧密。最后两句押"漾"韵,描绘了一幅采莲女丰收归来边荡桨边弄荷花的动人画面,让人们在轻松愉快中回味全篇。

这首诗把采莲活动写得相当细致,从头到尾均是白描和叙述,就如同采莲女一样淡妆浅梳,不事雕饰,表现出一种纯朴明丽的风格,洋溢着浓郁的江南风味。全诗构思独特,每韵一段,各段之间富于变化,从而展示出从晨出到暮归群体采莲的全过程。全诗场景多变,情节丰富,质朴明朗,语浅意深,令人读后回味无穷,成为"采莲曲"中的杰作,成为张籍乐府的名篇。

题勤尊师历阳山居(并序)

师即思齐之孙,顷为故相国萧公录用。相国致政,尊师亦自边将入道,因赠是诗。

许浑

二十知兵在羽林[1],中年潜识子房心[2]。
苍鹰出塞胡尘灭[3],白鹤还乡楚水深[4]。
春坼酒瓶浮药气[5],晚携棋局带松阴。
鸡笼山上云多处[6],自劚黄精不可寻[7]。

【赏析】

要理解许浑这首七律,最好还是从李白《历阳壮士勤将军名思齐歌》说起。李白晚年游历阳,听说壮士勤思齐的事迹,作诗云:

太古历阳郡,化为洪川在。
江山犹郁盘,龙虎秘光彩。
蓄泄数千载,风云何霉蔚。

　　　　　特生勤将军，神力百夫倍。

　　结合李白诗序可知，历阳人勤思齐将军武艺盖世，神勇无比，则天太后召见并认为他武功神奇，封他为游击将军，赐锦袍玉带，朝野荣之。后又封他为镇南将军。他又曾与当朝大臣张说、郭震等结为十友，名震四方。张说曾上表推荐，说："思齐忠壮而异材，求之古人，张飞、许褚者也。怀道藏器，仰望明时。"但羞于自我炫耀，莫能上达。因此，思齐才被则天召见并屡获重任。但玄宗开元九年前因故免职，其后终生再未出任。李白以历阳的山川厚重、神奇历史来象征地杰人灵，孕育诞生了神力百倍于常人的勤将军。

　　现在回过头来看许浑的这首诗歌。"尊师"是古人对道士的敬称。许浑诗序中说，勤尊师就是勤思齐将军的孙子（勤尊师的真名现已难以确认）。他曾受到宰相萧俛的赏识、录用。后来萧俛罢相称病退休，勤尊师亦从守边大将的位置上退下加入道教，成为一名道士。许浑受此义举感动，所以才写此诗赠给尊师。许浑亦曾受恩于萧俛，或许，许浑和勤尊师就是通过萧俛才认识的。许浑是今江苏丹阳人，又曾摄守当涂县令，其家乡和为官之地都与历阳很近。结合诗序诗意看，此诗很可能是会昌元年（841年）移摄太平令前后亲游历阳鸡笼山所作。

　　诗一开始就称颂勤尊师的军事才能。二十岁年纪轻轻之时，就被选入羽林军，从"知兵"看，已担任了羽林军中一定的军职，武艺高强自不在话下。随着在军中职位的提升，人到中年的勤尊师已对汉朝张良的军事谋略领悟得很透彻了，而"潜识"又见出勤尊师不事张扬的个性，这与其祖父"羞自媒炫"的性格又何其相似乃尔！大概勤将军在中年以后受到信任，出任镇守边关的将军。"苍鹰出塞胡尘灭"一句，以雄鹰比喻将军，用"胡尘灭"表示外敌被灭、边关安宁，高度概括了勤尊师的守边功勋。"白鹤还乡楚水深"亦即序中所言：尊师亦自边将入道。诗歌化用丁令威的神话典故，极其恰切，起码有四层含义。其一，丁令威为政清廉对应勤尊师战功赫赫；其二，丁令威化鹤还乡，勤尊师辞官归隐，亦回到故乡；其三，化鹤还乡是道教典故，勤尊师亦由将军变为道士；其四，本句为全诗转折处，一面收束上文，一面开启下文，余下四句全围绕尊师的道家生活来写，仙道气息十分浓郁。

　　清人陈廷桂著《历阳典录》说，鸡笼山上当时尚有勤思齐将军之故宅遗址，由此说来，勤尊师回到故乡历阳，高卧鸡笼山，实际上就是回到了祖父的故宅。而鸡笼山一向被称为道家第四十二福地，看来该是修道的最佳去处了。《雷起剑评丁卯集》卷上说："'春坼酒瓶浮药气，晚携棋局带松阴'，英雄入道，每每如是。"可谓的评。春天打开酒瓮，浓浓的药香酒气扑鼻而来，扩散开去，令人欲醉欲眠，又令人神清气爽。傍晚，尊师携带棋枰，坐于松阴之下，与世外高人对弈，这两句诗是写实，既具体又空灵，通过平常生活场景，非常生动地刻画了尊师脱略尘务、潜心修道、潇洒飘逸的高士形象。最后一联"鸡笼山上云多处,自斸黄精不可寻"简直就是贾岛名篇《寻隐者不遇》"松下问童子,言师采药去。只在此山中,云深不知处"的翻版。鸡笼山自是道教圣地,云雾缭绕,尊师常常荷锄外出,挖掘中草名药黄精,谁也找不见他的踪迹。而"自斸黄精"又暗中勾连上联的"春坼酒瓶浮药气",手法高明。这一联结尾情在景外,余韵悠悠,给人无限联想。

最后,我们可综合观照一下李白与许浑这两首诗歌。他们赞颂的对象是勤思齐与勤尊师这一对祖孙。这对祖孙相似之处真是太多了。祖孙两人都是忠壮之人,官至将军,战功赫赫;两人性格都是不自夸耀,不事张扬,而受到当时宰相的赏识重用;两人都在风云际会之时退出仕途,回归故土,勤尊师干脆直接就到鸡笼山的祖父旧居隐遁学道。祖孙的这些巧合,在我们读过的唐诗里尚未发现第二例。更为巧合的是两位诗人,李白是唐高宗时宰相许圉师的孙女婿,而许浑是许圉师的六世孙,从许浑的诗序可以推知,许浑应该是读过李白《历阳壮士勤将军名思齐歌》的。

【注释】

[1] 羽林:即禁卫军,是以保卫皇帝和皇家为主要职责的皇帝私兵。唐置左右羽林军,置有大将军、将军等官。

[2] 子房:即张良,字子房。汉代韩人。秦灭韩,张良拿出全部家产寻求刺客为韩报仇,得力士,狙击秦始皇于博浪沙,误中副车,乃更姓名,亡匿下邳,寻受兵法于黄石公,佐汉高祖灭项羽,定天下,封留侯,卒谥文成。见《史记·留侯世家》。

[3] "苍鹰"句谓勤尊师为将军时功勋卓著。

[4] 白鹤还乡:用丁令威化鹤归辽事。丁令威是道教崇奉的古代仙人。据传,他是晋代辽阳人,原是一位州官,为政清廉,爱民如子,为官之余,最大的乐趣就是养鹤。后学道于灵虚山,成仙后化鹤归辽,落在城门华表柱上。时有少年张弓欲射,鹤乃飞,徘徊于空中而言曰:"有鸟有鸟丁令威,去家千年今始归。城郭如故人民非,何不学仙冢垒垒。"

[5] 坼:开。

[6] 鸡笼山:在历阳(今和县)西北约十里,被道家称为"天下第四十二福地"。《淮南子》云:麻湖初陷之时,有一老妪提鸡笼登此山,因化为石。今有石状如鸡笼,故名之。

[7] 斸:挖掘。黄精:中药名。

题乌江亭

杜牧

胜败兵家事不期，包羞忍耻是男儿。
江东子弟多才俊，卷土重来未可知。

【赏析】

晚唐著名诗人杜牧是写咏史诗的高手，又具有卓越的政治军事才能。因此，他善于从政治家、军事家的角度品评历史事件，大多直抒胸臆，并发表不同凡响的议论，形成了独具特色的咏史诗系列。这些咏史诗寄托了诗人自己对现实政治的某些感慨和批评，具有很高的艺术价值。《题乌江亭》便是其中之一。

开成三年（838年）冬，三十六岁的杜牧由宣州团练判官被任命为左补阙、史馆修撰，第二年春赴长安就职。此诗就是杜牧此次赴京途经和州（今和县）乌江时所作。乌江是项羽兵败自杀之处，后人建乌江亭纪念项羽。杜牧凭吊乌江亭，认为项羽不必自寻短见，应当忍辱再起，于是写下这首短小精悍、不落窠臼的七绝。

"胜败兵家事不期"，首句破空而来，直接指出胜败乃兵家常事且事先不可预料。这是尽人皆知的常识，富含朴素的辩证法思想，也是杜牧作为军事家的真实看法，因此，关键只在于对胜败所持的态度和认识了。第二句"包羞忍耻是男儿"紧承首句。"力拔山兮气盖世"的项羽遭到挫折不是勇敢面对、继续再战，而是灰心丧气、因羞自刎，怎么能算得上真正的男子汉呢？怎不有愧于"英雄"的称号呢？这句暗含对项羽的批评。

项羽东城溃围后来到乌江边，亭长对他说："江东虽小，地方千里，众数十万人，亦足王也。"诗中的第三句"江东弟子多才俊"便是诗

人对亭长这一建议的艺术概括。人们历来欣赏项羽"无颜见江东父老"一语，认为表现了他的气节，有活生生的人情味，实则反映了项羽刚愎自用的性格特点，缺少军事家的战略眼光和开阔胸怀，不能"包羞忍耻"。杜牧在此强调的是项羽当初如果敢于面对失败，采纳忠言，重返江东，定会东山再起。

"卷土重来未可知"是全诗最有力的句子。这一句既是结论，又反过来为二、三句提供了有力的证据，同时呼应第一句"事不期"，再次表明了"败不馁"的道理，宣扬了百折不挠的精神，具有积极意义。

表面上看，杜牧的咏史诗好作翻案文章，如《题商山四皓庙一绝》：

吕氏强梁嗣子柔，我于天性岂恩仇。
南军不袒左边袖，四老安刘是灭刘！

再如《赤壁》：

折戟沉沙铁未销，自将磨洗认前朝。
东风不与周郎便，铜雀春深锁二乔。

都提出了不同流俗的见解，卓异而新颖。就是纯写景诗《山行》：

停车坐爱枫林晚，霜叶红于二月花。

也一样显得奇绝警拔。因此，往深处看，挑战传统看法，提出自家新解实际上是由杜牧的个性和思维方式决定了的，而不是他有意为之，故作惊人之论，这也是我们喜爱杜牧的原因之一。

游褒禅山记

王安石

褒禅山[1]，亦谓之"华山"。唐浮图慧褒[2]始舍于其址[3]，而卒[4]葬之，以故其后名之曰"褒禅"。今所谓"慧空禅院"者，褒之庐冢[5]也。距其院东五里，所谓"华阳洞"者，以其在华山之阳名之也。距洞百余步，有碑仆道[6]，其文漫灭[7]，独其为文犹可识，曰"花山"[8]。今言"华"，如"华实之华"者，盖音谬也[9]。其下平旷[10]，有泉侧出，而记游者甚众[11]，所谓"前洞"也。由山以上五六里，有穴窈然[12]，入之甚寒，问其深，则虽好游者不能穷[13]也。谓之"后洞"。

予与四人拥火以入[14]，入之愈深，其进愈难，而其见愈奇。有怠而欲出者[15]，曰："不出，火且尽。"遂与之俱出。盖予所至，比好游者尚不能十一[16]，然视其左右，来而记之者已少。盖其又深，则其至又加少矣[17]。方是时[18]，予之力尚足以入，火尚足以明也。既其出[19]，则或咎[20]其欲出者，而予亦悔其随之而不得极乎游之乐也[21]。于是予有叹焉：古人之观于天地山川草木虫鱼鸟兽，往往有得[22]，以其求思之深而无不在也[23]。夫夷以近[24]，则游者众；险以远，则至者少。而世之奇伟瑰怪[25]非常之观,常在于险远,而人之所罕[26]至焉,故非有志者不能至也。有志矣,不随以止[27]也,然力不足者,亦不能至也。有志与力,而又不随以怠,至于幽暗昏惑,而无物以相[28]之,亦不能至也。然力足以至焉[29],于人为可讥[30],而在己为有悔[31];尽吾志也而不能至者,可以无悔矣,其孰能讥之乎?此予之所得也。

余于仆碑[32],又以悲夫[33]古书之不存,后世之谬其传莫能名者[34],何可胜道[35]也哉!此所以学者不可以不深思而慎取之也。

四人者[36]:庐陵萧君圭君玉、长乐王回深父、余弟安国平父、安上纯父[37]。

至和元年[38]七月某日,临川[39]王某记。

【赏析】

在王安石的集子里,游记文并不多。但他的《游褒禅山记》却写得相当出色。这不止是说作为唐宋古文八大家之一的王安石,在这篇游记里表现了杰出的散文艺术才能,更值得重视的是这篇游记表现了作为政治改革家的王安石的学识、见解、魄力和气度。可以说,运用高超的写作技巧,通过一定的具体事例,精确而充分地阐述一种人生哲理,使完美的表现形式与深刻的思想内容和谐统一,是这篇《游褒禅山记》的显著特色。

顾名思义,游记文是记叙游览观赏的文章,因而免不了要描绘山川之胜、风物之美,并且免不了要抒发由这山川风物所引起的内心感受。一般的游记文往往侧重于写景、抒情,而王安石的这篇《游褒禅山记》却是把写景、抒情同叙事、说理结合起来,融为一体,并且从中寄托政治上积极进取的抱负,体现了对社会人生执着追求的精神,这是很可贵的。

王安石早年做地方官到过东南一带的许多地方,后来在京城做官,又曾北上远至宋辽边界。他所到之处,登临游赏,或有所感,或有所悟,提笔写下诗词散文,大多联系着历史、现实、国计、民生,反映出他的政治理想。这篇《游褒禅山记》正是他做了鄞县知县,又在安徽做了三年舒州通判之后,于宋仁宗至和元年(1054年)写的。褒禅山就在今天含山县内。

《游褒禅山记》一开始便紧扣题目,从褒禅山写起。"褒禅山亦谓之'华山',唐浮图慧褒始舍于其址,而卒葬之,以故其后名之曰'褒禅'"。"浮图"(浮屠)和"禅"都是梵语的译音。在这里"浮图"指和尚,"禅"指佛家的修行。这几句是说,山之得名是由于唐代慧褒和尚生前居住在这里,死后又埋葬在这里。"今所谓'慧空禅院'者,褒之庐冢也。""庐"是房舍,"冢"是坟墓。这个开头对褒禅山的名称来由、地理位置作了一番踏勘考证。接着文章由褒禅山引出了华阳洞。"距其院东五里,所谓'华阳洞'者。以其乃华山之阳名之也。"阳,是山的南面。这几句,指出华阳洞之得名是由于它地处褒禅山的南面,而褒禅山本来叫"华山"。这一点很要紧,因为通篇所记游褒禅山,实际上只是游华阳洞,而文章阐述的精辟道理,又是从游华阳洞引发的。"距洞百余步,有碑仆道,其文漫灭,独其文犹可识,曰'花山'。今言'华'如'华实'之'华'者,盖音谬也。"距离洞口百十来步远的路旁,有一块倒伏的石碑。上面刻写的文字已经模糊不清,唯有"花山"两个字还可以辨认出来。原来华山是应该叫"花山"的,现在把它读成"华实"的"华",是读音读错了。这几句进入了记游的正文,它既不是交代所游之地的概貌,也不是抒发初游的感想,而是别具一格地进行了一番实地考查,从概念到实际,原原本本弄个明白。这在古人叫作"循名责实"。

文章的第二段紧接着记叙了游华阳洞的情况。华阳洞分为前洞和后洞。对前洞的记叙是:"其下平旷,有泉侧出,而记游者甚众,所谓'前洞'也。""旷"是空阔的意思。前洞在山下,平坦空旷,洞中有泉水,游人很多。后洞的情况怎样呢?"由山以上五六里,有穴窈然,入之甚寒,问其深,则其好游者不能穷也,谓之'后洞'。"离山脚五六里远的地方,有一个洞幽暗深邃,进去之后,寒气袭人。要问它有多深,就是对游览有特别爱好的人也不能到达尽头。虽然作者不把主要笔墨用在写景状物上面,但这三言两语,就已经突出了前洞与后洞迥然不同的环境特征。同时,又用"记游者甚众"与"好游者不能穷""其深"来分别说明游前洞之易与游后洞之难,揭示一般游人就易避难的心理,为后文立论提供了客观依据。这里,前洞只是作为后洞的陪衬。写前洞是宾,写后洞是主,把如何游前洞完全省去,是为了集中叙写如何游后洞。"余与四人拥火以入"一句,点明与人同游,这才有入洞之后诸人的不同反应。至于入洞之后的所经所见所感,作者只用了"入之愈深,其进愈难,而其见愈奇"三个短句就立刻收住。方才我们讲过,作者并不把主要笔墨用在写景状物上,入洞以后愈进愈难、愈见愈奇本身,不是文章的重点,所以没有展开描述的必要。不然,文章就会显得枝蔓芜杂，有损于借事喻理的主题的表达。事实上，这"入之愈深，其进愈难，而其见愈奇"三句，已经扼要地表现了入洞以后的所经、所见、所感，并且把文章借事喻理的主题呈现出来了。从这里我们也可以看出作者精于剪裁、详略得当、巧于概括、突出中心的写作修养和功夫。

　　文章写到随着入洞俞愈深而"其见愈奇"，使读者想象洞中一定是光怪陆离、千姿百态的景象。按说，既然如此美不胜收，那下文就应该叙写乘兴直入，寻幽访胜，全部领略洞中的"奇"景。不料，却是中途退出了。"有怠而欲出者，曰：'不出，火且尽。'遂与之俱出。""怠"是松懈怠惰、意志薄弱的意思。有不愿继续前进而要出来的人说，"不出去，火把将要烧完"，于是大家都同他一起出来了。文章到这里本来是可以收住、径直转入议论的。但是，这样一束，入洞过程就会被简单化，后面的议论也就不可避免地会流于一般化。因此，作者放笔写去，作了两点补叙。第一点是："盖予所至，比好游者尚不能十一，然视其左右，来而记之者已少。盖其又深，则其至又加少矣。"我们所到达的深度比起"好游者"来说还不及十分之一，然而看看洞壁上，题字留念的已经少了，再深入一些，就更少了。这几句是从正面补充"入之愈深，其进愈难"两句。另外一点是："方是时，予之力尚足以入，火尚足以明也。既其出，则或咎其欲出者，而予亦悔其随之，而不得极夫游之乐也。""咎"是责怪的意思，"极"是穷尽的意思。这几句是说当时自己的精力完全可以继续前进，火炬完全可以继续照明，所以中途退出之后，有人就抱怨那个吵着要出洞的人，自己也对跟着退了出来感到后悔，没有能够饱览后洞的瑰异景色，尽兴游乐。这是从反面补充"而其见愈奇"一句。这一段的文笔，显得曲折陡峭，文情也起伏跌宕，摇曳多姿。本来后洞"其见愈奇"，正要继续前进，却"有怠而欲出者"不愿前行，而大家也"与之俱出"，这是一个转折。进入洞中的深度，远不及"好游者"，而一般游人达到现有深度的已经很少，可见"其进愈难"，这又是一个转折。"力尚足以入，火尚足以明"，原可以"入之愈深"，这再是一个转折。既已退出，随即悔恨"不得极夫游之乐"，仍然被那"其见愈奇"的景象所吸引着。这还是一个转折。这样腾挪跳宕，把游洞的心情充分揭示了出来，与按部就班地记叙过程又是不相同的。既然没有能够尽情游玩，也就没有什么可记的了。但王安石却相反，他正是从这件事情中悟出了一些道理。他充分揭示游后洞的心情变化，是为下文的议论提供基础，做好准备。

　　到了这时，文章便由"于是予有叹焉"一句自然地转入了带有感情色彩的议论。"于是予有叹焉"中的"叹"就是感慨。作者感慨什么呢？文章没有说，只是讲了一个原则："古之人观于天地山川草木虫鱼鸟兽，往往有得，以其求思之深而无不在也。"就是说，古代有成就的人即使观察天地、山川、草木、虫鱼这样一些自然现象，也能够有所体会，心有所得，因为他们思考得深入认真，细致周密。"思之深",是就思考的深度来说的;"无不在",是就思考的广度来说的。依据"求思之深而无不在"才能有所得这个原则,作者对游华阳洞的过程进行深入细致的思考,写出了一段议论。这议论,就是"予有叹焉"的内容,也就是这篇《游褒禅山记》的核心、灵魂,是文章的主旨所在。

文章的第一段是写"褒禅山"的名称由来,引出华阳洞。第二段是写游华阳洞后洞的情况,入洞不深,中途退了出来,没有尽兴游览。本来,这已经无游可记了,而作者却由此体会到一些道理。第三段就转入议论。首先提出"古之人观天地山川草木虫鱼鸟兽,往往有得,以其求思之深而无不在也"。根据这个原则,即使是游山玩水,只要认真思考,也是会得出有益的认识的。底下就展开得出了什么认识的议论。

"夫夷以近,则游者众"。"夷"是平坦的意思,平坦而近便的地方,游人就多,这一句照应第二段的"其下平旷,有泉侧出,而记游者甚众"几句,是针对前洞来说的。"险以远,则至者少",指出艰险而偏远的地方,游人就去得少了,照应第二段的"由山以上五六里,有穴窈然,入之甚寒,问其深,则其好游者不能穷也"几句,是针对后洞来说的。两相对比之后,紧接着指出,"而世之奇伟瑰怪非常之观,常在于险远,而人之所罕至焉"。"瑰怪",即美丽奇特。"罕",是稀少的意思。世界上奇异壮丽而极不寻常的胜景,常常在那艰险而偏远的地方,不是轻易可以到达的,能去的人自然不多。这是照应第二段的"入之愈深,其进愈难,而其见愈奇"几句,就进入后洞的所经、所见、所感,生发开去,告诉读者:争取一种美好的理想境界,须得经过艰难曲折,要有坚韧不拔的顽强精神。所以针对"有怠而欲出者",作者接着提出了三个"不能至"。

先是"故非有志者不能至也"。"有志",就是具有坚强意志。除非具有坚强的意志是不能达到的。但是仅仅"有志"还不够。作者又提出"力"的问题。"有志矣,不随以止也,然力不足者,亦不能至也。"这是说要到达美好境界,还必须具有充沛的精力。但"力""足"了,也仍然不够。"有志与力,而又不随以怠,至于幽暗昏惑,而无物以相之,亦不能至也。""相"是辅助的意思。凭借坚强的意志与充沛的精力,假使遇到幽深昏暗这样困难的所在,而没有一定的物质条件,例如火烛之类,来作为辅助手段,那也是达不到目的的。作者又提出了"物"的问题。三个"不能至也",表达三层意思,提出了"志"、"力"、"物"三种必备因素,把经过不断的艰苦努力又需要有一定的物质条件才能完成一种理想追求的道理,说得相当清楚、完备而透彻。

必须指出,作者提出的"志"、"力"、"物"三者,其间的关系并非不分主次地平列的。"志"和"力"属于主观因素,"物"属于客观因素。任何事情,都离不开主观与客观两方面的因素。而主观因素在一定条件下是决定性的。再就"志"与"力"来说,"志"属于心理方面,指人的精神状态,"力"属于生理方面,指人的体质状态,而人的精神状态又往往具有能动作用。人们有时候会感到"心有余而力不足",但只要"有志",就会想方设法利用和创造条件,以改变"力不从心"的处境。反之,如果士气不振、斗志松懈,即使强而有力,那也要变得软弱无能。所以作者以为"志"、"力"、"物"三种因素缺少其中之一,美好的境界都不能达到,同时又把"志"的因素摆在首位。三个"不能至"的三层意思,是按照三种因素的性能而依次排列的,逻辑十分严密。而在这之后,作者则又对"志"的重要意义作了进一步的强调和申述。"然力足以至焉,于人为可讥,而在己为有悔",是说体力足以到达,而努力不够,以致未能到达,就会招来别人的责怪、讥笑,自己也要产生悔恨。"尽吾志也,而不能至者,可以无悔矣,其孰能讥之乎?""孰"当"谁"讲。是说尽了主观努力,即使未能到达,那在自己就不会有悔恨,在别人也不会有谁来责怪、讥笑了。这一正一反的两层意思,照应第二段"既其出,或咎其欲出者,而予亦悔其随之"几句,突出了"有志"的决定性作用,并提出"尽志",即全力以赴、坚持不懈的高标准要求,从事的规律归结到人的能动性,把所议论的道理推进一层。最后,作者用"此予之所得也"(这就是我的收获啊)收束了这一段议论,回到只要"求思之深而无不在"即能"有得"的道理上去,前后呼应得紧密而自然,加强了议论的说服力量。

但是,文章的议论并没有终结。照应开头一段的末尾关于观看路旁倒碑的记述,作者于第三段之后,就"花山"误读为"华山"一事,继续发表感慨。这就是文章的第四段:"余于仆碑,又以悲夫古书之不存,后世之谬其传而莫能名者,何可胜道也哉!此所以学者不可以不深思而慎取之也。"这一段包含两层意思:

第一,由于"仆碑"才得以了解"华山"应是"花山",因而想起古书散失,后世的人以讹传讹,事物的实际名称就无法弄清了,类似的情况实在难以说尽。这是从个别到一般、从"华山"的"音谬"概括出社会上辗转讹误、相沿失实的普遍现象。

第二,针对这一普遍现象,提出读书求学的人应该持有深入分析与慎重接受的态度。这是从具体到抽象,从古书不存、难明真实,进一步概括出研究事物去伪存真的基本原则。

有人看到文中提到"学者",就认为作者讲的是"读书求学",这是不确切的。作者阐述的道理,具有广泛性、普遍性,绝非仅仅限于"论学"。再说这里提出"深思而慎取",对于上段的议论来说,也是一个重要的补充。因为希望达到美好的理想境界,包括读书求学,固然先要"有志",先要有百折不回、一往无前的坚毅精神;但除此之外,"深思而慎取",认真不苟、实事求是的科学态度,也是至关紧要的。作者这样立论,既扣着中心,又顾及全面,文笔严丝合缝,通篇无懈可击,也正是"深思而慎取"的具体体现。

到这里,议论结束,文章也收尾了。所以末段只是点出同游诸人的名姓:

"四人者,庐陵肖君圭君玉,长乐王回深父,余弟安国平父、安上纯父。"并点出游山之后撰记的时间、作者:"至和元年七月某日,临川王某记。"这是一般游记文通有的格式。不过,它在《游褒禅山记》里,却不是可有可无的。列举四人名姓,可以看出前面描写诸人入洞后的不同反应,不是虚构的,游山有时,撰记有人,更显示了事件的真实性。而通篇借事喻理,也就绝不是凿空妄发的了,这也是有助于增强文章的说服力的。

王安石的文章,大多能给人以思想上的启发、理论上的诱导和情绪上的感染。那原因就在于作者胸襟开阔、见识高远,而且善于运用简洁有力、流畅透辟的文笔加以阐发,因小见大,由实入虚,就事论理。这篇不同于一般游记文的《游褒禅山记》正是这样。(本篇选自《国学网》,略作改动)

【注 释】

[1] 褒禅山:在今安徽省含山县北十五里。

[2] 唐浮图慧褒:唐代高僧慧褒。浮图(浮屠),梵语译音,佛家把僧人之中修行圆满、大彻大悟的叫"浮屠"、"浮图"。

[3] 舍于其址:住在褒禅山山脚下。

[4] 卒:死。

[5] 庐冢:庐墓,建于墓旁的房舍,用以守护坟墓。

[6] 仆道:倒在路上。

[7] 漫灭:因风雨久浸而形迹模糊。

[8] "独其"二句:是说碑上的字迹已经模糊不清了,只有"花山"二字还可以认出来。

[9] 盖音谬也:因为把字音读错了。盖:承上文申说理由或原因。

[10] 平旷:平坦而又广阔。

[11] 记游者甚众:在洞壁上题诗文以记游的人很多。

[12] 窈然:深远的样子。

[13] 不能穷:不能走到尽头。

[14] 拥火:举着火把。

[15] 有怠而欲出者:有松懈斗志而想中途退出的人。怠:懈怠。

[16] 比好游者尚不能十一:比那些好游的人所到的地方还不及十分之一。

[17] "盖其又深"二句:是说因为越是深的地方,到的人就越少了。

[18] 方是时:正当从洞里退出之时。

[19] 既其出:出洞之后。其:语助词。

[20] 咎:责怪,埋怨。

[21] 而不得极乎游之乐也:而不能玩得痛快尽兴。

[22] 有得:有所收获。

[23] 以其求思之深而无不在也：这是因为他们（指古人）求知很深切，所以随处可以得到启发。

[24] 夷以近：平坦而又近。

[25] 瑰怪：壮丽而奇特。

[26] 罕：少。

[27] 不随以止：不跟随别人中途停止。

[28] 相：辅佐。

[29] 然力足以至焉：意谓在力量足以到达的情况下而结果却没有到达。

[30] 于人为可讥：在别人认为可以讥笑的。

[31] 在己为有悔：在自己是有所悔恨的。

[32] 余于仆碑：是说我又从那块倒在路旁的碑上产生了联想。

[33] 悲夫：感慨。

[34] 谬其传莫能名者：以讹传讹，使人不能明白其真相。

[35] 何可胜道：这样的例子怎么能讲得尽。

[36] 四人者：指同游的四人。

[37] "庐陵"四句：庐陵：今江西吉安县。长乐：今福建长乐县。君玉、深父、平父、纯父：分别是君圭、王回、安国、安上的字号。

[38] 至和元年：公元1054年。至和：宋仁宗（赵祯）的年号。

[39] 临川：今江西临川县。

郭祥正[1]家，醉画竹石壁上，郭作诗为谢，且遗二古铜剑

苏轼

空肠得酒芒角[2]出，　　肝肺槎牙生竹石[3]。
森然欲作不可回，　　吐向君家雪色壁[4]。
平生好诗仍好画，　　书墙涴[5]壁长遭骂。
不瞋[6]不骂喜有余，　　世间谁复如君者！
一双铜剑[7]秋水光，　　两首新诗争剑芒。
剑在床头诗在手，　　不知谁作蛟龙吼[8]？

【赏析】

此诗虽是东坡先生一时题赠之作，但却成为他论绘画艺术的名诗。神宗元丰七年（1084年），东坡离开谪居五年的黄州，调任汝州，七月途经当涂，此诗就是在当涂郭祥正家所作。郭祥正，诗风浪漫飘逸，时人目之为"李白后身"。从诗可知，东坡过当涂醉后在郭祥正家石壁上作墨竹图，此诗为题画诗。郭为答谢东坡，特赠两把古铜剑并赋诗二首。可惜，郭的答诗今已不存。但东坡此首题画

诗令千载之下的吾辈读之,犹觉元气淋漓,生机盎然。

东坡先生曾有名文《文与可画筼筜谷偃竹记》,幽默、生动地记录了其表兄文同(字与可)高明的画论、高超的画技和高尚的画品,同时写出了自己与文同的友谊之深、情感之厚。"胸有成竹"这一成语便由此文生发。文中开头一段正可作为本诗前四句的艺术诠释。故在此不避文繁,全节照录如下,并作适当解释:"竹之始生,一寸之萌耳,而节叶具焉。自蜩腹蛇蚹以至于剑拔十寻者,生而有之也。今画者乃节节而为之,叶叶而累之,岂复有竹乎!故画竹必先得成竹于胸中,执笔熟视,乃见其所欲画者,急起从之,振笔直遂,以追其所见,如兔起鹘落,少纵则逝矣。与可之教予如此。予不能然也,而心识其所以然。夫既心识其所以然而不能然者,内外不一,心手不相应,不学之过也。故凡有见于中而操之不熟者,平居自视了然而临事忽焉丧之,岂独竹乎?子由为《墨竹赋》以遗与可曰:'庖丁,解牛者也,而养生者取之;轮扁,斫轮者也,而读书者与之。今夫夫子之托于斯竹也,而予以为有道者,则非耶?'子由未尝画也,故得其意而已。若予者,岂独得其意,并得其法。"这段话的大意是说,竹子是作为一个总体而形成、发展的,不是按不同部位而个别出现的,现实的竹子是如此,在反映现实的绘画中所要表现的竹子理所当然也应如此,也就是要注意竹子完整的形象。然而,一般作画的人却不懂这个道理,一节一节地添加,一叶一叶地堆叠,这种添枝加叶的拼凑当然显得支离破碎。而文同的墨竹与之相反,他经过长期认真仔细的观察,掌握了竹子的形神特征,胸中先有完整的竹子,实际上是在想象中酝酿成熟竹子的形象,到提笔作画时,凝神注视,竹子形象完全呈现于眼前,于是奋笔挥写,毫不间断,仿佛兔起鹘落一般,一刻也不停顿,否则呈现于眼前的形象转眼就消失了。这里强调的是艺术构思,也强调创作灵感,因而画出来的竹子就神完气足,饶有风韵,下面又点明子由(苏轼弟苏辙的字)不会画竹,只能感悟到这一道理,进而说自己也画竹,并得到了文同教授的这种画法。这是文同的主张,实际上也是东坡自己的主张。东坡此诗前四句正是这一主张的艺术再现。意思是说,喝下一点酒后,情绪兴奋起来,引起作画的兴致,艺术感觉像锐利的锋芒一样在胸中鼓荡。肝肺里生长了石头、竹子,横七竖八地往外冒,森森然越来越多,仿佛要撑破肚皮,创作的激情不可遏制,非得倾吐出来不可,于是一股脑地从胸中喷涌而出,把它们画在朋友家雪白的墙壁上。

此诗中间四句是东坡先生性情特征的真实体现,平生好诗好画,常在墙壁上题诗作画,通常不被人家嗔怒和詈骂就大喜过望了,世间有多少人能像郭祥正这样的朋友能如此理解我呢?东坡正因诗结祸而造成"乌台诗案"差点送命、狱后才谪授黄州团练副使的,这才刚刚离开黄州,又禀性不改、旧病复发了。但这也正是东坡性格的极其可爱可亲处。

最后四句是对郭赋诗和赠铜剑的回应。一双古铜剑,像秋水一样,寒光四射,自是宝物。两首新诗,也像剑芒一样,锋利无比,"剑在床头诗在手,不知谁作蛟龙吼?"诗人忽又雄心焕发,斗志昂扬,其豪气、怒气、不平之气,于焉泻出。苏诗之"清雄"特质彰显无遗。

通观全诗,诗也如画,奇气纵横。后黄庭坚到当涂有《咏东坡墨竹》云:

郭家鬓屏见生竹,惜哉不见人如玉。
凌厉中原草木春,岁晚一棋终玉局。

又《题竹石诗》云:

东坡老人翰林公,醉时吐出胸中墨。

均指东坡在郭祥正家此次醉画之竹石。近人林语堂在其名著《苏东坡传》之"国画"章中最后指出:所有绘画都是一种哲学不自觉的反映。中国画不知不觉中表示出天人合一与生命运行的和谐,而人只不啻沧海之一粟,浮光掠影而已。由此观之,所谓中国的印象派绘画,不论是一竿修竹、一堆盘根,还是深山烟雨或江上雪景,都是爱好自然的表现。对画家与画中景物之完全融而为一的道理,解释得最为清楚的莫如苏东坡在朋友家墙壁上自题竹石的那首诗:

空肠得酒芒角出,肝肺槎牙生竹石。
森然欲作不可回,吐向君家雪色壁。

【注释】

[1] 郭祥正:1035—1113年,字功父,一字功甫,当涂人。元丰七年(1084年)三月,他以汀州通判奉议郎勒停家居;七月,苏轼赴金陵过当涂,为他作画,并写下了这首诗。

[2] 芒角:原指植物初生的尖叶,引申为"锋芒"。

[3] 槎牙:同"杈桠",树枝斜生错出的样子。

[4] 此二句又作"森然欲作不可留,写向君家雪色壁"。

[5] 涴:玷污。

[6] 瞋:睁大眼睛瞪人。

[7] 铜剑:新诗均指郭祥正之所赠,郭所作二诗今已不存。

[8] 蛟龙吼:用杜甫《相从行》语:"把臂入樽饮我酒,酒酣击剑蛟龙吼。"比喻锋芒毕露,气势磅礴。

太平州作两首[1]

黄庭坚

其一

欧靓腰支柳一涡[2],小梅催拍大梅歌[3]。

舞余片片梨花雨[4]，奈此当涂风月何。

其二

千古人心指下传[2]，杨姝烟月过年年[5]，

不知心向谁边切[6]，弹尽松风欲断弦[7]。

【赏析】

要讲清这两首小诗是相当困难的。一方面，它涉及黄庭坚生平及当时行止，更重要的是关涉黄庭坚作诗之时的遭际及心境。另一方面，历史记载真假杂陈，附着在诗上的传说容易让人误读，还有就是个别词句难以确解。

崇宁元年（1102年）六月九日，已被朝廷任命为太平州知州将近一年的黄庭坚方才到任，然而仅仅九天就被免职，等候朝廷吏部差遣。由于家事等牵连，直到闰六月十一日才离开当涂，复溯江而上。黄庭坚之被罢官与当时政治形势密切相关。奸相蔡京为把持朝政，就给反对他的司马光、苏轼包括黄庭坚等在内的三百零九人扣上"元祐奸党"的帽子。一旦被扣上这个帽子，重者关押，轻者贬放远地，非经特许，不得内徙。这一年黄庭坚已经五十八岁了。上年东坡逝世，本年又受此重大打击，挫折接二连三，又兼老境渐至，按说黄庭坚应该极其消沉了，但他此时的佛学及心性修养已达极高境界。他在本年二月一日赴任当涂途经岳阳有诗《雨中登岳阳楼望君山》云：

投荒万死鬓毛斑，生出瞿塘滟滪关。

未到江南先一笑，岳阳楼上对君山。

就是这种豁达心境和人格修为的诗化表现。应该说，黄庭坚在当涂的一个多月生活还算丰富多彩。黄庭坚到任前，和州人高卫为太平判官摄州事，也即临时主持知州事务。有资料记载，高卫在庭坚初到当涂时就已得到朝廷罢免黄庭坚的公文，但他并没有立即告知黄庭坚，而是像往常一样迎候，生活、公务也都为庭坚考虑准备得十分妥当。这对黄庭坚来说是很大的安慰。此外，这一时期他与著名诗人当涂郭祥正交往甚密。黄庭坚卸任后一日即六月十八日，置酒与郭饮酒赋词，还曾到郭家欣赏。1084年，苏轼在郭祥正家所作竹石壁画并有诗赠郭。六月二十四日，又与郭祥正等同酌桂浆于太平州后园石室。在这次宴会上，太平州官妓杨姝弹《风入松》《醉翁操》二曲，有林下之意。琴罢，宝贵的香炉里散发浓香，似非人间。黄庭坚当时即作《好事近·太平州小妓杨姝弹琴送酒》词以记其事：

一弄醒心弦，情在两山斜叠。弹到古人愁处，有真珠承睫。　使君来去本无心，休泪界红颊。自恨老来憎酒，负十分金叶。

还有一事也令黄庭坚高兴。在当涂，他遇到了四十年前的老同学庾元镇。元镇穷巷读书，不出入州县。这次相遇，庭坚邀其出席宴会并在席上作乐府长句劝酒诗云：

> 庾郎三九常安乐，使有万钱无处着。
> 徐熙小鸭水边花，明月清风都占却。
> 朱颜老尽心如昨，万事休休还莫莫。
> 樽前见在不饶人，欧舞梅歌君更酌。

诗中既有幽默，也有旷达，当然也稍稍流露万事皆休的念头。但全诗并不消沉，仍然给人以亲切的关怀、轻松和快慰。

有了上面铺垫，再回头看《太平州作二首》就要明白得多了。其一中的欧靓、大梅、小梅皆为太平州官妓。在郡中宴会上，欧靓扭动腰肢翩翩起舞，如风拂杨柳，轻柔曼妙，令观者如醉如痴；大梅轻轻地拍打节奏，小梅亮出婉转动听的歌喉。三位年轻漂亮的歌妓配合默契，融歌、舞、乐于一体，简直天衣无缝。庭坚面对此情此景，联想自己作为当涂的一名匆匆过客，一定感慨万千。"舞余片片梨花雨"显然化用了白居易《长恨歌》"梨花一枝春带雨"之名句，这是多么值得留恋的人生啊！但自己马上就要离开当涂，等待吏部差遣，未来的命运不知如何，所以"奈此当涂风月何"这一结句就包含无限意蕴。它不仅仅是作为一名官员对舞妓歌女声色的留恋，更是想到自己的宦海风波，此一别离再也没有重逢的可能了。要知道，转知当涂也是贬谪多年的黄庭坚自己主动上书乞得的，这就越发加重了诗人内心莫名的惆怅。

其二专门为杨姝而作。杨姝在几位官妓中，可能年龄最小，故称"小妓"。杨姝色艺双全，更可能技高一等，赢得诗人更多的爱怜，故为其单独吟诗作词。《风入松》相传为晋嵇康所作古琴曲。现存歌词为唐代皎然所作，内容描写月夜弹琴如风吹过松林的声音。《醉翁操》是北宋当时的一首新古琴曲。作曲沈遵为宋代古琴高手。谱声乃庐山道士崔闲，宋代古琴大师，是苏轼的方外好友。苏轼配歌。歌词云：

> 琅然清圆，谁弹响？空山无言。唯有醉翁知其天。月明风露娟娟。人未眠，荷蒉过山前。曰有心哉！此弦。　　醉翁啸咏，声如流泉。醉翁去后，空有朝吟夜怨。山有时而同巅，水有时而回渊，思翁无岁年，翁今为飞仙，此曲在人间，试听徽外两三弦。

歌中"醉翁"则指欧阳修。该诗首句"千古人心指下传"便高度评价了杨姝的琴艺。千古人心，尽从杨姝指下琴弦上传出。或许，这也是"伤心人别有怀抱"，是诗人曲折丰富的人生经历对杨姝琴声的投射。次句"杨姝烟月过年年"，既是对杨姝日常生活的概括，也暗含了诗人对杨姝的怜爱。同时，仿佛还有解脱杨姝官妓生涯的一闪之念。这从此句另一版本"杨姝闲处更婵娟"可以清楚地看出。杨姝闲静之时，更加婵娟可爱。这是什么意思呢？我们认为黄庭坚更欣赏本色的杨姝。接下来"不知心向谁边切"是诗人对杨姝心里的揣摩。小妓杨姝虽然在为大家献艺，但她有没有中意之人呢？这种理解虽然质实，但从最后一句"弹尽松风欲断弦"中便不难想象,"弹尽松风欲断弦"的"弦"不是琴弦,而是作者猜想中的杨姝的"心弦"。我觉得,黄庭坚这两首小诗写得"哀而不伤,乐而不淫",恰到好处,完全体现了诗人的心性修炼之功,但又富含人间真情,是人之本性的流露。可是,优秀的诗歌有更大的包容性。诗中虽只出现"松风",但根据记载,杨姝还弹了《醉翁操》,这是苏轼为恩师欧阳修所谱歌词,如今,自己的恩师苏轼又刚刚故去,且当年苏轼还盘桓流连于当涂,前两天黄庭坚还观赏了老师画在郭祥正家的竹石壁画。此情此景,不正和苏轼为琴谱作词时的景象十分吻合吗?如此说来,"弹尽松风欲断弦"不也是作为听者的黄庭坚睹物思人、对恩师苏轼的深切怀念吗?

崇宁二年（1103年）,诗人李之仪因起草范纯仁（范仲淹之子）行状（即传记）遭权贵蔡京打击,编管太平州。李之仪与杨姝相恋,杨姝还曾为李之仪生下一子二女,郭祥正因此还向朝廷告发过李之仪。此事闹得沸沸扬扬。但后人附会李之仪与黄庭坚当涂同游一事,则纯属子属虚有。黄、李二人到当涂前后相差一年,根本没有携手共游的可能。但历史就是这么吊诡,人们宁可信其有而不信其无。李之仪曾有文论述,欧靓、大梅、小梅及杨姝,这些年青的官妓,都只是普通的女孩子,但她们都因偶然而进入大诗人黄庭坚的诗作,足以传之不朽,这又是何等的幸运。或许,文人与歌妓之间的微妙感情,永远都是后人津津乐道的话题。

【注释】

[1] 太平州：宋初设太平州,州治当涂。

[2][3] 欧靓、大梅、小梅：皆太平州官妓。

[4] 片片：一作"细点"。

[5] 杨姝：亦太平州一官妓。此句亦作"杨姝闲处更婵娟"。

[6] 切：贴近。

[7] 松风：古琴曲名,此句又作"弹作南风欲断弦"。

访 隐 者

郭祥正

一径沿崖踏苍壁[1],半坞寒云抱泉石[2]。
山翁酒熟不出门[3],残花满地无人迹。

【赏析】

郭祥正,是宋代当涂本土最有名的诗人。他少有诗名,诗坛前辈梅尧臣称之为"太白后身",当时诗坛名将郑獬、潘兴嗣等也都以"江南又有谪仙人"、"人疑太白是重生"等诗句称誉郭祥正。郭祥正也大量追和李白诗歌,只要翻翻《青山集》便可明白。郭祥正1053年中进士后,先后在今江西、湖南、安徽、福建、广东等地出任地方官,其间因为守母丧以及反感政坛上的翻云覆雨,他也曾一度在家闲居,并有短暂的辞官归隐当涂青山。元祐三年(1088年),起为端州(在今广东)知州,在任上有惠政。但第二年他看清官场险恶,奏准致仕(退休),从此隐居当涂青山长达二十四年。晚年隐居期间,专心释氏,自号净空居士,与当时多位禅师都有交往,颇多醒悟。祥正长寿,游历广泛,交游众多,他与王安石、苏东坡、黄庭坚、李之仪等均有过往,留下不少逸闻轶事,在北宋诗坛颇有影响。

《访隐者》这首小诗曾被载入清厉鹗所编《宋诗纪事》,创作时间现已不可确定。但从上述诗人简历和诗意判断,应作于晚年归隐青山之后。过去有人评价其"诗如大排筵席二十四味",意思是其诗风多样。但又指出"适口者少",意谓杰作不多。但这首绝句却写得清迥简净,格高韵奇,可谓郭诗珍品。

历代的隐者都有真隐假隐之分,此诗中的隐者,乃真隐。何以见得?诗的内容便是最好的回答。或许诗人早就想要探访这位隐者了,大概是秋冬的某一天,诗人终于成行。"一径沿崖"之"径",小路;"沿崖",沿着陡峭的山崖。"苍壁",长满了苔藓的深青色的山岩。你看,这一句就把沿途的艰辛曲折、幽深难行、荒山僻远、沿路行人极其稀少等等的境况写透了。这一句明里是写山路、写诗人行程,实际上是写隐者之"隐"的荒僻幽深。言在此而意在彼,诗法高明。第二句"半坞寒云抱泉石"应与第一句对读。首句是踽踽独行,是俯视,是近写;此句乃是行程中稍事歇息时短暂的抬头眺望,是稍稍地仰视,是远写。山势很高,半山坞间,白云缭绕,寒气袭人,寒云一会儿遮住山坞,一会儿又环绕山间流泉和苍崖石壁。这当然是写景,但仍以清绝之景来暗示隐者行迹之高洁。要知道,中国古诗中的"白云"意象乃是隐者的象征。南朝齐著名隐士陶弘景就有一首有名的《山中》诗:

山中何所有?岭上多白云。

只可自怡悦,不堪持赠君。

而此诗"寒云",不仅含"白云"之意,更见隐者心境的高旷孤迥,用意更深一层。第三句中隐者山居才出现在我们的视野中。山翁即是诗人欲去拜访之隐者。说"翁"可见其年事已高,而"酒熟"可见其自食其力、自酿自饮,依稀辨出山翁在山中劳碌而自得其乐的身影。"不出门",既回应上面两句,紧扣诗题"寻"字,正是山翁不出门,所以才来寻他,所谓"踏苍壁""抱泉石"才有坚实的落脚点,更形象地告诉读者山翁是真正遗落尘世、遁迹空山的世外高人。最后一句"残花满地无人迹",乃补叙山翁隐居的具体生活环境。残花满地,则野花盛开时的山居周边环境之幽美,自不待言,而今时届秋冬,落花满地,则见隐者散淡襟怀,一任四季流转,自然变迁。"无人迹",则既证明隐者之闭门不出,也说明没有远客来访。而诗味浓郁之处便是诗人自己不辞辛劳远道来访,可见诗人对隐者的仰慕之深,诗人与隐者之关系非同一般。通观全诗,山翁的形象一直没有出现,或许可以认为,山翁乃是隐逸精神的一种象征。从某种意义上说,郭祥正晚年隐居青山二十余年,"山翁"也即诗人作为一位隐者的精神自画像。

【注释】

[1] 径:小路。崖:山崖。苍:深青色。

[2] 坞:山坞。抱:环绕。

[3] 山翁:指作者拜访之隐者。

卜算子·相思

李之仪

我住长江头,君住长江尾。日日思君不见君,共饮长江水。　此水几时休,此恨何时已。只愿君心似我心,定不负相思意。

【赏析】

这首《卜算子》清浅如话,清新可喜,深得民歌风味,复叠回环,构思新巧,是李之仪的代表作,也是宋词名篇,历来被人广泛传诵,可谓一首关于忠贞不渝爱情的千古绝唱。如果我们从词人的生平经历入手,了解此词的作时、作地以及词人当时的心境,小词更深刻的内涵当会渐次浮现出来。

词牌《卜算子》就有讲究。清代万树《词律》中说《卜算子》取义于"卖卜算命之人"。最初的词,词牌与内容一般都是一致的。结合李之仪生平,这首词当是词人于宋徽宗崇宁二年(1103年)编管太平州后所作。在此之前,词人的师友范纯仁和苏轼于1101年去世,不久又丧妻亡子。词人在被流放管制的暮年受此双重打击,加之前途未卜,在迷惘之际,词人才会想到用占卜方式来推测自己未来命运的凶吉。因此,选用《卜算子》词牌与词人当时的心境处境有关。

表面看来,此词可能为当涂绝色歌妓杨姝而作。李之仪与杨姝的爱情故事早已成为千古艳谈。但对一位饱经宦海风波且已六十多岁的老人而言,其相思之内容绝非青年男女相思热恋那般简单。词中之"我"当指李之仪自己。所思之"君"可能有多重含义。除指杨姝外,可能还指与李之仪关系最为密切的师友范纯仁、苏轼,再可能就是指其亡妻胡文柔。胡文柔虽是一个妇道人家,但却"通读经史佛书,作诗词颇有师法,尤精于算学",被沈括和苏轼称为"奇女子"。尤其是胡文柔在李之仪因写范纯仁行状而被捕入狱的关键时刻,采用非常方式获取证据从而救之仪一命,更见胡文柔侠骨柔情之奇侠性格。当然也有可能就是指当涂年轻绝色歌妓杨姝的。

词中"长江头"和"长江尾"都是相对而言的。词人当时身处当涂,下游的常州既是亡妻胡文柔的家乡,也是苏轼病死之地。苏州又是范纯仁的第二故乡。在当时交通落后的年代,当涂与常州、苏州的距离也够遥远了。由此推定,"我住长江头,君住长江尾"这两句平白如歌的词句,深深蕴含着常人难以洞察和破译的词人内心复杂的感慨和真实的情愫。

在词人看来,思念之"君"并没有离他而去,而只是生活在遥远的"长江尾"。词人此时编管太平州,行动自由受到限制,无法主动赴"君"之所在。但"共饮长江水"一笔宕开,既是自我解脱与安慰,也是思念之深厚的浪漫想象,与苏轼"但愿人长久,千里共婵娟"有异曲同工之妙。

词之上片是回顾,是写实,富有浓厚的浪漫与深情,词之下片是瞻望,是写虚,但充满不屈抗争的意志和坚定的决心。"此水几时休?"是对自己无辜被贬、长期身处困境的无休止的怨恨。"此恨何时已?"既是恨流水无情,不能将自己带到相思人的身边,进一步理解,也是恨使之身处困境的奸相蔡京之辈。在"获罪"这一点上,词人在更晚、环境宽松的情况下,他在姑孰《自作传神赞》中有云:"似则似,是则不是。纵使挤之九泉之下,也须出得一头地。"这是对词中之"恨"的直接注释,自己"获罪"简直有些"莫须有"的感觉。

词之结尾"只愿君心似我心,定不负相思意",达到了一种精神彼此沟通、跨越时空阻隔、"我"和"君"灵魂上合二为一的境界;同时表现了词人身在逆境但却超然豁达,不愿消沉,对未来充满了无限希望和寄托。这是全词最为警策动人、震撼心灵的地方。这首词的出现,再一次证明了"悲愤出诗人"的道理。如果没有人生轨迹的巨大转折,如果没有词人正直品格的一贯支撑,如果没有绝色歌妓杨姝的出现,这样一首词怕是难以横空出世的。

当然,无论是古代还是当今,人们都愿意把它当作一首纯粹抒发相思之情的词作。它那样清浅,那样动人,那样热烈,那样深情,以至地老天荒,不能不唤醒人性深处最美妙、最渴望的爱情。我们在此处的解读,也只是提醒一种现象存在,文学史的一大批杰作,绝非通常意义上的简洁动人。经典之作为经典,就因其具有无限广阔的阐释空间。无论是时间的流逝,还是社会生活内容的变化,都不能消解经典之意义,反而让经典在时光的打磨后放射出更加璀璨夺目的光华。

此词结构精巧。词以"长江"起兴,又以江水寓情,江流无尽,相思不竭。全词以江水为抒情线索,悠悠江水,既是双方万里相隔的天然障碍,又是一脉相通、遥寄情思的天然载体;既是悠悠相思、无穷别恨的触发物与象征,又是双方永恒友谊与期待的见证。随着诗情的发展,长江的作用也不断变化,可谓妙用无穷,地理的阻碍反而翻出相思的深挚,时间绵延更见证爱情的永恒与超越。因此,这首清浅的小词又具有哲理的高度。

天门谣·牛渚天门险

贺铸

牛渚天门险,限南北[1],七雄豪占[2]。清雾敛,与闲人登览。　　待月上潮平波滟滟[3],塞管轻吹新阿滥[4]。风满槛[5],历历数[6],西州更点[7]。

【赏析】

这是一首比较特别的小词。说其特别,理由如下:其一,词牌《天门谣》原名《朝天子》,正因本词咏天门而命名《天门谣》,所以《天门谣》词调名,始见于贺铸词。这在王灼《碧鸡漫志》卷四《阿滥堆》中记载很清楚(况阿滥堆也即本词所用典故)。其二,李之仪有和作,题曰:"次韵贺方回登采石蛾眉亭。"词曰:

天堑休方险。尽远目,与天俱占。山水敛,称霜晴披览。　　正风静云闲,平潋滟,想见高吟名不滥,频扣槛,杳杳落,沙鸥数点。

由此知贺铸词中之"风满槛"就是秋风吹拂蛾眉亭上栏杆之意。同时也可大致断定此词乃北宋崇宁四年(1105年)至大观元年(1107年)贺铸通判太平州时登览牛渚所作。其三,绍圣年间(1094—1097年)时任太平郡守的吕希哲曾重修蛾眉亭,贺铸作有《蛾眉亭记》一篇以颂吕氏功绩,历叙蛾眉亭之江山形胜、筑造及重新修葺经过,认为可与欧阳修所记之醉翁亭、苏东坡所记之喜雨亭相媲美。《蛾眉亭记》之中风物描写可补此词中大片空白,词与记相互对读可见古人互文之妙,更能引读者深思。

词一开篇即开门见山,写牛渚、天门的地理形势之险,历史地位之重要。"牛渚天门险,限南北,七雄豪占。"《蛾眉亭记》开篇即说:"采石镇滨江有牛渚矶,矶之山绝壁嵌空,与天门相直,岚浮翠拂,状若蛾眉。"熙宁年间(1068—1077年),郡守张瓌在矶上筑亭以观览天门山之景,遂命亭曰"蛾眉"。词人此时为太平州通判,与编管太平州的李之仪过往甚密,遂作此词,之仪遂和。词人仅用十二个字就将天门牛渚之险要、偏安江南的小朝廷每建都金陵,凭恃长江天堑遏止北方强敌南侵的情境道尽。当涂踞金陵上游,牛渚、天门是金陵的西南门户,所以,宋沈立《金陵记》曾记:"六代英雄迭居于此……广屯兵甲,代筑墙垒。"词中说"七雄",当包括为宋所灭的南唐在内。

"清雾敛,与闲人登览"二句,是说清秋雾气消散,似乎有意让人们登临游览。这里的"与"字有"给予"、"放行"之意,仿佛清雾有情,且能感知人心,足见词人炼字之妙,体物之工。上片两层语意分明,前三句追昔怀古,剑拔弩张,气势苍茫,巨笔如椽,一扫千古;后二句写当今南北一统,游客轻装缓带,悠闲登览。此词体制虽小,却能大起大张,开合自如,笔力豪迈,足见词人运思之妙。

下片词作对上片似接非接,并没有落入一般的写景状物的窠臼,整个白昼的满眼风光,江声山色一概略而不写,而只写晚间"待月上潮平波滟滟,塞管轻吹新阿滥"。待江月升起,江潮平静,晚风吹送笛声之时,"风满槛,历历数,西州更点"。词人坐在蛾眉亭下,四边都是萧萧晚风,晚风声送来金陵城上报时的更鼓之声,那样清晰,声声敲动词人的心房。这里章法新奇,构思巧妙。词人本在上午雾散后,竟日览胜仍兴致未了,更继之月明之夜,那么,这山水之间的旖旎风光自不待言了。《蛾眉亭记》中"然登斯亭也,两蛾横前,孤峰拥后,指圜沙以为钿,面澄江以为镜。浅深浓淡,变态靡常,低回妩媚,景象万千。此蛾眉之大概也。至如波融日丽,潮怒风号,笛三寻于明月之中,舟独钓于寒江之外,青枫古渡,鱼鸟游飞,太平伟迹,焕然与山水俱新"。这么一大段景物描写就是词人竟日流连忘返山水风光了。于此也可见"待月上潮平波滟滟,塞管轻吹新阿滥"。其实也就是"笛三寻于明月之中"的另一种表达,只是词的表达是化实为虚,更见匠心,不着一字,尽得风流,神韵悠悠。词人将江上明月笛风、遐钟远鼓写得生动逼真、垂手可掬、倾耳可闻,这是绘画所无法表达的艺术效果。

从这首词的剪裁看,它远非一般的模山范水之作,抒发怀古幽情,凭吊前朝兴亡。天下大势,分久必合,天险挽救不了六朝覆灭的命运。"七雄豪占"的军事要塞,而今竟成了闲人登览游赏之地。通过这一巨大变迁的描写,读者自不难体会到江山守成在德政而不在险要地理的历史教训。此外,金陵北距牛渚尚有百里之遥,那"西州更点"又岂可得以"历历数?"词人在词末牵入六朝故都西州(代指金陵),隐含了词人希望人们牢记这历史的晨钟暮鼓,引六朝以为戒啊!而这一切意蕴又蕴含于对有选择的客观景物的描述中,毫无直露浅薄之弊。词人不是和盘托出,直抒胸臆,而是寄意象内,让读者去细品个中三昧,收到了含蓄蕴藉的艺术效果。另外,把词与记对读,还可让读者领悟不同文学体裁面对同一景物时怎样扬长避短,怎样合理选择角度、素材这一诗外功夫。

最后,还应提一下这首词所体现的贺铸词的风格特色。贺铸词内容、风格较为多样,兼有豪放、婉约二派之长,长于锤炼语言并善于融化前人成句。用韵特严,富有节奏感和音乐美。部分描绘春花秋月之作,意境高旷,语言瑰丽哀婉,风格近秦观。其爱国忧时之作,悲壮激昂,又近苏轼。本词虽体制短小,但时空跨度很大,古今形势对比很明显,江山兴亡之慨很深,的确体现了兼融豪放、婉约二派之长的特点。

【注释】

[1] 限南北:南北朝以长江为界,南朝偏安江左。

[2] 七雄豪占:天门、牛渚地势险要,历来为军事上的必争之地。六朝以金陵为都,五代时南唐亦建都金陵。七雄当指东吴、东晋、宋、齐、梁、陈及南唐。

[3] 滟滟:水光摇荡的样子。何逊《望新月示同羁》诗:"的的与沙静,滟

滟逐波轻。"张若虚《春江花月夜》诗："滟滟随波千万里,何处春江无月明。"

[4] 塞管：原指边塞地区羌笛胡笳之类乐器。这里泛指箫笛。阿滥：古曲名。王灼《碧鸡漫志》卷引《中朝故事》云："骊山多飞禽，名'阿滥堆'。明皇御玉笛采其声，翻为曲子名，左右皆传唱之，播于远近。人竞以笛效吹。"

[5] 槛：栏杆。

[6] 历历：清楚分明的样子。

[7] 西州：晋宋间扬州刺史治所，以治事在台城（今属南京）西，故名"西州"。

水调歌头·闻采石战胜

张孝祥

雪洗虏尘静，风约楚云留。何人为写悲壮？吹角古城楼。湖海平生豪气[1]，关塞如今风景[2]，剪烛看吴钩[3]。剩喜然犀处[4]，骇浪与天浮。　忆当年，周与谢[5]，富春秋。小乔初嫁，香囊未解[6]，勋业故优游[7]。赤壁矶头落照，肥水桥边衰草，渺渺唤人愁。我欲乘风去[8]，击楫誓中流[9]。

【赏析】

绍兴三十一年（1161年），中书舍人虞允文以参谋军事被派往采石犒劳驻军。时金主完颜亮正谋大军由采石渡江。虞允文见形势危急，毅然把散处沿江无所统辖的军队迅速组织起来，奋起抗击，大败金军，挫败了金军渡江南侵的计划，赢得了采石大捷。完颜亮移兵扬州被部下杀死，金兵北撤。"采石大战"是南宋唯一一次击败金军渡江的战役，在宋金战争史上具有重大的历史意义，也是中国历史上著名的以少胜多、以弱胜强、以文胜武的战例之一，毛泽东主席曾高度评价虞允文："伟哉虞公，千载一人。"

这一年张孝祥刚刚三十岁，大约正在江西抚州知州任上，不能亲自参加战斗。但消息传来，爱国将士无不为之欢欣，词人也受到巨大鼓舞，于是写下这首喜中见悲的快词。开头"雪洗虏尘静"破空而来，一洗郁积于作者心头多年的忧愁苦闷。采石之胜对于词人还有更特别的意义。其一，张孝祥是和州人，采石就在和州的长江对面，是张孝祥青年时代十分熟悉的地方。这一次大捷就发生在他的家乡。其二，张孝祥是激烈的主战派，曾上书为岳飞鸣冤。绍兴二十四年（1154年）廷试，张孝祥被宋高宗亲擢为进士第一，居秦桧之孙秦埙之上。这就得罪了奸相秦桧，秦桧便诬孝祥父张祁谋反，并将其父下狱。幸亏次年秦桧死，张孝祥才得授秘书省正字。因此，采石之胜，对于张孝祥而言，是惊喜，是狂喜，同时交织着国恨家仇以及对故乡割舍不断的浓厚乡情。如此方可理解"雪洗虏尘静"所包含的巨大心理容量。然而自己身在南方，无分身之术飞奔战场，故"风约楚云留"又给人以无限的遗憾和无奈之感。所以接下两句即借闻军号之声而抒发其激昂悲壮的情怀:"何人为写悲壮?吹角古城楼。"不知是谁在古城楼头吹起雄浑的号角,自己仿佛正可借此发泄一下满腔的沉郁。"湖海平生豪气,关塞如今风景,剪烛看吴钩"便是对自己悲壮情怀的具体描写。自己也像东汉陈登那样有廓清天下的豪气壮怀,"关塞"句暗用《世说新语》中周颛"风景不殊,举目有山河之异"的典故,写出自己遥对大宋关塞所产生的恢复中原的雄伟抱负,因而接着就有了深夜剪烛看剑的豪迈举动。"吴钩"在古诗词中早已积淀为亲赴疆场杀敌报国的象征。杜甫《后出塞》"少年别有赠,含笑看吴钩",李贺《南园》"男儿何不带吴钩,收取关山五十州",与孝祥同时的大词人辛弃疾《水龙吟·登建康赏心亭》"把吴钩看了,栏杆拍遍,无人会,登临意"等,均与孝祥用"吴钩"命意相似。从"剪烛"夜看吴钩的状态,我们感到词人夜不能寐,心潮起伏,情感复杂,充分抒发了词人杀敌建功的迫切愿望和强烈冲动。这时,词人又情不自禁联想到了采石之胜的战场本身:"剩喜然犀处,骇浪与天浮。""然犀"(燃犀)用东晋大将军温峤夜燃犀角驱逐水怪的典故,极其贴切:一是燃犀处即采石,古今同一地点;二是把金兵比作水怪,情感同一;三是水怪从此销声匿迹,与金兵败后北撤,南宋转危为安的境况十分相似。骇浪浮天,既是采石矶下长江风浪的真实写照,也再现这场战役的惊心动魄、气象阔大和声势雄壮,同时还暗含作者波澜起伏的心理活动。以此作结上阕,具有很高的艺术性。

  上阕主要写自己闻采石大捷后的狂喜之情与心海波澜,下阕主要借周瑜与谢玄两位古人的不朽功业来歌颂虞允文,并暗写自己意欲遥学古人大建功业的雄心壮志。采石之战是一场水战,也是一场以少胜多、以弱胜强的战事,这两点都与赤壁之战和淝水之战相同,所以词人很自然地联想起指挥这两场大战的周瑜和谢玄,借以赞美虞允文。周瑜破曹操时年三十四岁,谢玄赢得淝水之战时年四十一岁,说他们当时"富春秋"是完全吻合的。采石大捷时虞允文五十二岁,但在张孝祥看来,虞允文也像周与谢一样仍然春秋鼎盛,年富力强,意在颂扬虞允文来日方长,续建奇功。另一方面,虞允文与张孝祥也是1154年的同榜进士,古人称为"同年"。张孝祥把虞允文看得年轻,也理由充分。但我们细玩词意,也未尝没有张孝祥自负年少有为、意欲大展雄图的情怀在内。上文说过,这时孝祥刚刚三十岁。周瑜"小乔初嫁了,雄姿英发"的形象人所共知,谢玄少年时好佩戴紫罗香囊被孝祥化为"香囊未解"之句,都是为第三句"勋业放优游"作铺垫。意思是虞允文深得周、谢儒雅风流,能够从容不迫,悠闲自得地建立不朽的功勋。这样说具有浪漫的成分,但却反映了宋人把理想抱负与人生适意合二为一的生命态度。宋人的诗与词具有明显的功能区分,诗承担着政治教化功能,词却往往流连光景,依红偎翠,同一位诗人的诗词在内容和格调上往往判若云泥。作为豪放派代表词人之一的张孝祥,既少年早慧、胸怀大志,又深陷个人情感漩涡,在爱情方面有不少难言之隐,所以在这样一首表现历史人物丰功伟绩的豪放词中也不自觉地流露出对风流人生的企慕之情。张孝祥无论为人还是为词,都深受苏东坡的影响,且写作此词时又风华正茂,笔之所到,自然流出了"刚健含婀娜"(苏轼语)、豪气中有柔情的情趣和笔调。这是时风所染,也是个性所至。但大丈夫的世界毕竟在于外界的辽阔江山,所以接下来笔调一转,又回到"赤壁矶头落照,肥水桥边衰草,渺渺唤人愁"的历史时空。这三句看似怀古,实为抒怀。周郎破曹的赤壁矶头,一片夕阳落照;谢玄杀敌的淝水桥边,衰草遍地,荒芜不堪。这实际上是写长江、淮河以北广大失地,尚待收复,而真正能统率千军万马抗金杀敌像虞允文这样的英雄确实不多见,因而词人不禁触景伤情,牵动心中无限的愁绪。词人刚才还在赞美英雄人物,忽又忧从中来,满目伤感,作者忧国忧民的情怀于此便跃然纸上。然而词人毕竟是血气方刚的爱国青年,神州陆沉,舍我其谁?故接下来又精神振作,"我欲乘风去,击楫誓中流"。他要像宗悫那样乘长风破万里浪,像祖逖那样击楫中流,扫清中原,收复大片沦丧的大好河山。这一结尾激昂慷慨,卓厉奋发,词人青年英雄的"自我形象"便完美地定格于读者的脑海之中。

这首词是词史上难得的写喜悦与振奋的一首词,但喜中见愁,壮中含悲,豪放中有沉郁,刚健中含婀娜,情感起伏变化剧烈而又开阖有度、收放自如。写景状物,想象、联想丰富,在现实与历史时空中自由穿梭。用典贴切,可称天衣无缝,能够很好地借助典故抒发自己的理想壮志、生命情怀。全词笔墨酣畅,音节振拔,豪壮顿挫,在热情颂扬英雄人物的同时完成自我形象的塑造,令人深受鼓舞,不愧为豪放词中的杰作。

【注释】

[1] 用东汉陈登典故。陈登,字元龙。曾任广陵太守、东郡太守,少有扶世济民之志,富文韬武略。同时代的许汜评价他"湖海之士,豪气不除",刘表认为他"名重天下",刘备评价他"若元龙文武胆志,当求之于古耳,造次难得比也"。

[2] 暗用《世说新语》中周颢"风景不殊,举目有山河之异"的典故。

[3] 吴钩:钩,古代的一种兵器,形似剑而曲。春秋时吴人善铸钩,故称。后也泛指利剑。

[4] 剩:更加。然犀处:相传采石矶下江水中有许多怪物,东晋大将军温峤驻军采石,燃烧犀牛角来照江水,此后水中怪物皆逃遁。"然"通"燃"。

[5] 周:周瑜。谢:谢玄。分别是三国赤壁之战和东晋前秦淝水之战的战胜方吴和东晋的主帅。

[6] 小乔:周瑜之妻。苏轼《念奴娇·赤壁怀古》:"想当年,小乔初嫁了,

雄姿英发。"香囊未解,谢玄小时候喜欢佩戴紫罗香囊。这两句是指周瑜、谢玄都在很年轻的时候就建立了巨大功业。

[7] 全句意谓从容不迫、悠闲自得地建立了不朽功绩。

[8] 沈约《宋书·宗悫传》:悫少年时,(宗)炳问其志。悫曰:"愿乘长风破万里浪。"

[9]《晋书·祖逖传》:(祖逖)中流击楫而誓曰:"祖逖不能清中原而复济者,有如大江。"意思是,如果我不能收复中原,就像江水一样,有去无回。

泛小舟姑孰溪口[1]

陆游

姑溪绿可染,　小艇追晚凉。
棹进破树影,　波浪摇星芒。
荻深渔火明,　风远水草香。
尚想锦袍公[2],　醉眼瞰八荒[3]。
坡陀青山冢[4],　断碣卧道旁[5]。
怅望不可逢,　乘云游帝乡[6]。

【赏析】

这首小诗是南宋淳熙五年(1178年)陆游从四川东归途经当涂所作。但要弄清这首诗还得从十年前说起。乾道五年(1169年)冬,朝廷任命陆游任夔州通判。乾道六年(1170年)闰五月十八日,陆游举家由故乡绍兴启程赴夔州,至十月二十七日抵达任所,旅途长达半年之久。尤为难得的是,陆游在旅途中逐日记载所见所闻、所思所感,留下了珍贵的日记《入蜀记》六卷,为后世研究提供了大量的第一手宝贵材料,《入蜀记》也成为古人日记的代表作。赴任途中,陆游于七月十一日至十八日盘桓于当涂,以日记形式记录了当涂大量的历史典实、人物掌故、山川风物,生动再现了南宋时当涂作为太平州治的历史画卷。

小诗明白如话,可与日记对读。如陆游七月十三日日记说:"(太平)州正据姑溪北,土人但谓之姑溪,水色正绿,而澄澈如镜,纤鳞往来可数。溪南皆渔家,景物幽奇。""十四日,晚晴,开南窗观溪山。溪中绝多鱼,时裂水面跃出,斜日映之,有如银刀。垂钓挽罾者弥望,以故价甚贱,童使辈日皆餍饫。土人云'此溪水肥宜鱼',及饮之,水味果甘,岂信以肥故多鱼耶?溪东南数峰如黛,盖青山也。""十七日,郡集于青山李太白祠堂。二教授同集。祠在青山之西北,距山尚十五里,墓在祠后,有小冈阜起伏,盖也青山之别支也。祠莫知其始,有唐刘全白所作墓碣及近岁张真甫舍人所作重修祠碑。祠内太白乌巾白衣锦袍。"

诗可分两部分,上下各六句。前六句写姑孰溪美景,姑孰溪水色清碧,澄澈如镜,诗人傍晚乘小舟在溪上追逐凉意,可见心情很好。次联尤富诗情画意,举棹进舟,击破水中树影,波浪摇动星星倒映溪中的光芒。一个"破"字,一个"摇"字,十分熨帖,不仅由近到远的层次感非常分明,而且由小舟前进、举棹击水产生的水波荡漾、涟漪扩散的轻重程度也让人感觉十分真切。诗人荡舟姑溪的时间大约很长了,划的路程也很远了,岸边苇荻深处渔火通明,初夜的微风从远处吹来,送来水草的香味,沁人心脾。结合日记可见,姑孰溪的景色十年之间没有什么变化,依然那样让人陶醉,变化的只是诗人的经历。陆游壮志未酬,报国无门,奉诏东归,夔州及南郑的军旅生活成为陆游此后永远的梦境。理解这一点,才能明白为什么下半段突然联想到了青山李白墓。

下段六句着力描写青山脚下李白墓地的景象。遥想诗仙当年月夜泛舟大江,身着锦袍,笑傲江流,旁若无人,那真是不可企及的一段风流浪漫。李白手举酒杯,醉眼看天地,犹觉八荒狭隘,豪情逸气是多么令人神往啊!如今,青山脚下,坡岗起伏,太白荒冢残碑断碣,倒卧道旁,又多么令人怅然若失,唏嘘感喟!在陆游的想象中,诗仙李白精魂仍在,他早已乘云驾雾,遨游于天帝仙乡。陆游被时人称为"小李白",此时此际,当有非同寻常的感想在脑际翻腾。李白一生从未把自己当成一个纯粹的诗人,他一心想要辅佐君王,使"寰区大定,海县清一",这和陆游一生致力于恢复中原的梦想是多么相似啊!

通观全诗,上六句写景状物极其轻松自然,白洁明净,姑孰溪夏夜清澈幽深的美景,宁静恬适的意境,扩而大之,宋时江南水乡和平安宁的独特氛围,全部以白描出之,可触可感,新鲜真切,千载之下读之犹能沉醉其中,如饮琼浆,乐而忘忧。下六句由青山李白墓之荒凉景象油然而生怀古幽情,遥想先贤风流,追慕诗仙遗风,以李白乘云遨游天帝仙乡作结,既与李白生平诗风与传说十分吻合,又暗含自己与李白同样报国无门的悲慨,言有尽而意无穷,余韵悠扬,令人回味不尽,齿颊芬芳。

【注释】

[1] 姑孰溪:又称"姑溪"、"姑溪河",为横贯当涂境内的一条主要河流,东接石臼湖,西入长江。本书一般称前者。

[2] 锦袍公:指李白。《旧唐书·文苑传下·李白》:"尝月夜乘舟,自采石达金陵,白衣宫锦袍,于舟中顾瞻笑傲,旁若无人。"后遂用为典实。

[3] 意谓李白醉后,视天地八荒犹感狭小,阻碍自己的视野。此句极度夸张李白的豪情逸气。

[4] 陂陀:山势起伏貌,这里指山坡。青山冢:指青山脚下的李白墓。

[5] 断碣:谓李白墓碑已断。

[6] 帝乡:此处是道教用语,指玉帝居住的地方。

圩丁词十解[1]（其六、七、九）

杨万里

年年圩长集圩丁，不要招呼自要行。
万杵一鸣千畚土[2]，大呼高唱总齐声[3]。

儿郎辛苦莫呼天，一岁修圩一岁眠。
六七月头无点雨，试登高处望圩田[4]。

河水还高港水低，千枝万派曲穿畦。
斗门一闭君休笑[5]，要看水从人指挥。

【赏析】

　　《圩丁词十解》收入杨万里的《江东集》，为南宋光宗绍熙二年（1191年）秋，杨万里作为江东转运副使，巡察所属地方经池州、太平州（州治为今当涂）入宣州途中所作。

　　杨万里自己对之所以作《圩丁词》有过详细解释。他说，江东是水乡，在周边筑堤坝，中间作田，就叫"圩"。农民们说"圩也就是围，内以围田，外以围水"。河高而水田反而在水下，河堤上开设斗门，斗门一开就能引河水沿着圩内的沟渠灌溉田地，所以有丰年而无水患。我从溧水县南三十里许的蒲塘河，乘小舟至孔镇，在水上行走十二里，备见水之曲折。上自池阳，下至当涂，圩河皆通大江；而蒲塘河之下十余里有石臼湖，湖宽八十里。河入湖，湖入江。每个乡里都有圩长，年底水落则召集圩丁（就是修筑圩埂堤防的农民），每天准备土石木材来修圩。因此，我作《圩丁词》，模仿刘禹锡《竹枝词》《柳枝词》，教给修圩的圩丁，让他们歌唱，帮助他们出力，减轻他们的辛苦。有了这些说明，词的内容就十分明白了。

　　其六是说，每年年底农闲的时候，圩长都要召集圩丁修圩。但圩丁们似乎不要招呼自己就主动出来修圩了。这说明修圩是当地每年都要办的事情，事关来年庄稼收成、一年生计，所以大家都是自觉自愿的。正因自觉自愿、认识很高，所以修圩时齐心协力，长长的圩堤上，万夯齐下，砸实千筐土石，效率很高。大伙一边努力打夯，一边大呼高唱打夯歌，整个工地上到处都飘荡着人们响亮整齐的劳动号子。

　　其七似乎是从作者的角度来写的。他说，年轻力壮的小伙子们，你们莫要因为修圩非常辛苦就呼天抢地地抱怨。要知道，一年修好了圩堤就能得到一年的安稳，可以高枕无忧。夏季连续几个月没有下一滴雨水，但你登上高处眺望一下，圩田里的庄稼郁郁葱葱，长势是多么喜人啊！这就是大家修圩辛苦劳动而换来的成果。

其九是十章之中最有意味的。堤外的河水高于圩堤内沟渠里的水，圩内沟渠千支万派，曲曲弯弯，穿过一畦畦的田地。圩堤上的斗门一闭，圩内圩外水源隔绝，圩外的河水自行流向大湖，流向长江，而圩内的水都能脉脉灌溉田地。作为自然的流水，要乖乖地按照人的意志，听从人的指挥。在这里，我们仿佛看到了现代人熟悉的"人定胜天"的影子。这是劳动的美学、智慧的颂歌，是人的本质力量的体现。要知道，杨万里不仅仅是诗人，他还是政绩卓著的地方官，是易学修养深厚的哲学家。官员、学者、诗人，再加上他高尚的品格和对底层人民的深切同情，由多种因素的共同作用，最后才以诗的形式出现，这对今天的我辈，不仍然具有强烈的启示意义吗？

杨万里一向善于学习民歌，《圩丁词》又主动模仿刘禹锡之《竹枝词》《柳枝词》。歌词摒弃典故，浅近亲切，地方特色明显，生活气息浓郁，既写底层人民的劳动和生活，又按照底层人民劳动和生活的样式来写作，这种结合，即使放在今天，也是在作家诗人中要大力提倡的。

【注释】

[1] 解：乐曲的段落名称。古时诗、乐合一，所以乐府辞每一篇中所分的若干段也称为"解"。作者的意思是《圩丁词》十章绝句为一整篇，而以每一绝句作为一解，故曰"十解"。这里选其中三章。

[2] 杵：用以砸土使之坚硬的工具，俗亦名为"夯"。畚：盛土的筐类。

[3] 即指夯歌打号，有的非常动听，是劳动人民自己创造的歌声。

[4] 意思说，夏天干旱时，却去望望我们的圩田吧，一点儿不缺水，庄稼长势喜人！

[5] 斗门：堤堰中开设闸门以便控制蓄水排水，名为"斗门"。

宿新市徐公店二首[1]

杨万里

篱落疏疏一径深，树头新绿未成阴[2]。
儿童急走追黄蝶[3]，飞入菜花无处寻。

春光都在柳梢头，拣折长条插酒楼。
便作在家寒食看，村歌社舞更风流。

【赏析】

《宿新市徐公店》被杨万里自己编入《江东集》。南宋绍熙三年（1192

年)春,六十六岁的杨万里时任江东转运副使,奉旨由建康往江西上饶问囚,途经当涂新市时所作。

其一被历代多种选本选入,盖因颇能反映杨万里诗歌特别是其七绝特色。文字清新可爱,使人过目可诵。诗人投宿新市徐公店,大概是在傍晚,就在店旁野外散步。时值闰二月,节令将近清明,此时江南大地,万物生长,春色正浓。一片稀疏的竹篱将两旁的菜地分开,也许是为了防止鸡犬等家禽牲畜闯入菜地胡乱糟蹋,也许是两户人家菜地的分界线。沿着竹篱,一条幽深的小径通向远方,竹篱旁的树上绽开新绿,但嫩叶并未长成,新叶还不能够遮挡太阳。从这句可以推知当天天气很好,金色的太阳普照原野,天清气朗,风物宜人。这时,忽见一个儿童急急忙忙地跑过来,原来孩子发现了一只黄蝴蝶,正在全力追捉。蝴蝶仿佛要故意捉弄孩子,扇动翅膀,很快飞进了正在盛开的油菜花丛中,因为都是黄色,孩子再也找不到蝴蝶了。老诗人敏锐地捕捉到"儿童急走追黄蝶,飞入菜花无处寻"这一极富童趣的瞬间镜头,将之凝固下来摄入诗行。一位迟暮老人,如果没有天真的童心,是断难抓住这一生动且偶然的情境的。这首诗歌构思精巧,剪裁自然,观察细致入微,描写生动逼真,清新活泼,意趣盎然,十分动人,充分反映了杨万里诗歌的"活法"主张,受到历代读者的喜爱。

如果说其一是截取一片田野风光,抒发了童趣,那么其二便是写取一段酒楼陈设,回到了成人世界。野外春光正好,杨万里曾有诗描写当涂:

夹路垂杨一千里,风流国是太平州。

可见南宋时当涂垂柳遍地,生态环境极好。春风轻拂,柳丝袅娜,春光都被柳梢占尽。清明将到,家家户户都要折取柳枝悬挂门头,以此避灾祈福,欢迎春天的到来。由此可见宋时清明折柳已浸成风俗,就连客舍酒楼也不例外。大概主人心细,还专门折取长一些的柳条插在酒楼之上,这让旅途中的诗人体会到店家浓浓的温馨之情。因此,诗人想到,虽在旅途客舍,但面对长长的柳枝,也像在家中过寒食节一样,驱除了旅途的寂寞和辛劳。但诗人还有一点不满足,寒食清明之际,自己的故乡一定是村歌社舞,热闹非凡,更加令人陶醉。而现在自己身在旅途小店,无法看到故乡的村歌社舞,只能形诸笔墨,遥作相思了。

考杨万里生平,此时他虽任江东转运副使,皇帝对他也很信任,但朝中复杂的关系早已使他心生告老还乡之念。实际上也就在这年八月,朝廷任命他知赣州军州事,他辞命不赴,九月十六日就回故乡了,从此开始了晚年漫长的家居生活。

【注释】

[1] 新市:在当涂县东五十里。

[2] 新绿:一作"花落"。

[3] 走:古代汉语意为"跑"。

太湖山别友

张秉纯

太湖渺渺万山中,清夜书声接晚钟。
事至散场人去后,青山依旧白云封。

【赏析】

选择这首小诗鉴赏,原因有三。首先是这首小诗本身写得极其空灵,若置于唐宋诗人集中,怕也难以让读者觉出是明末之作。其二,该诗也是文以人传的典型,作者张秉纯因其忠烈殉国、其妻刘氏随之而亡而进入《明史》。其三,太湖山风景优美,但不像其近邻褒禅山因王安石一篇游记而名震中外,太湖山至今仍如深闺佳人,寂寞春秋。

如果不了解张秉纯其人,单看诗歌本身,很容易让人把作者想象成一个置身尘世之外、身闲心静、只知吟风弄月的文人。但当读者了解到张秉纯的忠烈大义之后,就会以敬佩的眼光来打量这首诗歌。清《光绪直隶和州志·卷三十·人物志·忠节》对张秉纯事迹有较详细记载,在此简要评述一下。张秉纯,字不二,含山诸生。崇祯十七年(1644年)三月北京被李自成攻陷后,张秉纯就想以死殉国,但旁人笑话他一个老诸生何必这样呢?5月南京陷落,秉纯绝粒不食,又有人说他这是以死邀名,千载之后谁又能记得你呢?况且天意如此,你死有何益?秉纯回答:"国家养士三百年,今日死得其所。如果以为我死无益,则古来忠臣义士为国捐躯,国破家亡之后又有什么好处呢?今天贵贱老少诸人,不仅不能为国报效,反而讥笑为国而死为邀名者,这就是今天所以多乱臣贼子的原因。"张秉纯在绝食十天后作绝句十章而死,其妻刘氏"抚棺一恸而绝"。当日,同县诸生徐正夫"闻之亦感愤自刭"。和州人戴重抗清战败,身负重伤,听到张秉纯事迹"和其词而哭之"。两年后,戴重亦绝食而死。

引述这些史料的目的只有一个,就是中国传统文人日常生活的优游散淡与危难关头的大义凛然看似矛盾,实则统一。文天祥也是如此,这只要看看文天祥传记就知道了。对于今天的读者而言,我们不能片面地、一厢情愿地想象古人,是英雄大义者就一直剑拔弩张、叱咤风云;是文人风流者就永远放情山水、闲适逍遥。现在再看《太湖山别友》,当有一番新的感触了。太湖山位于含山县南部,东近长江,西临巢湖,真可谓"襟江带湖"。太湖山有二十多座秀峰,峰峰相连,错落有致,山脉绵亘二十多里,势走龙蛇。其主峰高居群峰之巅,登顶眺望,群山起伏,云雾苍茫。巢湖帆影点点,长江白练如飞,这便是首句"太湖渺渺万山中"所指的真实景象。太湖山因林壑幽美,自北宋年间便成为佛教圣地。其山麓"太湖禅寺"素有"江北小九华"之称。古代书生为考取功名,常寄居佛寺,青灯黄卷,孜孜苦读。不知不觉间山光西落,寺院里敲响晚钟。一记记浑厚悠扬的钟声,在旁人耳中只是时间的标记,而在苦读士子的心中,这钟声怕就含蕴深广了。"清夜书声接晚钟",意境深远,极富表现力。清夜,万籁俱寂,正是发奋苦读的好时机。书声琅琅,声震空林。山形如墨,一灯如豆。无边暗夜中一点光明,对比强烈,画面富有立体感,甚至让人感觉与现代国画大师李可染的山水画意象凝聚、黑中透亮有几分神似。更妙的是,灯光并未在诗中出现,但"清夜书声"自然会让人联想到读书之灯光的,这便是诗味所在。而此时晚钟敲响,夜深人静,钟声将会引起读书人极其强烈的心理反应。是时间紧迫,是功名未就,是壮志未酬,是父母妻儿的期盼,诸多心理活动都在书声与钟声中得以微妙地传达。"事至散场人去后"点明诗题"别友",细揣诗意,似乎是诗人自己离开朋友读书的山林或寺院,很有些依依不舍的感情。古人的别离与我们现代人的别离在情感上很不一样。山高水远,道路迢迢,音讯不通,即使感情十分深厚的朋友往往也仅只一面或数面之缘,友谊的维持主要靠书信往来。很多时候,"生离"实际上也就等于"死别",所以这淡淡的一句背后,蕴藏着我们现代人难以体会的情愫。最后一句"青山依旧白云封"营造了阔大深远而又清新自然的境界。从空间结构上看,此句乃为首句之照应,首句置身山巅,俯视群峰,此句置身山外,回望青山。首句"渺渺"写山外之景象,尾句白云缭绕,写山间之景象,首尾环合,十分自然。从时间结构看,首尾两句写白昼之景象,时间在诗句转换中悄然流逝。另外,前三句是实写,最后一句乃为想象之词,是虚写。虚实相映,情韵悠然。从诗意结构看,前两句为在山中与友人朝夕相处的共同生活,第三句为与友人初别之况,最后一句以景作结,是写别后对友人的长久思念。诗人把无形的思念化为青山依旧、白云无尽的意象,可触、可感、可视,从而使此诗达到很高的艺术水平。结合诗意及其生平大义,可知张秉纯胸次朗然,毫无污泽,是一位平居生活光风霁月、大事临头又义薄云天的谦谦君子。

谪仙楼观萧尺木画壁[1]

宋荦

谪仙楼外长江流,谪仙楼内烟云浮。
悬崖峭壁欲崩落,虬松怪树风飕飕。
泉声山色宛然在,渔翁樵子纷遨游。
细观始知是图画,扪壁惝恍凌沧州[2]。
古来画手倾王侯,笔墨直令鬼神愁。
每逢胜地亦挥洒,元气直向空墙留。
呜呼!

维摩真迹不可得[3],通泉群鹤无颜色[4]。
当今画壁数何人?鸠兹萧叟称奇特[5]。
前年挂帆牛渚来,登楼一望胸怀开。
解衣磅礴使其气,倏忽四壁腾风雷。
画出青莲游赏处,千年魂魄应来去。
匡庐云海泰山松,华岳三峰压秦树。
朦胧细景不知数,一一生成出毫素[6]。
杂花窈窕溪涧深,野水逶迤洲渚露。
危桥坏磴荒村暮,多少林峦莽回互。
横涂乱抹总精神,河伯山灵不敢怒。
我闻荆关与董巨[7],画苑声名重伊吕[8]。
大痴黄鹤吴仲圭[9],鼎足争雄迈凡侣[10]。
叟也此画非徒然,摹仿前贤妙如此。
世人作画昧源流,敢到斯楼笔一举。
我家赐画旧盈箱,年来卷轴半沦亡。
每与名流谭绘事,辄思鸿宝起彷徨[11]。
今也见此心飞扬,众山皆响殊寻常。
不用并州快刀剪秋水[12],但愿十日寝食坐卧留其旁。

【赏析】

康熙元年（1662年），太平知府胡季瀛重建太白楼（即谪仙楼），翌年竣工落成。胡季瀛邀请萧云从为太白楼创作壁画。萧云从一向崇仰太白，为使太白的古风高韵不没人间，让游人一到太白楼就觉得谪仙犹在，于是他顾瞻四壁，飞白泼墨，历时七天，一气呵成画出峨眉烟云、华岳苍松、匡庐瀑布、泰山旭日四幅壁画。画成后，萧云从自作《太白楼画壁记》，论述其画壁的原因及经过，并历数历代名家画技，以表明自己对书画技艺的看法。太白楼壁画一经问世，便引起巨大反响。名公巨子纷纷题咏，抒发自己观看壁画时心灵所受到的巨大震撼，王士禛、宋荦、杨锡汝、方观承、韦谦恒、黄少明、李庆观、吴家驷、唐莹、谢元缜、石沈斡、管干珍等众多诗人，从多个角度赞美这四幅壁画的艺术成就。其中，清代著名画家、诗人，被康熙誉为"清廉为天下巡抚第一"的宋荦曾两次登上太白楼，第二次登楼时所写《谪仙楼观萧尺木画壁》，极富情韵，从众作中脱颖而出，成为题咏太白楼壁画的经典名篇。

康熙八年（1669年）正月，时任黄州通判的宋荦督漕船沿江而下，三月，至牛渚，泊舟三日，时雪花纷飞，作《牛渚风雪歌》。同时，登谪仙楼，观萧云从壁画，作此诗。全诗融抒情、描写、叙述、议论为一体，腾挪闪跃，变化开阖，元气淋漓，情感充沛。按层次脉络，全诗可分为三段。第一段从开头"谪仙楼外长江流"到"鸠兹萧叟称奇特",第二段从"前年挂帆牛渚来"到"河伯山灵不敢怒",余为第三段。

　　第一段劈空就写仰瞻太白楼壁画时真幻一体,亦惊亦喜,获得高度审美满足的感受。谪仙楼外长江奔流,谪仙楼内烟云浮动,谪仙楼内外,浑成一体。悬崖峭壁,势欲崩落,虬松怪树,寒风飕飗。泉声呜咽,山色满眼,渔翁樵夫,尽在水畔山崖。如果没有接下来的"细观始知是图画"、"扪壁惝恍凌沧州"的说明,读者真要把这几句当作眼前牛渚山水的自然景象了。诗歌用"细观始知"、"扪壁惝恍"这样的词句,极其真实地刻画了诗人观看壁画时微妙的心理状态。特别是"扪壁惝恍",诗人明知是图画,但还是要轻轻地叩响太白楼墙壁来进一步证实刚才所见是壁画而不是江山自然的实景,这比以往所有的题画诗都要更深一层地描摹诗人的精神活动。萧云从壁画艺术感召力之大亦可从中想见。有了这么一大段描述令人猝不及防、亦真亦幻的艺术感受之后,诗人观画心情才慢慢平静下来,于是感叹道:自古以来,伟大的画家都会让王侯倾服,他们的笔墨如神使鬼差,亦令鬼神愁惧。他们在山水名胜之地往往兴从中来,自由挥洒,真宰元气便扑面而来,留在空墙白壁之上。然而时间流逝会抹平一切,唐朝大画家王维的真迹已经杳不可得,薛稷于通泉县衙署墙壁上所作群鹤之画也早已画迹斑驳,朱颜凋落。当今画壁最为出色的画家,应当是萧云从了(注:萧云从为当涂人,清时太平府辖当涂、芜湖、繁昌三县。萧云从又长期住在芜湖,鸠兹为芜湖古称,所以说萧云从为"鸠兹萧叟"。另,胡季瀛也是三次"折简相召",从芜湖请萧云从来太白楼作画的)。分析至此,读者可以看到,仅这第一段,就又可分为三个层次。审美感受在先,审美认知在后,最后点出太白楼壁画乃萧云从所作。诗人巨笔如椽,层层推进,情感充沛,理路清晰,衔接自然。

　　诗歌第二段主要写四幅壁画所画具体景象,然层次更为细密。诗人简要回顾了"前年挂帆牛渚来,登楼一望胸怀开"时初登太白楼的情景。只用"胸怀开",就把所见多闻的感受一笔带过。如果对第一次登览再详叙,则与本次登览感受相重复,为避重复故不再具体描写。此其一。其二,当时之"胸怀开",也必定包括观太白楼壁画。而两年之后再来观壁画,可见此画对诗人吸引力之强大,也就是说诗人两年来对太白楼壁画一直念念不忘。"解衣磐礴使其气,倏忽四壁腾风雷"两句,是诗人悬想萧云从作画时的构思状态和创作情形。据记载,萧云从自作《太白楼画壁记》以汉隶书成,也同时镶嵌在太白楼墙壁之上。壁画与壁记相互映发,可谓双璧,对前来观瞻之人来说,壁记是理解壁画的最好的文字说明。萧云从在壁记中说:"愧余衰且病,秃草不润,断松无烟,解衣坐于先生书碣之末,偶馨遐思,急弘其气,以摅丹青,推拖越拽,疑有神助。竭道子一日之功,生少文众山之响,小豁胸中,狂焉叫绝。"这几句是萧云从夫子自道,也最能代表萧云从的创作观念,是研究萧云从绘画艺术不可多得的第一手资料。宋荦的两句诗就是对萧云从这一艺术观点的概括。况宋荦本人即是著名诗人与画家,也是大鉴赏家。对于宋荦而言,这两句自然也为有感而发,是对萧云从绘画观点的高度赞同。

经过层层铺垫,诗人这才具体描绘四幅壁画之烟云山水,与王士祯、方观承等诗人不同,宋荦没有就四幅壁画内容一一列举,而是以"匡庐云海泰山松,华岳三峰压秦树"概括出之,然后以"朦胧细景不知数,一一生成出毫素"之笔,对四幅壁画的若干细节作了精细描绘:

  杂花窈窕溪涧深,野水逶迤洲渚露。
  危桥坏磴荒村暮,多少林峦莽回互。

最后以"横涂乱抹总精神,河伯山灵不敢怒"来总结本段。诗人如此剪裁的高明之处在于,一方面避免了以传统赋法铺陈而带来的呆板和平铺直叙的弊端,一方面以细节描摹来补足四幅壁画大景构图和淋漓气势,让读者能够充分想象出壁画"融烟云变幻之大处落墨,与花草精神之小处落笔"的完美统一。透过诗句,我们也可以想见诗人在四幅壁画面前仔细观察、反复品味的欣赏情态。宋荦此次来观壁画与壁画完成之间才隔五六年,丝毫毕现,所以诗人才说"一一生成出毫素"。分析到此,关于四幅壁画的几个问题必须稍加辩明。其一,壁画所画四座名山分别是峨眉、华山、庐山、泰山。这在萧云从《太白楼画壁记》中有明确记述,多位诗人也有具体描绘,而王士祯《采石太白楼观萧尺木画壁歌》中说"祝融诸峰配朱鸟,潇湘洞庭放远游"的描述是不正确的。由于王士祯是清代大诗人,与宋荦齐名,世称"王宋",所以他的壁画诗影响很大,因此有辨明的必要。其二,四幅壁画分别画于东西两壁而不是东西南北四壁。虽然萧云从自己也在《太白楼画壁记》中说:"乃顾瞻四壁,粉若空天,欲秃笔貌之,以为迎神之曲,招魂之辞,巍然俎豆,知有谪仙人在焉!"从王士祯"回看四壁风飕飗",宋荦"倐忽四壁腾风雷",杨汝锡"四壁插毫图四岳",黄少民"山云变灭天阴晴,四壁驱声走江海",方观承"谁探万古鸿濛去,扫开四壁丹青色"等诗句来看,仿佛众口一词,四壁多绘李白所到名山巨岳。其实说"四壁"乃为行文方便。方观承在其《太白楼观萧尺木画壁歌同吴世勋》诗之小序中曾明确写道:"壁西峨眉、华岳,壁东匡庐、泰岱。峨为太白故乡,晚卧庐山,有读书堂;泰、华则太白尝游之地。"这个小序太重要了,也说得十分清楚明白。太白楼南北两壁是没有画的。从今天太白楼规制看,南北两壁实为过门通道,想来当年也大致不差。言"四壁",乃是习惯使然,我们总不能在诗文中说"二壁"吧?由方观承诗序还能考出四幅壁画的相对位置。太白楼西壁,南为峨眉,北为华岳;东壁南为匡庐,北为泰岱。这四幅壁画的方位和它们在现实中地理方位是完全一致的。其三,四幅壁画所绘季节风光各不相同。综合各家现存诗歌推求,可知,泰山为春景,海风松涛,日观峰顶,旭日东升;庐山为夏景,瀑布飞悬，直下澎蠡，凉意顿生；华山为秋景，山峰林立，峭壁悬崖，云海苍茫；峨眉为冬景，积雪千崖，荒村危桥，舟卧瞿塘。笔者认为，这一辩说是非常有意义的，它不仅让我们具体了解了太白楼壁画的方方面面，更重要的是，让后代读者能真切感受到萧云从作为一代大师在创作构思上的宏伟严整，一丝不苟。如此看来，太白楼壁画确为一代杰作，进而在中国壁画史上占有重要地位。

第三段是画家兼诗人的作者站在绘画发展史的高度来观照萧云从太白楼壁画，从而断言："此画此楼并不朽。"本段前八句异文非常严重，但所要表达的艺术观点还是大致相同的。诗中"我闻荆关与董巨……敢到斯楼笔一举"八句，在宋荦所著《西陂类稿》中为：

> 我闻画苑有本源，北宋董巨品格尊。
> 后来大痴与黄鹤，气韵超脱同法门。
> 叟也涉笔非徒尔，黄王如在称弟昆。
> 此画此楼并不朽，残山剩水奚足言。

五代时的荆浩、关仝，北宋的董源、巨然，都是当时画坛一言九鼎、开宗立派的大家；元代的黄公望、王蒙、吴镇，亦气韵超脱、鼎足争胜。萧云从的绘画既吸收了各家之长，又自成一派，甚至超迈前贤。《清画家诗史》评价萧云从"不宋不元，自成其格"。在宋荦看来，即使是黄公望、王蒙，在萧云从面前怕也只能以兄弟相称，甚至还略逊一筹，这是极高的评价。正因为萧云从博采众长而风格突出，绝不像一般画家那样"昧源流"，所以同为画家且精于鉴赏的宋荦，才敢在诗中断言太白楼壁画必将称盛画坛，千秋不朽。

一般诗人题写画作歌咏至此，已经可以圆满结尾了。但宋荦诗作又平地起波澜，翻出新境界。诗人忽然联想自己几十年来收藏的大量画作，近年多有散失，每与名流谈及此事，都会黯然神伤，总希望能搜求到更加宝贵的稀世珍品。今天，忽然见到太白楼壁画如此高妙，禁不住心旌摇荡，神思飞扬，好像自己以往丢失的那些画作也都不值得太可惜了。诗人在此化用了南朝画家宗炳的一个著名典故。宗炳在居室四壁图写四方名山，说自己可以"卧以游之"，并"抚琴动操，欲令众山皆响"。这本是画坛的千古美谈，但在宋荦眼里，与太白楼壁画比起来，宗炳图绘四壁"众山皆响"，就显得十分平常了。最后，诗人又反用杜甫《戏题王宰画山水图歌》"焉得并州快剪刀，剪取吴松半江水"之典，说自己也不用并州快刀剪取江水，只愿连续十日寝食坐卧在太白楼画壁之下。这两个层次的翻进，可以说诗人对萧云从高超的画技画艺已经佩服得五体投地、无以复加了。用现在时髦话来讲，宋荦简直成了萧云从的"超级粉丝"。但与我们今天一般"粉丝"不同的是，这是一位学养深厚的画家对同时代另一位学养深厚画家的崇拜，其崇拜背后蕴含着对艺术的无比虔诚和强大的理性力量，或许，这才是本诗在当今时代氛围里应运而生的新的意义。经典，总会与时俱进，具有无限广阔的阐释空间。

【注释】

[1] 萧尺木：即萧云从（1596—1673年），当涂人，清代著名画家，"姑孰画派"创始人。

[2] 扪：抚摸。惝恍：迷迷糊糊的神态。沧州：滨水的地方，古时用来称隐士的居处。

[3] 维摩：唐代诗人兼画家王维，维字摩诘，太原人，时人称"诗中有画，画中有诗"。

[4] 通泉：县名，位置在今四川射洪县洋溪镇（现易名"沱牌镇"）。南朝梁时所置，属西宕渠郡。西魏恭帝时改西宕渠郡为"涌泉郡"，通泉县改名"涌泉县"，为郡治。隋开皇三年(583年)复名"通泉县"。元至元二十年(1283年)通泉县以"兵后地荒"而并入射洪县，隶属潼川府。唐初著名书画家薛稷，尤擅长画鹤，曾在通泉县衙署绘群鹤壁画，轰动一时。

[5] 鸠兹：春秋时期吴国地名，在今芜湖东四十里，即鸠兹港，这里系指芜湖。萧叟：指萧尺木。其绘太白楼壁画时已是晚年，故称"叟"。

[6] 毫素：毫指笔，素指绢，均为绘画材料。

[7] 荆关：指画家荆浩与关仝。后梁时，河南荆浩善于画山水，长安关仝从浩学画，有"青出于蓝而胜于蓝"之誉，因此后世论画，多以"荆关"并称。董巨：指五代时南唐画家董源和巨然。董源：字叔达，钟陵（今属江西）人，善画秋风远景，多以奇峭之笔写江南山水。巨然：江宁（今南京）人，画僧。他学习董源的水墨山水，并加以发展，遂臻其妙。时人将二人并称"董巨"。

[8] 伊吕：指伊尹和吕尚。伊尹佐商汤，吕尚佐周武王，皆为开国元勋。

[9] 大痴：即大痴道人，是元画家黄公望（1269—1345年）的号，常熟（今属江苏）人。黄鹤：即黄鹤山樵，是元画家王蒙（？—1385年）的自号。蒙字叔明，为画家赵孟頫的外孙，湖州（今属浙江）人。吴仲圭（1280—1354年）：元画家。吴镇字仲圭，号梅花道人，嘉兴（今属浙江）人。三人和倪瓒均善画山水，合称"元四家"。

[10] 迈：超过。

[11] 鸿宝：原是一种谈神道仙术的书，后人多引申其义，借指稀世之秘笈。

[12] 并州快刀：古时并州出产的剪刀以锋利著称。杜甫《戏题王宰画山水图歌》：

焉得并州快剪刀，剪取吴松半江水。

第七章

寺观寻踪

SIGUAN XUNZONG

概 览

　　庙、寺、观分别是佛教、伊斯兰教和道教开展宗教活动的场所。在马鞍山境内从古至今分布着大大小小许多寺庙、庵堂、观所。鸦片战争后随着西方文化的传入，天主教、基督教也在马鞍山市境内修建了一些教堂。这些建筑均是特殊的文化形态或曰"特殊的文化载体"。它们的兴衰演变也见证了这一方土地人文变迁。本章着重介绍马鞍山市境内曾经有过的以及现在依然保存的道观、庙宇、清真寺和教堂，故曰"寺观寻踪"。由于这些建筑都与宗教的发展演变密切相关，所以首先要将宗教文化及在马鞍山市的传播的基本情况作简要概述。

　　我国是多种宗教信仰并存的多民族国家。各种宗教源远流长、根深叶茂、千姿百态，有着漫长的历史沿革。主要的宗教有道教、佛教、天主教、基督教、伊斯兰教，总称为"五大宗教"。

　　五大宗教中，道教是我国土生土长的宗教，它是在道家思想基础上形成的。作为宗教实体，道教大约始于东汉末期，尊老子为教主，以老子所著《道德经》为主要经典，主张清静无为、崇尚自然。而其他几种宗教都是外来的宗教。

　　五大宗教在马鞍山市三县（当涂、和县、含山）传播情况大致如下：

　　道教最早在和县留下踪迹。据《和州志》记载，和州大西门外东华山曾建有"老子炼丹台"，也就是说早在二千五百年前，在马鞍山地区就有道教的踪迹了。但这是附会传说，不大可靠。道教真正在马鞍山地区产生影响应是魏晋南北朝时期。梁代，和州顺天乡有道教传播点，并建有隆兴观。在唐朝天宝年间（742—756年），有一个叫张婴的道士隐居于乌石山下迢迢谷洞中。据说此人很有"道行"，唐玄宗曾四次召见而不应。唐末，道士杜光庭曾在鸡笼山玄妙观内聚众布道，影响颇大。鸡笼山也因此被道家称为"天下第四十二福地"。至宋代，和州道教进入鼎盛时期。冲素道人于北宋熙宁六年（1073年）建元妙观，元祐七年（1092年）建连云观，后又修建宫观十多座。道士木广汉，漫游江淮、京师、江浙一带，存遗诗一首：

　　　　百万人中隐一身，深如勺水在沧溟。
　　　　独醒自负贤人酒，天阔难寻处士星。

　　清代，道教仍有流传。康熙三十二年（1693年），和州夏秋之交大旱，知州石参与元妙观道士杨一铨举行求雨祭仪。民国期间，道教已趋衰落。

　　道教在当涂传播也较早。相传，东晋时就有道教著名学者葛洪来葛阳山羊耳洞内隐居修道。南朝齐梁时，道教思想家陶弘景晚年曾隐居横山石门古洞炼丹。唐朝也有不少著名的道士在横山隐居。大诗人李白就曾数次到横山拜访雍尊师和吴筠（均是道士）并留下诗作。当涂历史上有许多著名的道观，如建于三国吴赤乌年间（238—250年）的采石承天观，虽受战乱破坏，屡兴屡废，但直到清代仍有道教活动。采石还有一个希彝观，建于南宋绍兴元年（1131年），香火一直延续至清代。当涂县城附近有晋代创建的玄妙观、北宋元祐年间（1086—1093年）创建的白鹤观，道教活动均延续到清末。民国时期，当涂先后建立过"当涂道教分会"和"当涂道教协会"，有理事和道士二十多人。

含山县早在三国吴赤乌年间（238—250年）便在今天的运漕镇建有道教的三元观，这也是安徽省最早的道观之一。明清时期含山境内有鳞川、长真、宝台、白石、三元等道观，并设有"道会司"掌管道教事务。民国期间，道教是县内繁荣的宗教之一。据民国二十三年（1934年）统计：有道观六处，道教徒九十四名。道士一般于每年农历六月间邀集各方道徒做"雷祖会"，诵经拜谶，祈求上苍消灾降幅。农历七月中旬则设坛赈孤（"赈孤"带有迷信色彩，是对孤魂冤鬼的一种祭奠形式），祈祷一方平安。

佛教在我国是历史最长、影响最广的国外传来的宗教。佛教在马鞍山市三县均兴起于三国时期。最早出现的佛寺有采石的广济寺、当涂的化城寺、和县境内姥下镇的观音寺，均建于三国吴赤乌年间（238—250年）。以后历朝历代佛教香火不断，尤以南朝梁武帝时为盛。因为梁武帝崇佛并将佛教定为国教，所以当时佛教信徒众多，许多寺庙规模宏伟、僧众济济、晨钟暮鼓、念佛诵经，佛教氛围十分浓厚。除了上述古老的庙宇外，历史上比较著名的庙宇还有含山的褒禅寺、太湖寺、圆通庵，当涂的澄心寺、兴国禅寺、准提寺、甑山寺以及和县鸡笼山的凤林禅寺、香泉观音寺等。直到清朝，佛教都很兴盛。民国时期，随着西学东渐，废庙兴学，信教群众锐减，佛教呈衰落之势。

伊斯兰教在马鞍山市传播较晚，三县情况有所不同。和县因有回民自元末明初由西北和沿海迁来，伊斯兰教随之传入，故而，在元末明初和县就有了伊斯兰教和清真寺。历史上，和县出现许多杰出的穆斯林信徒和阿訇，如清康熙年间（1662—1722年），回民马嘉性礼拜把斋终生不懈，连续四十七年如一日。当时他在马氏家规中还订有"戒不守教规"一条，作为教育后代子孙的遗训。道光三年(1823年)和道光十一年(1831年)和城发生两次水灾，和州回民马崇智捐款救济灾民，并独自负担清真寺照壁的迁建费用，朝夕督工，竣工之后亦不居功。民国期间，著名的阿訇王兆金曾以汉字译注《古兰经》三十卷，教海尼伯（学经文的学生）朝夕诵读。他曾不畏"蜀道难"的险阻，徒步到四川成都进修经文，挂帐（毕业）归来，受到回民敬仰。含山紧邻和县，清顺治年间（1644—1661年）随着少量回民由和县迁居含山的运漕、环峰、仙踪等地，伊斯兰教也就传入含山，并在运漕镇建起清真寺。伊斯兰教传入当涂县则更晚，大约在清末光绪年间（1875—1908年），当时在城关建有扑草房清真寺。伊斯兰教的信众主要是回民，由于三县回民较少，因此，伊斯兰教规模始终不大。和县穆斯林民众有一两万人,含山与当涂均不足千人。

　　天主教与基督教都是在清朝末年传入马鞍山市三县的,而且大多是由外籍传教士传播的。他们在中国土地上建教堂、传教义,有的还附带办医院、兴学校,因此,对一部分民众有吸引力。最早,于同治九年(1870年),英国传教士在当涂马驿街赁房传教,基督教开始传入当涂。初有信徒百余人,以船民为主。基督教最早传入和县的时间是光绪十三年(1887年),由美国传教士刘盛明在和县小西门租民房,设立"福音堂",开始传教。随后扩展到乌江、西埠、濮集、香泉等集镇。光绪三十年(1904年),牧师曾秀文、黄光皇二人开办皖北中学,黄光皇兼校长。乌江基督教也办了萃华小学,凡是教徒子弟,入学不要钱,书籍费、学费全免,成绩优秀者还保送到芜湖教会办的大专院校读书。基督教传入含山的时间更晚,光绪二十九年(1903年),美籍牧师毕竟成在县城北门大街建福音堂传教,后来由城及乡,逐渐增加传道点,信徒也随之增多。这三县的基督教布道点均属芜湖教区。

　　天主教差不多与基督教同期传入马鞍山市三县。光绪九年(1883年),法国传教士金约翰、桑必涛首次来当涂建天主教堂传教。随之有西班牙人建绥、美国传教士朗登在城关柴巷建"福音堂",并附设"义塾"传播教义。民国十六年(1927年),当涂全县天主教徒有一千多人。天主教是在清光绪十三年(1887年),由法国教士翁继伟传入和州,先在城内尚贤坊(今县医院宿舍)建天主总堂三十一间、分堂十一间,还设有诊所为天主教友看病,并宣传教义。至中华人民共和国成立前,天主教在和县传播的六十余年间,先后在沈巷、乌江、姥桥、善厚等地建立天主公所,传教经费完全靠地租和外国捐款。天主教堂在和县先后购买土地二万多亩,还办了一所光德小学为教友子弟服务。天主教传入含山是在光绪十六年(1890年),先在县城南门大街建洋式瓦房二重,属法国天主堂,并附有义学。光绪二十八年(1902年),西班牙人在运漕镇西大街建教堂一座,有洋式瓦房三座,发展教徒约六百人。该教堂在民国期间规模扩大,附设有诊所和小学。该县由当地大户曹氏三兄弟于民国二十四年(1935年)创建的关镇曹庄教堂比较著名,附设曹氏私立恩光小学一所。

　　以上所述是中华人民共和国成立之前五大宗教在马鞍山市三县传播发展的大致情况。中华人民共和国成立后,党的宗教信仰自由政策得到较好的贯彻落实,各大宗教尚能正常开展活动,但由于唯物主义教育比较深入人心,信教群众有所减少,宗教气氛不像以往那样浓厚。"文革"中,马鞍山市宗教受到严重冲击,宗教活动几乎全部停止。

　　十一届三中全会后,拨乱反正,党的宗教信仰自由的政策重新得到落实:归还宗教房产,重建庙宇,再塑神像,宗教人员重回队伍。因此大多数宗教恢复了生机,有的甚至出现反弹,信教人数大大超过"文革"之前。但有的宗教,由于种种原因呈式微之势，几乎是后继无人。据不完全统计，目前马鞍山市三县三区共有信教群众十六万人，其中基督教信徒最多，有八万多人，教堂和传教点遍布城乡。佛教信众次之，约有七万人。信奉伊斯兰教的穆斯林约一万二千人。信奉天主教的数百人。而道教没有正式登记人员，民间虽可能存在一些零星的道教活动，但微乎其微，可以忽略不计。五大宗教或兴或衰，各有复杂的原因，这里不作探究。

宗教作为特殊的意识形态，有其深厚的社会、历史和文化原因，它的历史和现实功能非常复杂，这里暂且不论。就其积极方面而言，它在人类社会生活中具有独特的魅力与功能。

魅力之一是"幸福追求"。几乎所有宗教都为人们追求幸福提供目标与途径，如通过修炼可以得道成仙、真心信教死后灵魂上天堂、生前积善积德来生可安享富贵等。尽管其目标是虚幻的，但能给人带来精神上的满足。

魅力之二是"道德约束"。人人追求幸福，但不能损害他人利益。这就需要道德约束。宗教的道德约束分为惧怕和伦理两个方面："末日审判"、"因果报应"等属于惧怕；劝人为善，如耶稣名言"你们愿意人怎样对待你们，你们也要怎样对待别人"；强调"珍惜生命、正直公平、言行诚实、相敬互爱"等都属于伦理。

魅力之三是"终极关切"。人总有一死，死后灵魂归于何处？这是人们关心的问题。对此，宗教给予圆满解释和安排，给生命垂危的人带来慰藉和希望。

此外，宗教还有着"社会整合"、"社会控制"、"心理调适"、"文化交往"四大功能。正因为如此，宗教有着广泛的群众基础，必将长期存在。

承天观

承天观位于采石山麓，吴赤乌二年（239年）建，原名"希仙观"，南唐道士申执中修，曾改名"崇元观"。宋景德四年（1007年），改名"承天观"。元至正年间（1341—1370年），道士项德道重建。明洪熙宣德年间（1426—1435年），道士张道淳谒大学士杨荣提请重建，御史戴谦有记。崇祯年间（1628—1644年），道士夏隐南募捐重修，后毁。清嘉庆十六年（1811年），道士薛瀹川赖布施重修，后又毁。

神霄宫

神霄宫原在今采石小学校园内，初建于宋嘉泰元年（1201年），为道士秦德智募捐兴建，后毁。绍定六年（1233年），防御使王明重建，并建暮云亭于其左。明洪武年间（1368—1398年），道士陆永昌重建，不久复毁。永乐十二年（1414年），道士丁道存重建，并在宫前建一牌坊，名"唐贤坊"。嗣后正统（1436—1449年）、嘉靖年间（1522—1566年）及清代均有修葺，后又毁于战火，未再重建。光绪三十二年（1906年），采石镇绅士鲁式榖于神霄宫遗址创办采石小学。

五通殿

　　五通殿又名"五显庙"、"五通庙"。原在采石翠螺山麓，建于宋淳祐年间（1241—1252年）。绿色琉璃瓦屋顶，气势恢宏。元朝末年，陈友谅与朱元璋争雄，至正二十年（1360年），陈友谅杀徐寿辉，自称皇帝，以五通殿为其行宫，取国号为"汉"。史载：陈友谅举行登基典礼之日，群臣在江边沙滩列队朝贺，忽然狂风大作，秩序顿乱，不能成礼。后陈友谅兵败，出逃前将五通殿焚毁。朱元璋建立明朝后，命地方官重建，后圮毁不存。明解缙咏史诗云：

　　　　采石矶头过，浩歌歌北风。
　　　　英雄争战处，今古有无中。
　　　　李白犹青冢，桓温失故封。
　　　　五通遗庙在，陈氏拜郊宫。

末联即言此事。

玄妙观

　　玄妙观在当涂县城北，晋代创建，原名"天庆观"，唐贞观时重修。宋大中祥符二年（1009年）诏赐玉帝像。建炎初毁，绍兴二年（1132年）徙建当涂城西街。淳熙间（1174—1189年）太守杨倓增造门殿西庑。元元贞（1295—1297年）初奉诏改名"玄妙观"。明成化十七年（1481年）道士孙立祥募建通明阁。清康熙年间（1662—1722年）道士孙昌厚重修。现不存。

希彝观

　　希彝观在当涂县城崇教坊，旧在南城，宋绍兴元年（1131年）道士朱月谷建。清乾隆二年（1741年）道士鲍光舜募众重修。现不存。

白石观

白石观位于含山县城南八十里的白石山中。白石山东接太湖山，西接东关镇，山脚有一洞，人称"白石洞"。白石观即建于洞口。道观有前后两进十余间瓦房，中有大院，遍植树木，有道士数人，常为周围老百姓做法事。据传，白石观道士求雨最灵验。道观不知始建于何时，但当地八十岁以上老人清楚记得毁于日军侵华期间，由当时的敌伪组织东关维持会会长黄某领人拆毁。白石观连同白石洞被列为道家三十六洞天之二十一洞天，号"琼秀长真之天"，简称"白石洞天"。相传彭祖在此修炼成道，后来又有许多文人雅士来游，因此，曾名闻遐迩。

白石洞，当地人又称其为"仙人洞"。有甘冽泉水从洞中流出，常年不绝，即使大旱之年也不干涸。此水冬暖夏凉，可供千人饮用，还可灌溉附近千亩农田。至今，仍有泉水流出。据有关方志记载，唐以来，名流多游于此，唐代有曹唐，宋代有白玉蟾、文婉（女），元代有周叔权，明代有胡松、刘藩、戴本孝、张其绪，清代多人。洞中题诗词颇多，有曹唐《小游仙》诗：

    白石山中自有天，竹花藤架隔溪烟。
    朝来洞口围棋了，赌得青龙值几钱。

有戴本孝《白石洞天歌》：

    历阳有山名白石，相传是石彭铿宅。
    号为琼秀长真天，天外长有游仙迹。
    大历道士商栖隐，绝粒其中叽橘华。

洞口为弧形，如新月偃卧。进洞躬行数十步，便豁然开朗，三四人可以并行，前行十余步，可见石壁上"曲径通幽"四个大字。笔力遒劲，墨色润泽。过此至第一洞天，可容纳百人以上。洞厅飞石凌虚，千奇百怪，洞顶滴水，溅玉跳珠。往前行三十余丈，左有高丈余的石楼。楼口右边上方有一"棋盘"自石壁飞出，"残局"尚存。楼上石壁有石龙两条，鳞片玉甲，依稀可见。下楼往前行，便见众多钟乳、石笋，如玉树琼林。明张其绪游白石洞天记：……历重门数十，乃登石楼，楼高丈余，上有石柱二，色白如玉，晶莹若鉴，一立一卧，大十五六围，长二丈许，柱端有"泰崇正游此"五字，墨书，大如拳。楼之三面皆石壁，文彩陆离，夺人心目。其一临水，水声澎湃，无异江河，势不可渡。由楼往前，即闻流水哗然，陡壁下流水湍急。上有"天河在此，游人止步"八个大字；右边石壁有很多古代游人题词，虽年代久远，但仍如近作。据说，过此往前还有第二道天河，水深河宽，难以涉渡，未闻有问津者。往回走，进入右边一洞，不数十步，便是"别有洞天"。洞前石如白玉，参差错落，状若梯田。由此匍匐行数步进入第二洞厅,钟乳倒悬,石梁凌空。迎面还有高约二丈、宽约三尺平整的白色石板两块,酷似屏门格扇,直立于石台之上,俨然人工宫殿。宫殿上又一石洞,高大宽敞,攀援可上。从洞口算起,这可以说是第三层石楼。整个白石洞是洞中有洞,楼上有楼,千姿百态,异彩纷呈,未被发现者还不知几许。白石洞诸多大自然雕凿的艺术珍品,赋予游者无尽的乐趣。

"白石洞天"与太湖山风景区连成一体,一佛一道,人工天然,佛道互补,相映成趣。可惜,自20世纪50年代后,开山采石,将洞口淤塞,人不可进入。白石道观自20世纪40年代初拆除后亦未再建。

广济寺

广济寺,旧名"石矶院",又名"资福院",位于采石公园内,吴赤乌二年(239年)建,距今已有一千七百多年历史,为江南有名的古刹。历代文人雅士

常来寻幽探胜,宋代梅尧臣曾泊舟采石矶,游广济寺,赋诗曰:

> 船从山下过,直上见僧轩。
> 系缆登矶石,缘崖到寺门。
> 短篱遮竹漾,危路踏松根。
> 却看沧江底,帆归烟外昏。

殿上有联曰:"经传白马,寺创赤乌。"殿东侧有"赤乌井",为建广济寺时所掘,是采石矶最古老的历史遗迹。

大江东去,日落月升,历史沧桑,兵火几废。广济寺虽有"广济天下寒士、普度众生"之意,但好梦难圆,难免于兵火,几经重建,只有门前古井默默见证千年沧桑。

化城寺

化城寺是当涂最古老的寺庙之一,原址在太平府府城西北隅(今当涂县人民医院院址),初建于吴赤乌年间(238—250年)。相传来自西域康里国僧人(史称"康僧会")来中华选建三处佛场:一为秣陵长干,一为海盐金粟,一为姑孰化城,其中姑孰化城寺基址最广。南朝宋孝武帝刘骏曾驻跸于此,并扩建二十八院。化城寺鼎盛时高阁危楼、飞檐雕栋、雄伟壮观,有钟鼓楼、放生池、观音阁、地藏殿等诸多胜景。唐天宝年间(742—755年),寺僧升朝造舍利塔、建清风亭。李白于天宝年间(742—755年),数次游化城寺、清风亭,写有《陪族叔当涂宰游化城寺升公清风亭》诗和《化城寺大钟铭》文。北宋景德年间(1004—1007年),化城寺改为"万寿寺"。后寺、亭俱废。后来,知州郭纬以东城雄武之地,改迁化城寺。熙宁年间(1068—1077年),化城寺僧道新重建清风亭。当涂籍诗人郭祥正常来游,并写下《题化城寺新公清风亭用李白原韵》诗一首,极力夸赞此处。南宋建炎中,金军攻陷姑孰城,化城寺及清风亭均毁于兵燹。明代正统年间(1436—1449年),工部右侍郎周忱巡抚江南,驻节姑孰,欲择胜地重建化城寺及清风亭,因城西北隅尽为沟垄之地而未果。后来,周忱委托采石广济寺僧人修惠于采石矶建一亭,揭以"清风"之额。清咸丰年间(1851—1861年)毁于兵燹。近年在采石李白纪念馆内重建"清风亭",算是化城寺的余绪。

澄心寺

澄心寺位于横山南麓十保山西侧,前身为隐居院,因南朝齐梁间"山中宰相"陶弘景在此隐居而闻名。澄心寺建于当年陶弘景读书堂故址。这里有关

第七章 寺观寻踪

陶弘景遗迹甚多,其中陶弘景炼丹遗址"丹灶寒烟"便是姑孰八景之一。到了宋代,横山的修炼道学者已不见继者,佛教却在这里悄然兴盛起来。门庭替换,名山易主,宋嘉祐八年(1063年),"读书荒址"已为浮屠之居。陶弘景的"灰井丹灶"、"贞白五井"、"药臼"、"白月池"均被佛僧赋予了神奇的澄定心神的功能,因此易名"澄心院"。明朝时改为"澄心寺"。

准提寺

准提寺,俗称"小九华"。位于马鞍山市雨山区望夫山(又称"小九华山")下,初建于明崇祯年间(1628—1644年),名"准提庵"。寺依山而建,有山色园林之美。历经战乱,屡遭兵燹,亦历代重修。中华人民共和国成立前开始衰败,"文革"中被毁殆尽。1996—1998年,在马鞍山市有关部门和民间佛教徒的共同努力下,由惟启法师主持重建。现建成金刚殿、千手千眼观音殿、客堂、素餐馆、斋房、僧尼房、停车场、放生池等。目前一个以上院下院整体布局、围绕小九华、以佛教文化为主体的旅游风景区,已初具规模。整个寺院已构成一组完整的楼阁庭院建筑。佛殿琉璃盖顶,飞檐翘角,雕梁画栋,朱启花绝。每年除

夕和正月十五，来此烧香拜佛的信徒摩肩接踵，不下万人。江浙、沪杭等外省市的众多香客也慕名而来。马鞍山市佛教协会设在这里。1991 年被定为马鞍山市佛教活动中心。准提寺正在扩建中，计划用地约一百六十亩，规划建设的项目有藏经楼、大雄宝殿、塔林、上客堂等建筑。

甑山寺

甑山距当涂县城东十五里，壁立百仞，群山环拱侍立，"尊重如袍笏贵人"。甑山禅林最初兴建于唐代，是一座禅宗丛林式的寺院，有屋九十九间半，是当涂远近闻名的古寺之一。历史上时有兴废。清光绪年间（1875—1908 年），住持僧启圣重修。抗战期间，遭日寇破坏，屋毁大半。"文革"期间，遭到彻底毁坏。1987 年始，慈禅法师，四处奔走、募化求援，竭力修复新建。目前，建筑面积愈一万平方米。寺内建有佛殿、斋堂、客房等七十余间（座），其中佛殿九座。近年由苏南香客资建的妈祖阁，别具特色，为全省唯一。甑山禅林现为当涂县政府批准的开放寺院。

香泉观音寺

香泉观音寺又名"金峰寺"，位于和县城北四十四里处，面临千顷香泉湖，后倚秀丽观音峰。这里，群山环抱，秀水萦回，环境幽美，空气宜人。香泉之温泉水因被梁武帝赐为"天下第一汤"而名闻天下。寺院总面积达一百五十亩土地。寺门高耸于百步台阶之上，为牌坊式样，望之巍峨壮观。寺内有大雄宝殿、药王殿、天王殿等建筑，均金碧辉煌。寺后一尊十丈高铜制观音矗立在观音山顶。一幅"海天佛国"景象令人流连忘返。

香泉观音寺始建于明朝。寺中有一古洞名为"观音洞"，此洞古今闻名。据《和县志》记载：明万历十三年（1583年）三月十五日，山民戴仁学等人朝拜南海普陀归来后，见祥光从山中闪现，三夜不断。随后观音菩萨托梦于戴仁学，指点山洞有观音大士像。戴仁学即循山寻访，见一古洞内钟乳石壁上果然有观音大士和鹦鹉、杨柳枝等迹象。于是乡民便在洞中建成观音大士殿，故称"观音洞"。此后香火旺盛、游人不绝，洞口石阶光滑如镜。明崇祯五年（1632年），和州知州陈世凤唯恐聚众生事，遂以石盖，今尚在。另，寺左有梵音洞，深不可测，入洞隐隐有流水声，声妙若梵音，故得名。

中华人民共和国成立后，观音寺逐渐被废弃，曾改作学校。"文革"期间，寺院被拆毁。改革开放后，观音寺得以重新修复。20世纪90年代，乡人在原址重建天王殿。2005年以来，经社会各界捐资赞助，兴建丛林，数百年古寺得以再现生机。

观音寺拟建设成具备佛教大丛林的规模，本着不为自己求安乐、但愿众生得离苦的悲愿，以弘扬佛教文化、发展佛教慈善事业为宗旨，弘扬人间佛教精神，作弘法利生之道场。

凤林禅寺

鸡笼山是著名的佛教、道教圣地，它坐落在和县西北隅，一峰独秀，拔地而起，享有"江北第一山"、"江北小九华"、"中华第四十二福地"等美称。掩映在莽莽山林中的千年古寺——凤林禅寺，始建于东汉末年，李白、杨万里、赵匡胤、朱元璋等历代名人墨客均曾在此题词作诗，佛学文化昌盛，文学气息浓厚，每逢正月十五和六月初一，各地成千上万香客朝山礼佛，场面十分宏大。这一传统庙会已成为和县重要庙会之一。

凤林禅寺宛如绿草丛中的一朵奇葩，灿烂夺目。宝刹占地一百八十一亩，山前牌坊、山门、放生池、天王殿、大雄宝殿、藏经阁、念佛堂、地藏殿、观音殿、斋堂等建筑齐备。现有建筑是1994年后由全寺僧众自筹资金建造的。所有建筑依山就势、高低错落、疏密相间，宫殿式总体布局，既独立又统一。殿堂庙宇，在青山绿林间忽隐忽现，清静幽雅，晨钟暮鼓悠然，甚是壮严。置身其间，如入净土佛国。

太湖禅寺

太湖禅寺又名"太湖寺"、"普明禅寺"，位于含山县南太湖山下、合裕公路旁,因山得名。该寺于宋元丰二年(1079年)由高僧无用禅师创建。《高僧传》载:开山时无用禅师一人日夜开辟,日久感动上苍,有天灯下照。无用禅师不仅是该寺创建人,还著有《无用祖师语录》流传至今。

太湖山主峰周围有钟山、鼓山、木鱼山。太湖禅寺坐北朝南,整座寺庙置身在"左钟右鼓怀抱木"的自然景观中。天王殿置前,大雄宝殿居中,祖师殿位于其后。祖师殿中间为无用禅师肉身塔。塔由岩石砌成,高四米,底径二米,故称"屋内塔",也称"普明塔"。塔十分坚固,虽经兵荒马乱年代仍得以幸存。它是太湖禅寺一大奇景。在祖师殿西侧的膳房内,有一井,人称"屋内井"或"锅边井"。传说为开山祖师无用禅师用锡杖捣地而成,故亦称"锡杖泉"。井中泉水不涸不溢,日取不竭,它是太湖禅寺又一奇景。寺庙周围古树葱郁,清静幽雅,佛意盎然。

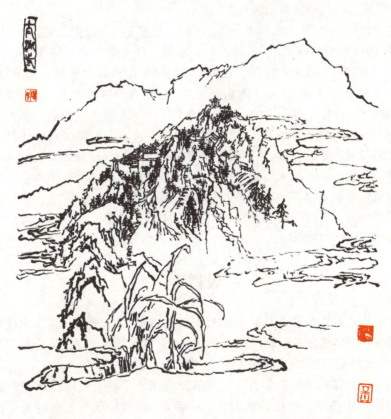

太湖寺庙宇建筑代有兴废,寺内住持也时有替换。明洪武三年(1370年)僧行庆重建。清光绪八年(1882年)和二十五年(1898年)均有修葺。太湖禅寺因清普明和尚重扩建,故又称"普明禅寺"。民国二十七年(1938年),日军烧毁该寺大部分建筑,并杀害和尚一名。后又重建。1957年该寺有和尚十名,云游僧和斋公出入频繁。"文革"期间,寺内经卷、佛像被毁。

改革开放后,宗教政策逐步落实,僧人回到寺中,重修山门,增建殿宇,逐步恢复早晚功课和各种佛事活动,其规模和名声大大超过"文革"之前。现在的太湖禅寺雕梁画栋,飞檐翘角,琉璃瓦盖,金碧辉煌。1985年1月,太湖禅寺被安徽省人民政府列为省级重点寺庙,是县级文物重点保护单位。

2003年10月,慧庆大法师任住持。慧庆,俗名方志平,安徽庐江人,中国佛教协会理事,安徽省政协常委,九华山佛教协会副会长,曾任九华山百岁宫住持。慧庆大法师任住持后,又将大雄宝殿全堂佛像装金。目前,太湖禅寺为了加快景区的建设和发展,采取对称均衡的布局,保留千年古刹的传统建筑风格,在中轴线上依次建停车场、牌坊、放生池、寮房、钟鼓楼等。扩建后的太湖禅寺成为集休闲、佛教文化观赏、佛事活动为一体的徽派园林式建筑,常有八方善信和宾客来此礼佛,探幽访胜,凭吊古风。

太湖禅寺后一里的山间有一殿,名曰"二圣殿"。殿宽三开间,中供地藏王菩萨,内原有明宣德年间(1426—1435年)的香炉和清光绪年间(1875—1908年)的磬,现散失在民间。在太湖山主峰的半山坡上还有一座天台禅寺。该寺由天龙关、龙王殿、大雄宝殿组成。龙王殿内有一股清泉终年从石龙嘴中涌出,清澈甘甜,故称"龙泉"。大雄宝殿内有巨大的天然"倒心石",更为奇特的是"倒心石"右侧有一株碗口大的灵芝。这里曾是无用禅师修炼休息处。天台禅寺前有溪水淙淙流淌,后有山林郁郁葱葱,环境十分幽静。翻过太湖山,在其北坡有一座接引庵与太湖禅寺隔山相应,亦为县重点文物保护单位。庵西边有"双泉",泉水日取不竭。庵前有一古树,高三丈,枝叶舒展,优雅别致。太湖山周围佛寺集中,布局合理,依山就势,鳞次栉比,形成了一个别具特色的庙宇群,其建筑风格类似九华山,故又称为"江北小九华"。

褒禅寺

含山县城东北十五里的褒禅山林木葱茏,谷幽水清,景色诱人。重建的千年名刹褒禅寺就坐落在美丽如画的褒禅山华阳洞风景区内。这是一座既崭新而又庄严的佛教寺院,充满了勃勃生机。

唐贞观十二年(638年),高僧慧褒禅师结庐于此。慧褒禅师与唐玄宗之师慧忠国师为昆季。他在这里潜修二十余年,圆寂后获五色舍利若干粒。其弟子将他结庐修炼的所在地华山改名"褒禅山",并兴建寺宇,谓"慧空禅院"。宋高僧中会禅师与无裕禅师相继增建,寺宇规模逐渐扩大。宋仁宗至和元年(1045年),著名政治家、文学家王安石云游至此,写下千古名篇《游褒禅山记》。明永乐年间(1403—1424年),郑和下西洋归来后曾在此兴建殿堂,时有寺院千余间，住僧常满千人。民间传说"褒禅寺和尚，骑马关山门"。可见当时寺宇规模之大。

"文革"期间，褒禅寺遭浩劫。1967年春，所有佛像均被砸烂，高七层的千佛舍利石塔亦被炸毁，塔中文物包括舍利子均散落民间。寺内建筑破烂不堪。

改革开放后，落实宗教政策。鉴于褒禅寺旧址周围的环境发生了重大变化，经与社会各方协商，1998年经有关部门批准，在华阳洞附近重修褒禅寺，并请江西永修县云居山真如寺绍云法师为住持。绍云法师为重建褒禅寺，先后到香港、深圳、上海等地佛教界多方筹集资金。历时五年，克服种种困难，2003年11月1日，褒禅寺落成暨佛像开光法会隆重举行。舍利子亦已请回，归藏于褒禅寺重建石塔内。从此，褒禅寺的晨钟暮鼓，在秀丽的华阳洞风景区响起，佛境的肃穆庄严气氛，荡涤了世俗的尘嚣和烦恼。

重修落成的褒禅寺坐北朝南，四面群山环抱，林木苍翠，灵秀幽静，置身其中，如入圣境。寺庙占地面积八十多亩，建筑面积一万多平方米，为典型的四进式丛林规模布局。四周回廊。中轴线上的建筑依次为山门殿、天王殿、大雄宝殿；两边有钟楼、鼓楼、祖师殿、观音殿、伽蓝殿、地藏殿、功德堂、念佛堂、禅堂、法堂、客堂、禅房、斋堂、库房等，共三百三十八间。供奉慧褒禅师舍利的九层"千佛舍利石塔"位于寺庙东面，为花岗岩结构，塔高十五丈，威严庄重。此外，还建有停车场等配套设施，规模壮观。2004年，褒禅寺被省辖巢湖市人民政府列为市级重点寺庙。

褒禅寺虽是异地重建，但其承载着千年的佛门传统，有着丰富的文化积淀，与周围的历史名胜华阳洞相得益彰。历经沧桑，古今闻名的千年古刹褒禅寺已成为人们向往的佛教圣地和风景游览胜地。

佛慧寺

佛慧寺又名"佛慧禅院"，始建于唐，位于含山县清溪镇南苍山脚下。周围皆有清溪河水环绕，独南面一桥通陆，古称"荷叶地"。

《宋高僧传》及《五灯会元》记载：宋代高僧绍隆禅师（1077—1136年）九岁在佛慧禅院出家。绍隆禅师俗姓周，原籍含山，十六岁受戒后，参访长芦、圆悟两大禅师而开悟，为禅门临济宗第十五世祖师。中年至苏州虎丘山兴建寺庙，弘扬佛法，声名大震，朝野闻名，遂以地名号"虎丘禅师"。至南宋绍兴六年(1136年)返归佛慧禅院留下遗嘱，自己端坐逝世，肉身安置于缸内，葬于寺之西南隅。

民国十六年（1927年），含山县成立佛教协会，会址设于佛慧寺。负责人宏瑞，俗名边正刚，安徽合肥人，1896年生，曾参加护国军讨袁，讨袁失败后逃至九华山。1921年在祗圆寺出家，1927年住持佛慧寺，后住持太湖寺，任含山县佛教协会会长。1928年回九华山为祗圆寺住持。1940年他去巢湖西云寺参加抗日自卫团，该团解散后仍回祗圆寺。1962年被选为第一届九华山佛教协会会长。宏瑞善书法、精医术，1967年圆寂。

现佛慧寺仍保存有大雄宝殿三间，天王殿五间，禅堂藏经楼五间，地藏殿观音殿各三间，斋堂九间，念佛堂、寮房六十四间。

降福寺

降福寺又称"将公庙"，始建于唐永泰元年（765年），位于含山县仙踪河东岸江淮桥桥头。西岸曾有三官庙（已毁），昔有诗云"两岸钟声惊客梦，一湾淮水锁仙踪"。降福寺扩建于南宋隆兴年间（1163—1164），元、明、清又有数次修葺。庙内供奉的是唐朝大将睢阳守张巡。据《历阳名人大辞典》和《旧唐书·张巡传》记载，安禄山叛乱时，唐睢阳守张巡誓死守城，每与贼遇，大呼杀贼，龇裂血流，齿牙皆碎，气壮山河，视死如归。至德二年（757年），安庆绪派部将尹子琦率十三万精锐军南下攻打江淮屏障睢阳（今河南商丘睢阳区）。他和许远等数千人，在内无粮草、外无援兵的情况下死守睢阳，杀伤敌军十二万，坚守孤城数月，有效阻遏了叛军南犯之势，遮蔽了江淮，但终究寡不敌众，最后英勇就义。张巡死后，唐肃宗下诏，追赠张巡为扬州大都督，封其为邓国公。宋孝宗封张巡为"忠靖悬佑福德真君"，清雍正十二年又加封张巡为"悬佑安澜之神"，历代皆奉祀之，江淮一带尤甚，仙踪降福寺原先大殿的门楣上便高悬御匾额"屏蔽江淮"四个大字。据《三教五流搜神大全》记载：张巡系唐登州南阳人，唐玄宗时进士，曾官拜睢阳守。传说张巡祖居含山县仙踪境内，农历五月十八日系张巡生日寿辰。

降福寺，随着历史的变迁和自然灾害的发生，历经沧桑，一段时间被占用，直到改革开放才恢复佛事活动。1993年后，在住持定运、法亮的四处募化及广大民众和香客的大力支持下，重新修建了天王殿、大雄宝殿、斋堂等，计有二十间，是典型的二进四合院布局，前有天王殿，大雄宝殿居后，左边有三圣殿、将公殿（伽蓝殿），右边是斋堂等。整座寺庙在仙踪河的岸边江淮古桥头，与古桥连成一体，蔚为壮观。降福寺现已成为含北地区佛教信众重要的活动场所之一。

运漕天主教堂

运漕天主教堂位于含山县运漕古镇，毗邻运漕中学。该教堂最早由法国传教士禄是道于1901年所建，为哥特式建筑，由教堂、神父楼、花园等建筑群组成。1934年西班牙传教士叶搓莅、费南斋受芜湖教区派遣,来运漕主持教务。1940年叶搓莅、费南斋在教堂内办起一所圣心小学,分男校、女校,接受百余名学生,为战乱中的运漕孩子提供了一个安全的学习场所。费南斋后又在教堂东侧建一诊所,采用西医西药救病扶伤,并多次掩护抗日人士脱险。费南斋神父一直为运漕人民所景仰和怀念。

教堂原有高大的钟楼,钟楼上有合金铸成的大闹钟。钟声一响,传遍漕河两岸十余里。教堂的门窗原镶有红、蓝、绿、黄彩色玻璃,阳光照耀下五彩斑斓,给教堂增添了神秘的色彩。可惜中华人民共和国成立后教堂的巨大钟楼被拆除,彩色玻璃窗亦遭损毁。现存教堂长三十米,宽九米,两侧山墙高九米,墙面和屋顶都由特制的青砖红瓦建造。教堂内屋顶由细长木条斜状对应铺成,一直保留原貌未动。整个教堂虽然跨度很大,但无梁无柱,建筑设计技术高超。

1958年运漕中学创办,教堂成为运漕中学的大礼堂。教堂现已归还给天主教会用于宗教活动。其北侧尚存有一幢两层神父楼,原为神父起居楼,后一直作为运漕中学教师宿舍。目前神父楼主体建筑保存基本完好。

和县清真大寺

和县清真大寺坐落在和城南大街,始建于明初(1368年),毁废于嘉靖四年(1525年),后于清道光十七年(1837年)重建。始建时寺门朝南,重建后寺门朝东,并建有大照壁,气宇轩昂,蔚为壮观。大寺建筑布局为坐西朝东、长方形,中间以圆门为界。界西有南北讲堂、水房、宿舍和礼拜大殿;界东于光绪三十年(1905年)建成和县伊斯兰小学,民国初改为清真小学。校门与清真寺大门同为一门,呈牌坊式,雄伟壮观,大门上端嵌有白色大理石,上面刻着"清真寺"三个大字。牌楼后顶部朝西建有"望月楼亭",在礼拜大殿的迎面门上雕有三块圆形阿拉伯经文,直至中华人民共和国成立时仍保存完好。和县清真大寺是马鞍山市历史最为悠久、规模最大的清真寺,是长江中下游较为知名的古清真寺之一。

"文革"前后,清真寺大殿被长期占用。十一届三中全会以后,和县县政府落实宗教政策,依法归还清真大寺。自1994年以来,经过多次局部建设和维修,2006年和县第二届伊斯兰教协会成立后,又对清真大寺进行全面整修和扩建。现全寺占地面积为一千五百平方米,建筑面积一千二百平方米。寺内建有穆民楼、礼拜大殿、讲经堂、水房、餐厅等。清真大寺现已成为和县主要的伊斯兰教活动场所和穆斯林文化中心。

金家庄清真寺

马鞍山市清真寺始建于1953年。当时因为马钢一铁厂回民职工增加,为满足回民生活需要,体现党和政府对穆斯林群众的关心,由马钢一铁厂出资,在杨家山新建一座简易的清真寺。这是市区穆斯林群众唯一合法的宗教活动场所。"文革"期间,该寺被关闭。1981年,重新恢复清真寺活动,聘任阿訇,并成立清真寺管理委员会,主持有关事项。

2001年在市委市政府的重视和关心下,清真寺移址市幸福路重建。新寺由东南大学建筑设计院设计,市民族委员会宗教局负责建设,市政府投资五百四十万元。2005年竣工,占地面积三千四百平方米,建筑面积二千二百平方米,分为宗教活动区、办公生活区和穆斯林服务区三部分,拥有各类功能厅、室多个,是一个具有伊斯兰独特建筑风格的现代建筑。现任教长是全国政协委员穆可法阿訇。

2010年12月29日"首届全国创建和谐寺观教堂先进集体和先进个人表彰大会"在北京人民大会堂召开。在这次表彰大会上,马鞍山市清真寺荣获"首届全国创建和谐寺观教堂先进集体"称号。

康僧会

康僧会(?—280年)祖籍西域康居,世居天竺。他的父亲因经商而移居交趾。康僧会十多岁时,父母双亡,他在"守孝"期满之后,便出家为僧。康僧会不仅精通佛典,而且"天文图纬,多所贯涉"。他于公元247年来到三国时的东吴,在吴都建业(今江苏南京)弘扬佛法。不久受到孙权的信敬,孙权还为他建佛塔,造佛寺。他是继支谦之后在江南传佛的又一个大师。他边传教边翻译《六度集经》和《吴品》两部佛经,还注释多部佛经。

康僧会是中国佛教史上最早融会佛、道、儒三家思想的僧人。这一点可以在他所注释的佛经上见到。马鞍山市历史上最早的佛教庙宇之一,坐落于当涂的化城寺就是康僧会在中华所建的三大佛场之一。

慧褒禅师

慧褒禅师与唐玄宗之师慧忠国师为昆季。贞观十二年(638年),慧褒以含山城东北华(花)山,气势雄伟,乃结庐于此山,苦心修行二十余年,寒暑不出。慧褒禅师圆寂后,遗体火化获五色舍利若干粒,其弟子特为建一浮屠(宝塔)

珍葬于寺中。其弟子及时人重其道行,遂改称华山为"褒禅山",名其寺曰"褒禅寺"。北宋大政治家、文学家王安石来游并写下著名的散文《游褒禅山记》,文中介绍了慧褒禅师。从此褒禅山名扬海内外,慧褒禅师事迹亦为世人所知。

慧褒禅师遗体火化所留舍利子,"文革"中因毁庙炸塔而流失民间。改革开放后,落实宗教政策,褒禅寺得以重修,舍利子亦从民间寻回,现仍珍藏于新建的九级宝塔内。

绍隆禅师

《宋高僧传》及《五灯会元》记载:绍隆(1077—1136年),北宋末年高僧,虎丘派之祖。和州含山人,俗姓周,九岁辞亲出家,居含山清溪佛慧院,精研律藏。六年后落发得度,并受具足戒。十六岁后,绍隆禅师开始游方参学,初礼长芦禅师,得其大略。在此期间,绍隆禅师从一行脚僧那儿偶然看到圆悟禅师的语录,便借来一读,抚几长叹云:"想酢生液,虽未浇肠沃胃,要且使人庆快。第(只)恨未聆謦欬耳。"于是便前往宝峰参礼湛堂禅师,次居黄龙叩请死心禅师,后赴夹山(在湖南),最后终于投到圆悟禅师座下,并嗣其法,成为临济宗第十五世祖师。中年至苏州虎丘山兴建寺庙,弘扬佛法,声名大震,朝野闻名,遂以地名为号,曰"虎丘禅师"。至南宋绍兴六年(1136年)返归佛慧禅院,圆寂前留下遗嘱,自己端坐逝世,肉身安置缸内,葬于寺之西南隅。门人嗣瑞编纂《虎丘隆和尚语录》一卷。其法系亦曾盛行于日本。

无用禅师

无用禅师,俗姓周,南宋末年生于今含山县运漕镇上一个船户之家。父名周兴帮,以船运为生。此前,周家已有二男二女,家口重,家境贫寒。相传,无用禅师在母腹中怀孕十五个月方才降生。降生时,满屋红光闪烁,随即有一朵含苞待放的硕大莲花落地,并渐渐绽开九个莲瓣。不一会儿莲花全部绽开,只见一男婴盘坐在莲花中央,双手合十,双目微闭,似乎在闭目养神。这一场景把接生婆及家人惊得目瞪口呆,不知所措。附近庙庵有一师太闻知此事,认为此小儿与佛门有缘,建议将此小儿带到西梁山普明庵接受洗礼,家人接受了此建议。小儿出生后的第四十九天恰逢观音菩萨成道的六月十九日,家人遂在这天带小儿到西梁山普明庵,以庵内清泉和露珠为他沐浴后,上香拜佛。

周氏夫妇请师太给小儿起个名字,师太说:"俗有三男二女为五子登科,就叫他登科吧。"

小登科三岁时就开始背诵经文,七岁时就能坐禅诵经,九岁时就正式"开堂说法,坐下顶礼者逾万人,每夜神灯都见于庵寺左右"。所以善男信女们都将他作为活菩萨虔诚崇拜。十岁时在师太引领下到九华山百岁宫投师。十三岁时九华山方丈赐他法号"贤宽"后,他到太平府乳山(即今马鞍山市区内雨山)开辟道场,建"普明寺"。七年后他又来到含山县太湖山开辟新的道场。他将地藏王菩萨曾打坐过、"左钟右鼓怀抱木(鱼)"圣地的几个小寺合建成一座大禅寺,亦名"普明禅寺",后又称"太湖禅寺",三年内寺僧就超过百名。从此贤宽禅师的声名远扬九州。

南宋灭亡后,元世祖忽必烈想以宗教来缓解蒙汉之间的矛盾。元世祖得知贤宽禅师在佛教界的声望,有心想封他为护法大国师,于是亲自召见了他。由于他坚持"(佛)法不干(朝)政"的准则,在召见时一言不发。元世祖叩以佛法,他手执松枝不作应答。忽必烈生气道:"此僧乃无用之人也!"因皇上亲口称他"无用",所以后来佛教界便称他为"无用禅师"。元世祖在无可奈何之下,只好将他放归山野。从此贤宽大师又回归故土故寺潜心念佛。

相传他在一百二十岁时禅坐而逝。圆寂后他的弟子们在屋内造了一个塔,将他的不坏肉身,供奉于塔内。所以太湖禅寺的屋内塔是佛教界的一大奇珍。

《宋高僧传》载:开山时,无用禅师一日夜开辟,日久感天灯下照。无用禅师不仅是该寺创建人,还著有《无用祖师语录》流传至今。

诗僧惠洪

据明嘉靖《太平府志》记载:释惠洪,字觉范,高安人,以能诗名,苏轼、黄庭坚诸公皆与交游。惠洪曾与李之仪自金陵过姑孰溪,赋诗云:"东坡坐中醉客,让君翰墨风流。竟作羊昙折意,暮年泪眼丘山。"又云:"月下一声风笛,尊前万顷云涛。玉堂他年图画,卧看今日鱼舠。"其他诗作甚多,此仅录与当涂有关的两首。

智僧法祚

据明嘉靖《太平府志》记载,宋朝有一僧,法名法祚,俗姓宋,当涂人,出家彰教寺。法祚曾往参浙江宁波雪窦寺高僧晖。晖曰:"了了了时无可了,玄玄玄处亦须呵。"法祚答曰:"合取汝口。"晖云:"粗汉。"法祚回答:"佛法岂有粗细?"后又参拜报觉长老,并作《报觉长老颂》曰:"翻身一蹙破重关,雾卷晴空江月寒。偏界不藏无觅处,落花流水满长安。"后筑庵雕峰。与赵汝愚为方外交,住袁之仰山、常之华藏。一日忽书诵曰:"七十七年,幻缘忽破。秋水无痕,霜空月堕。"书毕而逝,号"明极禅师"。

马鞍山文史简读

绍云法师

绍云法师,俗名黄德泉,含山县环峰镇(原张公乡)人,1938 年 9 月出生。幼入私塾读四书,十二岁时得遇佛法,遂萌生皈依三宝之念。十九岁徒步前往江西永修县云居山真如寺,拜年逾百岁的虚云禅师为师,为其关门弟子,得赐法名宣德,字绍云。二十二岁时得恩师传授衣钵,成为禅宗沩仰宗第九代传人。

1998 年底,绍云法师受邀担任含山县褒禅寺住持,承担恢复慧褒祖师道场的重任。历时十载,将褒禅寺重建成一处殿宇雄伟、佛像庄严的佛教丛林。尤其为供奉褒禅寺镇寺之宝——慧褒舍利,重建千佛舍利石塔,使见者闻者皆得法益。

绍云法师在担任含山县褒禅寺住持的同时,还被香港宝林寺、宝峰寺,江西云居山真如寺,江苏扬州高旻寺、江浦狮子岭兜率寺,河南嵩山少林寺等多处禅寺聘为首座。值得一提的是,2006 年 3 月受河南嵩山少林寺邀请还参与接待俄罗斯总统普京的重要国事活动。

绍云法师现有佛门弟子、居士数千,信徒遍布大江南北。他先后到印度、缅甸、泰国、新加坡,台湾、香港等地交流讲学。虽寺务繁忙,他还秉烛夜书,先后编著《云居仪规》《虚云老和尚在云居山》《绍云法师开示录》三册出版。

绍云法师因其佛学广博深邃,人品道德高尚,亲和感召力极强,2010 年被中国佛教协会批准为褒禅寺方丈。

葛 洪

葛洪(283—363 年)字稚川,自号抱朴子,丹阳句容(今属江苏)人。出身于江南士族,三国方士葛玄之侄孙,世称"小仙翁",为东晋著名道教学者、炼丹家、医药学家。他十六岁开始读《孝经》《论语》《诗》《易》等儒家经典,尤喜"神仙导养之法",自称:"少好方术,负步请问,不惮险远。每以异闻,则以为喜。虽见毁笑,不以为戚。"

明嘉靖《太平府志》记载:葛洪"初家句容,后之姑孰之慈湖山,乐其幽胜,遂居焉……至今名'葛阳山'。石洞为藤萝所蔽,人莫能至,有棋局犹存"。这就是说,葛洪曾到马鞍山市慈湖附近的山里隐居。他隐居过的山,后来被称为"葛阳山"。该志书还记载葛洪后来因天下大乱,避乱到南方,停留于广东的罗浮山,在那里炼丹,优游闲养,著作不辍,留有《抱朴子》《神仙传》等书传世。

葛洪继承并改造了早期道教的神仙理论。在《抱朴子·内篇》中,他不仅全面总结了晋以前的神仙理论,并系统地总结了晋以前的神仙方术,包括守一、行气、导引和房中术等;同时又将神仙方术与儒家的纲常名教相结合,强调"欲求仙者,要当以忠孝和顺仁信为本。若德行不修,而但务方术,皆不得长生也"。他在《抱朴子·外篇》中,专论人间得失、世事臧否,主张治乱世应用重刑,提倡严刑峻法匡时佐世,对儒、墨、名、法诸家兼收并蓄,尊君为天。他不满于魏晋清谈,主张文章、德行并重,立言当有助于教化。

葛洪在坚信炼丹和服丹可得长生的思想指导下,长期从事炼丹实验。他在炼丹实践中,积累了丰富的经验,认识了物质的某些特征及其化学反应。他在《抱朴子·内篇》中具体地介绍了一些炼丹方法,记载了大量的古代丹经和丹法,勾画了中国古代炼丹的历史梗概,也为我们提供了原始实验化学的珍贵资料,对隋唐炼丹术的发展具有重大影响,成为炼丹史上一位承前启后的著名炼丹家。

葛洪精晓医学和药物学,主张道士兼修医术。葛洪在《抱朴子·内篇·仙药》中记述了许多药用植物的形态特征、生长习性、主要产地、入药部分及药性。

陶弘景

陶弘景(456—536年)字通明,齐梁间道士、道教思想家、医学家。自号"华阳隐居",丹阳秣陵(今江苏南京)人,卒谥贞白先生。入齐,为诸王侍读,除奉朝请,征左卫殿中将军。梁武帝永明十年(492年)辞官赴勾曲山隐居,从孙岳游学,并受符图经法,遍历名山,寻访仙药。梁武帝礼聘不至,却每每就谘朝廷大事,时人称为"山中宰相"。其思想源于老庄,并受葛洪影响,亦杂有儒佛观点。主张儒、佛、道三家合流,鼓吹"百法纷凑,无越三教之境"。将儒家封建等级观念引入道教理论。善书法,尤精行书,长于医药、历算、地理。他在整理古籍《神农本草经》的基础上,吸收魏晋间药物学的新成就,撰有《本草经集注》七卷,所载药物七百三十种,对后世本草学的发展有很大影响。另著有被道家奉为重要典籍之一的《真诰》。

明嘉靖《太平府志》记载:"陶弘景,字通明,丹阳人。年十岁,得葛洪《神仙传》,昼夜研寻,便有养生之志……读书万余卷,工琴棋草隶。未弱冠,齐高帝引为诸王侍读、奉朝请,朝仪故事,多取决焉。永明十年,脱朝服挂神武门,上表辞禄,诏许之。于是馆于句容之勾曲山,自号'华阳隐居'。又营别隐于横山,作堂读书……横山读书处,亦名'隐居山',至今五井、丹灶、药臼存焉。"这就是说,陶弘景除在句容勾曲山隐居,还曾在马鞍山市当涂的横山隐居读书,并留下贞白五井、灰井丹灶、捣药臼、白月池等遗迹。

第八章 桑海遗珍

SANGHAI YIZHEN

概 览

马鞍山位于安徽省东部,横跨长江两岸,与六朝古都南京、庐州古城合肥为邻。在四千零四十二平方公里的土地上,分布着从旧石器时代、新石器时期至夏商周众多的古文化遗址。国家、省、市、县重点文物保护单位一百三十二处。其中和县猿人、凌家滩遗址、朱然家族墓地、李白墓、太白楼五处国家级文物保护单位,享誉海内外。目前,马鞍山地区进入国家、省、市、县四级非物质文化遗产项目有一百零九项,其中传统音乐"当涂民歌"、传统戏剧和县"东路庐剧"已为国家级非物质文化遗产代表性项目。众多文化遗产展示着城市悠久的历史和丰厚的文化底蕴。

距今二十五万年前的人类先祖"和县猿人"翻开了马鞍山历史的第一页。和县猿人头盖骨化石是我国目前保存最完整的一具,它的发现,为研究人类起源与进化、研究南方和北方古人类的共性和差异以及探索中华文化渊源提供了重要的实物依据。遗址中的动物化石,种类繁多,分布密集,为研究古地理、古气候、古动物群提供了重要线索。

远古文明翻过厚重的一页。在长江两岸的青山绿水间,先民们在河道两侧的丘陵、岗地上,凭借着智慧和灵巧的双手筑起了原始的家园,并创造出灿烂的原始文化和早期文明。

凌家滩遗址的发掘表明这里曾是新石器时代晚期一处罕见的区域性中心聚落遗址,早在距今五千六百至五千三百年前,先民们就在此生息、繁衍、劳作,并创造了灿烂的"玉文化"。在已发掘的二千九百六十平方米面积的遗址中,发现了新石器时代大型祭坛一座,墓葬六十八座及大面积红烧土遗迹,共出土新石器时代玉器、陶器、石器二千余件,其中玉器数量有一千一百余件。玉器器形丰富,既有作为礼器的玉钺、玉龟、玉版、玉龙、玉人等,又有用来装饰的玉璜、玉镯、玉环、耳珰等。玉人双臂弯曲紧贴胸前,作祈祷状,反映了凌家滩先人已有强烈的原始宗教意识。玉版为长方形,微弧,四边各钻数字不等的圆孔,正面刻有两个大小相套的圆圈及八角形纹饰、圭形纹饰,将内外圆之间分割为八等份,在外圆和玉版的四角有圭形纹饰指向四方,这奇特的图形、数字和神秘的纹饰,符合"元龟衔符"的神话传说,方形的玉版和刻画的大小圆圈,象征着天圆地方,是古老宇宙观的反映;玉版中的数字、纹饰,或与方位、数理有关,或与天文观象授时有关,或与测天文、定历法和堪舆的"式盘"有关,或与后世日晷有异曲同工之妙。

玉版,玄妙深奥,它留给我们许多未解之谜。从中仍不难看出,这件玉版是史前玉器中极为难得的一件可与后世天文、方术甚或谶纬学说有着密切联系的珍品,随着考古和研究工作的深入,这些谜团将会一个个解开,展现出它深厚的文化内涵。

马鞍山作为六朝的京畿之地,濒临长江、地势险要,故有"六朝京畿天然屏障"之称。六朝时期政治中心南迁,北方士族大量南下,带来了先进的技术和充足的劳动力,马鞍山地区经济得到了进一步发展。据北宋《太平御览》第一百七十引《金陵记》记载:"姑孰之南,淮曲之阳置南豫州,六代英雄选居于此,以斯为上地也。"故而,这里也成为世家大族的魂栖之所。二十多年来马鞍山先后抢救性地清理发掘六朝墓葬百余座,其中不乏一些高规格墓葬,如朱然墓、宋山东吴墓等。

马鞍山地区的文物具有鲜明的地域特点,六朝文物(尤其是六朝青瓷)占据了馆藏的主体,成为馆藏的一大特色。这些文物多为墓葬中出土的随葬品,具有准确的文化信息,且器形多样,工艺精湛,具有极高的历史、艺术价值。以青瓷器为例,几乎包括了这一历史时期常见的所有品种。如鸡首罐(壶)、盘口壶、唾壶、虎子、香熏、水盂、狮形烛台、盘、碗、钵、盏等日常生活用具,以及品种丰富的各种明器,如磨、灶、牛车、镇墓兽、青瓷魂瓶等。其中不乏一些造型优美、纹饰精细、釉色匀润晶莹的器物。朱然墓出土的青瓷卣形壶,朱然家族墓出土的青瓷羊,造型独特、典雅,纹饰精美,凸显了东吴时期制瓷工艺的精湛。

从随葬的青瓷器所占比重变化中,我们可以看出,三国两晋时期,青瓷器以其质朴、明洁等优势逐步取代了汉代流行的漆器、铜器。但部分青瓷器在造型、纹饰上仍然承袭了汉代风格,如卣形壶、三足樽、青瓷奁,基本是汉代铜器的式样。一般说来,制瓷工艺难以达到铜器那样铸造精密,但这几件青瓷器式样优美、装饰复杂、釉色莹润,胎釉结合紧密,反映了越窑在三国两晋时期已具有相当的烧造技术及制瓷工艺。

青瓷魂瓶是三国西晋时期特有的一种产品。马鞍山出土的两件青瓷魂瓶,腹部交错附麒麟、仙人骑马、羽人乘龙、佛像以及水生动物游鱼等。罐体上堆塑着复杂的楼宇、人物、动物形象,显示了烧造技术的成熟、完善,同时也反映了汉末三国乃至西晋传入吴地的佛教,基本上是依赖于中国传统的"方术"文化而生存,人们也将佛视为神仙的方术。从民俗的角度看,人们认为"事死如事生",将生前居住的庄园一一堆塑在青瓷罐上,罐体贴塑的鱼、螃蟹、泥鳅等水生动物,希望墓主在冥界能蜕变重生,反映了这一时期贵族阶层的思想意识和他们的物质生活形态。

漆木器是马鞍山文物的一大亮点。特别是朱然墓出土的近八十件漆器,品种繁多,包括漆案、凭几等家具,槅、盒、壶等盛储器和碗、盘、耳杯等饮食器,以及妆奁器具、起居器具和文具。胎质有木胎、篾胎、皮胎,装饰工艺有描漆、戗金锥刻、雕刻镶嵌等。漆案上的绘画,内容丰实,题材广泛,在人物刻画上,头部、四肢、躯干比例协调。人物的姿态富于变化，如季札挂剑图漆盘，写意与写实相结合，生动地再现了《史记·吴太伯世家》所载的季札挂剑还愿、不失诚信的故事。宫闱宴乐图漆案，将帝王宴请诸王侯及其夫人观赏百戏的场面，形象地展示在案上，具有很强的艺术感染力。

青铜器数量不多，但馆藏的商周与汉代的青铜器质地优良，纹饰精美，具有浓郁的地域文化特色。

马鞍山市经济开发区出土的一件青铜大铙，气势恢宏，纹饰精美。与众不同的是，除外壁外，在其腔内也同样铸有精美的勾连卷云纹。纹饰的主要作用是装饰，在其内壁铸出如此精美纹饰，显然具有一定的意义和作用。这件青铜铙是迄今为止我国所发现的唯一一件腔内有纹饰的云纹青铜大铙。这为商周时期南方青铜铙的研究增添了新的内容，为探讨我国南方青铜铙的年代、性质和功能，增添了新的依据。

马鞍山馆藏的汉末至三国时期铜器，如三足承盘式香熏、错金银铜带钩、铜水注等制作精细，反映了当时的生活概念和艺术理念。

三足承盘式香熏，将神人、凤鸟和莲蕊装饰在一件器物上，有背光的造像和神人额中凸起的圈点，反映了东汉时期早期佛教对中国造像艺术所产生的影响。这两件香熏，造型优美，工艺精湛，使用方便，既是熏香除秽、净化空气的实用器，又是具有观赏价值的珍贵工艺品。错金银铜带钩，构思奇特巧妙。带钩俯视呈 S 形，一端似鹅头，弯曲作钩状，腹部雕刻成人抱鱼状，与"口含珠、手抱鱼、大吉"铭文相吻合。它的制作技法娴熟、雕刻技艺精美，展示了三国时期精湛的青铜工艺。

马鞍山地区馆藏宋至明清的文物，虽出自民窑系列，但器物造型匀称秀美，既考虑器物的实用价值，又兼顾审美的要求。吉州窑的褐彩梅瓶，采用在米黄色的胎釉上，用铁质釉汁在瓶身开光处描绘折枝花，空白处蕉叶纹填满，把国画的传统特色和民间的图案装饰结合得恰到好处。宋青白瓷注子，作为温酒器，錾、鎏设计合理，使用方便，器物通体开细小的冰裂纹，体现了一种简洁美。明代弘治年间（1488—1505 年）的青花人物罐，白釉光洁莹润，青花色泽淡雅，画面疏朗，勾勒的线条细柔而流畅，寥寥几笔就把人物的神态描绘得很传神，是民窑青花瓷中的精品。

悠久的历史创造了丰富多彩的文化。马鞍山非物质文化遗产类别涵盖民间文学、传统美术、传统音乐、传统舞蹈、传统戏剧、传统技艺等十六大类，我们在感受到众多的物质文化遗产的同时，也体会到国家级非物质文化遗产代表项目当涂民歌、和县东路庐剧和省级非物质文化遗产代表项目含山含弓戏、太平府铜壶制作技艺、采石跳和合、和县羽毛画、含山民间扎彩、博望打铁技艺、和县剪纸、乌江霸王祠三月三庙会、湖阳打水浒、伍子胥过昭关的传说等十二个非物质文化遗产项目带给我们的无穷魅力。

从劳动人民生产、生活中创造出来的当涂民歌,历史源远流长,取材广泛,并因各区域地形地貌、耕作方式和地方语言的不同,形成了水乡的船歌、棹歌、秧歌、号子。丘陵地区的山歌、牛歌、茶歌、灯歌等,曲调旋律简练清新,节奏明快轻盈,音乐圆润甜美。20 世纪 50 年代当涂民歌《哪个要你宝和珍》《姐在田里薅豆棵》等六首单曲进入北京怀仁堂演出,刘少奇、周恩来、朱德等党和国家领导人聆听了当涂民歌的演唱。

作为声腔剧种的和县东路庐剧,通过主调唱腔中"二凉"、"寒腔"、"三七"、"端公调"及行当专业曲牌"小生调"、"老旦调"和"丑调",另有在主调唱腔基础上衍变而成的"快寒腔"、"快三七"、"小生三七"与"丑衰调"。

东路庐剧主调声腔对传统剧目中各种叙事性与抒情性的七字句、十字句唱词具有灵活的适应性,并辅以板式变化,适宜于表达较复杂的戏剧情感。东路庐剧的花腔在旋律上更接近民歌小调,形成了委婉柔和、水乡秧歌味浓郁的特色。

获得"引弓如流水,启齿若鸣泉"赞誉的含山含弓戏,从"曲艺"、"滩簧"类的"含弓调"到发展为安徽省稀有剧种的"含弓戏",涉及的题材广泛、内容丰富,具有浓郁的地方艺术特色,对研究中国地方戏剧史具有重要意义。

由于篇幅所限,马鞍山的文化遗产不能一一介绍,我们希望通过介绍这些有代表性的文化遗产,让人们从中了解到马鞍山文化的地域特征,感受到马鞍山历史文化的魅力。

和县猿人遗址

公元 1980 年 11 月 4 日,对于中国科学院古脊椎动物与古人类研究所黄万波先生所率领的考古队来说,是个令他们欣喜而难忘的日子。在和县陶店乡汪家山北坡标号 2A 的探方中约三分之二处,在大量交错叠压的动物肢骨中,考古队发现了一个类似"瓢"的器物,这是考古工作者历时三年多、三探洞穴所希望看到的"宝贝"。随着一铲一铲将包裹砾石的泥土剥离,"瓢"的形状越来越清晰。考古队员已按捺不住内心的激动,握着手铲的手竟不自觉地颤抖起来,这一刻,一个奇迹终于发生了。在和县、在龙潭洞,长江流域第一例、唯一完整的头盖骨呈现在世人面前。它石化程度较高,呈土黄色,保存了近乎完整的脑颅部分。头颅显得宽而短,不像"北京人"那样窄而长,头骨较大而厚重,眉脊、枕脊发达。冠状缝、矢状缝、人字缝尚未完全愈合,表明头骨主人是一位二十岁开外的小伙子。这里还出土了一段下颌骨、顶骨和额骨以及上下臼齿、门齿等,至少代表了三个以上的个体,包括青年、壮年和老年。同时伴出的还有剑齿虎、大熊猫、剑齿象等脊椎动物化石五十余种,并有人工痕迹的骨制品、角制品等。

透过这些遗留至今的猿人化石、动物化石及骨、角制品,分析上面留存的种种信息,将无数的片段拼接组合,我们仿佛看到了二十五万年前"和县猿人"的生存环境和生活场景。

那时,这里是湿润的亚热带气候,山上有茂密的森林,生长着油杉、铁杉、红豆杉,山坡上有榆树、栎树。平缓的地带生长着落叶阔叶树林和灌木丛。山下北面有河,河两岸为宽阔的旷野,有大片的草原和湖泊。湖泊四周长满水草,部分形成了沼泽地带。冷暖交替的气候和湿润的环境,使得喜欢凉爽的葛氏斑鹿、双角犀、肿骨鹿从北方抵达这里,而喜欢湿润的中国貘、大熊猫、剑齿象也从南方迁徙而来。

草地上犀牛、剑齿象、中国貘正在觅食,剑齿虎则虎视眈眈,时而追踪麋,时而伺机扑向远处的马。鬣狗正寻找着散发着腐味的动物尸体,鹿群在湖边饮水。一直在这里生活繁衍的扬子鳄,静静地浮游在沼泽中,张着尖牙利齿的大嘴,伺机而跃起扑向远道而来正在饮水的鹿群。

和县猿人的"家"坐落在汪家山北坡一个南依山岭、北濒平原的洞穴内。洞穴东西长九米,南北宽三四米,深五米,洞口视野极其开阔,是理想的栖息家园。"和县猿人"和其先辈"巫山猿人"相比,脑容量明显地增大,脑部结构也变得更加复杂,具备了一些复杂的行为能力。每天清晨,他们出现在草原,出现在有水源的地方,利用简单的加工使大型哺乳动物的尺骨、肱骨成为捕捉工具。夕阳西下,他们扛着捕获的猎物归来,用从数里之外搬回的砾石砍砸捕获的猎物,再用骨、角、牙制作的利器进行分割,拖回洞内贮藏。由于经常以肉类食物代替植物性食物,和县猿人的牙齿发生了变化,齿冠较低,嚼面纹理交杂。因常常用嘴拖咬猎物的缘故,上内侧门齿呈铲形,特别粗壮。日复一日、年复一年,大量食草动物和鼠类等小型动物为"和县猿人"提供了持续不断的食物来源,维系着他们体能的补充和智力的发展。可生活并不是一幅风景画,自然界是弱肉强食、你死我活的竞技场。他们竭尽全力捕获的动物,常常被嗜血成性的鬣狗所追逐、占有。在旷野中遭遇剑齿虎一类的食肉动物,猿人们恐怕也会成为它们的腹中美食。和县"猿人们"在艰难、恶劣、漫长的生存战斗中一点点积累着智慧,将远古文明一步步地推进,让我们从中了解了人类的起源和发展。然而,人类探寻自己的努力远未完结,尚有无数来自远古的讯息静静等着我们去发现。

和县猿人头盖骨化石

中更新世 和县猿人头盖骨化石
和县猿人遗址出土·中科院古脊椎动物与古人类研究所藏
我国长江、黄河流域分别发现了巫山猿人、元谋猿人、蓝田猿人、北京猿人、

和县猿人头盖骨化石

和县猿人。目前在东亚地区直立人支系中,最早的是二百零四万年前的巫山猿人,最晚的是二十五万年前的和县猿人。蓝田猿人、北京猿人、和县猿人都发现了头盖骨化石。众所周知,北京猿人头盖骨已下落不明,难觅其踪迹。目前我国唯一保存完好的就是和县猿人头盖骨化石。

和县猿人头盖骨化石,除颅底缺少部分外,脑颅的绝大部分保存下来,颅穹窿低矮,头骨较大而厚重。眉脊和枕脊比较发达,下颌骨粗壮,牙齿硕大。头骨之间的骨缝尚未完全愈合,表明他是二十岁开外的小伙子。和县猿人头盖骨石化程度较深,呈土黄色,修复后的脑颅几乎完整,头颅显得宽而短,在形态上具有直立人的许多典型特征。和县猿人生活在地质年代中更新世,与早期智人共生在一个生活圈里。人类是从南方古猿、猿人、直立人、智人演化而来的。直立人已经具备了人的特征,脑容量已明显增大,能制造简单工具,下肢结构和现代人十分相似,能直立行走,行走姿势已逐步完善,这一系列进步特征扩大了其适应性。直立人不再徘徊在非洲的原野上,而是向着更广阔的区域顽强地行走。

古人类学家研究认为,和县猿人额骨低平,眉脊粗壮,颅骨枕部的横行枕脊发达等体质特征和北京猿人相似,但在眶上圆枕与额鳞间以浅沟相连,又更多表现出爪哇猿人的长相。"爪哇猿人"是世界上最早发现的猿人化石,也称"直立猿人",其生存的地质年代与和县猿人生活的年代相当。和县猿人头盖骨的发现,揭示了他们之间有某种渊源关系,为人们更多了解直立人到早期智人的进化过程和人类南北迁徙的线路、环境的演变提供了珍贵的资料。

凌家滩遗址

1985年的秋天,在凌家滩村后面的山岗台地上,葬坟的锄尖砸乱了原本堆放整齐的坚硬石块,莫名地叩响了沉睡五千年之久的文明。祭坛、红陶块、作坊、古井以及千余件精美绝伦的玉人、玉龙、玉鹰、玉版等玉器横空出世,令世人瞩目。1998年凌家滩遗址成为全国十大考古新发现之一。

在裕溪河北岸、太湖山麓向南延伸的长条形岗地上,曾生活着新石器时代晚期的凌家滩人。祭坛是聚落的中心最高处,分三层筑成,表面有积石圈和祭祀坑。站在祭坛向东南望去,可以看到太阳从太湖山顶冉冉升起。祭坛南侧一线是大型墓葬,墓主身份非同一般。为了让先祖的灵魂升天,所以他们被安放在最神圣的地方——祭坛周边，并随葬了玉人、玉鹰、玉龟等大量玉器。

凌家滩祭坛是我国迄今发现最早的三座大型祭祀遗址之一。祭坛是聚落经济和文化的集中表现，体现了神权和王权的高度统一，它表明凌家滩先民此时已进入较之于自然和图腾崇拜更高阶段的文明社会。祭坛的出现在某种意义上就是国家的出现。凌家滩祭坛的发现，说明早在五千多年前江淮流域就存在着国家的雏形，这为探讨中国古代文明的形成和起源提供了极为重要的信息。

在山坡的平缓地带用红陶土块加少量黄黏土堆筑的遗迹，约三千平方米，平均厚度一米五，呈梯形分布。红陶土块是经过八百至一千度的高温烧制而成，质地坚硬，可称为建筑材料的鼻祖了。

红陶土块遗迹中有一口古井，直径为一米，深三米八，井壁上半部系用红陶土块圈成。井水清澈，但从水井所处位置及井底仅有少数陶片的现象来看，它非一般人所能使用，而是氏族首领、巫师，或有重要的祭祀时才使用的"圣水"。

这片红陶土块堆筑的遗迹，可能是大型宫殿或神庙的遗迹，也可能是部落的中心广场，或者是固定居住点、防御性设施以及手工业作坊区，但不难看出凌家滩原始部落遗址早在五千五百年前就具备了城市的要素，从而把中国城市的历史向前推进了一千多年。

凌家滩五次发掘，玉器种类繁多，丰富多彩，有斧、钺等兵礼器；玉龙、玉人等象生礼器和寓意深奥的玉版。由玉礼器的组合情况，可见墓主人身份地位的不同，说明此时已经产生了明显的贫富分化。大批多种形式的玉钺、石钺、玛瑙钺、玉戈等礼仪性兵器的出土，显示出当时对外战争的频繁和激烈程度，反映了文明的出现是在争夺财富和权力的冲突中产生的历史过程。

凌家滩玉器的选料、设计、磨制、钻孔、雕刻、抛光等工艺技术都达到高度发达的水平。其中有不少玉器经过测试，其硬度都达到或超过七度，有的孔眼直径只有零点一五毫米，而且所有钻孔的摩擦痕都十分规整、平行，而不是交错的乱痕。

凌家滩的先民们是如何创造出这样奇迹的？专家从古玉制作时遗留的微痕上去探索各种历史信息、寻找历史答案。他们利用当今先进的偏光立体显微镜对凌家滩玉器进行微痕观察和测试，在五十倍的显微镜下，可以清清楚楚地看见管钻时直径只有零点一五毫米的玉芯至今尚留在孔内，让人惊叹：当时钻这个玉芯的管钻直径加水和琢玉砂在一起，最大直径不超过零点一七毫米，比人的头发还细。

凌家滩玉器的钻孔实物提供了一个最新的信息：金属。结合考古发掘中发现的厚大的坩埚片，我们可以大胆地推测，凌家滩在五千三百年前可能已拥有了金属冶炼技术，否则是无法达到上述钻孔效果的。如果这一推测得到证实的话，那么说明我国早在殷商青铜时代以前，就已出现了冶炼技术和金属工具。这将改写我国冶金技术史和工具制造史,并对整个中国文明发展史的原有结论产生极大冲击,使我们对中国文明史的认识上溯几千年。

　　凌家滩遗址是中国第一个以地势分层次建筑的聚落遗址,它是中国和世界文明史上极具代表性的一处文化遗产,在研究中国古代社会的演化、东西南北文化的交流与碰撞中,具有突出的地位。凌家滩祭坛、红陶土块遗迹和玉礼器的出现,对研究古代宗教的起源、国家的起源、原始哲学思想的起源、历法制度的起源、金属冶炼技术的起源、龙凤文化的起源以及建筑史、工艺美学都具有重要意义,同时也表明凌家滩玉文化是中国玉文化发展的一个高峰。

凌家滩玉人

新石器时代,高9.8～7.7厘米,厚0.5～0.7厘米
凌家滩遗址出土·安徽省文物考古研究所藏

凌家滩站姿玉人

凌家滩坐姿玉人

　　中国玉器源远流长。早在七千年前,河姆渡文化的先民们在劳动、生活中,就对"玉"产生了审美意识。他们用一些美石制作成装饰品,用以装扮自己,从而拉开了中国玉文化的序幕。在距今五六千年的新石器中晚期,中国玉文化的曙光便已在大江南北闪耀,形成了辽河流域红山文化玉器、江淮流域的凌家滩文化玉器和太湖流域良渚文化玉器的三大玉文化中心,其中最引人注目的是凌家滩文化玉器。凌家滩遗址出土玉器数量众多、种类各异、制作精美,特别是那些看似无实用价值的玉器,几乎件件都有神话般的故事,透出神秘的远古历史文

化信息，反映出新石器时代晚期凌家滩人的文化意识形态。

　　凌家滩遗址出土玉人六件，三件站立姿势、三件坐姿，除了姿态有明显区别外，面相和服饰基本一致，整体形态相似。玉人双手均五指张开，弯曲手臂放在胸前，头戴圆冠。冠饰方格纹，冠顶中间饰有三个尖顶，冠后饰披至领。玉人双耳各饰以圆孔。长方大脸，蒜头鼻，上唇饰以人字胡，手臂上装饰六至八个不等的手镯，腰间佩带斜条纹的腰带。站立姿势的玉人光着脚，双腿并立，表情静穆，似乎在向先祖、神灵祈祷，希望神灵降福让氏族平平安安，远离灾难。这些都表明了凌家滩先人已告别精神世界的蒙昧期，有了原始的宗教意识。玉人都头戴圆形的帽子，并有类似羽毛的装饰。帽子上的方格纹和腰间的斜条纹腰带，说明当时已有了纺织技术，人们已穿着衣裤、戴上帽子。玉人双耳有钻孔，可佩带耳饰。玉人胡须整齐，表明凌家滩文化已具备了相当高的物质文明。凌家滩玉人都是长方形国字脸，浓眉大眼，蒜头鼻，大嘴，表现出蒙古人种的面部特征，与现在的中国人面貌是一脉相承的，反映了中华文明绵延数千年而不衰。

　　目前，年代相当的红山文化也出土了一件全身玉人，是我国迄今发现年代最早的全身玉人，弥足珍贵。但在工艺雕琢及造型艺术上，凌家滩玉人略胜一筹。凌家滩玉人背后有着可能用于吊挂的隧孔，孔径只有一点五毫米，在五十倍显微镜下，发现里面存留了一截管钻的玉芯，直径近零点一五毫米。六件玉人双手及身体平面打磨得细腻光滑，微型管钻抛光技术反映了凌家滩人在五千八百至五千三百年前高超的玉器加工工艺。

凌家滩玉龙

新石器时代，长径4.4厘米、短径3.9厘米、厚0.2厘米
凌家滩遗址出土·安徽省文物考古研究所藏

　　在今天的人们心中，"中国"是"东方巨龙"，"中国人"是龙的传人，反映了人们对龙的崇尚心理。龙是华夏民族的图腾，是中华民族的吉祥之物。龙，跨越了绵延的历史长河，在中华民族古老的文化中，留下了许多神秘而威严的形象，令人向往，使人产生尊严和荣耀。

　　龙，究竟产生于何时？从目前的考古发掘资料得知：早在七八千年前的内蒙古兴隆洼遗址出土的陶器中，就发现了一幅描绘当时人们崇拜的灵物——猪首蛇身的龙，可见那时人们已开始对龙的崇拜了。河南濮阳发现的距今六千多年的"蚌壳龙"，四肢有爪，尾巴长长，张口吐舌，更具鳄鱼的形象。而属于新石器时期的红山文化则出土了多件龙形玉器，其中最为有名的当属神武有力的

凌家滩玉龙

"C"形龙。"C"形龙龙体蜷曲呈"C"字形,头部简单雕刻,吻部上翘,似猪首龙身。凌家滩出土的玉龙,首尾相接,吻部突出,头上耸起两角,脑门上阴刻的线条呈皱纹状,龙须、嘴、鼻、眼刻画清晰,龙体刻画线条代表龙鳞。玉龙的整个形态已具备了后世所谓"龙"的要素,因此,有人称之为"中华第一玉龙"。

龙是古人集动物精华于一身的产物。古人因生存环境恶劣,产生了对蛇、鳄鱼、蜥蜴等一些动物的崇拜,于是对它们不断加工创造,添上足、翼、鳞、角,使之逐渐成为能上天、能下海的无所不能的龙。中国南方与北方的龙虽然面貌不同、造型各异,分属于不同的文化体系,但都反映了原始人对龙的图腾崇拜。根据历史文献及有关传说,龙原为伏羲氏族的图腾,后来成为太暤部落的图腾。随着农牧业的发展,宗教信仰也得到了发展,从较为单一的图腾崇拜过渡到多神崇拜,龙图腾崇拜也发展为龙神崇拜。随着封建社会的发展,神化的龙逐步与帝王崇拜结合起来。中国古代帝王将自己说成龙的化身或神龙之子等,都是借助于人们对龙的崇拜而树立自己的权威,获得人们普遍信任和支持,如此一来,"龙"获得了更为显赫的地位。

几千年来,人们把龙视为权势与威严的象征,把无穷的力量赋予龙,又把希望和美好的憧憬寄托给龙,体现了中国人的理想愿望和追求。

凌家滩玉鹰

新石器时代,通高3.6厘米、宽6.35厘米、厚0.5厘米
凌家滩遗址出土·安徽省文物考古研究所藏

原始社会生产力低下,人们以部落的形式,生活、居住在一起,以抵御自然灾害和野兽的侵入,并逐步形成了稳定的部落群。各部落间为了相互区别,人们将某种动物、植物或自然物想象成自己氏族的保护神和氏族标志,希望能带给本氏族人超自然能力,远离灾难,这种被人格化的崇拜对象,就是图腾。在我国古代,马、熊、虎、龟及想象的神鸟等,都曾被人们作为图腾而加以崇拜。众所周知,我国文化遗产日的标志——太阳神鸟,就是金沙遗址出土的古蜀国图腾:薄薄的金箔上,所刻画的四只神鸟围绕光芒四射的太阳飞翔。

鹰是自然界勇猛无比的飞禽。它双翅有力,翱翔天空,往往象征着力量和自由。早在原始社会,人们就以鹰的形状制作成盛水的陶器,此后鹰又出现在象征王权、神权的玉器和青铜器上,大汶口文化、龙山文化的器物上都曾出现鹰的形象,如鹰攫人面佩等,可见鹰也是古人重要的图腾对象。据记载,东夷少皞氏部落便是以鹰为图腾崇拜物。

凌家滩遗址出土的玉鹰,作展翅飞翔状,鹰首向上侧视,鸟喙弯钩,鹰眼突出,用对钻的圆孔表示,夸张而传神。两翼各雕一猪首。腹部各管钻一圆圈纹,内刻八角星纹,八角星内又刻一小圆圈,圆内偏左再对钻一小圆孔。大圆圈的下部雕刻扇形锯齿纹作鹰的尾部。玉鹰两翼作猪首状,盖因上古时期人们认为猪是一种神物,常将猪作为祭祀供品敬献祖先和天地,这便形成了猪崇拜。鹰腹部的圆圈纹、八角星纹是太阳光芒的表现,体现了人们对太阳的崇拜。可见,这件玉鹰反映了凌家滩人对太阳、鹰和猪三位一体的复合崇拜,它也是氏族部落权力的象征。玉鹰采用两面雕刻,纹饰相同,有着古朴之美,体现了凌家滩人对自然的思考。

凌家滩玉鹰

凌家滩玉龟、玉版

新石器时代,玉龟长9.4厘米、宽7.5厘米、高4.6厘米,
玉版长11厘米、宽8.2厘米、厚0.2~0.4厘米
凌家滩遗址出土·故宫博物院藏

在凌家滩遗址众多玉器中,有一件器物一出土便引起学界的极大关注,因其内涵极为丰富,专家纷纷撰文研究,众说纷纭。让我们通过专家们不同的解读,去认识这件充满玄妙神秘的玉版。

玉版出土时被夹在玉龟背甲和腹甲之间。玉龟背甲和腹甲都钻有小孔,并刻有凹槽,可穿绳使两甲连接固定,又可解开绳线,使两片玉龟甲分开。一些专家推断,将两片玉龟甲分分合合,一定是为放入或取出物品的需要。龟,古人认为它是灵异的神物,灼烧龟甲可以辨吉凶,所以人们常以龟甲占卜。加之"玉亦神物也"(《越绝书》语),因此龟玉是古人用以祈求或卜问氏族、部落大事的神物。

凌家滩玉龟

玉版表面光滑,长方形,两短边微微内弧,四边各钻九、五、五、四之孔,中部刻画大小两个相套的圆圈及八角星纹、圭形纹饰。

面对这奇特的图形、数字和神秘的纹饰,专家认为符合"元龟衔符"的神话传说,方形的玉版和刻画的大小圆圈,象征着天圆地方,是古老宇宙观的反映;玉版大小圆之间,以直线平分八等份,又有四个圭形纹饰和代表九、四、五的三个数字的孔,必然代表一定的含义、蕴含一定的理,或与方位、数理有关;或认为远古没有文字,以钻孔图画来计数。玉版的八方图形与象征太阳的图形相配,符合我国古代的原始八卦理论,四周的四、五、九、五之数与洛书相合,与天文观象授时有关,或与测天文、定历法和堪舆的"式盘"有关,或以为是古人用以测日测星定时的工具,与后世日晷有异曲同工之妙。

这件玄妙深奥的玉版,它留给我们许多未解之谜,人们一时还无法完全解读。但从中仍不难看出,这件玉版是史前玉器中极为难得的一件,是与后世天文、方术,甚或谶纬学说有着密切联系的珍品。随着考古和研究工作的深入,这些谜团将会一个个解开,展现它深厚的文化内涵。

凌家滩玉版

凌家滩龙凤玉璜

新石器时代,外径16.5厘米、内径13.6厘米、宽0.9～1.1厘米、厚0.5厘米

凌家滩遗址出土·安徽省文物考古研究所藏

龙凤是中国古代人们想象中的祥瑞动物。考古学家告诉我们:龙、凤起源于新石器时期,先人们认为龙是众兽之君,具有呼风唤雨、掌控自然的能力,飞龙在天,则风调雨顺、五谷丰登。凤是百鸟之王,是预示吉兆的祥瑞动物,有凤来仪,国家太平,万民安康。故而,古人将龙凤作为神灵而加以崇拜。

自古以来,龙凤常常相伴在一起,与王权结合后达到了顶峰。古人认为龙喜水,属阴;而凤则向阳。龙凤合体,阴阳和谐,吉祥福瑞,生活美满。人们一直以"龙凤呈祥"的美好寓意来祝福喜结连理的新人。那么,用"龙凤"来喻指婚姻始于何时?龙凤玉璜为我们找到了源头。

凌家滩遗址出土的龙凤玉璜,璜中间分开,两端平齐,侧面各对钻一圆孔,并有暗槽相连。一端琢磨简化龙首形,一端琢磨简化凤首形。龙首眼部和凤首眼部各对钻一孔,龙首作椭圆形眼,凤首作圆形眼。既是龙凤的眼,又可作佩系之用。龙首弧形器长于凤首弧形器,代表着龙是力量、凤是智慧。

龙凤的下方连接处都有孔、槽,内凹的榫卯结构,设计十分巧妙,可分可合。出土时左右两半已经形成"合符"的整器,放在墓主人的胸前。在这里龙和凤是两个氏族的图腾象征物,在一件玉璜上出现了两个氏族的图腾,自然意味着这是两个氏族部落"联姻"的信物。

凌家滩遗址位于江淮流域,是东夷、淮夷的活动区域。淮夷就是以鸟为图腾的部落集团,属于东方的鸟夷。相传少皞氏"以鸟名官",有凤鸟氏、玄鸟氏、青鸟氏等等。凤鸟正是当地居民的图腾。两种图腾共处一器的现象,意味着两地氏族部落实现通婚的一种物证。

外婚制是古代社会的一种普遍制度,凌家滩人也自然而然地实行着氏族外婚制。双方通婚也就意味着结盟、联姻,就是氏族部落之间在双方的子女间先订立婚约,然后再正式成婚。在约定婚约时,作为联姻的龙凤璜形器就制作出来,待实行一定的仪式后,双方先各持这种信物的一半,合婚时加以合拢,从此不再分开,所以出土时都是合拢的整器。因此,龙凤玉璜是合婚的信物。凌家滩出土的龙凤玉璜,为我们找到了中国龙凤文化的源头。

凌家滩玉璜

大城墩遗址

在马鞍山这块古老的土地上,远古的文明从何开始?

江北龙潭洞距今二十五万年前的人类先祖"和县猿人"翻开了马鞍山历史的第一页。在漫长的历史进程中,劳动,使得"和县猿人"身体明显增高、长大,并以逐步增长的智力,磨炼生存和繁衍的本领。祖先的脚步在江北大地上执着前行。

远古文明翻过厚重的一页。在长江两岸的青山绿水间,先民们在河道两侧的丘陵、岗地上,凭借着智慧和灵巧的双手筑起了原始的家园,并创造出灿烂的原始文化和早期文明。

距今五千六百至五千三百年的凌家滩遗址在发掘的二千九百六十平方米区

域中，发现了新石器时代的祭坛、墓葬、房址及大面积红烧土遗迹和丰富多彩的玉器，在史前文化中创造了多个第一，让世人瞩目，并成为探讨中国文明形成的重要一环。而与此年代相当、位于长江南岸的烟墩山遗址上，考古工作人员也发现了新石器时代晚期墓葬、房屋建筑基址、灶台遗迹以及大量红烧土遗迹，出土了大量陶罐、陶豆、陶鼎等日常生活器皿和网坠、石镞等渔猎工具，以及象征王权的钺和装饰美身的镯、珠、坠等，甚至还出土了具有深刻含义的戴冠玉人。

文明在前行，历史的行程又延长二千多年。含山县西北大城墩遗址的先民们告别了新石器时代，迈进了青铜时代，文明进程产生了质的飞跃。

大城墩（含山县城西北约15公里仙踪镇境内）出现了夏商周延续不断发展直至春秋战国时期的古文化遗址，形成了在考古学或者历史学上一部完整、不缺页的史实资料。1979—1984年安徽省文物考古研究所先后进行四次发掘这里发现了三千平方米、土质纯净坚硬、经人工夯筑而成的红烧土层及建筑遗迹，它极有可能是先民们祭祀祖先神灵的场所或宫殿建筑。在有限的发掘中，考古人员一时还难以对其进行准确判断，但其存在的价值已不言而喻。出土的商代陶器出现了人工刻写的多个字符，经辨识，有一器物上写着"夷子"二字。"夷子"就是淮夷，这里可能是淮夷的另一支"舒夷"。出土的夏商时期籼稻稻谷和粳稻稻谷虽已碳化，但表明这片土地上，农耕已成为"舒夷人"经济生活中重要的一部分，猪、牛及鹿骨的出土，则证实当时的畜牧饲养业也很兴旺。舒夷人充分利用陶土，垒砌陶窑，制作大量盆、缸、罐等生活器皿和用于祭祀的鼎、鬲、豆等礼器。器物上出现了装饰的弦纹、绳纹和云雷纹，那胎薄发亮、薄如蛋壳，被人们称为"蛋壳"的黑陶器的烧制，反映了舒夷人制陶工艺正逐步成熟。他们已学会了在天然铜中加入适量的铅锡合金，利用陶坩埚炼出青铜，铸造出锋刃锐利的青铜刀、青铜戈，利用器具浇铸精美的青铜觚。可以推测，在商代这里是铜矿的冶炼场所，有着发达的青铜冶炼业，或许可以印证中国青铜器起源于中国东南方长江下游地区。

俯探马鞍山地区的古文化遗址，它们处在大汶口文化、龙山文化、崧泽文化、良渚文化的交汇点上，既相互影响又相互交融，更多地表现出地方文化特征。面对古文化遗址，人们不禁生出无限的联想：五千多年前先人们升起袅袅炊烟，农耕渔猎、制陶冶炼，山谷间回荡着祭祀神灵的铿锵之音，无疑是城市历史文明交响曲的前奏。

昭关遗址

昭关遗址在含山县城北约十六里处，有东西绵延百余里的马山、成山。两山峙立，山势陡峭，地势险要，易守难攻。它既为运兵战守之要冲，也是商贾南北往来之通衢,地理位置十分重要。春秋时,它是吴楚两国的天然屏障。楚国于峡谷间修了一道关卡,曰"昭关",大有"一夫当关,万夫莫开"之势。

二千四百多年前,"伍子胥过昭关"的故事就发生在这里。故事在小说、戏曲中被描写得绘声绘色,在民间广为流传,后人便在昭关建祠纪念伍子胥。楚平王七年(前522年),伍子胥的父亲伍奢、兄伍尚遭奸臣诬陷,被楚平王杀害。伍子胥不甘坐以待毙,乔装打扮,辗转奔吴。然而昭关早已戒备森严,盘查甚紧,势难通过,后在民医东皋公的帮助下,蒙混出吴楚交界的昭关,并在老渔夫的帮助下,渡过长江,投奔吴国。据《史记·伍子胥列传》记载,公元前506年,吴王阖闾以孙武为大将、伍子胥为副将,出兵攻打楚国。吴军五战五捷,攻占了楚国郢都。楚昭王出逃,伍子胥将已死去的楚平王墓挖开,鞭尸三百以泄杀父兄之恨。后人对此举褒贬不一,但对其报仇雪恨之举大表同情,故在昭关建祠以示纪念。

据载,伍相祠始建于宋隆兴元年(1163年),明万历二十四年(1596年)和县知县郭继芳重修,万历三十三年(1605年)扩建。祠建在长五十米、宽三米、高三米多的拱圈通道之上。拱圈前有历代修祠记事碑碣十余块,抗战时期毁于兵火。拱圈之上的伍相祠,为明三暗五的砖瓦木石结构,雕梁画栋,翘角飞檐。中厅内供奉身披铠甲、一手捋须、一手按剑、正襟危坐的伍子胥塑像。东西两厢房里塑传说中搭救伍子胥的东皋公和皇甫讷像。东皋公头戴纶巾,乌发童颜,笑容可掬;皇甫讷则方巾紫皂长袍,面目酷似伍子胥。祠内外悬挂匾额,楹联极多,大多为明清时期文人题咏。其中一副对联将伍子胥过昭关前后的情形概括得非常精确:

父仇不共戴天,叹英雄过关吹箫乞食;故国何堪回首,统吴师入境掘墓鞭尸。

古时昭关,隐立在树木林立、荆棘丛生的两山之中,山势险要,易守难攻,成为历代兵家必争之地。南北朝及南宋时期,这里曾经历了无数次战事,遭受过无数次血与火的磨难,也留下了烽火台、巡马亭等历史遗迹。

岁月悠悠,历史已翻过厚厚的一页。今天的昭关交通状况已大为改观,两山之间已开辟为通畅的道路,关隘之险难以再现。然而作为一个真实的历史载体,它依然有着重要的历史价值。十一届三中全

昭关遗址

会后,中央和地方有关部门对昭关遗址保护、伍相祠重建极为重视和支持。文物部门依康熙二十三年(1648年)县志的图文为范本,经过多年的努力修建,使一座关祠合一、歇山重檐五开间的昭关伍相祠重新耸立在昭关旧址上。它古韵犹存,可供后人瞻仰,以重温历史、感悟未来。

西楚霸王灵祠

二千多年前,楚汉之争最后在乌江悲壮地结束,历史上那位"重瞳戟髯"的"盖世英雄"项羽在驻马河畔壮烈自刎。人们为了纪念这位千秋俊杰,在这里筑庙祭祀,于是,霸王祠便成了蜚声遐迩、饮誉海内外的历史名胜。

西楚霸王灵祠

霸王祠位于和县乌江镇东南侧的凤凰山上,左滨滔滔长江,右倚雄伟的驷马山引江灌溉工程,四周阡陌纵横,平畴万顷,为安徽省重点文物保护单位。

霸王祠又名"项王亭"、"霸王灵祠"等,现复用旧名"西楚霸王灵祠"。灵祠始建于何时,因年代久远,无从稽考。史书载:霸王灵祠自唐而降,官民依时祭祀,千年香火不断。20世纪50年代初,霸王灵祠是一座古老的四合院式的庙宇,门联红底黑字:"山襟水带,虎啸龙吟。"门首高悬"拔山盖世"匾额,大殿内供着霸王和虞姬的神像。

项羽原名项籍,公元前232年出生于今江苏宿迁,祖辈世代为楚将。因祖父项燕为秦将王翦所杀,项羽少年便怀"灭秦之心"。公元前209年,陈胜举起反秦大旗,项羽随叔父项梁于吴中起兵响应,在项梁死后成为义军领袖,在推翻秦统治的过程中立下了汗马功劳。其虽未成帝业,但仍不失为业绩辉煌的英雄。

现今的西楚霸王灵祠,门内两旁是东西侧殿,雕梁画栋。西侧殿为陈列馆,陈列项羽生平年表、楚汉相争军事路线图,以及依据史实创作、概述项羽兴衰过程的八幅版画,同时还陈列有关项羽的文字、书刊和出土的汉代器皿。东侧殿为塑像馆,置有项羽、虞姬、范增、龙且的塑像和有关楚汉相争的成语故事的群塑。正中为享殿,朱楹白壁,亮楠绮窗,轩敞牖明,庄严肃穆,内竖霸王立像。重瞳戟髯、双目怒视、眉宇间透出霸王之气的项羽,显得骄矜刚愎、神武彪悍,虽不无懊丧失意之情,但神态十分执着,似乎正重述着他的失败是"天亡我,非用兵之罪也"。享殿后是墓冢区，石板神道，古松林立，两旁石人石兽，粗犷简约。墓台中间立有"西楚霸王衣冠冢"。墓冢呈椭圆状，后壁上书有"力拔山兮气盖世"七个大字。

棂星门脚下有一条碧澄见底的驻马河，是当年乌江亭长舣舟待渡的津口。河心有一土墩，上有两株老柳，是项羽的系马桩。乌江亭已成为江东父老期盼项羽平安渡江的一座怀念性建筑。游人常在这里伫立良久，缅怀英雄，抒发"生当作人杰，死亦为鬼雄。至今思项羽，不肯过江东"的情怀。

过抛首石北上，便是那二十六骑士坡。骑士坡无声地述说着那一刻的血雨腥风。与骑士坡连接的是碑廊，廊内的百方诗碑乃乌江范以晨先生捐赠，诗文为历代名人歌颂项羽及西楚霸王灵祠之力作，由国内知名书法家所书，名匠勒石。越过碑廊便来到飞檐翘角的三十一响钟亭。三十一响象征项羽三十一岁寿龄。亭悬合金铜巨钟一口。游人撞钟，声响数里，余音缭绕，不绝于耳，让人发思古之情。

历代文人墨客、仕宦游子，登斯祠、吊英灵，每多吟诵，留下众多诗篇。享殿东、西壁镶嵌着唐、宋、元、明、清诗文碑刻数方。杜牧《题乌江亭》：

胜败兵家事不期，包羞忍耻是男儿。

江东子弟多才俊，卷土重来未可知。

享殿东壁并列着与《题乌江亭》取意相反的王安石《绝句乌江亭》，诗云：

百战疲劳壮士哀，中原一败势难回。

江东弟子今犹在，肯为君王卷土来？

前者为项羽自刎、"不随亭长过江东"深感惋惜；后者认为项羽已失人心，再无可能东山再起。

"大江东去，浪淘尽，千古风流人物"。让我们通过对历史的反思，用项羽这种英雄气概和奋力拼搏的精神，激励自己励精图治，锐意进取，去创造更加美好的未来。

朱然家族墓地

1984年夏季的一个普通的日子，马鞍山市纺织厂的建筑工地上机器轰鸣，蓦然惊醒一个沉睡一千七百多年的灵魂，震动了中国考古界。墓主人就是目前所知三国墓葬考古中首个与《三国志》相印证的重要历史人物——东吴左大司马、右军师朱然。20世纪90年代中期，朱然家族墓又重现天日，再次为研究三国文化提供了新的实物资料。

朱然墓，那一排排青砖垒砌的墓壁上，清晰地模印出"富且贵、富贵万世"篆字吉语，彰显着主人昔日的荣华富贵。朱然，字义封，生于东汉末年，本姓施，是江东豪族朱治的外甥。十三岁时过继给朱治为子,改姓朱。朱然在三国争雄中,北抗曹魏,西拒蜀汉,为孙吴政权的建立和巩固立下了汗马功劳。他镇守江陵,以少胜多,名震曹魏。"火烧连营七百里",朱然作为先锋,攻破刘备先锋部队,断其后道,使蜀军元气大伤。朱然因其一生征战,屡建战功,最后官至左大司马、右军师。少年时又与孙权"同学书,结恩爱"。在生命最后的几年,孙权对他更是宠爱有加,甚至到朱然晚年病危之际,孙权夜不能寐,常常到病床前看望。朱然病逝,孙权为他素服举哀,感恸至深。

朱然墓规模并不大。在建筑营造上采用了当时先进的"四隅券进式"穹隆顶。从力学角度观察,"四隅券进式"穹隆顶比拱形券顶和从四边券砌的穹隆顶更为牢固。它将墓顶上封土的重量均匀地传向四壁,有效地提高了抗压能力。作为孙吴最高统治阶层的成员,朱然墓葬形制、规格、随葬品为我们研究东吴贵族墓葬提供了一个标尺,丰富了我们对当时葬俗及社会意识的了解。

朱然墓文物的出土,特别是精美的漆木器让世人眼花缭乱。近八十件漆器,品种繁多,有漆案、凭几等家具,槅、盒、壶等盛储器和碗、盘、耳杯等饮食器,以及妆奁器、起居器和文具,可谓一应俱全,胎质有木胎、篾胎、皮胎,装饰工艺有描漆、戗金锥刻、雕刻镶嵌等。漆案上的绘画,内容丰实,题材广泛。人物绘画上,头部、四肢、躯干比例协调,人物的姿态富于变化。季札挂剑图漆盘,写意与写实相结合,生动地再现了《史记·吴太伯世家》所载的季札挂剑还愿、不失诚信的故事。宫闱宴乐图漆案,将帝王宴请诸王侯及其夫人观赏百戏的场面形象地展示在案上,人们似乎都能听到那鼓乐之声。贵族生活场景,稚嫩童子棍来棒往,感觉就在眼前,过去与当下、浪漫与现实交织得鲜活而动人。犀皮黄口羽觞的红、黄、黑三色,如行云流水般回转流畅,将髹漆工艺出现的确证年代上溯了近五百年。它们为研究魏晋时期美术史和漆工艺史提供了极其珍贵的实物资料。

"投刺问见"是贵族社会礼仪中不可或缺的。朱然墓出土的木刺、谒,清晰地记载着墓主身份、籍贯和问候语,特别是朱然墓谒和名刺同时出土,对准确考

朱然家族墓地

证墓主为东吴左大司马右军师朱然提供了重要依据,同时对二者使用的差别有了进一步的了解。名刺、谒墨书隶体,字体多扁方形,撇捺运笔多用挑法,时长时短,笔法流畅,刺、谒上的隶书从用笔到结字所形成的风格,既规范严整,又变化自如,率意而不呆板。名刺、谒的书法墨迹,为研究六朝早期书法演变提供了珍贵的资料。

谒刺虽小,它也是中国传统文化中的一个亮点。现在名片已在世界各国普遍使用,日本至今仍将名片称为"名刺",并有每逢春夏重要节气和新年正月都有互相投寄表示问候与祝贺的习惯。这名刺的说法和投刺习俗应该是六朝时期随三国文化一起传入日本的。

这里已建成了一座反映三国文化的专题性遗址博物馆。馆内绿草茵茵,环境清幽,建筑古朴,雄浑大气,成为马鞍山市重要的文化古迹、游览胜地。

青瓷羊

三国·吴　长33.2厘米、高21.0厘米
朱然家族墓出土,朱然家族墓地博物馆藏

羊,自古以来就是人们喜爱的家畜。古代"羊"字,通"祥",故有"吉祥"为"吉羊"之说。早在先秦时期的青铜器和汉代瓦当上已有"吉羊"的字样,一些文字如"美"、"善"皆与羊有关,人们把羊作为吉祥之物予以崇尚,所以不仅把祭祀神祇或祖先的青铜器做成羊形,把象征身份的玉器亦雕琢成羊形,佩挂在身,以求吉祥多福,反映了人们祈福的心理。

青瓷羊

羊的造型可追溯至商代。四羊方尊以写实的手法,将羊立体地铸造在青铜器物上,宁静而不失威严;汉代羊的造型优美,比例准确协调。

朱然家族墓出土的青瓷羊,造型美观,身躯肥壮,四足卷曲,作卧伏状,四肢肌肉发达,很有力度,表现了汉代简洁的雕刻技法。羊昂首张口,似在咩咩而鸣,颈、尾部刻画线纹,腹部装饰宽菱形纹带,头顶处有一圆孔,从实用和形态来看,有专家认为背上应有圆形管孔的一类器物,可能是烛台,孔插蜡烛,用以照

明。而这件青瓷羊,并无凸出的圆形管,且孔径较一般烛台管径小,无使用痕迹。据史料所载"古者樽彝皆刻木为鸟兽,凿顶及背以出内酒"及一些考古资料证明,更多的专家学者认为青瓷羊可称为"羊尊",用作宴饮和祭祀的酒器。

青瓷羊,通体施青色釉,胎体坚硬细腻,釉色莹润,玻化程度高,是南方著名窑口——越窑的精品之作,目前因其体量大、造型美、工艺精而被称为"羊王"。

宫闱宴乐图漆案

三国·吴　长82厘米、宽56.5厘米、高3.87厘米
朱然墓出土,朱然家族墓地博物馆藏

中国古代绘画历史悠久,所涉及的内容丰富多彩。三国时期的绘画在中国美术史上,上承秦汉注重写意之神韵,下启魏晋南北朝趋于写实和写生的新风。然而时光荏苒,岁月更替,有关三国时期的绘画,史书记载仅寥寥数语,留存的绘画作品更是难觅踪影。朱然墓漆器的出土,部分填补了六朝时期漆工艺的空白,漆器上的绘画更为中国美术史增添了珍贵的实物资料。宫闱宴乐图漆案,就是其中重要的一件。

宫闱宴乐图漆案

漆案为我们生动再现了宫闱宴乐场面,五十五个人物形态不拘。帷帐中,皇帝与嫔妃并坐交谈,而皇后、侯爵及夫人们有的在交谈,有的似在争论,有的嬉笑玩耍,还有的相拥在一起窃窃私语。两男子抬着"大官食具",女值使捧盘穿行其中,给宾客提供食物。宫中勇士持钺而立,皇帝的禁卫军持弓守卫,一派忙碌的宴请场景。最为精彩的是百戏表演。百戏,原称"角抵",初步形成于战国时期,西汉时期兴盛,东汉以后,人们将各种超常的技艺、魔术、马戏等统称"百戏"。一场为皇家举行盛大的演出正在进行,从左往右看,首先映入人们眼帘的是一男伎在跳跃中熟练地抛接五把短剑。另一男伎利用手中的竹竿,将盘子飞速地旋转着。武女亮相,摆出格斗的架势。从上往下,中间一男伎边走边跳,将手中的五颗弹丸相继抛在空中。一壮汉手持十字形寻橦,寻橦上有一圆盘,盘上一伎正在进行以腹承盘旋转的腹旋表演。两侧各有一少年用脚钩挂在横杆上,其后是马戏表演。地毯上四个男伎,随着音乐的敲打,双手着地,双脚随着身体向前弯曲,做连倒动作。右侧是一组乐队,艺人跽坐持桴敲击建鼓,建鼓可以边

击边舞。另二人随着鼓点吹乐。

东汉以来,百戏表演水平已相当高超。隋唐时期,杂技技术已极为成熟,成为宫廷和民间共享的艺术。

季札挂剑图漆盘

三国·吴　盘径24.8厘米
朱然墓出土,朱然家族墓地博物馆藏

季札挂剑图漆盘

季札,春秋时吴国人,是吴王寿梦的第四个儿子。吴王认为季札最有德行,有意将王位传给他,兄长也拥戴他即位。但季札不肯接受,退隐于山水之间。因曾受封于延陵（今常州）,又称"延陵季子"。司马迁赞美季札是"见微而知清浊"的仁德之人,是个见识宏广、博览事物的君子。《史记·吴太伯世家》记载了"季札挂剑,徐君冢树"的历史故事:季札一次出使北方,路过徐国,拜访徐之君。徐君很喜爱季札的佩剑,但未表达。季札心里明白徐君的意思,因为还要出使中原诸国,便没有将宝剑赠给他。季札出使返回徐国时,徐君已逝。季札至徐君墓前祭拜,并将佩剑挂在徐君坟前的树上。季札随从说:"徐君已逝,您还送给谁呢?"季札说:"当初我的内心已诺,怎能因其死而违背自己的诺言呢?"

季札挂剑图漆盘,盘中心主题画生动地再现季札挂剑还愿、不失诚信的故事。季札身着红袍,向树而立,双手合一,神情哀婉悲怆,思念着故人。身后两随从正在对话,恰如其分地表达了对季札此举不解的神情。画面的上方,两座山峦中有两人相对,似表现了季札与徐君生前交谈的情景。同时利用云气、山体,烘托着与故人已天各一方的情景。坟前两只奔跑的野兔,更增添了墓地悲凉的气氛。

从构图上看,作者的艺术构思极具匠心。盘心主题画风格沉稳,而其外围的装饰极具动感,且富有乡土气息。描绘了莲蓬、鲤鱼、鳜鱼、白鹭啄鱼、童子戏鱼等图案,利用红、黑、金色的色差,表现鱼儿的灵动。沿口处,绘出动感强烈的狩猎图,庄重与活泼、动与静的交融,达到了相反而相成的艺术效果。

盘底部用朱红漆书"蜀郡造作牢",说明季札挂剑图漆盘产自天府之国——四川。

李白墓

　　李白（701—762年），字太白，号青莲居士。李白一生好入名山游，在他六十二年颠沛流离的生命旅程中，尤为钟爱当涂的青山绿水，晚年更是寓居当涂，埋骨青山。李白去世后，初葬于当涂城南五里的龙山东麓。公元817年，李白生前好友范伦之子、时任宣歙池观察使的范传正，根据李白生前"志在青山、遗言宅兆"的遗愿，将其墓迁至青山西麓的谷家村旁，并于墓前建太白祠。

　　一千多年间，太白祠几经兵燹，屡毁屡建。根据地方史志记载，太白祠与李白墓历史上曾有过十多次修缮。20世纪80—90年代，当涂县政府在重修太白祠和李白墓的基础上，将其扩大为李白墓园。今天的李白墓园占地六万多平方米，依山傍水，环境优雅，苍松翠柏掩映着粉壁黛瓦。人们走进园内，春看杜鹃，夏赏青莲，秋闻金桂，冬品腊梅。亭台楼阁，竹木流水，相映成趣，相得益彰。

　　穿过"诗仙圣境"坊，沿青石小路右折便是"太白碑林"。太白碑林回廊环水而建，亭台榭阁，古朴典雅，造型别致。碑林内芳草萋萋，水波荡漾，石山古拙，林木青翠，景致怡人。廊壁上镶嵌着一百零八方石碑，诗文为李白一生的经典作品，碑文由毛泽东、鲁迅、郭沫若、于右任、沈尹默、林散之、沙孟海、启功、沈鹏等现当代著名书法家书写，书体集真、草、隶、篆、行。有的古拙含蓄，有的清新秀发，有的奔腾豪放，有的横折跌宕，风格各异，艺臻一流。

　　出太白碑林便可登眺青阁。站在眺青阁上，遥望青山，郁郁葱葱的青山如展瓣芙蓉婀娜多姿，又似朝天双鹊直入云霄，田野风光尽收眼底。由眺青阁向北便进入享堂、太白祠。太白祠始建于唐代后期，后毁于兵燹，现为1982年按旧制恢复，所用构材多为明清遗物。享堂、太白祠较为集中地展现了皖南宗族祠堂的建筑风格。太白祠中汉白石李白塑像，侧身而立，左手按剑，右手后垂，双眸含慧，胡须飘逸，既表现了诗人非凡的气度，也刻画了诗人内心不得志的无奈和愤慨。太白祠后壁镶嵌着"大唐翰林李公新墓碑"，由唐范传正撰文、宋孟点重镌。它是研究李白最

李白墓

翔实的资料，具有极高的文物考古和历史研究的价值。碑文中翔实记载了李白的家世生平和诗歌成就，证实、解析了李白生前"志在青山，遗言宅兆"、归葬青山的史实和缘由。太白祠后就是大诗人李白的泉扃了。李白墓现为"全国重点文物保护单位"，墓冢由一百七十多块青石垒建，周长二十余米。墓旁植翠竹苍松，青翠欲滴。墓上芳草萋萋，艾菊尤盛，墓前嵌立着高近两米的墓碑，上刻"唐名贤李太白之墓"。

李白墓西北百米处，为范曾题额的"青莲书院"。书院前后两进，中为天井，前进朱栋飞檐，檐下三面设吴王靠；后进为徽式房宅，轩高膴敞。书院内陈列着国画"李白在当涂"及著名书画家纪念李白的书画数十帧，供游人欣赏。

754—756年，李白为排遣政治上的失意徘徊于金陵、当涂、宣城及秋浦之间，几乎游遍了当涂的山山水水，完全陶醉于当涂的山河胜景中。他尽兴题诗，写下了传唱千年的《姑孰十咏》：姑孰溪、丹阳湖、谢公宅、凌歊台、桓公井、慈姥竹、望夫山、牛渚矶、灵墟山、天门山。为纪念李白这组诗的创作，后人曾于姑孰溪畔建亭以志。原亭早已为岁月风雨所侵蚀而荡然无存，今天人们又在李白墓园复建了十咏亭。今天的十咏亭飞檐翘角，古朴典雅，亭中央石碑上镌刻的"姑孰十咏"为著名书画大师黄叶村先生手笔。

李白一生与当涂有着不解之缘。无论诗人生前作为游客在当涂匆匆来去，还是逝后埋骨青山，当涂人民都将世代崇爱诗人，仰慕诗人，怀念诗人。

琉璃瓦窑址

姑孰溪，当涂的母亲河，清澈的河水自东向西流淌，至金柱关汇入长江，全长四十余里。南宋诗人陆游"当涂七日游"时，对姑孰溪曾这样描述：水色正绿，而澄澈如镜，纤鳞往来可数。溪南皆渔家，景物出奇。晚晴，开南窗观溪山，溪中绝多鱼，时裂水面跃出，斜日映之，有如银刀，垂钓挽者弥望……这是多么恬静的水乡美景。可这份恬静，却被二百多年后一位开国皇帝的诏令打破了。

明洪武二年（1369年），太祖朱元璋为"取中天下而立，定四海之民"，诏令以其发祥之地凤阳为中都，如京师之制建置城池宫阙，同时，以"非古之金陵，亦非六朝之建业"的建都思想，在京城南京营造占地面积达二百三十平方公里的旷世城垣。为了给如此规模的工程提供建材，沿江许多地方都开始在内河水道两岸烧制营建所需的砖瓦，而黏土和高岭土丰富的姑孰溪两岸自然成了工程建材的重要供应地。

于是，在护河段的姑孰溪两岸十多万平方米土地上，一座座烧造宫殿建筑构件和城砖的瓦窑、砖窑平地而起，浓烟滚滚，火光冲天，成百上千的窑工或运料、制胚，或装窑、出窑，忙碌如蚁；而姑孰溪上，运输的船只樯帆林立、川流不息，将制成的琉璃砖瓦,或运往朱皇帝的家乡凤阳,兴建中都城;或运往都城,营建规模巨大的南京城。

当涂琉璃瓦窑址,分南窑和北窑,现为安徽省文物保护单位。南窑位于青山北坡与姑孰溪间的岗地,属今护河镇,以质地细腻、紧密的高岭土为原料,烧造标有"万字一号"至"万字十九号"的筒瓦、板瓦、瓦当、滴水和屋脊兽等宫殿建筑构件,施以黄、蓝、绛色釉,同时以黏土为原料,制作质地紧密、灰黑色的城砖。在烧造琉璃饰件和城砖的过程中,为防止粗制滥造,便于监督和管理,确保砖瓦质量,每块琉璃饰件和城砖上都刻有提调官、上色人、风火人姓名。北窑与南窑隔河相望,今属姑孰镇,主要烧制筒瓦和板瓦,至今在姑孰溪北岸的田埂边尚可寻到当年的窑迹。

历经六百多年的沧桑岁月,当年姑孰溪两岸烧制琉璃瓦、砖的窑址早已湮没在田畴阡陌和离离荒草中,偶尔会在泥土中裸露出红、黄、蓝的琉璃瓦残片。当今天的人们登临中都城或南京明城墙凭吊昔日的辉煌,是否还能想起姑孰溪畔曾经漫天的窑火?

青铜大铙

商　高52.5厘米,重54千克
马鞍山市经济技术开发区出土,马鞍山市博物馆藏

青铜大铙,文献中记载:"以金铙止鼓",并解释为"铙如铃,无舌,有柄,执而鸣之,以击止鼓"。可以看出,铙体积小,握住短柄,可敲击而发出声响。中原地区殷墟妇好墓出土了文献所记载的形体较小、可手执、五个为一组、音高有序排列、大小相次的音乐编铙。这种铙称为"军旅乐器"。

马鞍山青铜大铙,形体高大厚重,气势恢宏,给人以凝重、庄严的感觉。青铜大铙因厚重而无法手执敲击。纹饰精美、繁缛,器物上部以阴刻勾连云纹和卷云纹组成兽面纹,器物主体的中间部分阴刻卷云纹,将器物图案分左右两部分。两侧纹饰对称相同,达到了视觉稳定的效果。云雷纹、卷云纹围绕涡纹一起构成夔纹,两夔又构成兽面凸起的双目。夔,又称"夔龙",是古代传说的有角张口的龙。浮雕纹样的装饰,与器物的立体造型相协调,

青铜大铙

颇耐观赏。与众不同的是青铜大铙除外壁满饰纹饰外,其腔内也刻满有规律的

勾连卷云纹。这是我国目前发现的唯一一件内外皆铸有纹饰的青铜大铙，与中原青铜铙在功能、性质上有着较大的差别，其历史价值、艺术价值不言而喻。

人类早期的生存方式形成了先民们对自然威力的恐惧，由恐惧而产生了对大自然的乞求和崇拜，希望借助山川神灵来庇护人类。到了商代，"信鬼神、好祭祀"已是当时的主流风俗，于是产生了祭祀山川神灵的一种特殊祀器——青铜大铙。青铜大铙体形硕大、厚重，敲击时声音悠扬洪亮，并可在山川之间产生共鸣和悠远的回音。考古资料表明，南方的祀器青铜大铙，出土地点多在山顶或水边，先民们在举行盛大祭祀活动后，将青铜大铙竖立在土中，深埋于地下。

商周时期，古越人生活在长江以南，形成一个庞大的集团，号称"百越"。古越人有着别于中原的自然神灵崇拜，如天、日、月、星、风、雷、雨、山神、水神、湖神等。这件青铜大铙出土在两山之间，且距离长江古道不远，应是古越人祭祀长江神灵用的。

重列式神兽镜

东汉　直径13.3厘米、厚0.4厘米
和县卜集出土，和县博物馆藏

铜镜，是古代的人照面饰容的日常生活用品，其历史可以追溯到距今四千年之前的齐家文化。殷商时期已有镜背面简单装饰的铜镜。春秋战国时期，铜镜的制造工艺逐步成熟，纹饰种类繁多。西汉时期，匠人们以无穷的智慧和非凡的想象力，将古代神话传说、人物神兽表现在铜镜的方寸之间，精致的纹饰达到了工艺美术的高峰。

重列式神兽镜，镜背纹饰利用高浮雕的形式，自上而下将南极老人、伯牙弹琴、东王公、西王母、皇帝、天皇大帝、五帝排列成五段。神仙像的周边用朱雀、玄武、青龙、白虎代表四方。布局整齐明朗，镜钮上下有直行"君宜官"篆书铭文。边缘镜文为："吾作明镜　幽湅宫商　周罗容象　五帝天皇　白牙单琴　黄帝除凶　朱鸟玄武　白虎青龙　宜君高官　子孙番昌　建安十年造作大吉羊"。

重列式神兽镜

"在汉代艺术和人们观念中弥漫的，恰恰是从远古传留下来的种种神话和故事。它们几乎成了当时不可缺少的主题或题材，而具有极大的吸引力。"（李泽厚《美的历程》）汉代铜镜纹饰和铭文中表现的神仙世界，正是这类具有极大吸引力的题材,是人们对神仙境界的追求。

东王公和西王母都是中国历史上著名的神仙人物。据《山海经》记载:西王母其状如人,豹尾,虎齿,善啸,蓬发戴胜,是掌管天罚、半人半兽的刑罚之神。汉代时,西王母被改造成为美丽温柔、仙姬随侍的仙女,并成为昆仑山仙人世界的主人公而受到崇拜。汉代人按照所谓"阴阳互倚"的五行观念及追求家庭伦理生活中的完美,将东王公与西王母相配。据载:东王公原型是周穆王,他用造父驾车,从王都出发,到西王母之邦瑶池拜会了西王母。因迷恋西王母和仙境而留在了那里,其寓意在于表现家庭生活的圆满。

在五行观念中,五帝代表的就是东西南北中的名称。镜铭中出现的"五帝天皇"、"黄帝除凶"是古人希望天皇五帝为他们"佑福祛邪"。青龙、白虎、朱雀、玄武四灵镇守四方,是无所不在的万能守护神。历史人物伯牙弹琴因高山流水觅知音及其符合儒家忠、孝、节、义的伦理道德而成为汉代铜镜中的表现主题,反映了汉代儒家伦理的思想。

这件东汉重列式神兽镜,利用了高浮雕的制作手法,反映了汉代高超的制镜工艺,是铜镜中精品之作。

三足承盘铜香薰

东汉　高15～16.5厘米
当涂新桥乡出土,当涂县文物管理所藏

我国古代有焚香的习俗,究其原因,一是迷信鬼神,祈祝神灵降福;二是古人席地而坐,燃香草,芬芳缭绕,沁人心脾;三是王宫贵族有用蕙草熏衣被的习惯,熏香除秽,又显示了贵族洁身自好之意。

古代焚香的器具,历代质地和形式都不一样,各有特色,然而制作精致而富有艺术价值的香炉,则数汉晋时期的铜制香薰。

铜香薰两件,圆球形的炉身置于三足承盘上,承盘用于承接香灰和便于手执,使用方便。球面镂空,一件盖顶处有一长尾上翘、展翅挺立的凤鸟,一神人双手向上,以仙药饲凤,神人的背后有一卧状小鸟,凤的左右

三足承盘铜香薰

有呈跪姿状、双手合揖的神人,长柄呈龙首状,张口曲颈,龙角弯曲,形象生动。另一件香薰盖体分为三瓣,可以开合,有三个突起熊形蹄足,香薰上的凤,高冠低头,一神人手捧仙药欲走,四个跪姿状的神人立于香薰四个方位,其中一人残缺,三人额头似有佛教模仿释迦牟尼的"白毫相"。其中二人双手拱在胸腹前,另一人左手平放胸前,右手上举至耳。两件香薰装饰了神人、凤、鸟和莲蕊等,反映了东汉时期佛教已传入中国,早期佛教对中国的造像艺术也产生了一定的影响。但在人们的心目中,佛教不过是一种外来的神仙方术,佛陀也只是一个"神人"而已。香薰纹饰细腻、工艺精湛,特别是同期出土的器物中有纪年铭文"延熹四年"(161年,延熹为东汉桓帝的年号),准确的纪年增添了香薰的研究价值。

这两件铜香薰造型优美,构思巧妙,既是实用器,也是艺术品。若置香料于炉内,轻烟袅绕,仙境灵动,尽显绚丽自然之态。香薰与古人的生活起居密切相关,当时的贵族子弟"无不熏衣剃面,敷粉施朱",因而时常引发魏晋时期文人墨客咏叹"香风难久居,空令蕙草残",借香薰的香气与香料,比喻世俗间追求浮名的空虚与失落。

当今天我们面对这精美的香薰时,是否也会激发出一缕幽古之情呢?

青瓷狮形烛台

西晋　高11.5厘米、长16厘米
马鞍山市霍里镇出土,马鞍山市博物馆藏

我国用烛台照明的历史十分悠久。《楚辞》等文献中多有记载:"室中之观多珍怪,兰膏明烛华荣备。""鸣铎以声自毁,膏烛以明自销。"战国秦汉时期已有各式精致的铜烛台。三国、西晋时随着瓷器成熟发展和制瓷技术的提高,一些器形复杂、制作精巧的器物,逐步取代了原料日渐匮乏且价格昂贵的青铜器。各种造型的瓷器烛台成为贵族的日常用品。西晋时,盛行青瓷狮形烛台。

青瓷狮形烛台,通体施青色釉,釉层厚润均匀。整个器形做成一只呈蹲状、四肢伏地的威武狮子。狮首上昂,眺望远方,正面双目突出,张口露齿,颔下有长长的须,项背分披鬃毛。背面束腰,下腹部刻画双翼与羽毛,长长的尾巴呈蕉叶状,紧

青瓷狮形烛台

贴臀部。项背处竖一圆形管状口，与腹部相通，用以插烛照明。狮子造型勇猛可爱。狮形烛台，工艺上采用模印法成型，器体厚重。从实用、形态和体重来看，插烛照明十分科学。

狮子形象，在六朝时期，与辟邪、麒麟作为瑞兽，常常出现在随葬的器物上。辟邪、麒麟是古代传说中的瑞兽，而狮子则是现实存在的一种哺乳动物，它的故乡在遥远的非洲、印度、南美洲等地。最初，狮子是丝绸之路开通后，西域诸国作为礼物献给汉代皇帝的"舶来品"。狮子，在佛教中是神的化身，被人们推崇为高贵尊严的灵兽。佛教经典中称佛的坐席为"狮子座"。印度常以狮子作守护的神兽，佛座前常刻蹲坐的双狮守候。

东汉时期随着佛教在中国的广泛传播，附丽于佛教的狮子也受到礼遇，人们认为它有显示尊贵和威严的作用。狮子很快作为神话动物出现，与辟邪、麒麟成为人们眼中的灵兽。它在民间还被认为有辟邪的作用，常用来守护大门。目前中国最古老的石狮子在四川雅安被发现，是东汉时期的遗物。

狮形烛台的造型，正是中西文化交流的产物。

青瓷魂瓶

西晋　高42厘米、底径17厘米
当涂太白镇出土，当涂县文物管理所藏

魂瓶，又称"堆塑罐"、"谷仓"，是流行于东吴至西晋时期一种独特的随葬器物，出土地点也局限于江浙皖赣一带的南方地区。研究者认为，它是由东汉的五联罐演变而来的，罐体的装饰由素面到堆塑人物、楼阙、动物图案等。有专家认为"五罐"象征着"五谷丰登"，更多的专家认为它是专门为墓主人烧制的，具有引领死者灵魂升入天国的作用。

魂瓶，以罐为主体，罐上堆塑楼阁，一层为双阙、胡僧、门楼；二、三层的罐口已演变成角楼，四周众鸟簇拥飞向罐顶，罐腹部一周堆贴有蟹、鱼、蛇、蛙、羽人骑马、盘坐的佛像等。另外还浅刻一展翅飞翔的鹤和直立行走的熊。

魂瓶造型独特，成形难度大。从目前已发现的一百多件中，魂瓶装饰题材丰富，有着不同的寓意，未见一件造型、内容完全相同的器物，应是专门为贵族烧制的随葬品，用意在于超度亡者灵魂升天，祈求吉祥。

青瓷魂瓶

汉代神仙方术盛行，人们把传入吴地的胡人、佛像也视同神仙方术，梦想羽化升天，追求长生不老。

魂瓶上的楼台层层叠叠，建筑雄伟，是仙人们的活动处所。蛇、蛙、蟹等动物则寄托了贵族重生不死的梦想。众飞鸟往往被视作沟通人间与天庭的重要使者，引领亡者的灵魂顺利升入天国。羽人骑兽、飞翔的鹤等被赋予升天的力量。魂瓶利用堆塑的亭台楼阁、羽人骑兽、祥瑞动物等，把天上、人间、远古的神话和现实生活糅合在一起。魂瓶是当时人们的宗教信仰和"事死如生"的丧葬习俗的缩影，也是墓主人魂魄依托之所。

青瓷魂瓶，釉色莹润，结构复杂，成形规整，是越窑的精品之作，充分反映了三国、西晋时期越窑高超的制瓷工艺和烧造水平。

驯虎石雕

宋　长3.3厘米、宽3.2厘米
和县北门油库工地出土，和县博物馆藏

远古时期，先民们曾以飞禽走兽作为氏族的图腾。《列子·黄帝篇》中记载黄帝时代就有以虎为图腾的部落。虎在人们心目中既是威武勇猛的大王，又是凶猛的野兽。

商周时期虎的形象就出现在青铜器上。龙虎尊的"虎口衔人"，虎食人卣中的"虎食人"，表现的主题是体现虎的神秘威慑力量，以威猛的虎来驱御凶魅恶鬼以避不祥，借助虎的力量沟通天地。汉代的"角抵戏"中的《东海黄公》，表现了人与虎的搏斗。汉人对虎的威力还是诚惶诚恐的，连东

驯虎石雕

海黄公那样有武功、会法术的人都没有斗过虎。从出土的汉画像石和文献记载来看，汉代的虎戏可以分为虎与虎相斗或人虎相斗，将虎的矫健、凶猛刻画得栩栩如生。虎的题材，经久不衰。宋代随着杂技艺术的广泛传播，虎戏表演中更多的是表现人的勇猛和对虎的制伏，妇孺皆知的武松就是以伏虎而闻名的传奇人物。

驯虎石雕刻画一只虎被扑卧于地，并张开大嘴咬住虎爪；另一只虎将前爪紧紧压在倒地的虎头上，后爪也踏在虎身上，因过分用力，尾巴卷成"S"形。两只猛虎互相撕咬，虎旁立有一呈弓步的男伎，正试图用力将两虎拉开。一虎卧

于地不认输,一虎扑于上不罢休,真可谓"虎虎有生气"。

这件驯虎石雕采用的是圆雕技法,将男伎杂耍驯状及虎虎相斗刻画得栩栩如生,无论从哪个角度观赏都是一件精美的作品,反映了宋代精湛的雕刻技艺。

大唐翰林李公新墓碑

南宋　高196厘米、宽102厘米、
当涂县文物管理所藏

"落笔惊风雨,诗成泣鬼神"的唐代大诗人李白,生于何处?唐宋以来,史料、诗文虽多有记载,可众说纷纭,莫衷一是。著名的历史学家、考古学家郭沫若先生,在《李白与杜甫》一书中依据史料记载的唐范传正撰写《唐左拾翰林学士李公新墓碑》的相关内容,研究、分析得出了李白出生在唐长安元年(701年)中亚细亚的碎叶城。这一学术论断,得到了学界的广泛认同。范传正撰刻的墓碑已难觅踪影,而留下的则是竖立在当涂李白墓前的太白祠内,南宋孟点依据范传正撰写《唐左拾翰林学士李公新墓碑》的内容刊刻的《大唐翰林李公新墓碑》。这是李白墓唯一留存、包含李白重要历史信息的一件珍贵文物,距今已有七百多年的历史。

唐宝应元年(762年)深秋的季节,孤独的李白在寓所赋歌而离开人世,初葬在龙山东麓。时隔五十五年,与李白有通家之好的宣歙观察史范传正寻访李白的孙女,看到龙山东麓的李白坟丘坍塌,荒草一片,已不见李氏后裔祭扫。范传正眼见一代诗仙身后如此落魄凄凉,不尽潸然涕下。想到李白追慕前贤,又爱青山深邃,于是命当涂县令诸葛纵亲自选址,将李白遗骸由龙山迁葬于当涂青山之阳。范传正并撰写《唐左拾翰林学士李公新墓碑》,碑文叙述了李白生平行踪事迹,交

大唐翰林李公新墓碑

代了李白后人情况,记载了迁墓的经过及原委。岁月无情,南宋时,李白祠屋面残破不堪,竖在李白墓前的石碑也轰然倒地,地面仅见一尺见方大小的残碑。当时兼权太平州事、节制军马孟点,在淳祐二年(1242年)修复了太白祠,重新刊刻了范传正撰写的李白墓前的碑文,并写了题跋,立在墓的左前方,流传至今。

将孟点重刻范传正"李白墓碑"与文献中范传正原碑文相对照,仅有八个字的差异。碑文真实地记载了李白一生的重要史实。从李白新墓碑中,我们知道李白的祖先是"陇西成纪人","隋末多难,一房被窜于碎叶",使李白的出生地之争的研究有了重大突破。碑文回顾了李白一生的思想、经历及性格特征,为了解、研究李白提供了珍贵的实物资料。李白虽是病逝当涂,但其墓地、历史资料、诗文众说纷纭,孟点在碑后的《跋》中则详细记述了李白初葬与迁葬的时间、经过和原委。孟点刊刻的《大唐翰林李公新墓碑》与魏颢序、李阳冰序等文献史料共同提供了研究李白极其珍贵的史料。

孟点刊刻的《大唐翰林李公新墓碑》,碑额"大唐翰林李公新墓碑"九字用篆书题写,俊秀飘逸,具有唐李阳冰篆书之神韵。碑文共三十行,每行六十三字,阴刻小楷,书法自然严谨,线条厚重,力量感较强,体现了颜体的书法神韵。

金丝楠木床

明　高229厘米、长211厘米、宽145厘米
征集于浙江乌镇,　德化堂古床博物馆藏

床,现代人自然而然地想到的是卧具。但在古代"床"的含义包括哪些呢?汉末训诂学家刘熙《释名》云:"人所坐卧曰床。"可见床在古代不是独指卧具,有时也指坐具。《诗经·小雅·斯干》云:"乃生男子,载寝之床。"只有生了男孩,才能让男孩睡在床上。《南史》中记载南朝宋刘裕皇帝一向有热病,坐卧的时候常需要冷物,有人就敬献了一张石床。刘裕皇帝睡在上面感觉非常舒服,后因其贵重、奢华而舍弃。这里的石床,就是卧具。

《世说新语》里有一则故事:匈

金丝楠木床

奴使者前来,曹操让长得一表人才的崔季珪假扮自己去接见匈奴使者,曹操则站立一旁。会见结束后,曹操派人询问使者:"魏王如何?"匈奴使者回答:"魏王仪容高雅,不同一般。但站在床旁的握刀之人,才是真正的英雄。"这里的床指的是坐榻,也就是坐具。然而有时也不是很好判断,如成语"坦腹东床"的床,既可指坐具,又可指睡觉的卧具。除此之外,床还可指井边的栏杆。李白《长干行》便有"妾发初覆额,折花门前戏。郎骑竹马来,绕床弄青梅"。

东晋南朝时,从西域传来一种坐具,称之为"胡床"。《世说新语·容止》记载东晋庾亮在武昌与幕僚登南楼玩赏,"因便据胡床与诸人咏谑"。宋元之际的史学家胡三省在对《资治通鉴》校勘、解释时,认为"胡床,即今之'交床'。隋恶胡字,改曰'交床',今之'交椅'也"。其形制类似于今天的折叠椅,以其轻便、易于携带而受人欢迎。胡床的传入,改变了汉族自古以来席地而坐的习惯,转为垂脚高坐。

从文献记载和留存的古代家具中,可以看出中国古代卧具形式有四种:榻、罗汉床、架子床和跋步床,前两者除具睡觉功能外,还兼有坐的功能。

榻,文献记载:"床,三尺五,曰'榻板'。"榻比床小,大多无围,所以又有"四面床"的称呼。西汉后期出现,后被作为提供临时休息的家具而大量使用。

罗汉床是指左右和后面装有围栏、但不带床架的一种床。罗汉床有大小之分,古人一般把它陈设于厅堂待客。

架子床,四角有立柱并支撑床顶,床的三面安装有围栏,正中是上床的门户。

跋步床,是我国一种造型奇特的床。它似一间独立的小屋子,"跋步"就是要迈一步才能到达的床。床前设置浅廊,浅廊的两侧可放置一些小型的家具。拔步床多在南方使用,四面挂帐,既防蚊蝇,又不妨碍空气流通。

德化堂古床博物馆收藏了架子床、跋步床等明清以来的古床二百余张,其中明代金丝楠木床是其精品床之一。该床是典型的架子床,装有床围和四根立柱。床围是将板材刻画成两种规格的矩形,立柱上端支承床顶,横楣也只浅雕矩形和圆形图案,简单明了,又具有立体感。床的里侧有一组悬空、大小不等的五个抽屉连在一起,采用卯榫结构,丝丝入扣,严密如初,可见我国古代匠人就已经懂得利用力学原理,在不用一根钉的情况下,制造出如此精美的床。金丝楠木床整体匀称、简约、精致,反映了明代高超的木作技艺。随着人们生活习惯的改变,明清以来这种高大而不易搬动的家具极易遭到拆改和破坏,像这样制作精美的架子床,到今天依然保存完好,是十分不易的,至为珍贵。

彭玉麟梅花碑

清　高230厘米、宽128厘米
马鞍山市李白纪念馆藏

1878年8月的一天，天高云淡，风和日丽。长江水师提督彭玉麟巡江抵达采石矶，看到与同僚捐资重建的太白楼飞檐翘角，雕梁画栋，极具湘式建筑风格的楼阁相继落成，欣然登楼远眺。千里江流，万顷绿洲，风帆沙鸥，尽收眼底。此时此景，彭玉麟思绪万千：同僚与部属征战的岁月、对太白楼毁于战火的惋惜、商议捐资重建的情景一一浮现在眼前。他充满激情，将一株梅花绘于青石上，然后请石工雕刻，这就是镶嵌在太白楼回廊壁上的彭玉麟梅花碑。

彭玉麟，清朝著名政治家、军事家，清末水师统帅，湘军水师创建者，官至两江总督兼南洋通商大臣，兵部尚书，与曾国藩、左宗棠并称"晚清三杰"。彭玉麟于军事之暇，绘画作诗，尤以画梅名世。镶嵌在太白楼回廊壁上的这块梅花碑，所绘梅花干枝虬曲，古拙苍劲，枝间梅花吐蕊绽放，生机盎然。旁边有诗一首：

彭玉麟梅花碑

　　诗境重新太白楼，青山明月正当头。
　　三生石上因缘在，结得梅花不用修。
　　到此何尝敢作诗，翠螺山拥谪仙祠。
　　颓然一醉狂无赖，乱写梅花几十枝。
　　姑孰溪边忆故人，玉壶冰澈绝纤尘。
　　一枝留向江南去，频寄相思秋复春。
　　太平鼓角静无哗，直北旌霓望眼赊。
　　无补时艰深愧我，一腔心事托梅花。

关于梅花诗碑的寓意，有持彭玉麟"画梅为爱情"之说，"伤心人别有怀抱，一生知己是梅花"，并演绎出一段凄美的爱情故事。

从梅花碑上跋文"寄忆直隶制府李少荃相国，安徽提学龚叔雨阁子，长江提督李与吾军门"之语。这三人（李鸿章、龚叔雨、李成谋）既是同僚和部属，又曾在一起度过了征战太平天国的戎马生涯，私交很深。彭玉麟登斯楼而忆老友，言一枝梅花相寄于石上，喻"三生石"，表达对老友的思念之情。

当涂民歌

当涂，古为吴头楚尾之地。在其长期的历史发展中，不仅创造了大量的有形文化，也创造了丰富的非物质文化，其中广泛流行于皖东长江南岸的"当涂民歌"是马鞍山地区最具代表性的非物质文化遗产之一。

民歌是劳动人民集体的口头诗歌创作，是人类历史上产生的最早的语言艺术之一。原始的民歌同人类的生存斗争密切相关，或表达征服自然的愿望，或再现捕获猎物的欢快，或祈祷万物神灵的佑护，是早期人类生活的重要组成部分，也是以后宴乐、祭祀和宗教音乐以及诗词歌赋等产生的基础。当涂（历史地域概念，古称"姑孰"）早在新石器时代中晚期，就已有古人类所创造较为发达的原始农业文明，而原始农业文明的创造必然伴生原始音乐。2003年马鞍山市区出土的青铜大铙，证实了早在三千多年前这里就已有较为成熟的祭祀乐，而祭祀乐的创作土壤离不开原始民歌，所以说当涂民歌的起源应始于这方土地上人类劳动和生活之始。

当涂民歌在先秦时期属于"吴歈"的范畴。"吴歈"最早见载于《楚辞·招魂》中的"吴歈蔡讴，奏大吕些"。涂民歌发展史上最为辉煌的则是六朝时期的白纻歌舞，《南史·宋书·乐志》第一篇就是这样描绘白纻舞者优美舞姿的：

> 轻躯徐起何洋洋，高举两手白鹄翔。
> 宛若龙转乍低昂，凝停善睐容仪光。
> 如推若引留且行，随势而变诚无方。
> 舞以尽神安以志，晋世方唱乐未央。
> 质如轻云色如银，爱之遗谁赠佳人。
> 制以为袍余作巾，袍以光躯巾拂神。
> 清歌徐舞降祇神，四座欢乐胡可陈。

白纻歌舞源于汉代，汉铜镜中曾有"舞白纻"一语，三国时流行于吴地，晋以后渐为上层文人所好，成为宫廷皇室常备歌舞节目。白纻舞初为独舞，后发展为群舞，舞者多为妙龄女子，着白纻舞服飘素回风，如轻云一般，与当时流行的"玄风"文化氛围相得益彰。姑孰三国时期属吴国，为六朝古都南京的畿辅，不仅是达官贵人和文人雅士经常聚集的地方，也是"质如轻云色如银"的优质白纻（白色细麻）著名产地。据《太平寰宇记》载：当涂城东白纻山原名"楚山"，因东晋大司马桓温驻节姑孰时，常与幕僚登山游乐，观赏白纻歌舞而命改为

第八章 桑海遗珍

"白纻山"。由此可见，姑孰是当时吴地著名的白纻歌舞中心。如果说白纻歌舞表现的是姑孰丘陵地区采桑织麻的生活情境，那么六朝乐府中的《采莲曲》则是体现姑孰水乡姑娘采莲的场景。可见，六朝时期"当涂民歌"业已开始广泛流行，民歌形式也渐趋成熟。

唐宋时期是当涂民歌大发展时期，李白、刘禹锡、苏轼、李之仪、陆游等诗词巨擘都曾在当涂驻足。一方面当涂民歌拓展了他们创作的灵感，另一方面他们的作品也丰富了当涂民歌的内涵，仅北宋李之仪的二十多首《田夫踏歌》和《卜算子·我住长江头》这些民歌范畴的作品，就说明了当涂民歌在内涵上比之早期已大为丰富了。

明清时期因封建礼教和理学的压制和束缚，当涂民歌进入低迷期。但进入20世纪50—60年代，随着人们对文化生活的需求，当涂民歌的艺术火花再次迸发，发展到鼎盛时期。在劳动生产、婚丧嫁娶等场合中，都有当涂民歌在传唱。在冬修水利的工地上，《打夯号子》《打硪号子》铿锵有力、此呼彼应；午收季节的打麦场上，《打麦歌》欢腾清脆，如鸟噪深林；圩区秧田里，《薅草歌》、《插秧歌》清新悠扬、声传百里；抗旱排涝的季节里，《车水号子》浑厚深沉、昂扬有力；秋收后的稻场上，《丰收歌》欢乐流畅、洋溢喜悦；新春佳节时，《剪窗花》《迎新年》喜气洋溢，热烈欢快，就连嬉闹追逐的牧童在丘陵山坡上，也会传唱《对山歌》《放牛歌》，内容活泼稚趣。这些优美的曲调、丰富的内容、浓郁的乡土气息构成了当涂民歌的主体风韵。

当涂民歌传唱区域涵盖了现今的马鞍山市、当涂县、芜湖市、芜湖县、繁昌县以及马鞍山以北的江苏南京江宁镇和大江对岸的和县地区，分布十分广泛。根据当涂民歌的内容、旋律和演唱方式，当涂民歌主要分布在山区、圩区、平原三大区域。

山区主要是护河、银塘、薛津、霍里和江苏南京江宁镇、芜湖县、繁昌县及和县的低山区以及姑孰、博望、丹阳、新市北部丘陵地区，多见《打哑谜》《放牛歌》和《熟透的庄稼一片黄》等"山歌"、"秧歌"类民歌。此类民歌的唱词大多采取比兴手法，触景生情，借题发挥，即兴创作。

圩区主要分布于乌溪、湖阳、黄池和江苏南京江宁镇、芜湖县、繁昌县及和县的临湖一带以及博望、丹阳、新市等地，多见《打麦歌》《车水号子》《打夯号子》等"号子"类民歌。此类民歌最原始的形态是人们在劳动中为了记数，或为提劲，或为统一步伐而发出的一种有节奏的声音，后逐渐演变成伴随劳动而带有呼号性质的歌曲。

平原主要是当涂县城姑孰、采石、新桥、芜湖市、芜湖县、繁昌县以及马鞍山以北的江苏南京江宁镇和大江对岸和县的广大平原地区，多见《小小石硪圆溜溜》《薅稻歌》等"号子"、"秧歌"类民歌。此类民歌一般是一人领唱、众人帮腔合唱，领唱者以女性居多，嗓音清脆嘹亮，音域宽广，节奏舒缓。

另外，当涂民歌中约占整个民歌总量百分之四十的"小调"类民歌，流行区域最广，题材最丰富，表现形式和艺术风格也更多样化，内容涉及劳动人民生活的方方面面。

当涂民歌内容丰富、直抒胸臆，曲调旋律简练清新、节奏明快轻盈、音乐圆润甜美，歌词大多为七字句、十字句，语言质朴，口语化中见意境，质朴之中见空灵。题材和体裁不拘一格，天地古今、天理人情、男女爱情、心思意想，无一不是民歌的演唱对象，加上歌手清亮的嗓音，更显韵致委婉和表现喜怒哀愁的情感，使人听后如同畅饮一杯浓烈香甜的美酒，醉透心田。

当涂民歌是人民在长期生产劳动中的智慧结晶，是民间艺术宝库中的珍品，因其走近生活、贴近生活、反映生活而曾受到人们的普遍喜爱。时至今日，随着社会的进步和时代的发展，当涂民歌作为民族文化的重要组成部分，得到了进一步诠释和丰富，走上了"精品化与普及化并重"、"艺术性与民众性相结合"的发展道路，古老的当涂民歌重新焕发出生机，逐步转化为服务于现代和未来生活的文化资源。

和县东路庐剧

庐剧原名"倒七戏"，又名"小倒戏"、"到集戏"、"捣七戏"、"稻季戏"等，是我省主要的地方声腔剧种之一。庐剧因地域和唱腔不同而形成了西、中、东三路。以和县、芜湖为中心区域流行且唱腔悠扬委婉、音乐清秀、细腻平和，具有浓郁的水乡特色的庐剧被称为"东路庐剧"或"下路庐剧"。

东路庐剧的确切形成年代，目前尚无定论，但从历史上的记录来看，距今已有一百三十多年历史。1985年，在省辖巢湖市发现一方清代石碑。碑文约四百字，是当年在巢县任知县的陈炳所颁示的禁约。禁约计四条，第二条即提到倒七戏。这块石碑的发现，证明了倒七戏这一剧种名称在一百三十多年前已经出现。

东路庐剧形成以后，在相当长的一段时间内，主要活动区域局限于以芜湖、和县为中心的农村地区，并且一般不用舞台，只打地摊演出。直到1904年，艺人董少轩、王业明、傅昌柱和王四等才领班走进芜湖大花园和南京鼓楼茶社、殷家巷茶社演出，开了东路庐剧进城市的先河。为适应城市舞台演出的需要，东路庐剧在艺术上得到了快速的发展，剧目从以演小戏为主发展为演本戏和连台本戏（幕表制）；行当也由小生、小旦、小丑、老旦等发展到老生、花脸等十个行当。与此同时，唱腔与表现手段也得到了完善和提高。抗日战争和解放战争期间，受战争的影响，艺人们生活贫困，散班者较多，东路庐剧生存前景黯淡。中华人民共和国成立特别是改革开放后，东路庐剧迎来了发展的春天。2011年，东路庐剧被国务院批准为国家级非物质文化遗产戏剧类项目代表作。

作为声腔剧种类国家级非物质文化遗产戏剧类项目代表作，东路庐剧具有区别于其他声腔剧种的个性特色，这主要体现在唱腔结构、演唱风格、伴奏形式与演出剧目四个方面。

东路庐剧唱腔婉转抒情，分为主调和花腔两个大类。主调唱腔计有生行与旦行共用的"二凉"、"寒腔"、"三七"和"端公调"及行当专业曲牌"小生调"、"老旦调"和"丑调"。另有在以上主调唱腔基础上演变而成的"快寒腔"、"快三七"、"小生三七"与"丑衰调"。东路庐剧主调声腔对传统剧目中各种叙事性与抒情性的七字句、十字句唱词具有灵活的适应性，并可以辅以板式变化，适于表达较复杂的戏剧感情。

东路庐剧的花腔在旋律上更接近民歌小调，大多无板式变化；曲体结构多样，有的和主调大致相同，有的单句变化重复，有的有严谨而固定的结构，甚至只限用五字句唱词，曲调也少有变化。

东路庐剧的唱腔有几个明显的特点。一是在唱腔中不断出现用假声演唱的旋律，称作"小嗓子"。二是演唱中的帮腔吆台，即当舞台上的演员唱到一定的时候，由场面和后台的演员齐声帮唱，高亢辽阔，烘托剧情，渲染舞台气氛。其乡土味很浓，风格明朗。

东路庐剧演唱风格则具有委婉柔和、水乡秧歌味浓郁的鲜明特色。东路庐剧以长腔为主，唱词辅助腔势而凸显悠扬委婉动听之长。同时，其因多以江南民歌小调为旋律基础，且长期以来多受江苏扬剧与锡剧之影响，多种风格融为一体，可供百姓自吟自唱、解乏提神，因而深受欢迎。

传统的庐剧唱腔只使用锣鼓即打击乐器进行伴奏。东路庐剧锣鼓分为唱腔锣鼓和身段锣鼓两种，并以唱腔锣鼓为主。而其锣鼓经多来源于江淮和皖西一带的民间歌舞锣鼓，如"跑旱船"中使用的"穿步锣鼓"、"花鼓灯"中使用的"小煞锣鼓"和"狮抢球锣鼓"等，而有的锣鼓经则来源于民间说唱锣鼓书。

东路庐剧和整个安徽庐剧一样，在其二百多年的传承发展过程中，经过博采兼收、广泛移植和不断创作，所演剧目渐趋丰富。早期的庐剧演出剧目一般是二小戏（小生、小旦戏）、三小戏（小生、小旦、小丑戏）。20世纪50年代和60年代，安徽省内各级庐剧团挖掘、整理了一大批庐剧传统剧目，出版了《休丁香》、《双丝带》、《讨学钱》、《借罗衣》、《小艾送戏》等。另外，东路庐剧演出的剧目除本戏以外，还多以幕表制形式演出连台本戏，诸如《十把穿金扇》、《粉妆楼》、《薛刚反唐》、《山伯访友》、《何文秀私访》和《方卿戏姑》等。

回顾东路庐剧的传承发展史，她产生于民间，起步于农村，又从农村走向城市，从地摊走上舞台；她几经起落，顽强拼争，为愉悦民众、教化民众发挥了特殊的作用。她是从地摊走向舞台的中国戏剧百花园中不可多得的声腔艺术。

后 记

　　2011年8月，因安徽省部分地区区划调整，马鞍山市成为一座横跨长江两岸的城市，所辖含山、和县、当涂历史悠久，文化底蕴深厚。为了让广大市民全面、准确地了解马鞍山的历史文化，树立全域马鞍山理念，马鞍山市历史与文化研究会受市文化委的委托，编撰了这本介绍马鞍山地区历史文化大体面貌的《马鞍山文史简读》。

　　《马鞍山文史简读》的编撰历时一年有余。2012年初，市历史与文化研究会开始组织有关历史、文学等方面的专家学者对该书的编撰进行探讨，又组织了三次座谈，最后达成共识：力求该书知识准确、内容丰富、语言通俗、文字明快，使之成为展示马鞍山地区历史文化的普及型读本，为广大市民和外地来宾认识了解马鞍山的历史文化提供便捷的服务。经过三个多月的讨论和修改，方才确定了本书的框架和纲目，并成立了由王俊、李军、李昌志、赵子文、张庆满、曹化根等组成的编撰组，要求从建置、山水、人物、战争、文学、文物和民间故事等方面揭示马鞍山地区文化源流和历史脉络，解读马鞍山地区山水文化、军事文化、诗歌文化、宗教文化和民间文化的内涵和现象。随后，编撰人员进行了分工编写，李昌志、代诗宝编写《建置沿革》，李昌志编写

《人物春秋》、李军编写《江山胜概》、赵子文编写《古代战事》、张庆满编写《民间故事》和《寺观寻踪》、曹化根编写《诗文流韵》、王俊编写《桑海遗珍》。初稿完成后，由李军、王俊统稿，卞建秋、谢红心审定。

在本书的编撰过程中，我们得到了马鞍山市县史志、文化、文物工作者的大力支持。张敬国、杨永生、范汝强、陶振海、徐家桢先生等提供了大量翔实、宝贵的基础资料，陶李明先生提供了手绘山水图，邓雁女士为本书的装帧提供了建设性建议，安徽大学出版社对本书的出版给予了鼎力帮助。在本书出版之际，我们对他们的辛勤付出表示由衷的感谢！

鉴于我们学识水平和文化视野有限，误讹、疏漏之处在所难免，尚祈广大读者批评指正。

编 者

2013 年 7 月 24 日